바이블매트릭스

바이블 매트릭스

5

성령으로 무장하신 예수님의 과학기술

차원용 지음

갈모산방

이 책을 바칩니다

감사의 글과 용서의 글

첫째, 구원(구속)과 영생을 약속해주시고, 지식(지혜)과 사랑으로 인도해주신 예수님 하나님께 감사를 드리며 이 책을 바칩니다. 이 땅에 오셔서 예수님께서 행하신 수많은 진실의 기적들인 과학기술들을 접근함에 있어서, 잘못 서술한 부분이 많을 줄 압니다. 죄를 용서하여주시듯이 다 용서하여주옵소서!!

둘째, 부모님이신 박승련(90)과 차성갑(고)에게 감사를 드립니다. 그리고 시공 속에서 사랑을 함께 나눈, 힘들 때 무거울 때 슬플 때 아플 때 배고플 때 서로 도와주고, 즐거울 때 기쁠 때 함께한 차순덕, 임동구(고), 차원길, 방옥녀, 차진호, 이상희, 차하연, 차히연, 차진선, 연규용, 연윤하, 연태하, 차순하, 차연숙, 장등용, 장윤형, 장윤선, 장윤애, 차순금, 김경진, 김명선, 김민경, 차원국, 김명옥, 차진혁, 차혜진, 유금례, 차진아, 김민태, 차진철, 유원택(고), 김옥자, 유재옥, 정성자, 유재구, 주명숙 가족들에게 감사를 드립니다. 또한 지금은 이 땅에 안 계시지만 가족들의 모든 선조님들께 감사를 드립니다.

셋째, 이 책이 나오기까지, 시공을 같이 공유한 어릴 적 친구들! 앞산 뒷산에 올라 솔방울을 따고, 사과를 서리하며, 미루꾸를 훔쳐먹으면서 배움을 공유했던 친구들! 인성의 가르침을 위해 사정없이 매를 주셨지만 지금도 찾아 뵙지 못하는 초중고 은사님들! 지성과 인성으로 지도와 편달과 에너지를 주셨던 사부님들! 막걸리와 소주잔을 기울이며 인생과 지식을 논했던 대학/직장 선후배님들! 5년 전 뇌경색으로 쓰러져 팔다리 혀가 마비되었을 때 위로해주시고 기도해주신 진앤선 후존 사제님들!! 많은 죄를 아무 말없이 용서해주신 분들! 지은 죄로 인하여 고통을 받으셨던 분들! 모든 분들께 감사를 드리고 용서를 빕니다.

강문환, 강범석, 강보연, 강장묵, 강태윤, 고영휘, 고성준, 곽경희, 권두한, 권사일, 권성현, 권순광, 권영랑, 권오상, 권혁천, 김갑용(1), 김갑용(2), 김광호, 김건년, 김경회, 김대원, 김덕석, 김도산, 김동찬, 김동표, 김동현, 김락현, 김방룡, 김범용, 김병찬, 김상길, 김수남, 김신, 김신애, 김영숙, 김영욱, 김용덕, 김원택, 김유신, 김윤호, 김인표, 김종범, 김종석, 김종순, 김주연, 김준호, 김지아, 김철운, 김철환, 김철회, 김태균, 김해겸, 김현미, 김형자, 김홍석, 남기춘, 노승우, 도철구, 두상달, 모영일, 문권모, 문상덕, 문용준, 문형남, 민언정, 민병호, 박광진, 박경수, 박경식, 박기식, 박두신, 박리라, 박문호, 박병용, 박선종, 박설향, 박양주, 박영준, 박용규, 박은주, 박응규, 박인보, 박해권, 박해송, 배일한, 백다솜, 백두옥, 백민정, 백용창, 서갑양(고), 서선령, 서원탁, 서진호, 서형원, 성경희, 성은정, 성태경, 소병우, 손경훈, 손대일, 손소영, 손수현, 손재권, 손형수, 송용성, 송의정, 송재하, 송해성, 신윤호, 신현대, 신현우, 신홍자, 심수민, 안순호, 안종배, 양영호, 엄준성, 엄창섭, 오석진, 오영석, 오희나, 용문규, 유경모, 유영민, 유재언, 유형렬, 윤남이,

윤덕화, 윤범진, 윤상천, 윤임정, 윤지원, 윤훈주, 이강혁, 이경진, 이계식, 이광복, 이광형, 이길승, 이금룡, 이달웅, 이덕근, 이덕호, 이명우, 이명호, 이미경, 이미숙, 이민수, 이민화, 이봉영, 이봉룡, 이상길, 이서균, 이선구, 이선규, 이순근, 이슬기, 이언, 이영배, 이영철, 이예슬, 이용호, 이원모, 이자희, 이재경, 이재오, 이재원, 이정익, 이정훈, 이종락, 이종신, 이종원, 이중원, 이지숙, 이지연, 이지은, 이지희, 이진구, 이진화, 이찬세, 이필성, 이해영, 임사비나, 임상채, 임성락, 임수경, 임용표, 임인선, 임춘성, 장영식, 전성철, 전승민, 전표건, 정기삼, 정관진, 정광훈, 정국현, 정기욱, 정무관, 정민하, 정봉현, 정종효, 정준양, 정준호, 정창덕, 정현희, 조규필, 조남권, 조병완, 조영환, 조영희, 조찬호, 조혜순, 주상돈, 지용규, 차영, 차윤배, 최명렬, 최수용, 최승원, 최윤호, 채정숙, 최재숙, 최정숙, 최종국, 최진호, 최현우, 최형욱, 표만석, 하원규, 황성현, 한상진, 한상훈, 한소라, 한인교, 한중렬, 허경, 허남영, 허재관, 허진권, 허한솔, 홍원준, 황운현, 황일봉, 황재현, 황진원, 황흥익

넷째, 한번쯤은 만났지만 이름이 기억이 나지 않아 기록을 못한 수많은 분들께 감사를 드립니다. 언젠가 죽어 부활해 같이 뵈올 날이 있을 것인데, 그때 만나면 죄를 다 용서하소서!!

"위에 기록된 분들!! 이 책을 읽는 분들!! 모든 분들에게 구원과 첫째 부활에의 동참과 영생의 축복이 함께 하시기를, 하나님 아버지와 예수님 하나님과 성령의 이름으로 기도합니다. 아멘."

차원용

차례

1부

이 땅에 오셨던 예수님의 신분과 성령으로 무장하신 예수님 하나님

1장

인간의 육체로 오신 독생자 예수님은 만물을 창조하신 사랑의 하나님

『바이블 매트릭스』 시리즈 4권 『하나님들의 과학기술과 우리가 창조해야 할 미래(상)』에서 밝혔듯이 구약에 등장하는 수많은 하나님들이, 신약으로 오면 「마태복음」 1장 23절에 처음 등장하는 하나님(God)이나, 「마태복음」 5장 16절에 처음 등장하는 아버지(Father)나, 「요한복음」 6장 27절에 처음 등장하는 아버지 하나님(God the Father)이나, 그리고 「갈라디아서」 1장 1절에 처음 등장하는 하나님 아버지(God the Father)로 바뀐다. 신약에서 예수님은 구약의 이스라엘 하나님의 이름인 '야훼(Yahweh)'를 단 한번도 언급한 적이 없으며, 그저 하나님(God)이나 아버지(Father)나 하나님 아버지(God the Father)로 부르셨다.

이것은 구약에 등장하는 수많은 하나님들도 족보상으로 보면 다 우리들의 아버지라는 뜻이다. 우리가 아버지→할아버지→증조할아버지→고조할아버지→그 이상의 더 높은 서열의 아버지가 계시듯이, 하나님들께서도 족보상으로 꽤나 많은 아버지들이 계신다. 바로 최고 높으신 하나님(the Most High God)이 예수님의 친아버지이며, 이분이 바로 하나님 아버지(God the Father)이다. 이 땅에 오신 예수님은 친 아버지를 지칭하실 때에는 하나님 아버지(God the Father)나 아버지(Father)라 부르셨다. 그 이외의 하나님들은 그냥 하나님(God)이라 부르셨다.

그렇다면 최고 높으신 하나님 아버지께서 만물을 창조하셨다면 그의 외아들인 예수님도 만물을 창조함에 관여했다는 것이 아닌가? 이를 증빙하듯이 「요한복음」 1장 2절~3절과 「골로새서」 1장 15절~17절에는 '예수님이 태초부터 하나님과 함께 계셨고, 만물이 그로 말미암아 지은 바 되었으니, 지은 것이 하나도 예수님이 없이는 된 것이 없느니라'고 기록되어 있다. 예수님은 하나님 아버지의 유일한 아들, 즉 독생자이며, 만물이 있기 전에 예수님은 계셨고, 예수님이 만물을 창조하셨고, 만물이 예수님을 위하여 창조되었다는 것이다. 이것은 무엇을 의미하는가 하면, 이미 『바이블 매트릭스』 시리즈 1권 『우주창조의 비밀』의 3부 3장인 "바이블의 시작(the beginning)과 끝(the end)의 의미"와, 그리고 『바이블 매트릭스』 시리즈 4권 『하나님들의 과학기술과 우리가 창조해야 할 미래(하)』의 3부 2장인 "우리의 사명, 두 번째 창조, 시작과 끝의 의미"에서 밝혔듯이, 예수님은 '알파요 오메가(the Alpha and the Omega)', '처음이요 나중(the First and the Last)', 그리고 '시작과 끝(the Beginning and the End)'에도 언제나 항상 계신다는 뜻이다(「요한계시록」 1:17, 2:8, 21:6, 22:13). 또한 예수님은 '이제도 계시고 전에도 계시고 장차 오실 이(Who is, and who was, and who is to come)'(「요한계시록」 1:4 & 1:8)이며, 또는 '전에도 계셨고 이제도 계시며 장차 오실 자(who was, and who is, and who is to come)'(「요한계시록」 4:8)인 것이다. 다시 말해 빅뱅으로 시간과 공간의 우주가 있기 전의 특이점-블랙홀에도 계신다는 뜻이다.

「요한복음」 1:2 - 그가 태초에 하나님과 함께 계셨고(He was with God in the beginning.)(NIV)

1:3 - 만물이 그로 말미암아 지은 바 되었으니 지은 것이 하나도 그가 없이는 된 것이 없느니라(Through him all things were made; without him nothing was made that has been made.)

「골로새서」 1장 15절~17절은 예수님을 다음과 같이 표현하고 있다. 하늘과 땅에서 보이는 것들과 보이지 않는 것들도 예수님에 의해 창조되었고 예수님을 위해 창조되었다.

「골로새서」 1:15 - 그는 보이지 아니하시는 하나님의 형상이요 모든 창조물보다 먼저 나신 자니(He is the image of the invisible God, the firstborn over all creation).(NIV)

16 - 만물이 그에게 창조되되 하늘과 땅에서 보이는 것들과 보이지 않는 것들과 혹은 보좌들이나 주관들이나 정사들이나 권세들이나 만물이 다 그로 말미암고 그를 위하여 창조되었고(For by him all things were created: things in heaven and on earth, visible and invisible, whether thrones or powers or rulers or authorities; all things were created by him and for him).

17 - 또한 그가 만물보다 먼저 계시고 만물이 그 안에 함께 섰느니라(He is before all things, and in him all things hold together)(NIV).

이렇게 본다면 예수님도 하나님이시다. 그러한 독생자 예수님 하나님을 인간을 위해 이 땅으로 보낸 것이다. 그래서 「요한복음」 3장 16절에는 '하나님이 세상을 이처럼 사랑하사 독생자를 주셨으니(For God so loved the world that he gave his one and only Son)'(NIV)라고 기록한 것이다. 여기서 말하는 세상은 인간을 포함하는 광의의 의미인데, 헬라어(그리스어)로 코스모스(Cosmos), 즉 피조세계 전체를 의미하는 것이다. 하나님들도 우리들과 같이 아들 딸이 다 있다. 하지만 최고 높으신 하나님 아버지는 예수님을 독생자로 두신 분이다. 다만, 구약의 이스라엘 하나님인 '야훼 하나님'이 예수님의 친아버지인지는 확인할 길이 없으나, 그건 중요한 것이 아니라는 점이다. 그저 모든 하나님들은 다 우리들의 아버지들이며, 최고 높으신 하나님이 최고 높으신 하나님 아버지라는 점이며 이분이 바로 예수님의 아버지라는 것이 중요하다.

「요한복음」 1:14 - 말씀이 육신이 되어 우리 가운데 거하시매 우리가 그 영광을 보니 아버지의 독생자의 영광이요 은혜와 진리가 충만하더라(The Word became flesh and made his dwelling among us. We have seen his glory, the glory of the One and Only, who came from the Father, full of grace and truth).(NIV)

「요한복음」 1:18 - 본래 하나님을 본 사람이 없으되 아버지 품속에 있는 독생하신 하나님이 나타내셨느니라(No one has ever seen God, but God the One and Only, who is at the Father's side, has made him known).

「요한복음」 3: 16 - 하나님이 세상을 이처럼 사랑하사 독생자를 주셨으니 이는 저를 믿는 자마다 멸망치 않고 영생을 얻게 하려 하심이니라(For God so loved the world that he gave his one and only Son, that whoever believes in him shall not perish but have eternal life).

「요한복음」 3:18 - 저를 믿는 자는 심판을 받지 아니하는 것이요 믿지 아니하는 자는 하나님의 독생자의 이름을 믿지 아니하므로 벌써 심판을 받은 것이니라(Whoever believes in him is not condemned, but whoever does not believe stands condemned already because he has not believed in the name of God's one and only Son).

「히브리서」 11:17 - 아브라함은 시험을 받을 때에 믿음으로 이삭을 드렸으니 저는 약속을 받은 자로되 그 독생자를 드렸느니라(By faith Abraham, when God tested him, offered Isaac as a sacrifice. He who had received the promises was about to sacrifice his one and only son)

「요한1서」 4:9 - 하나님의 사랑이 우리에게 이렇게 나타난 바 되었으니 하나님이 자기의 독생자를 세상에 보내심은 저로 말미암아 우리를 살리려 하심이니라(This is how God showed his love among us: He sent his one and only Son into the world that we might live through him).

더군다나 예수님은 「시편」 82장 6절에서 '… 너희는 신들이며; 다 지존자의 아들들이라(You are "gods"; you are all sons of the Most High)'라는 말씀을 인용하면서, 「요한복음」 10장 34절에서 다음과 같이 말씀 하셨다. "너희 율법에 기록한 바 내가 너희를 신이라 하였노라 하지 아니하였느냐(Is it not written in your Law, 'I have said you are gods'?"(NIV). 이것은 우리들도 하나님들의 족보상 최고 높은 하나님의 아들 딸들이며 동시에 우리들도 하나님들이란 뜻으로 모두가 형제라는 뜻이다(「히브리서」 2:11, 「마태복음」 12:50). 그래서 예수님은 하나님 아버지의 독생자요 이 땅에 육체로 오신 하나님이요 동시에 우리들의 형제인 것이다. 그래서 예수님은 사랑을 그토록 강조하시면서, 한마디로 「요한1서」 4장 8절의 '하나님은 사랑이심이라(God is love)'라고 말씀하신 것이며, 「고린도전서」 13장 13절에 나와 있듯이 '그런즉 믿음, 소망, 사랑, 이 세 가지는 항상 있을 것인데 그 중에 제일은 사랑이라'고 말씀하신 것이다. 따라서 예수님은 사랑의 하나님이시다.

「시편」 82:6 - 내가 말하기를 너희는 신들이며 다 지존자의 아들들이라 하였으나("I said, 'You are "gods"; you are all sons of the Most High')(NIV)

「요한복음」 10:34 - 예수께서 가라사대 너희 율법에 기록한 바 내가 너희를 신이라 하였노라 하지 아니하였느냐(Jesus answered them, "Is it not written in your Law, 'I have said you are gods'?(NIB); Jesus answered, "It is written in your own Law that God said, 'You are gods.'(Good News Translation); Jesus replied, "It is written in your own Scriptures(1) that God said to certain leaders of the people, 'I say, you are gods!'(2) / (1) Greek your own law (2) Ps 82.6 (New Living Translation)

「요한1서」 4:8 - 사랑하지 아니하는 자는 하나님을 알지 못하나니 이는 하나님은 사랑이심이라(Whoever does not love does not know God, because God is love).

4:16 - 하나님이 우리를 사랑하시는 사랑을 우리가 알고 믿었노니 하나님은 사랑이시라 사랑 안에 거하는 자는 하나님 안에 거하고 하나님도 그 안에 거하시느니라(And so we know and rely on the love God has for us. God is love. Whoever lives in love lives in God, and God in him).

「고린도전서」 13:13 - 그런즉 믿음, 소망, 사랑, 이 세 가지는 항상 있을 것인데 그 중에 제일은 사랑이라(And now these three remain: faith, hope and love. But the greatest of these is love).

그렇다면 우리들도 족보상 다 신들로서 혹은 하나님들로서 이 땅에 육체로 오셨던 예수님과 한 형제라는 말은, 그렇다면 우리가 예수님과 맞장 뜰 수 있다는 말일까? 맞장을 뜰 수가 있다. 단 조건이 있다. 누구든지 하늘에 계신 하나님 아버지(God the Father)의 뜻대로 하면 맞장 뜰 수는 있지만, 일반적으로는 그렇지는 않을 것이다. 우리들도 신들로서 하나님인 예수님을 우리의 형제라 부를 수 있지만, 우리와는 월등히 높은 예수님의 능력들을 신약 곳곳에서 수없이 발견할 수 있다. 예수님이 하나님이라는 사실을 보면 그러한 능력들을 이해할 수 있지만, 이 땅에 인간의 신분인 육신으로 오신 예수님은 어떻게 병을 고치는 그런 능력을 가지셨을까? 그러한 능력을 의미하는 하나님 아버지의 영(Spirits or Spirits)과 성령(Holy Spirit)이란 도대체 무엇일까?

2장
빛으로 오시고 하나님 아버지의 성령으로 무장하신 예수님

1절 영(Spirit or Sprits)이란? 하나님 아버지의 지식=과학기술

영(Spirit or Spirits)에 대해서는 『바이블 매트릭스』 시리즈 4권 『하나님들의 과학기술과 우리가 창조해야 할 미래(상)』의 2부 3장 6절의 "성경에서 말하는 영(Spirits)이란?"에서 이미 다루었지만, 다시 한번 살펴보기로 한다. 대표적으로 「창세기」 1장 2절과 「요한계시록」 1장 10절을 살펴보고 요약 정리하기로 한다. 단, 여기에서는 「창세기」 1장 26절에 등장하는 '우리의 형상(image, selem, spirit)과 모양(likeness, dmut, flesh)'과 「창세기」 2장 7절에 나오는 '생기를 코에 불어 넣어 아담을 창조하다'와 『바이블 매트릭스』 시리즈 2권 『인간창조와 노아 홍수의 비밀』에서 다룬 육체(flesh)와 영(spirit or ghost) 등 우리 몸 속에 존재하는 하나님 아버지의 본질적인 영(spirit)은 제외하고, 하나님들 관점에서의 '영'을 살펴보기로 한다.

「창세기」 1:2 - 땅이 혼돈하고 공허하며 흑암이 깊음 위에 있고 하나님의 신(영)은 수면에 운행하시니라(Now the earth was formless and empty, darkness was over the surface of the deep, and the Spirit of God was hovering over the waters)(NIV)

이때의 하나님의 '영'이란 무엇을 말하는 것일까? 『바이블 매트릭스』 시리즈 1권 『우주창조의 비밀』에서 살펴보았듯이, 깊음과 수면이란 바로 히브리어로 테홈(Tehom), 즉 물로 가득 찬 티아마트(Tiamat, 지구의 전신)를 말하고 있으며, 운행이란 바로 마르둑(Marduk) 행성의 태양계 진입과 하신 일들을 말하고 있으므로, '영'은 하나님의 태양계 창조라는 계획에 따라 앞으로 나선 '마르둑 행성'을 말하는 것이다. 구체적으로 얘기하면 마르둑 행성의 중력장(인력=그물)과 바람과 번개와 그리고 중력장에 의한 속도를 말하는 것으로 이것은 하나님의 '권능(power)'을 의미하는 것이다.

이 권능과 함께 등장하는 단어가 지혜(wisdom)와 명철(understanding)이다. 권능-지혜-명철은 「잠언」 3장 19절과 「예레미야」 10장 12절과 51장 15절에 등장하는데, '권능으로 땅을 지으셨고 지혜로 세계를 세우셨고 명철로 하늘들을 펴셨다(He made the earth by his power; he founded the world by his wisdom and stretched out the heavens by his understanding)'라고 기록하고 있다. 이미 『바이블 매트릭스』 시리즈 1권에서 밝혔듯이, 지혜란 세상을 만들기 위한 각종 관개수로, 농사 짓는 법 등의 지식과 인간을 창조한 유전자 등의 과학 지식을 말하는 것이며, 명철이란 천체우주물리학의 운명의 서판(Table of destiny), 즉 천체의 운행 궤도(orbit)를 정(定)하고 수정함을 말하는 것이다.

「시편」 104:30 - 주의 영을 보내어 저희를 창조하사 지면을 새롭게 하시나이다(When you send your Spirit, they are created, and you renew the face of the earth)(NIV)

이때의 '영'이란 주님의 영(Spirit), 즉 마르둑 행성의 7개의 바람(Wind)을 보내어 지구의 표면을 새롭게 하셨다는 것을 말한다. 다시 말해 7개의 바람을 의미하는 것으로, 물로 가득 찬 티아마트를 바람으로 깊은 물을 말리시고 바다의 깊은 곳에 길을 냈다는 뜻이다(「이사야」 51:10).

「요한계시록」 1:10 - 주의 날에 내가 성령(영)에 감동하여 내 뒤에서 나는 나팔 소리 같은 큰 음성을 들으니(On the Lord's Day I was in the Spirit, and I heard behind me a loud voice like a trumpet,)(NIV)

이때의 '영'이란, 요한(John, AD 6-100) 사도가 밧모섬(Patmos)에서, 주의 날(the Lord's Day)인 일요일에, 지금의 과학으로 말하자면 하나님과 사람의 교신/통신기술인 '텔레파시(Telepathy)' 또는 그 이상의 통신기술로 교신함을 말하는 것이다. 이것을 요한은 '성령에 감동(was in the Spirit)'이라 표현하고 있다.

성경에 등장하는 영(spirit) 또는 신(spirit)이란 과학적으로 말하면 하나님들의 통신(음성), 광통신, 광선(beam), 테라헤르츠파(THz), 텔레파시, 텔레키네시스(염력, 염동), 생각 또는 마음(mind), 메시지 등의 전달기술이나 빛을 이용한 다양한 운송(운반) 기술을 의미한다.

요약하면, 하나님들의 말씀 또는 명령, 메시지를 전달하는 송수신기, 테라헤르츠파 또는 초음파, 땅을 관찰하기 위한 광선(빛=에너지)과 카메라와 레이더, 통신용이나 무기용의 레이더, 명령에 따라 움직이는 우주선이나 우주로봇, 유무인 정찰기, 하늘을 나는 병거(전차, chariots), 불말(horses of fire), 백마(white horse), 마르둑 행성과 7개 바람 등, 이 모든 것을 성경에서는 하나님의 영(spirit)이라 표현하고 있다. 쉽게 말하면 하나님으로부터 나오는 어떤 의미를 전달하는 말씀이나 에너지나 파동이나 메시지나 그 매체나 이루어지는 과정이나 과학도구들을 모두 하나님의 영이라 표현하고 있다.

다시 말해 우리가 전화를 한다고 할 때, 상대방의 목소리가 전화기에서 들리는 경우, 이것을 성경에서는 '하나님의 영'이라 표현하고 있다. 구약에 등장하는 '언약궤(Ark of Covenant)와 속죄소(an atonement)'는 바로 여호와 하나님과 이스라엘 백성들의 의사소통을 위한 송수신기인 라디오 장치였다. 야훼 하나님께서 직접 나타나시어 명령하는 것이 아니라, 이 속죄소인 라디오 수신기를 통해 진군하거나 공격하거나 후퇴하라는 명령을 내리는데, 이 명령을 '하나님의 영'이라 표현하고 있다. 모세도 여호수아도 이 언약궤인 라디오 송신기 앞에서 엎드려 기도하고 간청하면 이를 원격지에 계신 여호와께서 듣고 속죄소를 통해 말씀을 전달한 것이다.[1]

한 마디로 간략하게 요약한다면『바이블 매트릭스』시리즈 4권『하나님들의 과학기술과 우리가 창조해야 할 미래(하)』의 3부 2장 6절의 "하나님 아버지와 예수님의 지식을 과학적으로 발견→ 보상의 법칙"에서 언급한 하나님 아버지와 예수님의 지식(Knowledge)을 영이라 표

1 자세한 것은『바이블 매트릭스』4권『하나님들의 과학기술과 우리가 창조해야 할 미래(하)』의 2부인 "성경에 등장하는 하나님들의 과거와 미래 과학기술"의 10장인 "언약궤/속죄소는 오늘날의 무전기 이상의 원자로 송수신기"를 참조하라.

현하고 있다. 우리가 알고 있는 지식에는 두 가지가 있는데, 바로 노나카(Nonaka) 교수의 사회화(Socialization)와 내면화(Internalization)된 암묵지(Tacit Knowledge)와, 그리고 외부화(Externalization)와 종합화(Combination)된 형식지(Explicit Knowledge)로 나눌 수 있다(Nonaka & Takeuchi, 1995). 따라서 영이란 형태를 지닌 하나님 아버지로부터 나오는 형식지(Explicit)의 과학기술을 말하는데 기술, 솜씨, 능력, 권능, 지혜, 명철 등을 말하는 것이다(「출애굽기」 35:31).

2절 성령(Holy Spirit)=하나님 아버지의 말씀=진리=빛=생명(영생), 전지전능

그러면 성령(Holy Spirit)이란 무엇일까? 영(Spirits)은 하나님으로부터 나오는 모든 하드웨어적인 것과 소프트웨어적인 것을 포괄하는 형식지의 과학기술을 말한다면, 성령은 형식지의 영을 포함하여 더 근본적이고 내재적인 능력인 암묵지까지 포함하는 광의의 개념으로 하나님 아버지의 전지전능(全知全能)하신 말씀, 마음, 생각, 계획, 의도, 뜻, 명령, 지식, 진리, 빛(에너지와 파동)과 생명 등을 말하는 것이다.

「요한복음」 1장 1절에는 '태초에 말씀이 계시니라 이 말씀이 하나님과 함께 계셨으니 이 말씀은 곧 하나님이시니라'고 기록된 것으로 보아 하나님은 말씀임이 분명하다. 또한 예수님이 이 땅에 육체로 오셨을 당시, 설사 예수님을 거역하거나 비방을 하면 용서 받을 수 있지만, 하나님인 말씀인 성령을 거역하거나 비방을 하면 영원히 용서 받을 수 없다고 예수님은 말씀하셨다. 또한 「요한복음」 3장 34절에는 '하나님의 보내신 이(예수님)는 하나님의 말씀(the words of God)을 하나니 이는 하나님이 성령(the Spirit)을 한량없이 주심이니라'라고 기록된 것으로 보아 성령은 바로 하나님의 말씀이다.

「요한복음」 1:1 - 태초에 말씀이 계시니라 이 말씀이 하나님과 함께 계셨으니 이 말씀은 곧 하나님이시니라(In the beginning was the Word, and the Word was with God, and the Word was God.)(NIV)

「마태복음」 12:31 - 그러므로 내가 너희에게 이르노니 사람의 모든 죄와 훼방은 사하심을 얻되 성령을 훼방하는 것은 사하심을 얻지 못하겠고(And so I tell you, every sin and blasphemy will be forgiven men, but the blasphemy against the Spirit will not be forgiven.)(NIV)

12:32 - 또 누구든지 말로 인자를 거역하면 사하심을 얻되 누구든지 말로 성령을 거역하면 이 세상과 오는 세상에도 사하심을 얻지 못하리라(Anyone who speaks a word against the Son of Man will be forgiven, but anyone who speaks against the Holy Spirit will not be forgiven, either in this age or in the age to come.)

「마가복음」 3:29 - 누구든지 성령을 훼방하는 자는 사하심을 영원히 얻지 못하고 영원한 죄에 처하느니라 하시니(But whoever blasphemes against the Holy Spirit will never be forgiven; he is guilty of an eternal sin.)

「누가복음」 12:10 - 누구든지 말로 인자를 거역하면 사하심을 받으려니와 성령을 모독하는 자는 사하심을 받지 못하리라(And everyone who speaks a word against the Son of Man will be forgiven, but anyone who blasphemes against the Holy Spirit will not be forgiven.)

「요한복음」 3:34 - 하나님의 보내신 이는 하나님의 말씀을 하나니 이는 하나님이 성령을 한량없이 주심이니라(For the one whom God has sent speaks the words of God, for God gives the Spirit without limit.)

따라서 하나님의 말씀인 성령은 거짓이 아니고 진리이다. 「요한복음」 17장 17절에는 '아버지의 말씀은 진리(truth)니이다'라고 기록하고 있다. 왜냐하면 예수님의 아버지는 의로운 아버지(Righteous Father)이시기 때문에(「요한복음」 17:25), 항상 하시는 말씀은 진리이다. 그리고 진리는 빛(light), 즉 에너지와 파동이다.

필자는 『바이블 매트릭스』 시리즈 1권 『우주창조의 비밀』의 3부 1장의 "성경에 등장하는 하늘의 매트릭스"에서, 에녹(Enoch)의 10번째 하늘이 바로 블랙홀이며, 블랙홀 안에서 빛을 내시는 분이 하나님 아버지일 가능성이 높다고 썼다. 「요한계시록」 21장과 22장에는 "새 하늘과 새 땅"과 "새 예루살렘"이 등장하는데, 이곳에서는 '해나 달의 비췸이 쓸데없으니 이는 하나님의 영광이 비취고 어린 양이 그 등이 되심이라'라고 기록되어 있다. 거대 우주선의 영광속에 계신 하나님 자체가 빛(에너지와 파동)이시며 예수님은 등이라는 뜻이다. 따라서 오늘날의 태양이 필요없는 곳이다. 그래서 「요한1서」 1장 5절에는 '하나님은 빛이시라(God is light)'고 기록되어 있다. 여기서 빛이란 에너지와 파동을 말하는 것이다.

「요한계시록」 21:23 - 그 성은 해나 달의 비췸이 쓸데없으니 이는 하나님의 영광이 비취고 어린 양이 그 등이 되심이라(The city does not need the sun or the moon to shine on it, for the glory of God gives it light, and the Lamb is its lamp.)(NIV)

22:5 - 다시 밤이 없겠고 등불과 햇빛이 쓸데없으니 이는 주 하나님이 저희에게 비취심이라 저희가 세세토록 왕 노릇 하리로다(There will be no more night. They will not need the light of a lamp or the light of the sun, for the Lord God will give them light. And they will reign for ever and ever).

「요한1서」 1:5 - 우리가 저에게서 듣고 너희에게 전하는 소식이 이것이니 곧 하나님은 빛이시라 그에게는 어두움이 조금도 없으시니라(This is the message we have heard from him and declare to you: God is light; in him there is no darkness at all.)

그리고 마지막으로 「요한복음」에는 성령은 하나님 아버지의 뜻(Will)과 명령(command)으로 기록하고 있다. 하나님 아버지께서 세상을 이처럼 사랑하사 독생자를 주셨으니, 아버지 하나님의 뜻은 아들을 보고 믿는 자마다 영생(eternal life)을 얻을 것이며, 하나님 아버지의 명령이 바로 영생이며, 그 영생을 어떻게 얻을 것인지 그 방법론에 대해 서술하고 있는데, 하나님 아버지와 예수 그리스도를 아는 것(know)이 영생이라고 기록하고 있다. 예수님을 믿데 동시에 하나님 아버지와 예수 그리스도를 알아야 한다는 것이다. 안다는 것은 한마디로 성령=말씀=진리=빛(에너지와 파동)=생명(영생)이 무엇인지 과학적으로 접근해서 그 존재를 인식해야 한다는 것이다. 무작정 예수님을 믿는 것이 아니라 왜 믿어야 되는지 그 이유를 과학적으로 알아야 한다는 것이다. 그렇게 해서 알아낸 과학지식들은 의롭게 사용해야 한다는 것을 의미한다.

「요한복음」 3:16 - 하나님이 세상을 이처럼 사랑하사 독생자를 주셨으니 이는 저를 믿는 자마다 멸망치 않고 영생을 얻게 하려 하심이니라(For God so loved the world that he gave his one and only Son, that whoever believes in him shall not perish but have eternal life)(NIV).

6:40 - 내 아버지의 뜻은 아들을 보고 믿는 자마다 영생을 얻는 이것이니 마지막 날에 내가 이를 다시 살리리라 하시니라(For my Father's will is that everyone who looks to the Son and believes in him shall have eternal life, and I will raise him up at the last day)(NIV).

12:49 - 내가 내 자의로 말한 것이 아니요 나를 보내신 아버지께서 나의 말할 것과 이를 것을 친히 명령하여 주셨으니(For I did not speak of my own accord, but the Father who sent me commanded me what to say and how to say it).

12:50 - 나는 그의 명령이 영생인 줄 아노라 그러므로 나의 이르는 것은 내 아버지께서 내게 말씀하신 그대로 이르노라 하시니라(I know that his command leads to eternal life. So whatever I say is just what the Father has told me to say.")

17:3 - 영생은 곧 유일하신 참 하나님과 그의 보내신 자 예수 그리스도를 아는 것이니이다(Now this is eternal life: that they may know you, the only true God, and Jesus Christ, whom you have sent)(NIV)

결론적으로 성령이란 하나님 아버지의 전능(Almighty)을 말하는 것이며, 구체적으로는 하나님 아버지의 말씀이고, 그 말씀은 진리이며, 진리는 바로 빛(에너지와 파동)이고 그것이 바로 생명(영생)인 것이다. 이때의 빛은 태양 빛 이상의 하나님 아버지로부터 나오는 우주 근원의 빛을 말하는 것이다. 아마도 블랙홀의 빛(에너지와 파동)이 아닌가 생각된다. 그래서 필자는 『바이블 매트릭스』 시리즈 1권 『우주창조의 비밀』에서 블랙홀은 삶과 죽음을 결정하는 생명의 근원인 어머니라고 썼다. 블랙홀은 모든 우주의 별과 행성들에 무한한 에너지와 파동을 통해 모든 생명들을 유지시키는 것이다.

그러나 우리가 아직도 모르는 근원의 빛에는 무한한 지식과 진리가 있을 것이다. 우리가 알고 있는 빛은 우주 근원의 빛의 4.6%에 불과하다. 따라서 성령이란 한마디로 요약하면 하나님 아버지의 전지전능(全知全能) 하심을 의미한다. 모든 진리를 안다는 것(知)은 무엇이든지 다 할 수 있는 능력이 있다는 것이다. 병든 자를 고치고 죽은 자를 고칠 수 있다는 것이며, 물 위를 걸을 수 있다는 것이다.

3절 성령=말씀=빛(에너지와 파동)으로 오신 예수님, 빛의 이식/자극, 처녀생식이란?

지금까지 밝혀진 아이를 낳는 방법을 살펴보자. 여기서 중요한 것은 지금까지 밝혀진 방법을 보자는 것이다. 지금이 2015년이다. 서기 2100년이면 물병자리(AQUARIUS)에 들어서고, 서기 4260년부터는 염소자리(CAPRICON)에 진입하게 된다. 이때가 되면 지금의 아이를 낳는 방법은 먼 과거의 과학기술이 될 것임은 뻔한 일이다. 따라서 자세히 예측할 수는 없지만 지금의 과학기술을 들어 마리아께서 어떻게 예수님을 성령으로 잉태하셨는지를 예측해 보자.

1. 성령=말씀=빛(에너지와 파동)으로 잉태하신 예수님, 동정녀 마리아

예수님 하나님은 어떻게 인간의 육신으로 나셨을까? 「마태복음」 1장에는 예수님의 어머니인 마리아(Mary)가 분명 성령(Holy Spirit)으로 예수님을 잉태하셨다고 기록하고 있다. 요셉(Joseph)이 이를 보고 조용히 파혼하려 하자, 주의 사자(an angel of the Lord)가 꿈속에 나타나, 아내인 마리아를 데려오는데 무서워 말라고 요셉에게 말한다. "보라 처녀가 잉태하여 아들을 낳을 것이요 그 이름은 임마누엘(Immanuel)이라 하리라 하셨으니", 이를 번역한즉 "하나님이 우리와 함께 계시다 함이라".

그리고 「사도신경(The Apostles' Creed)」에도 '이는 성령으로 잉태하사, 동정녀 마리아에게 나시고(His only Son, our Lord, who was conceived by the Holy Ghost, born of the Virgin Mary)'라고 쓰여 있다.

「마태복음」 1:18 - 예수 그리스도의 나심은 이러하니라 그 모친 마리아가 요셉과 정혼하고 동거하기 전에 성령으로 잉태된 것이 나타났더니(This is how the birth of Jesus Christ came about: His mother Mary was pledged to be married to Joseph, but before they came together, she was found to be with child through the Holy Spirit.)(NIV)

19 - 그 남편 요셉은 의로운 사람이라 저를 드러내지 아니하고 가만히 끊고자 하여(Because Joseph her husband was a righteous man and did not want to expose her to public disgrace, he had in mind to divorce her quietly.)

20 - 이 일을 생각할 때에 주의 사자가 현몽하여 가로되 다윗의 자손 요셉아 네 아내 마리아 데려오기를 무서워 말라 저에게 잉태된 자는 성령으로 된 것이라(But after he had considered this, an angel of the

Lord appeared to him in a dream and said, "Joseph son of David, do not be afraid to take Mary home as your wife, because what is conceived in her is from the Holy Spirit)

21 - 아들을 낳으리니 이름을 예수라 하라 이는 그가 자기 백성을 저희 죄에서 구원할 자이심이라 하니라(She will give birth to a son, and you are to give him the name Jesus, because he will save his people from their sins.")

23 - 보라 처녀가 잉태하여 아들을 낳을 것이요 그 이름은 임마누엘이라 하리라 하셨으니 이를 번역한즉 하나님이 우리와 함께 계시다 함이라("The virgin will be with child and will give birth to a son, and they will call him Immanuel"--which means, "God with us.")

그리고 「누가복음」 1장에는 7명의 천사장들((archangels) 중, 하나님의 메시지를 인간에게 전달하는 전령(messenger)의 역할을 하고 낙원을 관장하며 우주로봇들인 체루빔(cherubim)[2]을 관장하는 천사장인 가브리엘(Gabriel)이 등장해, 세례 요한의 출생을 예고하고(The birth of John the Baptist foretold) 예수의 나심을 예고하는(The birth of Jesus foretold) 장면이 나온다.

엘리사벳(Elizabeth)이 세례 요한을 수태하고 여섯째 달에, '천사 가브리엘이 하나님의 보내심을 받들어 갈릴리 나사렛이란 동네에 가서, 다윗의 자손 요셉이라 하는 사람과 정혼한 처녀에게 이르니, 그 처녀

2 자세한 것은 『바이블 매트릭스』 시리즈 4권 『하나님들의 과학기술과 우리가 창조해야 할 미래(상)』의 2부 4장인 "우주공항/에덴동산을 지키는 땅의 로봇들과 하늘을 지키는 우주로봇들"을 참조하라.

의 이름은 마리아라, 가브리엘이 마리아에게 가서 가로되, 은혜를 받은 자여 평안할찌어다, 주께서 너와 함께하시도다 하니, 처녀 마리아가 그 말을 듣고 놀라 이런 인사가 어찌함인고 생각하매, 가브리엘이 일러 가로되 마리아여 무서워 말라 네가 하나님께 은혜를 얻었느니라' 하고 다음과 같이 말을 한다.

「누가복음」1:31 - 보라 네가 수태하여 아들을 낳으리니 그 이름을 예수라 하라(You will be with child and give birth to a son, and you are to give him the name Jesus.)(NIV)

32 - 저가 큰 자가 되고 지극히 높으신 이의 아들이라 일컬을 것이요 주 하나님께서 그 조상 다윗의 위를 저에게 주시리니(He will be great and will be called the Son of the Most High. The Lord God will give him the throne of his father David,)

35 - 천사가 대답하여 가로되 성령이 네게 임하시고 지극히 높으신 이의 능력이 너를 덮으시리니 이러므로 나실 바 거룩한 자는 하나님의 아들이라 일컬으리라(The angel answered, "The Holy Spirit will come upon you, and the power of the Most High will overshadow you. So the holy one to be born will be called the Son of God.)

마리아에게 성령이 임하시고 최고 높으신 하나님의 능력, 즉 권능이 마리아게 덮쳐, 그 결과 예수님이 나실 것이요, 예수님은 분명 최고 높으신 하나님의 아들이라고 강조한 것이다. 여기서 성령이란 하나님의 말씀을 의미하고 그 다음 능력이란 전지전능하신 하나님의 과학지식을 말하는 것이다.

아니나 다를까, 그 다음 절에 '하나님의 모든 말씀은 능치 못하심이라'라고 기록되어 있는데, 영문 성경 뉴 라이빙(New Living)이 가장 잘 설명하고 있음을 볼 수 있다. 그리고 결론적으로 「요한복음」 1장 14절에는 예수님은 '하나님의 말씀이 육신이 되어 우리 가운데 거하시매'라고 기록되어 있다. 이때 말씀은 에너지와 파동의 빛을 말하는 것이다.

「누가복음」 1:37 - 대저 하나님의 모든 말씀은 능치 못하심이 없느니라(For nothing is impossible with God.)(NIV); For with God nothing shall be impossible.(KJV); For there is nothing that God cannot do.(Good News); For nothing is impossible with God(1)." / (1) Some manuscripts read For the word of God will never fail.)(New Living)

「요한복음」 1:14 - 말씀이 육신이 되어 우리 가운데 거하시매 우리가 그 영광을 보니 아버지의 독생자의 영광이요 은혜와 진리가 충만하더라(The Word became flesh and made his dwelling among us. We have seen his glory, the glory of the One and Only, who came from the Father, full of grace and truth.)(NIV)

결론적으로 예수님은 성령, 즉 하나님의 말씀인 에너지와 파동의 빛에 의해 성모 마리아에게서 나신 것이다. 그렇다면 그 다음의 능력(Power), 즉 권능이란 무엇일까? 능력이란 하나님 아버지로부터 나오는 형식지의 과학지식이라 했다. 어떠한 과학지식으로 마리아가 잉태하셨는지를 살펴보자.

2. 유성생식/체외수정이란?

• **유성생식(有性生殖, Sexual reproduction)** - 남녀가 육체의 성관계(Sex)

를 통해서 아이를 낳는 방법이다. 남자의 정자(Sperm)와 여자의 난자(Egg)를 생식세포(germ cell, sex cell, reproductive cell, generative cell)라고 한다. 대략 45,000나노 크기의 정자가 같은 크기의 난자에 수정(Fertilized)이 되면, 수정란(Fertilized Egg)이 되는데, 이때 정자와 난자가 가진 23쌍의 염색체에 들어 있는 이중가닥 중 한 가닥의 유전자가 각인(DNA imprinting, Genomic imprinting)되고[3], 그 다음 수정란 세포가 2-4-6-8개로 분열되면서 성장되는데, 대략 128개의 세포로 분열한, 4-5일 성장 발달한 상태를 배반포기(胚盤胞期, Blastocyst)라 한다. 그 다음 배반포기가 14일에 걸쳐 수백 개의 세포로 분열되면 배아(胚芽, Embryo)에 이르게 된다. 더러는 2개로 분열된 세포에서 수백개의 세포로 분열 성장된 배아까지 배아라는 용어를 사용하기도 하고, 2개에서 대략 100개로 분열된 세포를 초기배아(Early Stage of Embryo)라 부르기도 한다.

이렇게 어머니의 자궁에서 10개월 자라 우리 자식들은 나오는 되는데, 이 방식은 하나님들께서 주신 방식으로, 이렇게 출생한 인간들을 진짜 인간(Real Human)이라고 하는 것이다.

• 유성생식 – 체외수정(시험관 아기, Tube Baby, in vitro fertilization, IVF) – 여성의 난소(Ovary)로부터 배란되기 전에 난자를 체외로 채취하여 시험관 내에서 남성의 정자와 수정시키고, 수정된 배아를 다시 자여성의 자궁

---

3 남성 정자의 유전자와 여성 난자의 유전자가 어떻게 각인되어(선택되어) 누구의 염색체가 발현되는지는 아직 정확하게 밝혀지지 않았다. 다만, 지금까지 알려진 것은 1859-1865년에 멘델(Gregor Mendel, http://www.mendelweb.org/)이 발견한 멘델의 법칙에 따라 발현된다는 점과, 난자에 있는 미토콘드리아 유전자(mtDNA)는 후대에 계속 각인되어 유전된다는 사실이다.

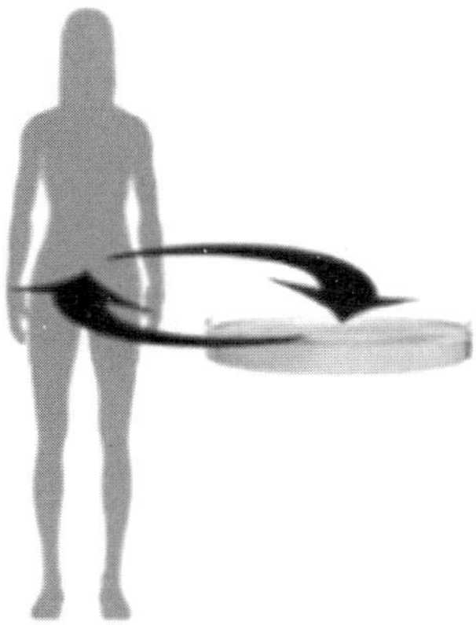

경부를 통하여 자궁 내로 이식하는 방법이다. 최초의 시험관 아기는 1978년 7월 25일 루이스 부라운(Louise Brown)이라는 이름으로 영국에서 태어났다. 이 체외수정 기술을 발견한 로버트 에드워드(Robert Edwards)는 2010년 노벨생리의학상을 수상했다. 대략 1,500만 명의 불임 쌍들이 이 체외수정으로 아기를 가졌다. 그리고 염려했던 것과는 달리 1,500만 명의 시험관 아기들은 2세~3세~4세 그 이후를 거치면서 육체의 성관계(Sex)를 통해 아니면 체외수정을 통해 계속 아이들을 낳고 있다.

결국 체외수정 방식도 유성생식이라 후손이 후손을 낳는 것은 문제가 없다. 다른 배우자의 난자와 정자를 이용하는 경우도 있지만, 이것도 하나님께서 주신 방식으로, 이렇게 나온 인간들을 진짜 인간(Real Human)이라고 하는 것이다.

• **유성생식 – 체외수정(이종간 배아복제)** – 위에서 말한 체외수정 방법은 신들이 이 땅에 오셔서 인간을 창조한 방법과 비슷한 방식이다. 이미 『바이블 매트릭스』 시리즈 2권 『인간창조와 노아 홍수의 비밀』의 2부 3장인 "신과 원숭이의 유전자 조작으로 젊은 신들의 노동을 대체할 인간을 창조하다"에서 밝혔듯이 젊은 신의 정자에 들어 있는 유전자를 원숭이(호모 에렉투스=직립인간=Homo Erectus) 난자의 유전자와 융합시켜 배아를 만들고 이것을 여신의 자궁에 이식해 인간을 창조한 것이다. 그래서 인간의 조상은 원숭이[4]라고 과학적으로 밝혀졌다(Clark et

al., Science, 2003). 「창세기」 2장 7절의 진흙(the dust of ground)이란 신의 유전자와 원숭이의 난자가 혼합된 체외수정의 배아를 말한다. 오늘날의 과학기술로 말하면 배아복제기술이다.

하지만 종이 다른 신과 원숭이의 배아를 만들어 인간을 창조한다는 것은, 우리가 알고 있는 생명공학기술보다 분명 몇 수 위의 과학기술이다. 현재로서는 불가능한 생명공학 기술이다. 언젠가는 가능하리라 본다.

3. 무성생식이란? 체세포(피부세포) 복제

무성생식(無性生殖, Asexual Reproduction)이란 정자와 난자가 수정되는 유성생식이 아니라, 다른 방법, 즉 정자 없이 체세포(Somatic Cell, 피부세포, Skin Cell)의 핵(Nuclear) 만을 핵이 제거된 난자에 이식하거나 아

4 Chimpanzee-human last common ancestor - http://en.wikipedia.org/wiki/Chimpanzee-human_last_common_ancestor

니면 체세포 자체를 핵이 제거된 난자해 이식해 복제배아를 만들어 동물이나 인간을 탄생시키는 것을 말한다. 이 방법을 동물복제(Animal Clone) 또는 인간복제(Human Clone)라고도 한다. 물론 복제된 배아를 대리모의 자궁에 이식하면 동물복제나 인간복제가 가능하고, 복제된 배아에서 만능줄기세포(Pluripoten Stem Cell)를 추출/분화/배양하면 만병을 치료할 수 있는 재생의학(Regenerative Medicine)에 활용할 수 있다. 그러나 동물복제는 이루어지지만 인간복제는 아직 불가능한 방법이다. 동물복제를 한다 한들 동물복제로 태어난 동물들은 수명이 짧다. 이것은 무엇을 말하는가 하면, 아직 완벽한 복제기술을 우리가 터득하지 못했다는 것을 의미한다. 언젠가는 이 방식으로 완벽한 동물복제가 가능하게 될 것이다.

그러나 이 방식을 인간에게 적용하면, 반드시 여성의 난자를 기증받아 난자를 사용하기 때문에 생명윤리법에 어긋나게 된다. 따라서 현재는 금지된 방법이다. 아무튼 이 방법으로 동물을 복제한 사례를 간

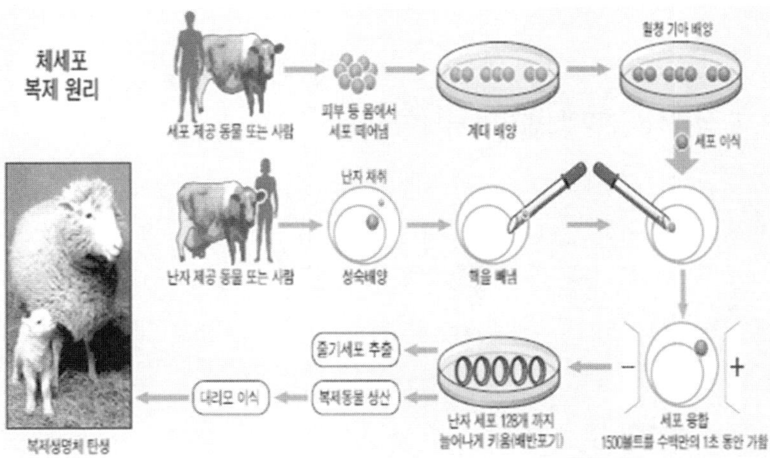

체세포 복제 → 동물복제 또는 줄기세포 추출. Image Credit : 중앙일보(21 May 2005)

단히 살펴보자.

• **체세포 핵 이식으로 태어난 영국의 돌리(Dolly)와 한국의 '영롱이'** - 이 방법은 동물에서 체세포를 채취한 뒤 핵을 빼내 핵이 제거된 동물의 난자에 이식해서 복제배아를 만드는 것이다. 그리고 그 복제배아를 대리모의 자궁에 이식하는 것이다. 이런 방식으로 1996년 7월 5일에 영국에서 최초로 태어난 복제동물이 돌리(Dolly)이고, 1999년 2월에 한국의 황우석 교수가 탄생시킨 젖소가 '영롱이'이다.

6년된 암양의 젖에서 떼어낸 단 한 개의 체세포를 이용해서 어미와 똑같은 새끼 양을 탄생시킨 영국 스코틀랜드 로슬린 연구소(Roslin Institute, BBSRC)의 이안 윌머트(Ian Wilmut) 박사 그룹 팀의 개가는 세계 최초로 성장한 포유동물을 복제(Cloning)했다는 점에서 획기적이었다. 윌머트의 복제 돌리는 1997년 2월 27일자 『네이처』지에 발표되었다(Wilmut et al., Nature, 27 Feb 1997).

이로써 수천 년 동안 생식의 수단으로 여겨져 왔던 성행위라든지 모성이나 부성, 임신 출산 등의 개념에 대한 정의가 바뀌게 되었다. 이는 앞으로 여성들은 남성 없이도 홀로 아기를 가질 수 있는 한편, 남성들도 여성과의 접촉 없이 아기를 가질 수 있음을 의미한다. 또 이 같은 체세포 복제 체외수정법이 미래에 아이를 갖는 통상적인 방법이 될 것이라는 미래 의학자들의 예측이 현실화하고 있음을 시사하고 있다. 과학자들은 2020년경 인공태

반의 개발이 이뤄지면 인간의 성과 생식간에는 완전한 분리가 이뤄질 것이라고 내다보고 있다.

그러나 한 가지 문제가 있다. 돌리는 2003년 2월 14일에 도살되었는데, 6살밖에 안된 돌리가 노화병 상태에 다다랐고 폐렴 등 각종 병이 걸려 도살시킨 것이다. 대체적으로 복제동물들은 빨리 늙어 죽는데 왜 빨리 늙어 죽는지 그 원인을 알 길이 없는 것이다. 그리고 전 세계에서 이와 같은 방법으로 복제된 동물들은 평균 2년이 안되어 모두 병에 걸려 죽었다는 사실이다.

• 황우석 교수의 체세포 이식, 스누피(Snuppy) 복제 개 – 피부세포(체세포) 전체를 핵이 제거된 난자에 이식하는 방법을 체세포 이식이라 하는데, 황우석 교수가 2004년 2월 12일에 세계 최초로 하나의 인간 배아복제 만능줄기세포를 추출해 논문을 발표했으나 데이터 조작으로 취소된 것이나(Hwang et al., Science, 12 Feb 2004, 논문 취소됨), 2004년 12월 15일에 황우석 교수의 도움을 받아 피츠버그대학의 제럴드 섀턴(Gerald Schatten) 교수가 원숭이 배반포기 복제에 성공하였으나 원숭이 복제는 실패한 것이나(Simerly, Hwang, Schattan et al., Developmental Biology, 15 Dec 2004), 2005년 5월 19일에 황우석 교수가 11명의 실제 환자들로부터 11종류의 줄기세포를 추출해 논문을 발표했으나 데이터 조작으로 취소된 것이나(Hwang & Schattan et al., Seicence, 19 May 2005, 논문 취

소됨), 2005년 8월 4일에 황우석 교수가 세계 최초로 복제 개인 스누피(Snuppy)를 발표한 것(Lee & Hwang et al., Nature, 4 Aug 2005)은 모두 체세포를 그대로 핵이 제거된 난자에 이식한 것이다. 그 이유는 체세포의 손상을 최대한 방지하기 위한 것이다. 그렇다고 이 방법이 최고라는 얘기는 아니다. 그 안의 미토콘트리아, RNA, 리보솜, 각종 효소들이 이식되므로 이들이 어떻게 각인되는지 현재로선 알 길이 없기 때문이다.

체세포의 핵 이식이나 체세포 이식이나 지금은 이것을 '체세포 핵 이식(SCNT, scNT, Somatic Cell Nuclear Transfer)'이라는 용어로 통일하여 사용한다.

4. 처녀생식이란? 처녀생식으로 쥐가 태어나

2004년 4월 22일, 서울대 의대 생화학교실 서정선 교수, 바이오벤처기업인 마크로젠의 박은성 연구원, 그리고 일본 도쿄농대(Tokyo University of Agriculture)의 고노 도모히로(河野友宏, TOMOHIRO KONO) 교수는 처녀생식(parthenogenesis, 處女生殖, 단위발생, 단위생식)에 의한 쥐를 탄생시켰다. 쥐 난자의 난모세포(oocyte)를 유전자조작으로 정자에 가깝게 변형한 뒤 이를 난자에 이식하여 수놈의 정자 없이 쥐를 탄생시킨 것이다(Kono et al., Nature, 22 Apr 2004). 같은 여자의 체세포와 같은 여자의 난자의 결합으로, 즉 체세포복제 기술을 통한 복제인간을 훨씬 뛰어넘어 「사도신경(The Apostles' Creed)」의 "…이는 성령으로 잉태하사 동정녀 마리아에게 나시고(Our Lord, who was conceived by the Holy Ghost, born of the Virgin Mary,)…"라는 말씀이 조만간 인간의 능력으로 이해되고 믿게 되는 시대가 도래할 것인가?

연구자들은 '처녀생식은 식물에서 발견되지만 포유류(mammals)는 처녀생식이 불가능하다'는 과학계의 상식을 뒤엎었으며, 『네이처』지는 연구 결과를 인간에 응용될 가능성으로 생명윤리 논쟁을 가져올 것이 예상된다고 전했다(Loebel & Tam, Nature, 22 Apr 2004).

단위발생이란 정자 없이 화학적 반응만으로 난자가 세포분열을 일으켜 개체를 만들어내는 생식방법이다. 식물은 물론 개미, 벌, 진딧물, 물벼룩 등 곤충과 어류 가운데서는 단위발생이 가능해도 포유류는 불가능하다는 것이 이제까지 정설이었다. 한일 공동연구팀은 미성숙 단계에서는 난자와 정자의 유전자 구조가 거의 같다는 점에 착안, 쥐의 난모세포 유전자를 조작해 정자에 가깝게 만들고, 단위생식에 관여하는 것으로 추정되는 유전자인 h19를 제거한 뒤 이를 정상적인 난자에 이식하는 방법으로 모두 343개의 수정란을 만들어 26마리의 대리모에 착상시킨 결과, 26마리 중 18마리는 대부분 미숙아로 사산됐으며 8마리는 산 채로 출산됐고 결국 두 마리만 최종 살아 남았다. 이 두 마리는 정상 생쥐와 같은 몸무게를 갖고 있었으며, 이 중 한 마리는 정상적인 생식능력까지 갖추고 있었다. 이 한 마리는 건강하게 자라(15개월 성장) 12마리의 새끼를 낳았다고 연구팀은 보고하고 있다.

지금까지는 난자에 인위적인 자극을 줌으로써 난자를 분열시키는 것은 가능하지만 이 경우 발생된 지 10일을 넘기지 못하고 배아가 죽기 때문에 정자로부터 자극 없이는 정상적인 발생이 불가능하다는 것

15개월 된 '아버지 없는 쥐'와 그 새끼들.
Image Credit : Nature(22 Apr 2004)

이 대부분의 의견이었다.

전문가들은 이번 실험의 성공이 생명 탄생의 해명에 크게 기여할 것으로 평가하고 있다. 연구를 이끈 고노 고수는 "포유류만 왜 생식에 암수의 정자와 난자가 필요한가 하는 의문 때문에 실험을 시작했으며 다음에는 돼지를 이용한 실험을 할 것"이라고 밝히면서 "이번에 사용한 실험 방법을 인간에게 그대로 적용하는 것은 불가능하다"고 말했다. 『네이처』 인터넷판도 "세포핵 이식을 통한 복제와 마찬가지로 이번 방법도 높은 실패율과 이렇게 해서 태어난 동물이 과연 건강하고 정상적일까 하는 불안전성 때문에 인간에게 적용하는 것은 시기상조"라고 전했다. 이는 앞으로 레즈비언(lesbian) 부부의 경우도 자녀를 낳을 길이 열릴 수 있음을 시사하는 것이다.

5. 빛으로 자극하는 광유전학 또는 광유전자극기술

한의학이나 서양의학이나 한 가지 공통점이 있다. 한방병원에 가면 당연히 침술(acupuncture)의 침(鍼)을 맡는다. 침을 맡는다는 것은 아픈 부위에 침을 꽂아 병들어 가는 세포를 자극하는 것이다. 그러면 병들어 가던 세포들이 젊은 세포로 되돌아가는 것이다. 다시 회춘하는 것이다. 서양의학도 마찬가지이다. 늙은 세포를 자극시키면 젊은 세포로 되돌아간다. 우리가 아픈 부위를 마사지하는 것도 같은 원리이다. 그런데 무엇으로 자극을 주느냐가 관건이다.

뇌의 신경세포(Neuron cell)가 비활성화되면 기억상실증(Amnesia)이나 알츠하이머병(Aalzheimer's disease) 등 여러 병이 걸리는데, 이를 치료하는 기술로, 페이스메이커(Pacemaker)인 전기 자극기(Electrical Impulses)를 뇌에 이식해 신경을 자극하는 심층뇌자극기술(Deep Brain Stimulation)이 일반적이다. 그러나 최근에는 빛(Light)을 특정 신경세포에 쏘아 자극하는 광유전자극(Optogenetic Stimulation) 기술로 발전하고 있다. 빛을 이용하는 광유전학(Optogenetics)은 최근 생명과학의 여러 분야에서 각광받고 있는 학문으로 미생물이나 식물에서 발견되는 빛에 반응하는 신경세포(뉴런)나 단백질을 인간이나 동물세포에 적용해 세포의 여러 기능들을 조절할 수 있다. 빛을 특정 뉴런에 쏘이면 자극을 받아 켜지고, 빛을 안 쏘면 꺼지는 스위치(Switch)의 원리를 이용하는 것이다.

5-1. MIT 공대, 빛으로 특정 뉴런을 자극하다

MIT 공대 신경과학자들(Neuroscientists)이 강압적인 행동(Compulsive behavior)을 조절하는 두뇌의 회로(a brain circuit)에 빛을 쏘여 쥐로 하여금 강압적인 행동을 못하게 하는데 성공했다(Burguiere et al., Science, 2013; Rauch et al., Science, 2013). 따라서 조만간 인간에도 적용하면 강박신경증(Obsessive-Compulsive Disorder, OCD)을 치료할 수 있는 새로운 치료법이 개발될 것으로 기대하고 있다.

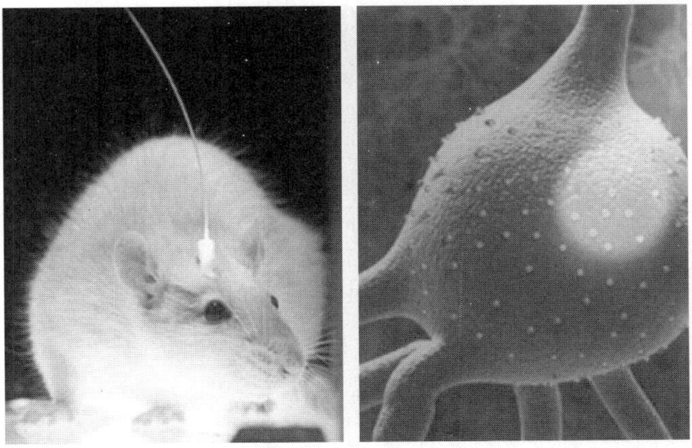

MIT 공대 신경과학자들은 강압적인 행동을 조절하는 뉴런에 빛으로 자극하여 쥐의 특정행동을 저지키는데 성공했다. 이러한 결과가 우리 인간에게도 가능해진다면 어떤 일이 벌어질까? 각종 뇌의 질병을 치료할 것이고, 빛으로 난자를 자극하면 처녀생식이 되지 않을까?

미국의 성인 중 1%가 강박신경증에 시달리고 있다. 환자들은 주로 불안감 해소제(Antianxiety drugs)나 진정제(Antidepressants) 등의 약물(Medication)을 투여하거나, 아니면 물리요법(Therapy)을 받거나 아니면 둘 다 받는다. 그럼에도 불구하고 환자들의 증상이 나아지지 않으면 심층뇌자극기술로 뇌를 자극하여 치료한다. 그런데 MIT 공대는 빛을 이용하는 광학유전자극기술을 이용하여, 빛에 민감한 뉴런을 만들어 쥐에 주입하고, 빛을 쏘여 이 뉴런을 자극하여 발현시키는 데 성공한 것이다.

이 기술을 더욱 발전시키면 어느 날인가 두뇌의 활동 패턴을 읽어낼 것이고, 그러면 하루에 세 번의 약을 먹는 것이 아니라, 하루 종일 자극을 주는 것이 아니라, 빛을 제 시간에(precisely time) 쏘아 특정 뉴런을 활성화시키거나 특정 뉴런의 스위치를 끌 수 있을 것이다(Science Daily, 6 June 2013). 문제는 빛을 쏘는 레이저 총이나 광섬유(optical fiber, 光纖維)를 두뇌에 이식해야 하는데, 「미래창조과학 스터디, 2013」

에서 발표한 가천의대 길병원의 이언 부원장의 자료에 의하면 길병원은 현재 1mm의 광섬유를 개발하고 있다고 한다.

강박신경증만이 아니다. 뇌 관련 질병과 기억상실증 등도 특정 뉴런을 빛으로 자극하면 병이 날 수 있다. 아니 특정 뉴런을 빛으로 자극하면 학습의 효과도 올라갈 수 있다. 그렇다면 빛으로 난자를 자극하면 처녀생식이 되지 않을까?

5-2. 미국 스탠포드 의대, 빛으로 사교성의 뇌 회로를 찾다

미국 스탠포드 의대 과학자들이 쥐의 뇌에서 사교성을 담당하는 뇌 회로(Brain Circuit for Social Behavior)를 찾아냈다. 쥐 뇌 속의 수백만 개의 뇌 회로 중 하나를 빛으로 자극했더니 쥐들은 즉시 새로운 쥐(a strange mouse)와 친해지려고 했다. 반대로 뇌 회로에 빛을 차단시켰더니 친교성이 급격히 떨어졌다(Gunaydin et al., Cell, 19 Jun 2014). 따라서 사교성이나 사회 관계(social interaction)를 형성하는데 손상을 입은 자폐증(autism), 사회불안증(social anxiety), 정신분열증(schizophrenia)이나 우울증(depression)과 같은 정신질환(psychiatric disorders) 치료에 획기적인 발판을 마련했다는 평가이다(Science Daily, 19 Jun 2014).

이들은 최근 떠오르고 있는 광유전학(optogenetics) 기술을 이용했는데, 빛에 민감한 수용체 분자들(light-receptor molecules), 즉 단백질들을 선택하여, 살아있는 쥐 뇌의 특정 신경세포의 표면(세포막)에 주입하고, 그 다음 세심하게 문제의 회로에 접근시켰다. 그 다음 초박막 광섬유(ultra-thin optical fiber)를 문제의 회로 끝에 닿게 한 후 빛 스위치(a light switch)를 통해 빛을 켰다 껐다 하면서 이에 반응하는 단백질들의 신호에 따라 행동하는 쥐를 살폈다. 스위치가 켜지면 회로를 자

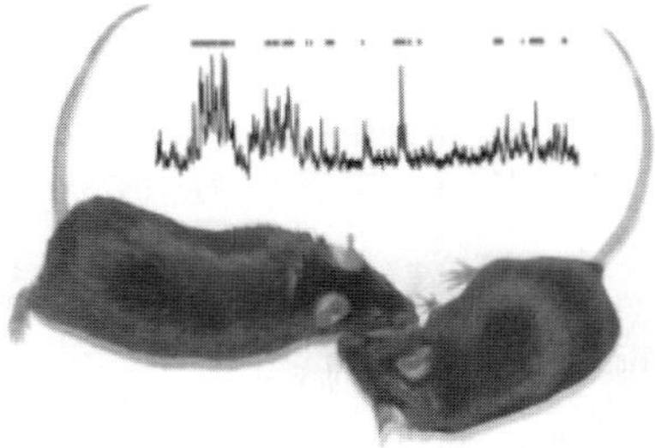

극시키는 것이고 꺼지면 억제하는 것이었다. 그 다음 쥐의 행동을 비디오로 녹화했다.

과학자들이 실험한 영역은 VTA(ventral tegmental area)라 불리는 뇌간(Brain stem, 생명의 뇌)이었다. VTA는 뇌의 보상회로(brain's reward circuitry)에 있는 주요 노드(a key node)인데, 먹기, 짝짓기, 추운 지역에서 따뜻한 곳 찾기 등의 생존을 증가하는 활동(survival-improving activities)에서 성공할 경우 즐거운 기분(sensations of pleasure)을 유발하는 곳이다. 이러한 보상에 따라 VTA는 전체 뇌의 다른 영역에 전기 신호를 보내 신경세포에 인접한 시냅스들(Synapses)로 하여금 의욕이 넘치는 도파민(dopamine) 같은 신경전달물질들(Neurotransmitters)을 분비토록 한다.

연구자들은 도파민을 분비하는 쥐를 대상으로 연구를 했다. 빛에 민감한 단백질들은 광섬유의 빛에 반응하여 증가 또는 억제의 신호를 신경세포들에 전달한다. 빛의 스위치를 켜자 단백질들은 증가의 신호를 신경세포들에 보내 많은 양의 도파민을 분비하여, 그 결과 쥐들은 사교성에 강한 행동들을 보였다. 새로운 쥐를 방에 들여보내자 바로 쳐다보고 냄새를 맡고 비벼댔다. 반대로 스위치를 끄자 반대의 행동들을 했다. 이번엔 골프 공을 넣고 스위치를 켜자 아무런 효과가 없었다. 이 의미는 VTA는 특정 사교성만을 담당하는 곳이란 뜻이다.

이처럼 광유전자극 기술은 각종 뇌 영역을 보다 자세히 관찰하여 기능들을 알 수 있게 해줄 뿐 아니라, 그 기능들을 켜고 끌 수 있으며 또한 그 기능들의 활동을 증감시킬 수 있다.

5-3. 국내 연구진, 빛으로 신경세포를 자라게 하다

기초과학연구원(IBS)의 인지 및 사회성 연구단(Center for Cognition and Sociality)의 허원도 교수 연구팀은 빛으로 뇌 신경세포 성장인자 수용체를 원격 제어하는 기술을 개발했다(Chang & Heo et al., Nature Communications, 04 Jun 2014). 다시 말해 세계 최초로 빛으로 뇌 신경세포를 자라게 하는 데 성공했다.

'광유도 뇌신경세포 성장인자수용체'라 이름 붙여진 이 기술은 빛으로 세포막에 위치한 특정 수용체(단백질)를 원격 조정할 수 있는 광유전학분야 신기술이다. 연구진은 식물의 일종인 애기장대(Arabidopsis thaliana)에서 추출한 크립토크롬(CRY2, Cryptochrome-2)이라는 청색 빛(Blue light)에 민감하게 반응하는 광수용체(Blue light photoreceptor)라는 단백질을 신경세포의 세포막에 주입시켰다. 그 다음 연구팀은 가시광선 중 488nm(나노미터)의 파장인 청색 빛(Blue light)을 크립토크롬에 쪼였다. 빛을 쬐어주는 순간 크립토크롬은 순식간에 활성화되고, 신경세포의 신호전달을 유도해, 신경세포의 성장과 분화를 유도했다. 이들은 단순하게 빛을 쬐어주고 다시 끄는 방법을 통해 크립토크롬을 조절할 수 있음을 증명한 것이다. 빛을 쬐어주는 빈도를 조절해 하위 신호전달의 지속성을 조절할 수 있었고 결과적으로 세포의 분화 또한 유도할 수 있음을 확인했다. 이렇게 해서 쥐의 해마의 뉴런을 성장시키는 데 성공한 것이다.

빛에 민감한 신경세포나 단백질 등을 빛으로 자극하여 기능이나 속성을 제어하는 것을 뛰어넘어, 이제는 크립토크롬을 빛으로 조절하

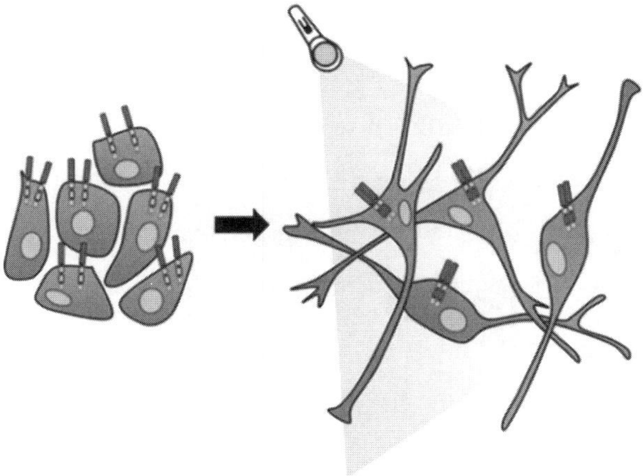

광활성 신경세포막수용체(크립토크롬)를 빛으로 조절해 신경세포분화를 유도하는 모식도. Image Credit : Chang & Heo et al., Nature Communications, 04 Jun 2014.

여 신경세포를 자라게 한 것이다. 이것은 무엇을 의미하는가 하면 빛과 생명(물질)과의 상호작용을 의미한다. 단순히 빛의 자극에 의한 처녀생식이 아니라 그 이후의 빛과 생명에 의한 태아의 성장을 의미하는 것이다.

6. 빛을 물질로 전환하다, 빛에서 물질을 생성하다

인간이 지구에 등장해 가장 처음으로 본 것은 빛(Light)이다. 또 인간이 태어나 가장 먼저 접하게 되는 것도 빛(Light)이다. 그래서 빛의 광학 현상(Optical phenomena)에 매료돼(fascinated) 빛의 본질(the nature of light)을 밝히려는 인간의 노력은 줄곧 이어져 왔다.[5]

6-1. 미국, 빛을 정지시켜 물질로 전환하다

빛을 정지시키고 다시 놓아주다 - 하버드 대학 물리학과 및 로랜드과학연구소(Rowland Institute of Science)의 린 하우(Lene Vestergaard Hau) 박사 팀과 하버드 스미소니언 천체물리학센터(Harvard-Smithsonian Center for Astrophysics)의 로널드 월스워스(Ronald Walsworth) 박사 팀이 진공상태에서 초당 30만 km의 속도로 진행하는 빛을 정지(stopping)시켜 저장해 두었다가 다시 놓아주는 기술을 각각 개발하여 인류 역사상 자연계에서 가장 빠르고 가벼운 빛의 에너지를 정복했다(Liu & Hau et al., Nature, 2001; Phillips & Walsworth et al., Physical Review Letters, 2001).

이 두 팀은 별도로 연구를 진행해왔다. 수년 전 하우 박사는 초당 30만 킬로미터(3억 미터)보다 더 느린 30미터, 그리고 1999년에는 17미터까지 빛을 조절했다. 빛은 물이나 유리처럼 투명한 매질을 통과할 때 속도가 줄어든다. 이 빛을 완전히 정지시키기 위해, 하우 박사는 나트륨(소디엄, Sodium) 가스를, 월스워스 박사는 루비돔(Rubidium) 가스를 매질로 활용하여, 가스를 영하 273도까지 낮춰 빛을 멈추게 한 뒤, 다른 파장의 빛을 비추자 처음에 정지됐던 빛이 본래 성질 그대로 되 살아나 가스 밖으로 나왔다. 이 기술을 이용하면 빛에 정보를 저장할 수 있는 양자 컴퓨팅(Quantum Computing)의 개발이 가능해지고 빛에 생명의 물질까지 프로그램화 하여 실어 나를 수 있다. 다시 말해 인간의 유전정보도 실어 나를 수 있다.

---

5 「창세기」 1장 3절에 등장하는 '하나님이 가라사대 빛이 있으라 하시매 빛이 있었고(And God said, "Let there be light," and there was light)'의 빛은 『바이블 매트릭스』 시리즈 1권 『우주창조의 비밀』을 참조하라.

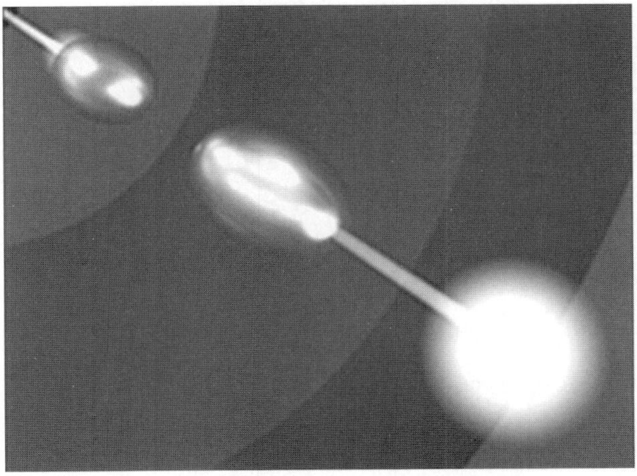

오른쪽에서 왼쪽 방향으로 설명. 빛이 하나의 원자 구름(one cloud of atoms)으로 들어가 사라졌다가(정지되었다가) 다른 위치로 카피되어 원래의 빛을 재생. Image Credit : Nature/BBC

빛을 물질로 전환하다 - 이어서 린 하우 교수는 절대온도 0도로, 즉 영하 273도로 냉각된 원자의 구름에서 빛을 물질로 전환시키는 데(Cool clouds turn light to matter) 성공했다(Ginsberg & Hau et al., Nature, 2007). 이동하는 빛의 파동을 정지시키고 다른 위치로 카피(복제)하여 원래 그대로 재생시켜 방출하는 데 성공한 것이다. 다시 말해 빛을 A에 정지시켜 저장했다가 B에 복제하고 다시 원래 빛 그대로 방출시킨 것이다.

빛의 파동(light pulse)이 하나의 원자구름으로 들어가 사라졌다가(정지 되었다가) 근처의 다른 원자 구름으로 카피되어 재생되는데, 이때 빛이 정지되었다는 것은 빛이 원자구름인 물질(matter, 에너지)로 전환되고, 그 다음 다시 빛으로 되돌아 오는 것으로, 빛과 물질을 통합(light and matter united)한 것이다. 이는 빛과 물질, 물질과 빛을 마음대로 제어할 수 있다는 뜻이다. 이때 물질(원자)은 생명을 이루는 물질로서, 에너지와 파동의 빛에 생명의 정보를 담아 보내는 것이 가능함을 시사하는 것이다. 이는 빛은 물질이요 물질은 생명으로 빛은 생명이라는 뜻이다. 인간을 비롯한 모든 생명체는 따라서 빛이 없으면 존재할 수 없다. 빛이 없으면 그것은 죽음이다. 인간의 몸은 22개의 물질(원자)로 이루어져 있다.

6-2. 영국, 빛에서 물질을 생성하는 데 도전(E=mc²)

빛에서 물질 생성한다?(Matter will be created from Light?) 영국 런던 임페리얼 칼리지(Imperial College London)와 독일 막스플랑크연구소(Max Planck Institute)의 물리학자들은 고에너지 레이저들(high-powered lasers)과 기타 장비들을 이용, 빛에서 물질을 생성하는 방법을 찾아냈으며, 향후 12개월 내에 실험을 통해 이를 입증하는 것을 목표로 삼고 있다. 물론 이들이 만들려 하는 것은 일상적 물체가 아니라, 눈으로는 볼 수 없는 전자(electrons)와 양전자(positrons) 같은 아원자 입자(subatomic particles)의 기본 물질 형태다.

빛에서 물질이 생성될 수 있다는 이론은 80년 전인 1934년 미국 물리학자 그레고리 브라이트(Gregory Breit)와 존 휠러(John Wheeler)에 의해 이론화됐다. 두 사람은 그 이후 제2차 세계대전을 종식시키는 원자폭탄 개발에도 참여를 했는데, 이들은 2개의 광자가 충돌하면 전자와 그 반물질(antimatter)인 양전자가 생성될 수 있다는 이론을 제시했다. 전자는 원자 외곽(the outer shells of atoms)을 형성하는 입자들이다. 브라이트와 휠러는 문제의 이론을 발표할 당시 빛이 물질로 전환되는(the conversion of light into matter) 현상은 극히 드문 경우라면서, 실험실에서는 재현이 거의 불가능하다고 생각했었다.

임페리얼 칼리지의 물리학자들은 전문학술지 『네이처 포토닉스

(Nature Photonics)』를 통해 3단계 절차를 밟아가면 실험실에서도 빛을 물질로 전환할 수 있다(turn light into matter)는 논문을, 브라이트-휠러 이론이 나온 지 80년 만인, 2014년 5월에 발표했다(Pike et al., Nature Photonics, 18 May 2014). 이 논문에 따르면 1단계로 금으로 된 얇은 판(a slab of gold)에 전자들(electrons)을 발사해 고에너지 광자들의 빔(a beam of high-energy photons)을 만들고, 2단계로 역시 금으로 만든 작은 캡슐(a tiny gold capsule), 이른바 홀라움(hohlraum, 빈 공간, 진공상태의 독일어)에 고에너지 레이저(a high-energy laser)를 발사해 별에서 방출되는 수준의 매우 밝은 빛(light as bright)을 만들며, 마지막으로 1단계에서 생성된 광자들의 빔을 홀라움에 보내면, 두 개의 광자 흐름들(two streams)이 서로 충돌한다(collide)는 것이다. 이런 상태가 되면 높은 에너지를 가진 광입자들에 엄청난 압력이 가해져, 10만 개 가량의 전자-양전자 쌍을 만들어낼 수 있다는 게 임페리얼 칼리지 연구팀의 기대다.

연구를 주도한 물리학자 올리버 파이크(Oliver Pike)는 브라이트-휠러 프로세스(The Breit-Wheeler process)는 에너지와 물질이 상호 전환될 수 있다는(matter and energy are interchangeable), 천재 물리학자 아인슈타인(Albert Einstein, 1879-1955)의 유명한 물질과 에너지의 등가방정식인 $E=mc^2$ 공식을 입증하는 가장 단순하면서도 깔끔한 방법이라고 말했다. 에너지와 질량(물질)은 등가(Equivalence)이고, 빛(c=constant)과 에너지가 등가이면 빛과 물질도 등가이다. 빛이 물질로 물질이 빛으로 전환될 수 있다는 얘기이다. 동료 연구원인 스티븐 로스(Steven Rose)는 제2차 세계대전 직전 양자전기역학(QED, Quantum electrodynamics, 量子電氣力學) 이론이 등장한 이후 지금까지 선보인 가장 극적인 예측이라고 자부했다.

임페리얼 칼리지 연구팀은 1년 안으로 입증을 마칠 계획이다. 미국 뉴욕주 로체스터(Rochester)의 오메가 레이저(the huge Omega laser), 영국 버크셔(Berkshire)의 올더매스턴(Aldermaston) 핵무기연구소가 보유한 오리온 레이저(Orion laser) 등이 이들의 실험을 지원한다. 옥스퍼드대학 존 애덤스 연구소(John Adams Institute at Oxford University)의 안드레이 세리(Andrei Seryi) 소장은 "물질과 에너지(matter and energy), 입자와 빛(particles and light)처럼 연관성이 없다고 생각한 것들이 사실상 상호 전환될 수 있다고 생각하는 것만도 놀랍다"고 말하면서 "미래에는 에너지를 시간으로, 혹은 그 반대로 바꿀 수 있지 않을까"라고 논평했다(The Guardian, 18 May 2014).

빛이 물질로 전환되면, 그 반대도 가능하다는 얘기이다. 물질을 빛으로 전환하면 어떻게 되는 것일까? 어느 분인가 천상에서 빛으로 이 땅에 오셔서 이 땅의 물질로 변형되었다가 다시 빛으로 변형되어 천상으로 가시는 것이 가능하다는 얘기가 아닌가?

7. NASA, 우주서 레이저로 지구에 동영상을 쏘다

빛으로 데이터를 주고받는 시대가 머지않았다. 미국 항공우주국(NASA)은 지구 상공 260마일(364km)에서 지구 궤도를 돌고 있는 국제우주정거장(ISS)에서 레이저(LASER)로 지상에 동영상(데이터)을 전송하는 실험에 성공했다고 발표했다(NASA, 6 Jun 2014). NASA는 ISS에 실린 '레이저 통신 과학을 위한 광학 탑재물(OPALS, Optical Payload for Lasercomm Science)'이 약 20MB 크기의 동영상을 캘리포니아 테이블산 관측소(Table Mountain Observatory)로 3.5초 만에 전송했다고 밝혔다. 전파를 쓰는 기존 통신 기술로는 10분 넘게 걸릴 일이었다.

국제우주정거장(ISS)에서 지상으로 레이저를 쏘는 모습 개념도. Image Credit : NASA

NASA가 우주 통신에 레이저를 쓰려는 이유는 위성이나 우주선에서 대용량 관측 자료가 쏟아지기 때문이다. 지난 40년 동안 우주에서 주고 받은 통신 데이터는 2년마다 곱절로 늘었다. 아브라함손(Matt Abrahamson) OPALS 미션 매니저는 "인간은 끔찍할 정도로 많은 데이터를 모으는 과학 장비를 만들고 있다"라며 "이 데이터를 지금 쓰는 무선 전파통신 기술로는 도저히 전송할 길이 없다"라고 말했다.

레이저는 전파보다 더 많은 정보를 담을 수 있다. 주파수가 크기 때문이다. 주파수는 1초 동안 얼마나 많은 파동(진동)이 생기는지를 일컫는 말이다. 통신기술은 파동을 이용해 그 속에 정보를 담는 것이다. 레이저는 전파보다 1천 배 이상 주파수가 크다. 덕분에 훨씬 많은 정보를 더 빨리 주고 받을 수 있다.

레이저로 정보를 주고받을 때 가장 큰 걸림돌은 정확도다. ISS는 시속 2만 7천 킬로미터 속도로 하루에 지구 주위를 15번 넘게 돈다. 이렇게 빨리 움직이는 곳에서 지상 한 곳에 정확히 레이저를 쏘기란 만만찮은 일이다. NASA는 이를 "걸어가면서 30피트(9m) 떨어진 사람의 머리카락 끝에 레이저 포인터를 겨냥하는 것과 같다"라고 설명했다.

레이저 무기는 이미 나와 있지만 레이저에 정보나 프로그램을 실어 우주 공간에 쏘는 실험은 2014년에나 와서야 성공한 것이다. 지금은 초당 대략 6MB를 전송했지만 기술이 발전하다 보면 인간의 유전자나 유전자의 자기복제-자기조립-자기조직화하는 방법이나 그에 필요한 에너지를 레이저나 빛에 실어 전송할 것이다. 아니 그 이상의 과학기술을 기계뿐만 아니라 사람에게도 전송해 지식을 단숨에 터득할 것이다. 아니 생명을 탄생시키는 방법까지 시스템이 다른 공간에 전송해 그 공간의 시스템에 맞는 인간을 탄생시킬 수도 있다. 이는 지금으로서는 이해할 수 없는 엄청난 과학기술이다.

8. 성령=빛으로 잉태하신, 빛으로 오신 예수님

그렇다. 앞의 내용을 정리해보면 확연해진다. 성모 마리아님께서는 하나님 아버지의 성령, 즉 빛의 에너지와 파동으로 예수님을 잉태하신 것이다. 다시말해 빛의 파동에 실린 생명의 정보(물질)를 난자에 이식하고 빛의 에너지로 난자가 자극되어 예수님을 잉태하신 것이다. 이때 생명의 물질은 천상의 물질로 시스템이 다른 지구에서 인간의 형태로 태어날 육체의 물질(원자, 유전자 등)로 전환(변형)되는 것이다. 이때의 빛은 특정 고에너지 레이저의 파동이 될 수도 있고, 아직도 우리가 모르는 텔레파시(telepathy)가 될 수도 있고, 우리 태양계 시스템의 핵심인 태양 빛의 파동이 될 수도 있고, 더 나아가 우주 근원의 빛(Cosmic Ray), 즉 블랙홀 빛의 파동이 될 수도 있다. 그리고 빛의 파동에 실려

성모 마리아님의 난자에 이식된 생명의 정보와 물질들은 빛의 에너지로 자극되어 유전자가 발현되는 처녀수정을 거쳐 예수님을 잉태하신 것이다. 결국 예수님은 인간의 육신(물질)으로 변형되어(Transformed or Transfigured) 탄생하신 것이다.

「요한복음」 12장 46절에는 '나는 빛으로 세상에 왔나니(I have come into the world as a light)'라고 예수님은 분명 말씀하셨다. 물리적이고 물질적인 빛으로 오셨다는 것을 강조하신 것이다. 빛으로 태어나셨다는 얘기이다. 그리고 예수님 안에는 생명(life)이 있었으니 이 생명은 바로 사람들의 빛(light)이라고 「요한복음」 1장 4절에 기록되어 있다. 따라서 빛이 어두움에 비추되 어두움이 깨닫지 못했다고 기록하고 있다.

태양의 빛은 초당 30만 km의 속도로 에너지와 물질(입자)을 파동에 싣고 내 달린다는 사실을 우리 모두가 다 알고 있다. 따라서 빛에 의해 인간으로 태어나신 예수님 육체 안에는 모든 사람들에게 줄 생명이 들어 있다는 것이다. 그리고 그 생명은 사람들을 구원할 빛이라는 얘기이다.

「요한복음」 12:46 - 나는 빛으로 세상에 왔나니 무릇 나를 믿는 자로 어두움에 거하지 않게 하려 함이로라(I have come into the world as a light, so that no one who believes in me should stay in darkness.)(NIV)

1:4 - 그 안에 생명이 있었으니 이 생명은 사람들의 빛이라(In him was life, and that life was the light of men.)

1:5 - 빛이 어두움에 비취되 어두움이 깨닫지 못하더라(The light shines in the darkness, but the darkness has not understood it.)

따라서 예수님 하나님은 참된 빛(The true light)으로, 예수님 하나님이 지으신(창조하신) 자기 땅에 왔으나, 자기 백성들이 영접하지 않았다고 기록하고 있다.

「요한복음」 1:9 - 참 빛 곧 세상에 와서 각 사람에게 비취는 빛이 있었나니(The true light that gives light to every man was coming into the world.)(NIV)

11 - 자기 땅에 오매 자기 백성이 영접지 아니하였으나(He came to that which was his own, but his own did not receive him.)

그리고 「요한복음」 3장에는 다음과 같이 기록하고 있다. 우리가 지은 진짜 '정죄(the verdit)는 빛이 세상에 왔으되 빛보다 어두움을 더 사랑한 것이며', '빛(the light)은 바로 진리(the truth)이다'라고 기록되어 있다. '진리를 좇는 자는 빛으로 오나니, 이는 그 행위가 하나님 안에서 행한 것임을 나타내려 함이다'라고 기록하고 있다.

「요한복음」 3:19 - 그 정죄는 이것이니 곧 빛이 세상에 왔으되 사람들이 자기 행위가 악하므로 빛보다 어두움을 더 사랑한 것이니라(This is the verdict: Light has come into the world, but men loved darkness instead of light because their deeds were evil.)(NIV)

20 - 악을 행하는 자마다 빛을 미워하여 빛으로 오지 아니하나니 이는 그 행위가 드러날까 함이요(Everyone who does evil hates the light, and will not come into the light for fear that his deeds will be exposed.)

21 - 진리를 좇는 자는 빛으로 오나니 이는 그 행위가 하나님 안에서 행한 것임을 나타내려 함이라 하시니라(But whoever lives by the truth comes into the light, so that it may be seen plainly that what he has

done has been done through God.)

지금도 예수님 하나님께서 빛으로 자기가 창조한 자기 땅에 오셨다는 것을 과학적으로 정확하게 이해할 수 없는데, BC 6년에 베들레헴에서 태어나신 예수님을 이스라엘 백성들이 어떻게 이해할 수 있었을까? 지금으로부터 2,020년 전의 일이다. 어두움을 사랑했다는 뜻은 달리 해석하면 빛을 알아보지 못한, 예수님 하나님이 생명의 그리스도임을 알아보지 못한 무지함을 뜻하는 것이다. 그래서 유대인들은 결국 AD 27년에 예수님 하나님을 십자가에 못 박아 죽이셨다. 참으로 한심하고 통탄할 일이다.

4절 하나님 아버지의 성령으로 무장하신 예수님

1. 탄생 후에도 비둘기 형체로 내리는 권능과 지식의 성령(빛)

하나님 아버지의 성령에 의해 인간의 육체로 변형되어 태어나신 예수님은 자라며 강하여지고 지혜가 충족하고 하나님의 은혜가 그 위에 있었다(「누가복음」 2:40). 그리고 해마다 유월절(Passover)에는 갈릴리(Galilee) 지방의 나사렛(Nazareth)으로부터 예루살렘에 다니다가, 12살 때에 예루살렘 성전에서 서기관들(랍비, 선생)과 토론을 하신 후, 다시 나사렛에 돌아와 부모에게 순종하면서 모시다가(「누가복음」 2:41-51), 30살 쯤에 예루살렘 아래의 베다니(Bethany) 근처의 요단강(Jordan)에 이르러(「요한복음」 1:28), 세례 요한(John Baptist)에게 세례를 받으시고(「마태복음」 3:13-15), 30살부터 가르침을 시작하신다(「누가복음」 3:23).

예수님께서 세례 요한에게 세례를 받으시고 물에서 올라올 때에 '하늘이 열리고(갈라지고) 하나님의 성령이 비둘기 형체의 빛(light)으로 내려 자기 위에 임하심을' 보신다. 하늘이 열렸다 또는 갈라졌다는 것은 우주선의 영광(광채)이 떴다는 것이고, 이는 차후 본권 1부 3장 2절의 "하나님들과 천사들과 함께 오신 예수님 하나님"에서 자세히 살펴보겠지만, 예수님께서 홀로 이 땅에 오신 것이 아니라, 많은 하나님들과 천사들과 함께 이 땅에 오셨다는 것을 의미한다. 하늘로서 소리가 있어 말씀하시되 "이는 내 사랑하는 아들이요 내 기뻐하는 자라 하시니라"고 하신 말씀도 이를 증빙하는 것이다.

비둘기 같은 형체란(in bodily form like a dove) 예수님이 인간의 육체로 오셨기 때문에, 하나님 아버지께서 성령(과학과 지식)을 빛의 에너지와 파동으로 쏘아주실 때, 빛을 물질로 전환해서 쏘아주셨다는 것을 의미한다. 이때 물질이란 원자(atom)가 될 수도 있고, 양성자(proton)와 중성자(neutron)가 될 수도 있고, 전자와 양전자가 될 수도 있으며, 12개의 기본 입자들인 페르미온(Fermions)이 될 수도 있고, 힘의 매개입자인 보존(Boson)의 광자(Photon)가 될 수도 있고, 아직 우리가 발견하지 못한 X가 될 수도 있다. 그리고 이러한 물질들을 레이저나 텔레파시, 아니 우리가 아직 발견하지 못한 물질운반광선을 통해 예수님께 쏘아주신 것이다. 쏘아주셨다는 것은 지식을 예수님의 두뇌에 각인시켰다는 것이고 또한 과학기술로 무장시켰다는 뜻이다. 예를 들어 예수님의 옷을 생체인터넷(Internet of Biometry or Biosignal, IoB)으로 전환시켰다는 뜻이다.[6] 인간의 눈으로 보았을 때 그 형체가 꼭 하얀 비둘기가

6 생체인터넷(IoB)에 대해서는 본권 2부 2장의 4절인 "생체인터넷의 발전방향, 생체인터넷으로 무장한 예수님"을 참조하라.

우주선에서 내려오는 것과 같다는 것인데, 정확히 말하자면 비둘기는 바로 빛의 에너지와 파동이요 물질의 파동이다. 이를 일본 과학자들은 물질파(Matter wave)라 하는데, 서양이나 우리나라에서는 테라헤르츠파(THz)라 부른다. 테라헤르츠파에 대해서는 본권 2부의 "예수님이 이 땅에 오셔서 행한 성령에 의한 기적들을 과학기술로 조명"의 2장에서 자세히 다룰 예정이다.

이는 무엇을 말하는가 하면 잉태할 때에도 하나님 아버지의 성령을 받아 태어나셨지만, 탄생 후에도 하나님 아버지께서 성령, 즉 권능과 지식으로 예수님에게 맞춤식 교육과 맞춤식 과학기술로 무장시켰다는 것을 알 수 있다.

「마태복음」 3:16 - 예수께서 세례를 받으시고 곧 물에서 올라 오실새 하늘이 열리고 하나님의 성령이 비둘기 같이 내려 자기 위에 임하심을 보시더니(As soon as Jesus was baptized, he went up out of the water. At that moment heaven was opened, and he saw the Spirit of God descending like a dove and lighting on him.)(NIV)

3:17 - 하늘로서 소리가 있어 말씀하시되 이는 내 사랑하는 아들이요 내 기뻐하는 자라 하시니라(And a voice from heaven said, "This is my Son, whom I love; with him I am well pleased.")(NIV)

「누가복음」 3:22 - 성령이 형체로 비둘기같이 그의 위에 강림하시더니 하늘로서 소리가 나기를 너는 내 사랑하는 아들이라 내가 너를 기뻐하노라 하시니라(and the Holy Spirit descended on him in bodily form like a dove. And a voice came from heaven: "You are my Son, whom I love; with you I am well pleased.")

「마가복음」 1:10 - 곧 물에서 올라오실쌔 하늘이 갈라짐과 성령이 비둘기 같이 자기에게 내려오심을 보시더니(As Jesus was coming up out of the water, he saw heaven being torn open and the Spirit descending on him like a dove.)

1:11 - 하늘로서 소리가 나기를 너는 내 사랑하는 아들이라 내가 너를 기뻐하노라 하시니라(And a voice came from heaven: "You are my Son, whom I love; with you I am well pleased.")

「요한복음」 1:32 - 요한이 또 증거하여 가로되 내가 보매 성령이 비둘기같이 하늘로서 내려와서 그의 위에 머물렀더라(Then John gave this testimony: "I saw the Spirit come down from heaven as a dove and remain on him.)

그렇다면 지식을 예수님께 쏘아주셨을까? 지금의 과학 수준을 들여다 보자. 지금도 각종 원자 안에 지식이나 약을 넣어 뇌와 몸에 테라헤르츠파(THz)나 뇌파를 이용하여 주입시키는 연구가 진행 중이다.

2. 먹는 지식 약 → 텅 빈 공간인 원자에 지식을 넣어 전달

알약을 먹으면 특정 지식(knowledge pills)을 습득하게 되는 날이 도래할 것이란 예측은 허황된 공상으로 들릴 수 있다. 하지만 이 주장을 내놓은 이가 미국 MIT 미디어융합기술 연구소 미디어랩의 설립자라면 얘기는 달라질 것이다. MIT 미디어랩의 설립자이자 『디지털이다(Being Digital, 1995)』의 저자인 니콜라스 네그로폰테(Nicolas Negroponte) 교수가 2014년 3월 17일부터 닷새간 캐나다 밴쿠버

에서 진행되는 'TED' 콘퍼런스 30주년 행사에서 솔깃한 예측을 내놓았다.

미국의 IT 잡지 『아스테크니카』에 따르면(Ars Technica, 18 Mar 2014), 네그로폰테 교수는 "30년 내로, 우리는 문자 그대로 정보를 소화할 수 있게 된다. 정보가 혈류에 있다면 특정한 메커니즘으로 이 정보를 뇌에 비축할 수 있다"고 말했다. 그는 "우리는 알약을 먹어서 영어나 셰익스피어의 작품을 배울 수 있다"고 설명했다. 그는 이 알약에 대해서 구체적으로 설명하지는 않았지만 참석자들에게 자신의 예측이 터무니없는 것은 아니라고 강조했다.

네그로폰테 교수는 알약을 먹으면 프랑스어나 컴퓨터 프로그래밍 등을 즉시 알 수 있는 것으로 가정하고 있다. 이는 영화 〈매트릭스(The Matrix, 1999)〉에서 주인공인 네오가 자신의 뇌와 컴퓨터 간에 인터페이스를 통해 '쿵후(kung fu)를 배우겠다'고 말한 것과 유사한 일이다. 미국의 온라인 매체 「비즈니스인사이더」에 따르면(Business Insider, 18 Mar 2014), 네그로폰테 교수의 예측은 어느 정도는 현실에 기반을 두고 나온 것이다. 신경과학자들은 이미 기억형성 분자(memory-forming molecules)가 살아있는 동물의 뇌에서 활동하는 것을 이미 발견했다(io9, 27 Jan 2014). 이는 신경세포가 어떻게 기억이라는 활동을 가능하게 하는지를 밝히는 데 신기원을 이룩한 것이다.

현재 과학자들은 양자물리학과 인식에 관한 이론 간의 합리적 연결고리를 찾아냈고, 이는 인간이 어떻게 학습하고 기억을 할 수 있는지를 설명하는 데 도움이 된다. 즉, 네그로폰테 교수의 예측은 응용 양자물리학에 기반을 두고 있는 것이다.

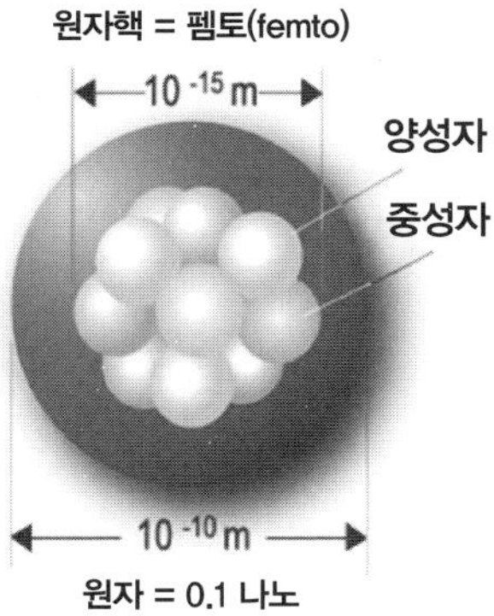

네그로폰테의 지식 알약의 아이디어는 1965년에 양자전기역학(Quantum electrodynamics) 이론으로 노벨 물리학상을 수상한 나노기술의 아버지인 리처드 파인먼(Richard Feynman, 1918-1988)이 1959년 12월 29일, 미국 캘리포니아 공대(CIT)에서 개최된 미국 물리학회에서의 강연에서 '바닥에는 충분한 공간이 있다. 물리학의 새로운 영역으로의 초대(There is Plenty of Room at the Bottom. An Invitation to Enter a New Field of Physics)'라는 강연에서 출발한다. 바닥에는 충분한 공간이 있다는 것은 원자는 99.9999%가 텅 비어 있다는 뜻이다.

따라서 0.1나노 크기인 원자는 99.9999%가 텅 빈 공간이라, 이 텅 빈 공간에 약물이나 지식을 넣어 혈관이나 뉴런에 투입하면 지식을 주입하여 순식간에 학습할 수 있다. 아니 언젠가는 원자가 아니라 원자핵(nucleus)에 있는 펨토(femto, 10의 마이너스 15승=천조분의 1미터) 크기의 양성자(proton)와 중성자(neutron)에 지식을 넣어 빛으로 쏠 수도 있다. 더 나아가 아토(atto) 크기의 10의 마이너스 19승=천경분의 1미터의 쿼크(Quark)까지 활용할 수 있다. 더 나아가 우리가 아직 찾아내지 못한 국제단위를 사용할 수 있을 것이다.[7]

---

7 자세한 것은 『바이블 매트릭스』 시리즈 4권 『하나님들의 과학기술과 우리가 창조해야 할 미래(하)』의 제3부 1장 4-2절의 "나노→피코→펨토→아토→젭토→욕토→??로 진입"을 참조하라.

3. 텔레파시(Telepathy)란? 사람의 생각을 메시지로 두뇌로 전달(BBI/BBC)

자, 이번에는 뇌파를 이용하는 텔레파시에 도전하는 사례를 살펴보자. 하나님 아버지께서 필요할 때 텔레파시로 예수님께 지식을 전달하였다고 생각할 수도 있다. 이를 브레인-브레인 인터페이스(Brain-Brain Interface) 또는 브레인-브레인 커뮤니케이션(Brain-to-Brain Communication)이라 한다.

스페인의 바로셀로나 대학(University of Barcelona)과 프랑스 및 미국 하버드 의대의 과학자들이 컴퓨터와 인터넷을 이용해, 사람의 뇌파(Brain waves)를 메시지(0과 1의 이메일)로 전환하여, 인도 트리반드룸(Thiruvananthapuram)에 있는 사람이 8천 km 이상 떨어진 프랑스 스트라스부르(Strasbourg)에 있는 사람에게, 뇌파 메시지(이메일)의 인사말을 두뇌로 전송하여 읽어내는 데 성공했다(Grau and Ruffini et al., PlosOne, 19 Aug 2014). 소위 텔레파시(telepathy)의 시대를 열고 있는 것이다(Daily Mail, 29 Aug 2014).

우선 과학자들은 (1) 트리반드룸에 있는 실험 참여자의 머리에 뇌파기록장치(EEG)를 씌우고 참여자의 뇌의 전기활동들을 기록했다. (2) 그 다음 스페인어와 이탈리아어 인사말(hola, ciao)을 생각하게 한 뒤, 발생하는 뇌파를 측정하여 이 신호를 0과 1의 2진수(binary)의 메시지(이메일)로 전환했다. (3) 그 다음 이 메시지(이메일)는 인터넷으로 스트라스부르의 수신자에게 보내졌다. (4) 스트라스부르에서는 컴퓨터가 이 메시지(이메일)를 받아 번역했다. (5) 그 다음 연구진은 자기장을 발생시키는 장치로 뇌를 자극하는 경두개자기자극법(TMS, Transcranial

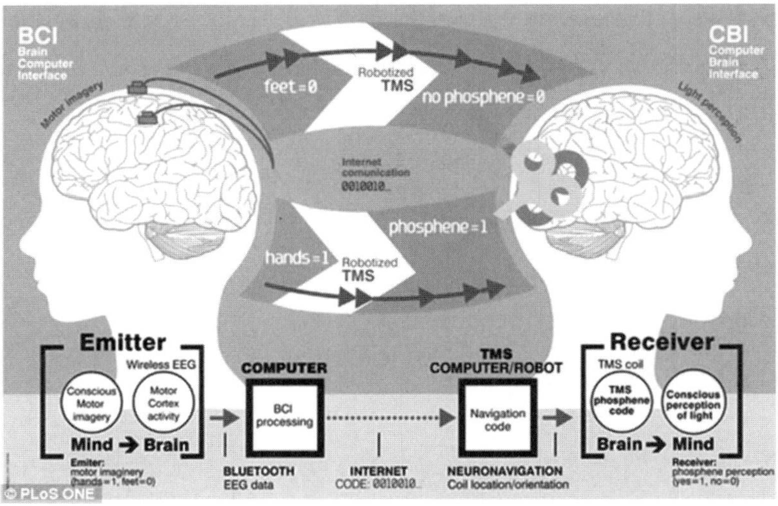

과학자들이 사람 두뇌에 있는 뉴런의 전기활동인 인사말(hola, ciao)의 뇌파를 뇌파기록장치로 기록하고 2진수의 이메일로 전환하여 인터넷으로 수신자에게 전송. Image Credit : PLoS ONE via Daily Mail(29 Aug 2014)

magnetic stimulation)에 주목했다. 이 방법은 뇌 속 전기 신호를 안전하고 간단히 조절할 수 있다. 따라서 연구진은 뇌세포를 자극하는 경두개 자기자극 장치를 통해 번역된 메시지를 수신자의 두뇌에 특정 빛의 형태(specific flashes of light)로 전달, 수신자가 그 내용을 디코딩, 즉 해석할 수 있도록 했다. 우리가 이메일을 받아 컴퓨터로 읽는 것처럼, 2진수로 된 메시지(이메일)를 빛의 형태로 직접 두뇌로 쏘아 무슨 인사말인지 간파하는 것이다. 이는 메시지를 직접 두뇌로 쏘아 해석하는 최초의 실험으로 텔레파시 형태로 사람의 생각을 전달한 것이다.

4. 마귀/사단(엘로힘, 악의 하나님들)의 영(Spirit)과의 시험을 이기시다

이렇게 하나님 아버지의 성령으로 무장하신 예수님은 요단 강에서 돌아오자 마자 광야에서 사십 일 동안 영(Spirit)에 이끌리시어 마귀/사단(The devil/Satan)에게 시험을 당하신다. 원래 마귀/사단은 시험을 하기로 역할을 맡은 불의의 하나님들이다.[8] 여기서 주의할 것이 하나 있다. 바로 영(the Spirit)과 성령(the Holy Spirit)을 구별할 줄 알아야 한다. 영은 하나님 아버지의 과학기술이라 했다. 다시 말해 형식지의 도구인 우주선이나 아직까지 우리가 발견하지 못한 운반광선을 말하는 것이다. 우주선 혹은 운반광선에 이끌리시어 예수님은 광야로 가신다. 이것을 「마가복음」은 '영이 곧 예수를 광야로 몰아내신지라'고 표현하고 있는데, 가장 잘 표현했다고 생각한다. 그러나 한글성경은 모두 'the Spirit'를 '성령'이라 잘못 번역하고 있다.

「마태복음」 4:1 - 그때에 예수께서 성령에게 이끌리어 마귀에게 시험을 받으러 광야로 가사(Then Jesus was led by the Spirit into the desert to be tempted by the devil.)(NIV)

「마가복음」 1:12 - 성령이 곧 예수를 광야로 몰아내신지라(At once the Spirit sent him out into the desert,)

1:13 - 광야에서 사십 일을 계셔서 사단에게 시험을 받으시며 들짐승과 함께 계시니 천사들이 수종들더라(and he was in the desert forty days, being tempted by Satan. He was with the wild animals, and angels attended him.)

「누가복음」 4:1 - 예수께서 성령의 충만함을 입어 요단 강에서 돌아오사 광야에서 사십 일 동안 성령에게 이끌리시며(Jesus, full of the Holy Spirit, returned from the Jordan and was led by the Spirit in the desert,)

---

8 자세한 것은 『바이블 매트릭스』 시리즈 4권 『하나님들의 과학기술과 우리가 창조해야 할 미래(상)』의 1부 6장 "요한계시록의 용/뱀/마귀/사단은? 의로운 하나님들과 불의의 하나님들"의 2절인 "시험/비방/참소/대적만하는 사단(마귀)은 누구인가?"를 참조하라.

4:2 - 마귀에게 시험을 받으시더라 이 모든 날에 아무것도 잡수시지 아니하시니 날 수가 다하매 주리신지라(where for forty days he was tempted by the devil. He ate nothing during those days, and at the end of them he was hungry.)

여기에 중요한 비밀이 있다. 여기에 등장하는 영(Spirit)을 자세히 보라. 이때의 '영은 하나님 아버지의 영이 아니라' 그저 '영'이라고 표현하고 있다는 점이다. 따라서 이 영은 마귀/사단의 영, 즉 마귀/사단의 우주선이나 운반광선을 말하는 것이다. 불의의 하나님들도 이 땅에 우주선을 타고 예수님을 시험하기 위해 오셨다는 것을 알 수 있다. 따라서 영을 다 믿지 말고 오직 영들이 하나님께 속하였나를 잘 판단해야 한다.[9]

마귀가 예수님을 거룩한 성으로 데려갔다는 것은 마귀의 영, 즉 우주선으로 예수님을 예루살렘 성전으로 데려갔다는 뜻이고, 마귀가 또 예수님을 지극히 높은 산으로 데리고 갔다는 것은 마귀가 마귀의 우주선으로 예수님을 예루살렘 근처의 모리야산으로 데려 갔다는 의미이다. 이때 모리야산은 성전산(Mount Moriah, Temple mount)으로 아브라함이 아들 이삭을 번제물로 바치려 했던 산이다. 왜 이곳을 보여주며 마귀는 예수님을 시험했을까? 이곳은 천하 만국을 살필 수 있는 우주비행통제센터(Spacecraft Mission Control Center)가 있던 자리였다. 그 영광을 보여주며라는 것은 우주비행통제센터에서 발하는 찬란한 광채

9 자세한 것은 『바이블 매트릭스』 시리즈 4권 『하나님들의 과학기술과 우리가 창조해야 할 미래(상)』의 1부 6장 "요한계시록의 용/뱀/마귀/사단은? 의로운 하나님들과 불의의 하나님들"의 7절인 "불의의 하나님들을 분별할 줄 아는 지혜 있는 인간(신)이 되자"를 참조하라

(splender)를 보여주었다는 뜻이다. 이곳을 쟁취하고자 했던 젊은 마르둑(Marduk) 신처럼 야심이 있는지를 시험한 것이었다. 마귀는 만일 내게 엎드려 경배하면 우주비행통제센터를 예수님께 준다고 했으나, 예수님은 사단아 물러가라고 하시고 너의 하나님께 경배하고 그를 섬기라 하셨다. 이에 마귀는 예수님을 떠난다.

「마태복음」 4:5 - 이에 마귀가 예수를 거룩한 성으로 데려다가 성전 꼭대기에 세우고(Then the devil took him to the holy city and had him stand on the highest point of the temple.)(NIV)

4:8 - 마귀가 또 그를 데리고 지극히 높은 산으로 가서 천하 만국과 그 영광을 보여(Again, the devil took him to a very high mountain and showed him all the kingdoms of the world and their splendor).

4:9 - 가로되 만일 내게 엎드려 경배하면 이 모든 것을 네게 주리라("All this I will give you," he said, "if you will bow down and worship me.")

왜 그럼 마귀에게 시험을 당하게 하셨을까? 그것은 아마도 인간의 육체로 오셨으니, 아무리 하나님 아버지의 성령으로 충만한들 과연 예수님이 그러한 권능과 지식을 지녔는가를 시험한 것이 아닌가 생각한다. 그 결과 예수님은 불의의 하나님들인 마귀/사단의 영의 시험을 모두 이기신다. 그러나 이때 천사들이 수종든다. 수종들었다는 것은 예수님을 도와주셨다는 뜻이다. 이것은 본권 1부 3장 2절의 "하나님들과 천사들과 함께 오신 예수님 하나님"에서 자세히 살펴보기로 한다.

마귀의 시험을 무사히 마친 예수님은 성령의 권능과 지식으로 갈릴리로 돌아가신다. 그리고 그 소문이 사방에 퍼졌고, 친히 그 여러 회당(synagogues)에서 가르치시매 뭇 사람에게 칭송을 받으신다(「누가복음」 4:14-15).

5. 성령의 명령에 따라 말과 행동하시는 예수님

앞의 2절에서 성령은 하나님 아버지(God the Farther)의 뜻(Will)과 명령(command)이라 했다. 예수님이 하나님 아버지의 권능과 지식으로 무장했다는 것은 그러한 권능과 지식을 습득했을 뿐만 아니라 과학기술로 무장하셨다는 뜻이다. 습득했다는 것은 권능과 지식을 프로그램화 하여 내재화했다는 의미이다. 여기서 중요한 것은 그러한 권능과 지식을 예수님의 친아버지이신 최고 높으신 하나님 아버지(God the Farther)로부터 직접 받았다는 것이다. 다시 말해 하나님 아버지의 뜻과 명령을 받았다는 것을 의미한다. 이것은 이 땅에 오신 예수님은 특별한 사명을 가지고 오셨다는 것이다. 그 사명은 바로 하나님 아버지의 뜻과 명령대로 말과 행동을 해야 함을 의미한다. 이것은 우리나라 대통령이 대사를 다른 나라에 파견하는 것과 같은 것이다. 파견된 대사는 대통령의 뜻과 받은 명령대로 말과 행동을 해야 한다. 예수님이 받은 사명과 역할이 무엇인가는 본권 1부 3장인 "하나님들/천사들과 함께 오셨던 예수님의 능력/역할/죽음/부활/영생"에서 자세히 살펴보기로 한다.

「요한복음」 12장에는 예수님이 마지막 날과 심판에 대해 말씀하시면서, '내가 내 자의로 말한 것이 아니요 나를 보내신 아버지께서 나의 말할 것과 이를 것을 친히 명령하여 주셨으니, 나의 이르는 것은 내 아버지께서 내게 말씀하신 그대로 이르노라'라고 말씀하셨다. 이는 예수님이 이 땅에 오셔서 말씀하신 모든 것은 이미 하나님 아버지께서 다 프로그램화해서 예수님께 내재화했다는 뜻이다. 예수님은 하나님 아버지께서 주신 성령의 뜻과 명령대로 말을 하고 행동을 했다는 뜻이다. 하나님(God, 엘로힘)이 아니라 「요한복음」에는 예수님의 친아버지인 'the Farther'라고 분명하게 기록하고 있다.

「요한복음」 12:49 - 내가 내 자의로 말한 것이 아니요 나를 보내신 아버지께서 나의 말할 것과 이를 것을 친히 명령하여 주셨으니(For I did not speak of my own accord, but the Father who sent me commanded me what to say and how to say it).(NIV)

12:50 - 나는 그의 명령이 영생인 줄 아노라 그러므로 나의 이르는 것은 내 아버지께서 내게 말씀하신 그대로 이르노라 하시니라(I know that his command leads to eternal life. So whatever I say is just what the Father has told me to say.")

6. 이 사람의 이 지혜와 능력이 어디서 났느뇨, 고향에서의 배척

많은 병자를 고치시고 귀신들린 자를 고치시고 많은 능력을 보이시고 마침내 예수님은 고향인 나사렛((Nazareth)으로 돌아오셔서 회당에서 가르치신다. 그런데 고향 사람들이 모두 놀라 '이 사람의 이 지혜와 이런 능력이 어디서 났느뇨?'라며 예수님을 배척하신다. 그 당시 고향사람들은 무지해서, 오늘날 우리도 성령이 무엇인지를 정확히 모르는데, 예수님이 성령으로 무장하셨다는 사실을 알 리가 없었을 것이다. 그저 목수의 아들이요 모친은 마리아요 형제를 지닌 인간(man)으로 무시했던 것이다.

「마태복음」 13:54 - 고향으로 돌아가사 저희 회당에서 가르치시니 저희가 놀라 가로되 이 사람의 이 지혜와 이런 능력이 어디서 났느뇨(Coming to his hometown, he began teaching the people in their synagogue, and they were amazed. "Where did this man get this wisdom and these miraculous powers?" they asked.(NIV)

55 - 이는 그 목수의 아들이 아니냐 그 모친은 마리아, 그 형제들은 야고보, 요셉, 시몬, 유다라 하지 않느냐("Isn't this the carpenter's son? Isn't his mother's name Mary, and aren't his brothers James, Joseph, Simon and Judas?)

56 - 그 누이들은 다 우리와 함께 있지 아니하냐 그런즉 이 사람의 이 모든 것이 어디서 났느뇨 하고(Aren't all his sisters with us? Where then did this man get all these things?")

57 - 예수를 배척한지라 예수께서 저희에게 말씀하시되 선지자가 자기 고향과 자기 집 외에서는 존경을 받지 않음이 없느니라 하시고(And they took offense at him. But Jesus said to them, "Only in his hometown and in his own house is a prophet without honor.")

3장
하나님들/천사들과 함께 오셨던 예수님의 능력/역할/죽음/부활/영생

1절 천사보다 낮은 능력과 육체로 오셨던 예수님, 죽음→부활→영생을 주시다

예수님은 하나님 아버지의 독생자라 했다. 따라서 예수님도 하나님이시다. 그런 예수님 하나님께서 이 땅에 인간의 육체로 오셨다. 그렇다면 천상의 예수님 하나님과 이 땅에 오셨던 예수님은 같은 신분이라 할지라도, 천상과는 다른 시스템인 이 땅에 인간의 육체로 오셨던 예수님의 능력 수준은 어떠했을까?

앞 절에서 예수님이 광야에서 40일간 마귀/사단의 시험을 받을 때에 천사들이 수종들었다(the angels attended him, or the angels ministered unto him, or angels took care of him) 했다. 수종들었다는 것은 예수님을 도와주셨다는 말이다. 그렇다면 이 말은 이 땅에 오신 예수님의 능력은 천사들의 능력보다 한 수 아래라는 것이 아닌가?

「마가복음」 1:13 - 광야에서 사십 일을 계셔서 사단에게 시험을 받으시며 들짐승과 함께 계시니 천사들이 수종들더라(and he was in the desert forty days, being tempted by Satan. He was with the wild animals, and angels attended him(NIV); And he was there in the wilderness forty days, tempted of Satan; and was with the wild beasts; and the angels ministered unto him(KJV); where he was tempted by Satan for forty days. He was out among the wild animals, and angels took care of him(New Living).

「시편」 8장 5절에는 '저를 천사보다 조금 못하게 하시고'라는 구절이 나온다. 여기서 '저'는 예수님을 말하는 것이다. 하나님 아버지께서 독생자를 인간(man)으로 변형시켜 이 땅에 오신 예수님은 천사들(the angels)의 능력보다 조금 못하게(a little lower) 했다는 것을 의미한다. 다시 말해 이 땅에 오신 예수님의 능력은 천사들보다 한 수 아래에 있다는 것이다. 이는 「히브리서」 2장 7절에도 똑같이 기록되어 있으되 '저를 잠깐 동안 천사보다 못하게 하시며'라고 기록하고 있다. 여기 '잠깐 동안'은 인간으로 변형되시어 이 땅에 오셨던 33년을 말하는 것이다.

「시편」 8:5 - 저를 천사보다 조금 못하게 하시고 영화와 존귀로 관을 씌우셨나이다(You made him a little lower than the heavenly beings and crowned him with glory and honor(NJV); For thou hast made him a little lower than the angels, and hast crowned him with glory and honour(KJV); Yet you made them only a little lower than God(1) and crowned them(2) with glory and honor. / (1)Or Yet you made them only a little lower than the angels; Hebrew reads Yet you made him [i.e., man] a little lower than Elohim. (2)Hebrew him [i.e., man]; similarly in 8.6(New Living).

「히브리서」 2:7 - 저를 잠깐 동안 천사보다 못하게 하시며 영광과 존귀로 관 씌우시며(You made him a little lower than the angels; you crowned him with glory and honor).

그렇다!! 인간의 육체로 오신 예수님은 인간이란 제한이 있었을 것이다. 그래서 능력이 천사보다 조금 아래에 있었을 것이다. 그래서 늘 천사들께서 수종들고 돌보아주신 것이다. 그렇다면 왜일까? 인간의 약점이란 무엇을 말하는 것일까? 약점이란 인간은 죽을(mortal) 육체를 가졌다는 것이다. 이 땅의 인간들은 반드시 죽어야 한다.[1] 지구의 대기와 환경에선 영생을 얻을 수 없다는 얘기이다. 반드시 죽고 부활해야 영생을 얻을 수 있다는 말이다. 또한 살아있는 사람들은 휴거(Rapture)를 통해 육체가 변형되어야 영생을 얻을 수 있다.[2]

그렇다!! 이 땅에 인간의 육체로 오신 예수님 또한 반드시 죽어야 한다. 죽으시고 부활해야 한다. 바로 「히브리서」 2장 9절에는 이를 잘 설명해주고 있다. 천사들보다 능력이 낮은 예수님은 죽음의 고난을 받으시고 우리 인간들을 위해 죽음을 맛봄으로써, 우리 인간들 보고 '나도 죽었으니 죽음을 두려워 말라'고 하신 뜻이다. 아니 우리 인간들의 영생을 위해 스스로 죽은 것이다. 그리고 부활하여 승천하셨다. 그러니 죽는 것이 진짜 죽는 것이 아니라 그 다음 세상은 부활의 영생이 있음을 스스로 보여주신 것이다.

「히브리서」 2:9 - 오직 우리가 천사들보다 잠깐 동안 못하게 하심

1 자세한 것은 『바이블 매트릭스』 시리즈 2권 『인간창조와 노아 홍수의 비밀』을 참조하라.
2 부활과 휴거에 대해서는 『바이블 매트릭스』 시리즈 6권 『예수님의 재림과 새 하늘과 새 땅』을 참조하라.

을 입은 자 곧 죽음의 고난 받으심을 인하여 영광과 존귀로 관 쓰신 예수를 보니 이를 행하심은 하나님의 은혜로 말미암아 모든 사람을 위하여 죽음을 맛보려 하심이라(But we see Jesus, who was made a little lower than the angels, now crowned with glory and honor because he suffered death, so that by the grace of God he might taste death for everyone(NIV).

2절 하나님들과 천사들과 함께 오신 예수님 하나님

예수님은 이 땅에 홀로 오셨을까? 앞서 잠깐 설명했듯이 정답은 '아니다'이다. 우리가 대사를 다른 나라에 파견할 때에도 대사를 비롯한 많은 고위 외교관들과 비서들이 따라 나선다. 대통령은 꼭 필요할 때에만 외국을 방문하고, 평상시에는 파견한 대사가 대통령의 역할을 한다.

필자는 『바이블 매트릭스』 시리즈 1~4권을 통해 c.BC 301000년 전에 하늘의 왕권이 이 땅에 내려와 고위 신들의 그룹인 아눈나키(Anunnaki)에 의해 통치되다가 c.BC 3800년경에 신들의 왕권이 인간에게 주어졌다고 썼다. 왕권이 인간에게 주어졌다는 것은 신들의 통치시스템이 인간에게 주어졌다는 것을 의미한다. 따라서 지금의 각국의 통치시스템은 그대로 신들의 통치시스템을 전수받은 것이다. 대통령-장관-시장/도지사 등등의 일련의 시스템 말이다.

그러니 앞서 얘기했듯이 예수님은 홀로 이 땅에 오신 것이 아니라 많은 하나님들과 천사들을 대동하고 오신 것이다. 그것도 시스템이 틀린 하늘의 나라에서 이 지구로 말이다. 마지막 시리즈인 『바이블 매트릭스』 6권 『예수님의 재림과 새 하늘과 새 땅』에서 다시 자세히 살펴보겠지만 예수님의 재림 시에도 마찬가지이다.

본 절에서는 예수님의 탄생-죽음-부활-승천 등을 중심으로, 어쩔 수 없이 천사의 능력보다 아래의 능력으로 잠간 동안 인간의 육체로 오셨다는 관점에서 다음 내용을 이해하자.

1. 예수님 탄생을 돕는 천사들

앞서 살펴보았지만 예수님의 탄생 시점부터 천사들(angels)이 등장한다. 「마태복음」 1장에는 요셉(Joseph)에게 주의 사자(an angel of the Lord)가 꿈속에 나타나, 아내인 마리아를 데려오는데 무서워 말라고 말한다(「마태복음」 1:20).

「누가복음」 1장에는 7명의 천사장들(archangels) 중, 하나님의 메시지를 인간에게 전달하는 전령(messenger)의 역할을 하고 낙원을 관장하며 우주로봇들인 체루빔(cherubim)을 관장하는 천사장인 가브리엘(Gabriel)이 등장해, 세례 요한의 출생을 예고하고(The birth of John the Baptist foretold) 예수의 나심을 예고하는(The birth of Jesus foretold) 장면이 나온다(「누가복음」 1:31-35).

유대의 분봉왕(Tetrarch, 分奉王)인 헤롯왕(Herod I, 헤로데, 헤로데스, 통치 BC 47-BC 40 & BC 37-BC 4) 때에 예수님이 베들레헴(Bethlehem)에서 BC 6년에 탄생하자, 헤롯왕이 죽이려고 한다. 이에 주의 사자가 요셉에게 꿈속에 나타나 아기와 모친을 데리고 애굽(이집트)으로 피하라고 이른다. 또한 헤롯이 죽은 후에 주의 사자가 현몽하여 아기와 모친을 데리고 이스라엘 땅으로 가라고 이른다. 이렇듯 예수님의 탄생에 많은 천사들이 관여하여 도와주신다.

「마태복음」 2:13 - 저희가 떠난 후에 주의 사자가 요셉에게 현몽하여 가로되 헤롯이 아기를 찾아 죽이려 하니 일어나 아기와 그의 모친을 데리고 애굽으로 피하여 내가 네게 이르기까지 거기 있으라 하시니(When they had gone, an angel of the Lord appeared to Joseph in a dream. "Get up," he said, "take the child and his mother and escape to Egypt. Stay there until I tell you, for Herod is going to search for the child to kill him.") (NIV)

19 - 헤롯이 죽은 후에 주의 사자가 애굽에서 요셉에게 현몽하여 가로되(After Herod died, an angel of the Lord appeared in a dream to Joseph in Egypt)

20 - 일어나 아기와 그 모친을 데리고 이스라엘 땅으로 가라 아기의 목숨을 찾던 자들이 죽었느니라 하시니(and said, "Get up, take the child and his mother and go to the land of Israel, for those who were trying to take the child's life are dead.")

2. 예수님의 탄생 연도(BC 6)

원래 예수 그리스도(Jesus Christ)께서 탄생한 시점을 기준으로 A.D.(Anno Domini)로 표기하는 것이 원칙이지만, 후에 성서학자와 역사학자들은 예수님 탄생을 잘못 계산했다는 사실을 발견했다. 참고로 B.C.는 Before Christ의 약자로 기원전을 말한다.

마태(오)(Matthew)가 AD 70~80년에 쓴 마태복음에는 로마제국[Roman Empire, 제정시대, BC 27-AD 476(서로마제국) & AD 1453(동로마제

국/비잔티움제국)]이 유대(Judea)를 간접 지배하기 위해 임명한 유대의 분봉왕(Tetrarch, 分奉王)인 헤롯왕(Herod I, Herod the Great, 헤로데, 헤로데스, 통치 BC 47-BC 40 & BC 37-BC 4)이 유대를 지배할 때 예수님이 나셨다고 적고 있다(「마태복음」 2:1). 그리고 헤롯왕이 살아 있을 때 두 살 아래 갓난 사내아이들을 다 죽였다라고 적고 있다(「마태복음」 2:16).

예수님은 애굽(이집트)으로 피하셨다가 헤롯왕이 BC 4년에 죽은 후, 헤롯왕의 아들인 아켈라오(Herod Archelaus, 통치 BC 4-AD 6)가 그 뒤를 잇자, 요셉이 유대 지방으로 들어가기를 무서워하여, 주의 사자가 지시한 대로 갈릴리(Galilee)의 나사렛(Nazareth)으로 들어가신다(〈마태복음 2:19-23〉). 그렇다면 분명 BC 4년 이전에 탄생하셨음이 분명하다. 게다가 헤롯왕이 두 살 아래 갓난 사내아이를 다 죽였다고 했으니 4+2=6년이 되어 BC 6년에 태어나셨음이 분명하다.

그러나 이방인 의사 출신인 누가(Luke)가 c.AD 63년에 쓴 「누가복음」에는 이스라엘을 지배하고 있던 로마제국의 1대 황제인 아우구스투스(옥타비아누스, Gaius Julius Caesar Augustus, AVGVSTVS, Gaius Julius Caesar Octavianus, 신약의 아구스도, 통치 BC 27-AD 14)가 로마제국의 전 지역에 인구조사(Census)를 할 것을 명령하는 칙령(Decree)을 내린다. 이에 따라 이스라엘을 지배하고 있던, 로마제국이 임명한 로마 귀족 출신인 시리아 총독인 구레뇨(Publius Sulpicius Quirinius, BC 51-AD 21)가 첫 번째 구레뇨 인구조사(Census of Quirinius)를 실시한다. 이에 따라 모든 사람이 호적에 등록하러 각각 고향으로 돌아가게 되는데, 요셉(Joseph)도 다윗(David)의 족속이므로 갈릴리 나사렛을 떠나 정혼한(결혼하기로 한) 마리아(Mary)와 함께 유대(Judea)의 고향인 베들레헴(Bethlehem)으로 올라가(지리적으로는 내려가) 여관(사관, Inn)에 머문다.

그러나 이미 나사렛에서 성령으로 임신하였으므로 베들레헴의 여관에 도착하자 마자 예수님을 낳게 된다(「누가복음」 2:1-7). 그러면 예수님은 분명 AD 1년에 나셨음이 분명해 보인다. 어느 것이 맞을까?

나중에 성서 학자들과 역사학자들은 구레뇨의 인구조사는 BC 6년에 실제로 실시되었음을 확인했다. 그래서 예수님 탄생은 AD 1년이 아니라 BC 6년으로 수정되었다. 그러나 이미 예수님 탄생 기준 시점을 AD 1년으로 보고 그 이후 모든 역사가 기록되었으므로 이를 고칠 수는 없어, 성경연대기(Chronology of The Bible)만 예수님 탄생 시점을 BC 6(B)년으로 수정하였다(Good News English Bible, p. 1531). 따라서 이 땅에서 사망과 부활한 연도도 33살에 하셨으니 AD 33년이 아니라 AD 27(B)로 수정하였다.

3. 동방 박사와 별, 별은 거대 우주선의 영광(광채)

예수 탄생 때 동방 박사들의 발길을 유도했던 '동방의 별' 정체를 알아내는 작업은 기독교계 천문학자들에게는 약 2천 년 동안 풀리지 않는 수수께끼였다. 첫째, 「마태복음」 2장에 등장하는 그리스어인 동방에서 온 매기(박사, Magi from the east) 또는 동방에서 온 현명한 학자들(Some wise men)은 도대체 누구이며 동방이란 어느 지역을 말하는 것인가? 둘째, 동방의 별(the star), 즉 예수님의 별(his star)은 그 당시 구체적으로 어느 별이었다는 말인가? 별이란 천체물리학적으로 태양(Sun)을 말하는데, 도대체 어느 태양, 즉 어느 별이 동방에서부터 예루살렘까지 동방 박사들을 인도했다는 것인가? 이 두 가지 질문이 학자들을 괴롭혀 왔다. 우선, 자세히 알아보기 전에, 「마태복음」 2장의 내용을 보자.

「마태복음」 2:1 - 헤롯 왕 때에 예수께서 유대 베들레헴에서 나시매 동방으로부터 박사들이 예루살렘에 이르러 말하되(After Jesus was born in Bethlehem in Judea, during the time of King Herod, Magi from the east came to Jerusalem(NIV); Now when Jesus was born in Bethlehem of Judaea in the days of Herod the king, behold, there came wise men from the east to Jerusalem,(KJV); Jesus was born in Bethlehem in Judea, during the reign of King Herod. About that time some wise men(1) from eastern lands arrived in Jerusalem, asking, / (1)Or royal astrologers; Greek reads magi; also in 2.7, 16(New Living); Jesus was born in the town of Bethlehem in Judea, during the time when Herod was king. Soon afterward, some men who studied the stars came from the East to Jerusalem(Good News)

2 - 유대인의 왕으로 나신 이가 어디 계시뇨 우리가 동방에서 그의 별을 보고 그에게 경배하러 왔노라 하니(and asked, "Where is the one who has been born king of the Jews? We saw his star in the east and have come to worship him.")

9 - 박사들이 왕의 말을 듣고 갈쌔 동방에서 보던 그 별이 문득 앞서 인도하여 가다가 아기 있는곳 위에 머물러 섰는지라(After they had heard the king, they went on their way, and the star they had seen in the east went ahead of them until it stopped over the place where the child was.)

10 - 저희가 별을 보고 가장 크게 기뻐하고 기뻐하더라(When they saw the star, they were overjoyed.)

11 - 집에 들어가 아기와 그 모친 마리아의 함께 있는 것을 보고 엎드려 아기께 경배하고 보배합을 열어 황금과 유향과 몰약을 예물로 드리니라(On coming to the house, they saw the child with his mother Mary, and they bowed down and worshiped him. Then they opened their

treasures and presented him with gifts of gold and of incense and of myrrh.)

12 - 꿈에 헤롯에게로 돌아가지 말라 지시하심을 받아 다른 길로 고국에 돌아가니라(And having been warned in a dream not to go back to Herod, they returned to their country by another route.)

3-1. 동방의 박사들이란? 동방은 어디인가? 박사들은 몇명?

우선 영문성경을 찾아보자. NIV에는 우리말 성경의 박사들을 매기(Magi)라고 표현하고 있고, KJV에는 현명한 학자들(Wise men)이라고 표현하고 있으며, New Living에는 몇몇 현명한 학자들(Some wise men)이라 표현하되 주석란에는 왕립의 천문학자들(Royal astrologers)이라고 표기되어 있으며 그리스어로는 매기(Magi)라 읽는다고 표현하고 있다. 또한 Good News에는 별들을 연구하는 몇몇 학자들(Some men who studies the stars)이라 표현하고 있는데, 결국 박사들은 높은 왕족의 천문학자들이었던 것이었다.

매기라는 용어는 고대 그리스어인 magos에서 유래된 것이고 라틴어인 magus의 복수이며 고대 페르시아(성경의 '바사')의 maguš에서 유래된 것으로, 영어로 번역할 때는 종종 '현명한 자(wise man)'로 번역된다. 그 뜻은 BC 6세기에서부터 조로아스터교(Zoroastrianism)를 믿는 사람들이나 조로아스터교를 세운 조로아스터(Zoroaster, BC 660-BC 583)를 따르는 추종자들을 의미한다. 매기라는 지역은 조로아스터가 태어난 지금의 이란 북서쪽에 위치한 메디아(Media, Median, Medes, 성경의 '메대')이다. 한때는 메대를 중심으로 하는 메디안 제국(Median Empire, c. BC 678-BC 549)이 들어서기도 했었는데, 메디안 제국의 수도가 바로 엑바타나(Ecbatana, Ekbatana, 성경의 '악메다', 오늘날 이란의 'Hamadan')였다.

조로아스터교를 매기안니즘(Magianism)이라 부르기도 하는데, 예언자 조로아스터의 가르침에 종교적 · 철학적 기반을 두고 있으며, 유일신 아후라 마즈다(Ahura Mazda)를 믿는 고대 페르시아 종교이지만, 조로아스터교는 선과 악의 이원론을 지향한다. 페르시아는 지금의 이란으로 이 당시에는 엘람(Elam)을 일컬었는데, 엘람의 수도는 수사(Susa, 성경의 '수산', 오늘날 이란의 'Shush')였다. 조로아스터교를 추종하는 세력은 전 세계적으로 100만 명 가량 된다. 그러다가 헬레니즘(Hellenistic period, BC 323-BC 30) 시대에는 특별히 별들(the stars)을 읽는 능력과 별들의 운명을 예측하는 능력을 가진 천문학자들을 지칭하기에 이르렀다. 하지만 이보다 앞선 고대 페르시아 문서에는 조로아스터교를 믿는 고위 사제(priest)를 지칭하기도 했다.

정리하자면 동방 박사란 조로아스터교를 믿는 왕족, 즉 신들의 고위 사제들 중 특별히 점성학에 밝은 천문학자라고 요약할 수 있다. 이는 동방의 별을 추적하는 이 분야 최고의 천체물리학자(astrophysicist)인 미국 노틀담 대학의 매튜스(Grant Mathews) 교수도 같은 생각이다(South Bend Tribune, 08 Dec 2013).

왜 천문학이 예수님의 탄생과 연관이 되어 있을까? 이것은 대단히 중요한 것이라고 필자는 생각하고 있는데, 예수님의 재림 시기와 연관이 있다고 생각한다. 이에 대해서는 마지막 시리즈인 『바이블 매트릭스』 시리즈 6권 『예수님의 재림과 새 하늘과 새 땅』에서 자세히 다루기로 한다.

그렇다면 동방은 어디일까? 지역적으로는 분명 지금의 이란이다. 위키피디아[3]에 따르면 전통적으로 매기는 페르시아를 지칭하되 예수님 탄생시의 페르시아 제국인 파르티아 제국(Parthian Empire, BC 247-AD 224)[4]을 말한다고 기록하고 있다. 이 파르티아 제국의 수도는 앞서 말한 엑바타나와 수사였다. 몇몇 천문학자들은 이 당시 파르티아 제국의 영토가 확장되어 바벨론까지 장악하고 있었으므로 이 당시 천문학의 중심지인 바벨로니아(Babylonia)라고 지적하기도 한다. 미국 노틀담 대학의 매튜스 교수도 동방이란 바벨로니아나 메소포타미아(Mesopotamia)로 보고 있다.

만약 바벨로니아가 맞다면 필자가 생각하기엔, 바벨론은 성경 전체를 통해 정의로운 하나님의 적으로 표현되고 있으므로, 이곳의 고위사제 천문학자들이 예수님을 찾아 경배하였다는 것은, 예수님의 재림시에 바벨론을 예수님의 발 아래에 두고 멸망시킬 것(「요한계시록」 18장의 '바벨론의 멸망')이라는 사실을 미리 예언했다고 볼 수도 있다. 그러나 성경 전체 맥락을 보면 바벨론은 불의의 하나님들의 관문이었고, 예수님의 재림의 역할은 불의의 하나님들(용-뱀-마귀-사단)을 심판하시는 것(「요한계시록」 20장의 '사단의 멸망')이므로 필자는 바벨론이라고 생각하지 않는다.

그 이유로 이스라엘의 역사를 간단히 살펴보자. 북이스라엘왕국(BC 931-BC 722)은 신아시리아 왕조(Neo-Assyrian Empire, c.BC 912-c.BC 626)의 살만에셀 5세(Shalmaneser V, 통치 BC 727-BC 722) 왕과 그 다음의 사르곤 2세(Sargon II, 통치 BC 721-BC 705) 왕이 북이스라엘 수도인

---

3 http://en.wikipedia.org/wiki/Matthew_2:1

4 http://en.wikipedia.org/wiki/Parthian_Empire, http://en.wikipedia.org/wiki/Persian_Empire

사마리아(Samaria)를 침공하여 멸망시키면서(BC 723-BC 722), 신아시리아의 수도인 니네베(Nineveh)와 동쪽 산악지대의 메디아로의 110년간의 기나 긴 앗수르 포로(Assyria Exile/Captivity, BC 723-BC 612)가 시작 된다(「열왕기하」 17:1-6 & 23, 「열왕기하」 18:9-10). 또한 남유대(다)왕국(BC 931-BC 586)은 신아시리아 왕조를 멸망시킨 신바빌로니아 왕조(BC 625-BC 539)에 의해 멸망되었다(BC 586, 「열왕기하」 25장, 「역대하」 36:18-19; 「예레미야」 52:13-14).

이스라엘의 하나님인 야훼와 적대시 되는 마르둑(Marduk)을 주신으로 모시는 신바빌로니아의 느부갓네살 2세(네부카드네자르 2세, Nebuchadnezzar II, 통치 BC 605-BC 562)는 예루살렘을 정복하고 솔로몬 왕(통치 BC 970-BC 930)이 세운 장엄하고 아름다운 예루살렘 성전(Temple of Jerusalem)을 파괴하였으며(BC 586), 유대인들을 노예로 끌고가 바벨론에 유폐시켰다(「열왕기하」 24장 & 25장; 「역대하」 36장). 바야흐로 유대인들은 그 유명한 70년 동안의 바벨론 유수시대(Babylonian Captivity/Babylon Exile, BC 605-BC 538)를 맞게 된다(「역대하」 36:21; 「예레미야」 25:11-12 & 29:10, 「마태복음」 1:11-12).

이 바벨론 유수에 종지부를 찍은, 즉 구원의 손길을 준 나라가 페르시아의 아케메니드 제국(Achaemenid Empire, BC 576-BC 330)이었다. 아케메니드 제국의 1대 왕인 키루스 대왕(Cyrus the Great, Cyrus I, 쿠루쉬, Kurush, 통치 BC 559-BC 529, 성경의 '고레스')이 세를 남쪽으로 확장시켜 바빌론 성을 무혈점령하고, 신바빌로니아 왕조를 멸망시킨 후(BC 539), BC 538년에 고레스 칙령을 발표해 1차 포로 귀환이 이루어졌다(「역대하」 36:20-23, 「에스라」 1장). 그리고 BC 538년에 바벨론에서 돌아온 유대인들은 스룹바벨(Zerubbabel)의 지휘 아래 소규모의 예루살렘 성전

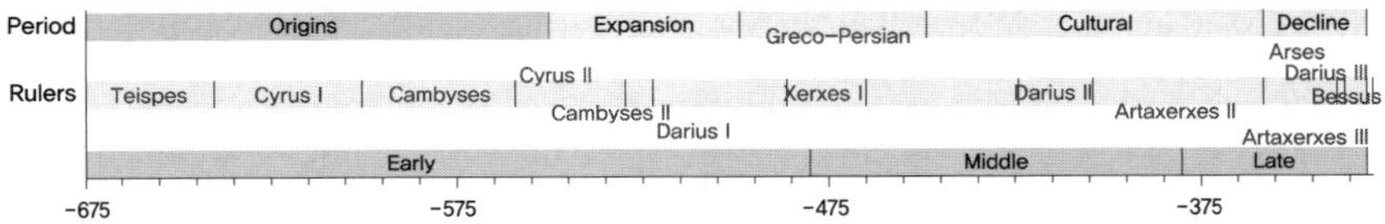

아케메니드 제국의 역사와 왕들. Image Credit : wikipedia.org[5]

재건을 시작하여 BC 516년에 완공하였다(「에스라」 5장-6장). 이 예루살렘 성전을 재건하는 데 힘을 보태준 제국이 아케메니드 제국으로, 1대 왕인 키루스 대왕부터 시작하여(「역대하」 36:22-23; 「에스라」 1:1-4), 5대 왕인 다리우스(Darius King of Persia, Darius I, 성경의 '다리오', 통치 BC 529-BC 519), 7대 왕인 아타제르섹스(Artaxersex I, 통치 BC 465-BC 424, 성경의 '아닥사스다')까지 이스라엘을 재건하는 데 큰 도움을 주었다(「에스라」 7). 또한 6대 왕인 제르섹스(Xerses I, 통치 BC 519-BC 465, 성경의 '이하수에로') 때에는 유다 출신의 에스더(Esther)가 왕후(Queen)가 되어 유대인의 재건을 도왔다(「에스더」).

「역대하」 36:22 - 바사 왕 고레스 원년에 여호와께서 예레미야의 입으로 하신 말씀을 응하게 하시려고 바사 왕 고레스의 마음을 감동시키시매 저가 온 나라에 공포도 하고 조서도 내려 가로되(In the first year of Cyrus king of Persia, in order to fulfill the word of the LORD spoken by Jeremiah, the LORD moved the heart of Cyrus king of Persia to make a proclamation throughout his realm and to put it in writing:)

36:23 - 바사 왕 고레스는 말하노니 하늘의 신 여호와께서 세상 만국으로 내게 주셨고 나를 명하여 유다 예루살렘에 전을 건축하라 하셨나니 너희 중에 무릇 그 백성 된 자는 다 올라갈찌어다 너희 하나님 여

5 http://en.wikipedia.org/wiki/Achaemenid_Empire

호와께서 함께하시기를 원하노라 하였더라("This is what Cyrus king of Persia says: "'The LORD, the God of heaven, has given me all the kingdoms of the earth and he has appointed me to build a temple for him at Jerusalem in Judah. Anyone of his people among you--may the LORD his God be with him, and let him go up.'")

페르시아의 아케메니드 제국은 원래 고대 지명인 엘람(Elam, 지금의 이란 남부 고지대 지역)을 일컬었으나, 이란 고지대를 중심으로 서아시아, 중앙아시아, 코카서스 지방을 포함하는 넓은 지역을 통치하던 제국을 통칭하는 말로, 북쪽의 메디아와 남쪽의 수사 등을 수도로 하고 있었다. 그 기원은 페르시스(Persis, 이란의 남쪽 지방)를 다스리던 아케메네스 왕(Achaemenes, BC 705-BC 675)의 이름에서 따온 것으로, 아케메니스는 아케메니드 제국의 시조(eponymous ancestor) 였다. 아케메니스의 아들이 테이스페스(Teispes)였으며, 키루스 대왕은 테이스페스의 증손자였다. 아케메네스란 왕중의 왕과 현명한 자(Wise man)란 뜻으로, 이는 이스라엘 셈족의 호칭이었다. 키루스 대왕도 스스로를 아케메니스와 같은 뜻인 하캄아니시(Hacham-Anish, 현명한 자)라 불렀다. 이는 셈족의 히브리 신인 야훼(Yahweh)께서도 아케메네스의 현명한 신들 사이에 매우 친밀하고 유사성이 있음을 의미한다.

이러한 역사적 관점에서 볼 때 동방을 바벨로니아나 메소포타미아로 보는 것은 무리가 있다. 따라서 동방의 위치는 페르시아 파르티아 제국의 수도였던 엑바타나와 수사가 확실한 것 같다. 그러나 동방이 어디인지 정확히 아는 것이 중요한 것이 아니다. 앞서 설명했듯이 예수님이 탄생할 때의 별자리가 중요하다는 것이다.

그렇다면 동방 박사들은 몇 명이었을까? 다른 문헌을 보면 3명이라고 나와 있는데, 그 이유는 무엇일까? 「마태복음」 2장 11절을 보면, 동방 박사들은 아기 예수님께 절을 하고 경배를 하고, 그 다음 그들은 보배합을 열어, 황금과 유향과 몰약을 예물로 드린다. 이것을 달리 해석하면 각각 한 가지씩 드리는데, 결국 합해 3가지 예물을 드렸다고 해서 3명으로 해석하는 것이다.

「마태복음」 2:11 - 집에 들어가 아기와 그 모친 마리아의 함께 있는 것을 보고 엎드려 아기께 경배하고 보배합을 열어 황금과 유향과 몰약을 예물로 드리니라(On coming to the house, they saw the child with his mother Mary, and they bowed down and worshiped him. Then they opened their treasures and presented him with gifts of gold and of incense and of myrrh.)

3-2. 동방의 별, 예수님의 별은 무엇인가? 행성 정렬?

자, 그러면 동방의 별은 무엇일까? 동방 박사들을 동방에서 예루살렘까지 인도한 예수님의 별은 무엇일까? 실제로 특별한 별이 떴을까?

이에 대해 노틀담 대학의 천문학자 매튜스(Grant Mathews) 교수는 2년간의 연구 끝에 이 별의 정체를 거의 해결했다고 생각하고 있다(South Bend Tribune, 08 Dec 2013). 매튜스 교수는 본격적인 연구이전만 하더라도 동방의 별은 초신성(超新星, supernova)과 같은 어떤 장엄한 것이었을 것으로 기대했다. 초신성은 항성 진화의 마지막 단계에 이른 별이 폭발하면서 생기는 엄청난 에너지를 순간적으로 방출, 그 밝기가 평소의 수억 배에 이르렀다가 서서히 낮아지는 현상이다. 매튜스 교수는 그 시기 두 차례의 초신성을 찾아내기도 했지만 하나는 너무 낮아 지평선에 나타나지 않았고, 또 다른 하나는 6만 광년이 나 떨어져 특별히 장엄하게 보이지 않았을 것이라는 결론도 얻어냈다. 다수의 신성(a nova, 급격한 핵 반응이 일어나 별이 밝아지는 현상)도 발견했지만 당시 신성은 상서롭기 보다는 재앙을 의미하는 것이었다.

따라서 매튜스 교수는 예수 탄생 시대의 그 거룩한 신호는 아마도 행성들과 태양, 달의 보기 드문 행성들의 정렬 이론(the planetary alignment theory)을 들고 나왔다. 매튜스 교수는 미국 항공우주국(NASA)의 자료를 검토하면서 발생 시기와 특징, 목격자 등 3가지 질문에 대한 답을 찾는 것에 주목했다. 기원전 4세기 천체현상과 관련해 한국과 중국 천문학자들이 쓴 자료까지 참고했다. 그 결과 매튜스 교수는 동방의 별은 행성들의 정렬로 나타났을 가능성이 가장 높다는 판단 아래 두 가지를 제안했다. 하나는 BC 6년 2월 20일에 화성(Mars)-목성(Jupiter)-토성(Saturn)이 물고기자리(Pisces)에서 정렬한 것이고, 다른 하나는 BC 6년 4월 17일에 백양궁(Aries)자리에서 태양-목성-달-토성이 정렬한 것

미국 노틀담 대학의 매튜스 교수가 BC 6년 4월 17일에 있었던 행성정렬을 컴퓨터 시뮬레이션으로 재현해 동방 박사를 인도한 동방의 별을 프리젠테이션하는 장면. Image Credit : AP File Photo/Joe Raymond

이다. 매튜스 교수는 자신의 연구 결과가 확실하다고 단언할 수는 없다며 “천체물리학적 연구 이상으로 역사적인 문헌을 찾아봐야 할 것”이라고 설명했다.

매튜스 교수의 연구를 보면 다행히 BC 6년의 행성정렬은 예수님 탄생연도와 일치한다. 따라서 필자는 두 가지 제안 중 하나를 선택하라면 물병자리에서 정렬한 BC 6년 2월 20일에 화성(Mars)-목성(Jupiter)-토성(Saturn)이 정렬한 것을 택하고 싶다. 그 이유는 예수님의 탄생한 BC 6년은 바로 물고기자리였기 때문이다.

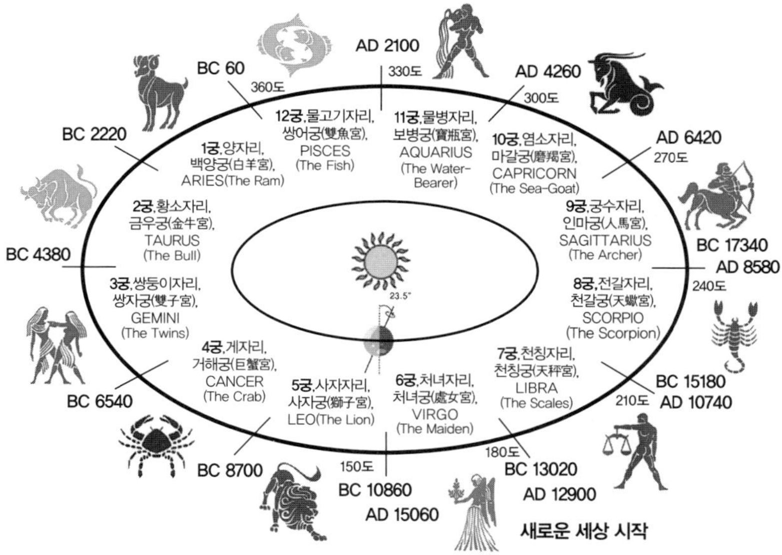

〈그림〉 세차운동(歲差運動, Precession)에 의해 대주기(Grand Circle) 혹은 대년(Great Year)인 25,920년에 따라 변하는 시대별 춘분의 12개 별자리[6]

6 자세한 것은 『바이블 매트릭스』 시리즈 4권 『하나님들의 과학기술과 우리가 창조해야 할 미래(하)』를 참조하고, 그리고 마지막 권인 6권 『예수님의 재림과 새 하늘과 새 땅』을 참조하라.

그렇다고 매튜스 교수의 제안에 완전 동의하는 것은 아니다. 「마태복음」 2장 9절을 다시 한번 보자. 출발할 때 동방에서 보던 그 별이 문득 앞서 인도하여 가다가 아기 있는 곳 위에 머물렀다고 분명하게 기록하고 있다. 그렇다면 어떻게 화성-목성-토성이 정렬하여 동방 박사들을 인도했겠는가? 그것은 하나의 가설에 불과한 것이다. 성경에 기록된 과학적이고 역사적인 사실을 천문학적인 사건과 일치시켜 성경을 해석하려는 노력에 불과하다.

「마태복음」 2:9 - 박사들이 왕의 말을 듣고 갈쌔 동방에서 보던 그 별이 문득 앞서 인도하여 가다가 아기 있는 곳 위에 머물러 섰는지라 (After they had heard the king, they went on their way, and the star they had seen in the east went ahead of them until it stopped over the place where the child was.)

3-3. 거대 우주선을 타고 목자들에게 나타난 하나님들과 천사들

답은 「누가복음」 2장에 나와 있다. 여기서는 동방 박사 대신 목자들(The Shephers)과 천사들(The Angels)이 등장한다. 우선 「누가복음」 2장 8절에서 15절까지를 살펴보자. 목자들이 밤에 양떼를 지키는데, 주의 사자가 목자들에 나타나고 주의 영광이 두루 비춘다(the glory of the Lord shone around them). 갑자기 허다한 천군, 즉 하늘의 주인들, 즉 수많은 하나님들이 천사들을 대동하고 나타나(Suddenly a great company of the heavenly host appeared with the angel) 최고 높은 하늘에 계시는 하나님을 찬송하고 예수님과 예수님의 땅을 축복한다. 그리고 천사들이 목자들을 떠나 하늘로 올라가 사라진다.

「누가복음」 2:8 - 그 지경에 목자들이 밖에서 밤에 자기 양 떼를 지키더니(And there were shepherds living out in the fields nearby, keeping watch over their flocks at night.)(NIV)

9 - 주의 사자가 곁에 서고 주의 영광이 저희를 두루 비취매 크게 무서워하는지라(An angel of the Lord appeared to them, and the glory of the Lord shone around them, and they were terrified.)

10 - 천사가 이르되 무서워 말라 보라 내가 온 백성에게 미칠 큰 기쁨의 좋은 소식을 너희에게 전하노라(But the angel said to them, "Do not be afraid. I bring you good news of great joy that will be for all the people.)

13 - 홀연히 허다한 천군이 그 천사와 함께 있어 하나님을 찬송하여 가로되(Suddenly a great company of the heavenly host appeared with the angel, praising God and saying,)

14 - 지극히 높은 곳에서는 하나님께 영광이요 땅에서는 기뻐하심을 입은 사람들 중에 평화로다 하니라("Glory to God in the highest, and on earth peace to men on whom his favor rests.")

15 - 천사들이 떠나 하늘로 올라가니 목자가 서로 말하되 이제 베들레헴까지 가서 주께서 우리에게 알리신 바 이 이루어진 일을 보자 하고(When the angels had left them and gone into heaven, the shepherds said to one another, "Let's go to Bethlehem and see this thing that has happened, which the Lord has told us about.")

『바이블 매트릭스』 시리즈 1~4권을 읽은 독자들은 금방 이것이 무엇인지를 알아차릴 것이다. 바로 수많은 하나님들이 천사들을 대동하고 거대한 우주선을 타고 내려오신 것이다. 이때 영광이란 거대한 우주선의 빛나는 광채라 했다.[7] 그래서 주의 영광이 두루 비춘다고 표현한 것이다. 한가지 중요한 점은 최고 높으신 하나님, 즉 예수님의 친아버지인 하나님 아버지(God the Father)는 내려오시지 않았다는 점이다. 그대신 거대한 우주선을 타고 내려오신 수많은 하나님들과 천사들은 목자들을 우주선의 광채로 인도하고, 하늘에 계시는 하나님 아버지를 찬양한 것이다. 그리고는 목자들을 떠나 하늘로 올라가 사라진 것이었다. 이렇듯 예수님은 수많은 하나님들과 천사들과 함께 이 땅에 오셨다.

결론적으로 동방의 별, 즉 예수님의 별은 빛(광채)을 발하는 우주선이었다. 그것도 수많은 하나님들이 천사들을 대동하고 오셨으니 조그만 우주선이 아니라 항공모함우주선이었을 것이다.

4. 하늘이 열리고 하나님들의 소리가 들리다

앞서 살펴보았지만 예수님께서 세례 요한에게 세례를 받으시고 물에서 올라오실 때에 '하늘이 열리고(갈라지고)' 하나님의 성령이 비둘기 형체의 빛(light)으로 내려 자기 위에 임하심을 보신다. 하늘이 열렸다 또는 갈라졌다는 것은 하늘에 우주선의 영광(광채)이 떴다는 것을 의미한다. 예수님께서 홀로 이 땅에 오신 것이 아니라, 많은 하나님들과 천사들과 함께 이 땅에 오셨다는 것을 의미한다. 하늘로서 소리가 있어 말씀하시되 "이는 내 사랑하는 아들이요 내 기뻐하는 자라 하시니라"고 하신 말씀도 이를 증빙하는 것이다.

「마태복음」 3:16 - 예수께서 세례를 받으시고 곧 물에서 올라오실쌔 하늘이 열리고 하나님의 성령이 비둘기같이 내려 자기 위에 임하심

---

7 자세한 것은 『바이블 매트릭스』 시리즈 4권 『하나님들의 과학기술과 우리가 창조해야 할 미래(상)』의 2부 2장 5-8절의 "성경에서 말하는 영광(Glory)이란?"을 참조하라.

을 보시더니(As soon as Jesus was baptized, he went up out of the water. At that moment heaven was opened, and he saw the Spirit of God descending like a dove and lighting on him.)(NIV)

3:17 - 하늘로서 소리가 있어 말씀하시되 이는 내 사랑하는 아들이요 내 기뻐하는 자라 하시니라(And a voice from heaven said, "This is my Son, whom I love; with him I am well pleased.")(NIV)

「누가복음」 3:22 - 성령이 형체로 비둘기같이 그의 위에 강림하시더니 하늘로서 소리가 나기를 너는 내 사랑하는 아들이라 내가 너를 기뻐하노라 하시니라(and the Holy Spirit descended on him in bodily form like a dove. And a voice came from heaven: "You are my Son, whom I love; with you I am well pleased.")

「마가복음」 1:10 - 곧 물에서 올라오실쌔 하늘이 갈라짐과 성령이 비둘기 같이 자기에게 내려오심을 보시더니(As Jesus was coming up out of the water, he saw heaven being torn open and the Spirit descending on him like a dove.)

1:11 - 하늘로서 소리가 나기를 너는 내 사랑하는 아들이라 내가 너를 기뻐하노라 하시니라(And a voice came from heaven: "You are my Son, whom I love; with you I am well pleased.")

그런데 한 가지 의문이 있다. 하늘로서 소리가 날 때, "이는 내 사랑하는 아들이요 내 기뻐하는 자라 하시니라"고 말씀하신 하나님은 어느 분일까? 예수님의 친아버지인 최고 높으신 하나님 아버지(God the Father)일까? 아닐 것이다. 앞서 설명했듯이 가장 높으신 하나님 아버지가 지구에까지 오실 리가 없다. 대통령이 직접 외딴 섬에 가실 리가 없다. 분명 이는 하나님 아버지보다 직급이 낮은 하나님들일 것이다. 따라서 우주선에 타고 계시던 하나님들께서 확성기나 다른 과학통신

도구를 이용해 말씀하신 것이다. 또는 이렇게 해석할 수 있다. 최고 높으신 하나님 아버지의 말씀을 직급이 낮은 하나님들께서 인간들에게 전달할 수도 있다. 최고 높으신 하나님 아버지가 이 땅에 오실 때가 있다. 그때는 예수님의 재림시로 「요한계시록」에 자세히 나와 있다. 하지만 하나님 아버지는 소행성대(The Asteroid belt)까지만 오시고, 소행성대로부터 별도의 우주선인 자기보좌에 앉아 실제로 이 땅에 오시는 분은 예수님이시다. 이는 마지막 권인 『바이블 매트릭스』 6권 『예수님의 재림과 새 하늘과 새 땅』에서 자세히 다룰 예정이다.

5. 악의 하나님들인 사단/마귀(엘로힘)도 같이 오심

5-1. 40일 동안, 사단/마귀(엘로힘, 악의 하나님들)의 시험

앞서 2장에서 살펴보았듯이, 하나님 아버지의 성령으로 무장하신 예수님은 요단 강에서 돌아오자 마자 광야에서 사십 일 동안 영(Spirit)에 이끌리시어 마귀/사단(The devil/Satan)에게 시험을 당하신다. 원래 마귀/사단은 시험을 하기로 역할을 맡은 불의의 하나님들이다. 중요한 것은 불의의 하나님들까지 예수님과 더불어 이 땅에 오셨다는 것이다. 이때의 영은 마귀/사단의 영 즉, 마귀/사단의 우주선이나 운반광선을 말하는 것이다.

「마태복음」 4:1 - 그때에 예수께서 성령에게 이끌리어 마귀에게 시험을 받으러 광야로 가사(Then Jesus was led by the Spirit into the desert to be tempted by the devil.)(NIV)

「마가복음」 1:13 - 광야에서 사십 일을 계셔서 사단에게 시험을 받으시며 들짐승과 함께 계시니 천사들이 수종들더라(and he was in the desert forty days, being tempted by Satan. He was with the wild animals, and angels attended him.)

5-2. 12제자 중 예수님을 판 유다에게 사단이 들어가다

예수님의 12제자 중 시카리당(Sicarii), 즉 가룟당(Iscariot) 출신이며 남방 출신 가룟인이라 부르는(called Iscariot) 유다(Judas)가 유대인의 대제사장들과 군관들에게(the chief priests and the officers of the temple guard) 예수님을 은 삼십(the thirty silver coins)에 팔았는데(「마태복음」 26:15 & 27:3), 그 이유가 「누가복음」 22장 3절과 「요한복음」 13장 21절~32절에 자세히 설명되어 있다.

예수님께서는 12제자 중 하나가 나를 팔 것이라 말씀하셨다. 이에 대해 12제자들은 수근거린다. 제자들이 서로 보며 뉘게 대하여 말씀하시는지 의심하였다. 이때 예수님의 제자 중 하나 곧 그의 사랑하시는 자가 예수의 품에 의지하여 누워 있었다. 이는 바로 12제자 중 3번 제자인 야고보(James)의 형제인 4번 제자인 요한(John)이었다(「요한복음」 13:23 & 21:7-24). 시몬 베드로가 이것을 보고 머릿짓을 하여, 말씀하신 자가 누구인지 물으라고 했다. 그가 예수님의 가슴에 그대로 의지하여 말하되 주여 누구오니이까라고 물었다. 예수께서 대답하시되 내가 빵 한 조각을 찍어다가 주는 자가 그니라 하시고, 곧 한 조각을 찍으셔다가 가룟 시몬의 아들 유다에게 주었다.

그때 곧 사단(Satan)이 유다의 몸 속에 들어간지라, 이에 예수님께서 유다에게 이르시되, "네 하는 일을 속히 하라(What you are about to do, do quickly)"라고 하시니, 이 말씀을 무슨 뜻으로 하셨는지 그 앉은 자 중에 아는 이가 없고, 어떤 이들은 유다가 돈 궤를 맡았으므로 명절에 우리의 쓸 물건을 사라 하시는지 혹 가난한 자들에게 무엇을 주라 하시는 줄로 생각하였다. 유다가 그 빵 조각을 받고 곧 나가니 밤이었다.

「요한복음」 13:26 - 예수께서 대답하시되 내가 한 조각을 찍어다가 주는 자가 그니라 하시고 곧 한 조각을 찍으셔다가 가룟 시몬의 아들 유다를 주시니(Jesus answered, "It is the one to whom I will give this piece of bread when I have dipped it in the dish." Then, dipping the piece of bread, he gave it to Judas Iscariot, son of Simon.)

13:27 - 조각을 받은 후 곧 사단이 그 속에 들어간지라 이에 예수께서 유다에게 이르시되 네 하는 일을 속히 하라 하시니(As soon as Judas took the bread, Satan entered into him. "What you are about to do, do quickly," Jesus told him,)

13:28 - 이 말씀을 무슨 뜻으로 하셨는지 그 앉은 자 중에 아는 이가 없고(but no one at the meal understood why Jesus said this to him.)

13:29 - 어떤 이들은 유다가 돈 궤를 맡았으므로 명절에 우리의 쓸 물건을 사라 하시는지 혹 가난한 자들에게 무엇을 주라 하시는 줄로 생각하더라(Since Judas had charge of the money, some thought Jesus was telling him to buy what was needed for the Feast, or to give something to the poor.)

13:30 - 유다가 그 조각을 받고 곧 나가니 밤이러라(As soon as Judas had taken the bread, he went out. And it was night.)

「누가복음」 22:3 - 열둘 중에 하나인 가룟인이라 부르는 유다에게 사단이 들어가니(Then Satan entered Judas, called Iscariot, one of the Twelve.)(NIV).

예수님의 12제자 중 반드시 1명은 예수님을 배반해야 한다. 그래야만 예수님이 이 땅에서 죽고 3일 만에 부활하여 하나님 아버지도 영광(glorified)을 받으시고 예수님도 영광(glorified)을 받으셔야 한다(「요한복음」 13:31-32). 그런데 죽음(사망)은 사단/마귀라 했다.[8] 죽음을 관장하는 하나님들이 사단과 마귀라 했다. 그래서 사단/마귀가 유다에게 들어간 것이다. 인간으로 육체로 이 땅에 오신 예수님은 반드시 죽어야 한다. 우리 인간들처럼 반드시 죽어야 한다(Mortal).[9] 그렇지만 3일만에 부활은 영광이다.

한 가지 인사이트가 있다. 유다는 유대 지방의 남방 출신이다. 유대 지방은 예루살렘 지역을 중심으로 유대인의 도시지역이다. 도시에 있는 사람들은 본인을 높이고 남을 섬기지 않는다, 그래서 예수님은 남을 섬기는 자가 되라고 가르치셨다(「마태복음」 20:26-28). 또한 유다는 12제자 중 돈을 관리하는(charge of the money) 경리 담당이었다. 돈을 가진 자들은 마귀의 유혹에 빠지기 쉬운 것이다. 그래서 주기도문(The Lord's Prayer)에 '우리를 시험에 들게 하지 마옵시고(Lead us not into temptation), 다만 악에서 구하옵소서(but deliver us from evil)'라고 예수님은 우리에게 주기도문을 가르쳐주신 것이다(「마태복음」 6:9-13)

그래서 예수님은 유다에게 화가 있으리로다라고 말씀하시고, "유다는 차라리 나지 아니하였더면 제게 좋을 뻔하였느니라"라고 말씀하신 것이다.

---

8 자세한 것은 『바이블 매트릭스』 시리즈 4권 『하나님들의 과학기술과 우리가 창조해야 할 미래(상)』의 1부 6장 6절인 "사망의 세력을 잡은 자가 마귀, 사망과 음부도 유황불 못으로"를 참조하라.

9 자세한 것은 『바이블 매트릭스』 시리즈 2권 『인간창조와 노아 홍수의 비밀』를 참조하라.

「마태복음」 26:24 - 인자는 자기에게 대하여 기록된 대로 가거니와 인자를 파는 그 사람에게는 화가 있으리로다 그 사람은 차라리 나지 아니하였더면 제게 좋을 뻔하였느니라(The Son of Man will go just as it is written about him. But woe to that man who betrays the Son of Man! It would be better for him if he had not been born.")

「누가복음」 22:22 - 인자는 이미 작정된 대로 가거니와 그를 파는 그 사람에게는 화가 있으리로다 하시니(The Son of Man will go as it has been decreed, but woe to that man who betrays him.")

그렇다면 유다에게 사단/마귀가 들어갔다는 것은 무슨 의미일까? 그것은 직접 들어갔다는 것이 아니라 사단/마귀의 영(Spirit)이 들어갔다는 것이다. 이때 영이란 유다의 마음을 악하게 움직일 수 있는 사단/마귀의 메시지나 뇌파나 텔레파시 등의 주파수의 에너지와 파동을 통해 유다의 마인드 패턴을 바꾸거나 마인드나 정신을 컨트롤했다는 뜻이다.

6. 마귀의 시험 때 천사들이 수종들다, 재림시에도 모든 천사들과 함께 오실

앞 절에서 예수님이 광야에서 40일간 마귀/사단의 시험을 받을 때에 천사들이 수종들었다(the angels attended him, or the angels ministered unto him, or angels took care of him) 했다. 수종들었다는 것은 예수님을 도와주셨다는 말이다. 이렇듯 앞으로 보겠지만 예수님을 수종들기 위해 수많은 천사들이 동원되었다. 이것은 무엇을 의미하는가 하면 예수님이 이 땅에 인간으로 오셨을 때 많은 천사들을 대동하고 오셨다는 것을 의미하는 것이다.

「마태복음」 4:11 - 이에 마귀는 예수를 떠나고 천사들이 나아와서 수종드니라(Then the devil left him, and angels came and attended him.(NIV)

「마가복음」 1:13 - 광야에서 사십 일을 계셔서 사단에게 시험을 받으시며 들짐승과 함께 계시니 천사들이 수종들더라(and he was in the desert forty days, being tempted by Satan. He was with the wild animals, and angels attended him(NIV); And he was there in the wilderness forty days, tempted of Satan; and was with the wild beasts; and the angels ministered unto him(KJV); where he was tempted by Satan for forty days. He was out among the wild animals, and angels took care of him(New Living).

이는 예수님의 재림시에도 똑같다. 「마태복음」 16장과 25장에는 예수님의 재림시에 모든 천사들과 함께 오신다고 분명하게 기록하고 있다. 자세한 것은 마지막 권인 『바이블 매트릭스』 시리즈 6권 『예수님의 재림과 새 하늘과 새 땅』을 참조하라.

「마태복음」 16:27 - 인자가 아버지의 영광으로 그 천사들과 함께 오리니 그때에 각 사람의 행한 대로 갚으리라(For the Son of Man is going to come in his Father's glory with his angels, and then he will reward each person according to what he has done.)

25:31 - 인자가 자기 영광으로 모든 천사와 함께 올 때에 자기 영광의 보좌에 앉으리니(When the Son of Man comes in his glory, and all the angels with him, he will sit on his throne in heavenly glory(NIV).

7. 모세와 엘리야도 함께 오시다, 이들과 대화하시는 변형된 예수님

자, 이번에는 예수님께서 영광스런 모습으로 변형(Transformation, Transfiguration) 되시어 모세(Moses)와 엘리야(Elijah)와 대화하시는 장면을 보자. 다시 말해 예수님은 모세와 엘리야까지 대동하시고 이 땅에 오셨다. 본 절에서는 모세와 엘리야도 예수님과 함께 오셨다는 것만을 강조하고, 높은 산과 변형에 대해서는 마지막 권인 『바이블 매트릭스』 시리즈 6권 『예수님의 재림과 새 하늘과 새 땅』에서 자세히 다루기로 한다. 자, 우선 「마태복음」 17장 1절에서 5절까지의 내용을 보자.

「마태복음」 17:1 - 엿새 후에 예수께서 베드로와 야고보와 그 형제 요한을 데리시고 따로 높은 산에 올라가셨더니(After six days Jesus took with him Peter, James and John the brother of James, and led them up a high mountain by themselves.)(NIV)

17:2 - 저희 앞에서 변형되사 그 얼굴이 해같이 빛나며 옷이 빛과 같이 희어졌더라(There he was transfigured before them. His face shone like the sun, and his clothes became as white as the light.)

17:3 - 때에 모세와 엘리야가 예수로 더불어 말씀하는 것이 저희에게 보이거늘(Just then there appeared before them Moses and Elijah, talking with Jesus.)

17:4 - 베드로가 예수께 여짜와 가로되 주여 우리가 여기 있는 것이 좋사오니 주께서 만일 원하시면 내가 여기서 초막 셋을 짓되 하나는 주를 위하여, 하나는 모세를 위하여, 하나는 엘리야를 위하여 하리이다(Peter said to Jesus, "Lord, it is good for us to be here. If you wish, I will put up three shelters--one for you, one for Moses and one for Elijah.")

17:5 - 말할 때에 홀연히 빛난 구름이 저희를 덮으며 구름 속에

서 소리가 나서 가로되 이는 내 사랑하는 아들이요 내 기뻐하는 자니 너희는 저의 말을 들으라 하는지라(While he was still speaking, a bright cloud enveloped them, and a voice from the cloud said, "This is my Son, whom I love; with him I am well pleased. Listen to him!")

17장 3절에는 모세와 엘리야가 예수님 앞에 나타나고 예수님이 모세와 엘리야 더불에 대화를 하셨다고 분명하게 기록하고 있다. '홀연히 빛난 구름'이란 우주선이 접근할 때의 굉장한 폭발음(우뢰)과 함께 우주선이 불빛을 점멸하면서 접근하는 것(불꽃, 번개)과 연소가스(구름)에 휩싸인 것을 말하는 것이다. '구름 속에서 소리가 나서'라는 것은 스피커나 확성기, 즉 초음파 나팔을 의미하는 것으로 하나님들이 우주복을 입고 나타나셔서 '이는 사랑하는 나의 아들이라… 저의 말을 들으라'라고 말씀하셨다는 얘기이다. 이는 모세와 엘리야가 하나님들과 함께 우주선을 타고 오셔서, 변형이 되신 예수님과 대화를 했다는 뜻으로, 결국 예수님은 모세와 엘리야와 함께 이 땅에 오셨다는 것을 말하는 것이다.

8. 부활하실 때 하나님들/천사들이 돕다

8-1. 빌라도의 재판, 안식일, 일요일 아침에 부활

우선 안식일(Sabbath) 또는 예비일(Preparation)에 대해 살펴보자. 유대인의 안식일은 금요일 해질 무렵부터 토요일 해질 무렵 때까지를 말한다. 유대 교회에서는 지금도 이렇게 안식일을 지킨다. 기독교 개신교에서는 안식일 대신 주일 곧 주님의 날(Lord's Day)을 안식일로 기념한다. 유대교의 하루는 우리의 하루와 정반대이다. 유대교의 하루는 저녁부터 시작하여 아침까지를 말한다. 그래서 「창세기」 1장 5절에 '저녁이 되며 아침이 되니 이는 첫째 날이니라'고 기록하고 있다. 우리가 알고 있는 첫째 날은 월요일이지만, 유대교의 첫째 날은 일요일이다.

예수님이 로마제국[Roman Empire, 제정시대, BC 27-AD 476(서로마제국), 1453(동로마제국/비잔티움제국)]의 디베료 황제(Tiberius Caesar, Tiberius Julius Caesar Augustus, 통치 AD 15-AD 37)가 임명한 유대의 총독(Prefect or Governor)인 본디오 빌라도(Pontius Pilate, 통치 AD 26-36)에게 재판 받던 AD 33년의 재판은 실제로 AD 27(B)년의 목요일 오후부터 저녁에 있었고, 십자가에 못 박히신 후 목요일 9시 정도에 돌아가시고, 금요일 아침에 무덤에 장사되셨다(「마태복음」 27:45-62; 「마가복음」 15:33-47; 「누가복음」 23:44-56). 따라서 금요일에 장사된지 사흘 후인 일요일 아침(미명, at dawn)에 부활하셨기에(「마태복음」 28:1, 「마가복음」 16:1; 「누가복음」 24:1; 「요한복음」 20:1) 예수님의 부활을 기념하기 위해 초대 교인들이 주일 아침에 모여 예배를 드렸다.

앞서 예수님의 탄생연도는 AD 1년이 아니고 BC 6년이라 했다. 이방인 의사 출신인 누가(Luke)가 c.AD 63년에 쓴 「누가복음」 3장 1절에는 디베료 카이사가 위에 있은 지 열다섯 해에 본디오 빌라도가 유대의 총독으로 임명되었다고 기록하고 있다. 디베료의 통치가 AD 15년에 시작되었으니 열다섯 해인 AD 30년에 빌라도를 총독으로 임명하고 AD 33년에 재판이 있었다는 것이다. 그러나 예수님의 실제 탄생연도를 보면 BC 6년이므로 AD 27년에 재판을 받았다. 따라서 디베료 황제가 빌라도를 총독으로 임명한 때는 AD 30년이 아니라 AD 26년이 맞다.

8-2. 부활하실 때 하나님들/천사들이 돕다

예수님의 시체는 무덤에 장사되어지고(The Burial of Jesus), 파수꾼들이 무덤을 지킨다(The Guard at the Tomb). 그 다음 장사된 지 3일 만에 부활(The Resurrection), 즉 살아나신다. 예수님이 부활하실 때에도 하나님들과 천사들이 도왔다.

우선 마태복음을 보면 안식일 다음날인 주의 첫째 날이 되려는 일요일 해 돋을 시간에 막달라 마리아와 다른 마리아가 무덤을 보려고 왔더니, 예수님의 천사가 하늘로서 내려와 돌을 굴려내고 그 위에 앉아있는 것을 본다. '그 형상이 번개 같고 그 옷은 눈같이 희거늘'이란 천사가 상당히 빠른 날개 달린 우주복을 입었다는 뜻이다. '흰 옷'이나 '찬란한 옷'은 우주복을 말하는 것이다. 하늘에서 내려올 때 우주복에서 내 뿜는 굉장한 폭발음과 연소가스 때문에 땅이 흔들렸다는 것을 '큰 지진이 나며'라고 기록하고 있다. 여기서 중요한 것은 천사들도 우주복을 입고 날아 다닌다는 것이며(천사들도 생명을 가졌기 때문에 우주복을 착용해야 함), 예수님을 항상 그림자처럼 따라 다니며 돌보고 있다는 것을 알 수 있다. 「마태복음」에는 한 명의 예수님의 천사라고 기록하고 있고, 「요한복음」에는 두 명의 천사라고 기록하고 있으며, 「누가복음」에는 '두 사람'이라고 표현하고 있는데, 이는 천사들이 아니라 하나님들이라고 해석할 수도 있다.

「마태복음」 28:1 - 안식일이 다하여 가고 안식 후 첫날이 되려는 미명에 막달라 마리아와 다른 마리아가 무덤을 보려고 왔더니(After the Sabbath, at dawn on the first day of the week, Mary Magdalene and the other Mary went to look at the tomb.)(NIV)

2 - 큰 지진이 나며 주의 천사가 하늘로서 내려와 돌을 굴려 내고 그 위에 앉았는데(There was a violent earthquake, for an angel of the Lord came down from heaven and, going to the tomb, rolled back the stone and sat on it.)

3 - 그 형상이 번개 같고 그 옷은 눈같이 희거늘(His appearance was like lightning, and his clothes were white as snow.)

4 - 수직하던 자들이 저를 무서워하여 떨며 죽은 사람과 같이 되었더라(The guards were so afraid of him that they shook and became like dead men.)

5 - 천사가 여자들에게 일러 가로되 너희는 무서워 말라 십자가에 못 박히신 예수를 너희가 찾는 줄을 내가 아노라(The angel said to the women, "Do not be afraid, for I know that you are looking for Jesus, who was crucified.)

6 - 그가 여기 계시지 않고 그의 말씀하시던 대로 살아나셨느니라 와서 그의 누우셨던 곳을 보라(He is not here; he has risen, just as he said. Come and see the place where he lay.)

7 - 또 빨리 가서 그의 제자들에게 이르되 그가 죽은 자 가운데서 살아나셨고 너희보다 먼저 갈릴리로 가시나니 거기서 너희가 뵈오리라 하라 보라 내가 너희에게 일렀느니라 하거늘(Then go quickly and tell his disciples: 'He has risen from the dead and is going ahead of you into Galilee. There you will see him.' Now I have told you.")

「누가복음」 24:4 - 이를 인하여 근심할 때에 문득 찬란한 옷을 입은 두 사람이 곁에 섰는지라(While they were wondering about this, suddenly two men in clothes that gleamed like lightning stood beside them.)

「요한복음」 20:12 - 흰 옷 입은 두 천사가 예수의 시체 뉘었던 곳에 하나는 머리 편에, 하나는 발 편에 앉았더라(and saw two angels in white, seated where Jesus' body had been, one at the head and the other at the foot.)

9. 감람산(올리브산)에서 승천하실 때 하나님들이 돕다

그 다음 예수님은 제자들에게 복음 전파라는 사명(The Great Commission)(「마태복음」 28:16-20)과 성령(Holy Spirit)을 주시고(「요한복음」 20:22) 예루살렘 성전 오른쪽에 있는 감람산(橄欖山, 올리브산, Mount of Olives)에서 승천하시는데, '하늘로 올리우사' 하나님 우편에 앉으신다. 여기서 중요한 것은 '하늘로 올리우사(he was taken up into heaven)'로 무엇인가가 예수님을 끌어 올리셨다는 뜻이다. 무엇이 예수님을 끌어 올리셨을까? 그것은 우주선이다. 본 절에서는 예수님이 승천시에도 하나님들이 함께 하셨다는 것만을 살펴보고, 과학적으로 어떻게 승천할 수 있는지에 대해서는 마지막 권인 『바이블 매트릭스』 시리즈 6권 『예수님의 재림과 새 하늘과 새 땅』에서 자세히 다루기로 한다.

「마가복음」 16:19; 「누가복음」 24:51 - 주 예수께서 말씀을 마치신 후에 하늘로 올리우사 하나님 우편에 앉으시니라(When the Lord Jesus had finished talking with them, he was taken up into heaven and sat down in the place of honor at God's right hand.)

예수님의 승천에 대해 좀더 자세히 설명하는 내용이 바로 「사도행전」 1장 9절에서 11절의 구절들이다. 예수님이 육체로 오셨다가 십자가에 죽음을 당하신 후 다시 육체로 부활하시고 하늘로 오르실 때, 스스로 올라가신 것이 아니라 무언가에 끌려 올라가셨는데, 이때 갈릴리(Galilee) 사람들의 눈(eyes)을 가리워 이 장면을 직접 보지 못하도록 구름이 예수님을 가리우셨다는 내용이다. 그러나 이 내용은 과학적으로 보면 엄청난 권능의 우주선이어서 우주선이 발사될 때의 연소가스에 의해 갈릴리 사람들은 우주선과 예수님을 보지 못했을 것이다. 그것은 오늘날 과학지식베이스의 우주선 발사가 아니라, 이보다 과학지식이 훨씬 높은 우주선이었을 가능성이 높다. 그래서 우주선에 타고 있던 하나님들은 '하늘로 들려 올리우신 예수님은 하늘로 가심을 본 그대로 오신다'라고 갈릴리 사람들에게 말한 것이다. 그것은 바로 권능의 영광인 불꽃 색채(광채)의 우주선을 타고 오신다는 뜻이다. 10절에 등장하는 흰 옷(in white)이란 바로 오늘날의 우주복을 입은 하나님들 또는 천사들을 말하는 것이다. 우주복을 입은 하나님들 또는 천사들이 예수님께서 하늘로 오르시는 것을 도와주었다는 것을 알 수 있다. 그러나 그 흰 옷은 오늘날의 우주복 그 이상임에 틀림이 없다.

「사도행전」 1:9 - 이 말씀을 마치시고 저희 보는 데서 올리워 가시니 구름이 저를 가리워 보이지 않게 하더라(After he said this, he was taken up before their very eyes, and a cloud hid him from their sight)(NIV).

10절 - 올라가실 때에 제자들이 자세히 하늘을 쳐다보고 있는데 흰 옷 입은 두 사람이 저희 곁에 서서(They were looking intently up into the sky as he was going, when suddenly two men dressed in white stood beside them)(NIV).

11절 - 가로되 갈릴리 사람들아 어찌하여 서서 하늘을 쳐다보느냐 너희 가운데서 하늘로 올리우신 이 예수는 하늘로 가심을 본 그대로 오시리라 하였느니라("Men of Galilee," they said, "why do you stand here looking into the sky? This same Jesus, who has been taken from you into heaven, will come back in the same way you have seen him go into heaven.")(NIV).

12 - 제자들이 감람원이라 하는 산으로부터 예루살렘에 돌아오니 이 산은 예루살렘에서 가까와 안식일에 가기 알맞은 길이라(Then they returned to Jerusalem from the hill called the Mount of Olives, a Sabbath

day's walk from the city.)

10. 하나님들이 예수님과 함께 하셨다

결론적으로 예수님은 예수님이 창조하신 이 땅에 홀로 오신 것이 아니었다. 많은 하나님들과 천사들과 함께 오셨음을 알 수 있다. 「사도행전」 10장 38절에는 '하나님(God, 엘로힘)이 함께 하셨음이라'고 기록하고 있다.

「사도행전」 10:38 - 하나님이 나사렛 예수에게 성령과 능력을 기름붓듯 하셨으매 저가 두루 다니시며 착한 일을 행하시고 마귀에게 눌린 모든 자를 고치셨으니 이는 하나님이 함께 하셨음이라(how God anointed Jesus of Nazareth with the Holy Spirit and power, and how he went around doing good and healing all who were under the power of the devil, because God was with him.)

3절 중보와 새 언약의 예수님, 예수님은 빛=진리=생명=길=부활

1. 중재자(중보)와 새 언약(구원=속죄/영생)의 예수님

예수님은 본인이 창조한 땅에 오셔서 하나님 아버지의 명령을 그대로 행하셨다. 예수님은 두루 다니시며 착한 일을 행하시고 마귀에게 눌린 모든 자(all who were under the power of the devil) 를 모두 고치셨다. 마귀의 권세에 있는 모든 사람들이란 불의의 하나님들 때문에 인간은 병들고 죽는다는 의미이다. 이 말을 제대로 이해하려면 『바이블 매트릭스』 시리즈 4권 『하나님들의 과학기술과 우리가 창조해야 할 미래(상)』의 1부 6장인 "요한계시록의 용/뱀/마귀/사단은? 의로운 하나님들과 불의의 하나님들"을 참조하라.

「사도행전」 10:38 - 하나님이 나사렛 예수에게 성령과 능력을 기름붓듯 하셨으매 저가 두루 다니시며 착한 일을 행하시고 마귀에게 눌린 모든 자를 고치셨으니 이는 하나님이 함께 하셨음이라(how God anointed Jesus of Nazareth with the Holy Spirit and power, and how he went around doing good and healing all who were under the power of the devil, because God was with him.)

그러나 결국 자기가 만든 땅에 빛(Light)으로 오셨으나, 자기 땅의 백성들은 우매하여 예수님을 십자가에 못 박아 죽이셨다.

「요한복음」 1:10 - 그가 세상에 계셨으며 세상은 그로 말미암아 지은 바 되었으되 세상이 그를 알지 못하였고(He was in the world, and though the world was made through him, the world did not recognize him.)(NIV)

1:11 - 자기 땅에 오매 자기 백성이 영접지 아니하였으나(He came to that which was his own, but his own did not receive him.(NIV); He came to his own people, and even they rejected him.(New Living); He came to his own country, but his own people did not receive him.(Good News)

이것은 예수님이 이 땅에 오셔서 한 행적을 지적한 것이다. 그렇다면 무엇 때문에 오셨으며 피를 흘리시며 죽으셨을까? 그것은 하나님 아버지와 인간 사이를 연결하는 중재자(중보)의 역할을 한 것이다. 천사보다 낮은 신분이었지만 인간들에게 구시대의 약속(구약, the old covenant)보다 훨씬 좋은 새로운 약속(신약, the new covenant)을 주기 위해 오신 것이며 인간을 위해 죽으셨다. 그것은 예수님이 죽으심으로, 그 몸값으로 구약의 약속하에서 죄를 지은 인간들의 모든 죄를 사하여 주시고(구원), 부르심을 입은 자들로 하여금 부활을 통해 영생(Eternal Life)을 주기 위한 것이었다.

「디모데전서」 2:5 - 하나님은 한 분이시요 또 하나님과 사람 사이에 중보도 한 분이시니 곧 사람이신 그리스도 예수라(For there is one God and one mediator between God and men, the man Christ Jesus,)(NIV)

「히브리서」 8:6 - 그러나 이제 그가 더 아름다운 직분을 얻으셨으니 이는 더 좋은 약속으로 세우신 더 좋은 언약의 중보시라(But the ministry Jesus has received is as superior to theirs as the covenant of which he is mediator is superior to the old one, and it is founded on better promises.)

「히브리서」 9:15 - 이를 인하여 그는 새 언약의 중보니 이는 첫 언약 때에 범한 죄를 속하려고 죽으사 부르심을 입은 자로 하여금 영원한 기업의 약속을 얻게 하려 하심이니라(For this reason Christ is the mediator of a new covenant, that those who are called may receive the promised eternal inheritance--now that he has died as a ransom to set them free from the sins committed under the first covenant.)

「히브리서」 12:24 - 새 언약의 중보이신 예수와 및 아벨의 피보다 더 낫게 말하는 뿌린 피니라(to Jesus the mediator of a new covenant, and to the sprinkled blood that speaks a better word than the blood of Abel.)

2. 새로운 언약(신약)이란? 구원과 영생

본 절은 『바이블 매트릭스』 시리즈 2권 『인간창조와 노아 홍수의 비밀』의 제4부인 "엔키 신과 선악과란 무엇인가?"에서 자세히 다룬 내용이다. 특히 4부 2장 5절의 "선악과의 첫 번째 비밀-생명나무에 인간이 도전하다"와 4부 3장의 "신들이 먹고 마시는 생명의 빵과 생명의 물(생명수)까지 인간에게 허락"에서 다룬 내용이나, 본 주제에 맞추어 다시한 번 소개하기로 한다. 단, 선악과의 세가지 비밀을 알아야 본 내용을 완벽하게 이해할 수 있으니 『바이블 매트릭스』 시리즈 2권을 참고하시라.

2-1. 구약에선 생명나무를 금지시켰다

「창세기」 2장 16절~17절 및 3장 22~24절은 이해하기가 난해한 대목이다. 어차피 우리 인간은 이 땅에서 반드시 죽을(mortal) 운명으로 창조되었다. 이러한 관점에서 본다면 야훼께서 아담에게 엄포를 놓은 것인가?

분명 처음에 아담과 이브는 에덴 동산에서 살았다. 선악과(the tree of the knowledge of good and evil)를 따 먹기 전에는 모든 나무의 실과를 임으로 따 먹으라고 야훼 하나님은 허락했다. 그러면 선악과를 따 먹기 전에는 생명나무(Tree of Life)의 실과를 따 먹으면서 살았다는 것이 아닌가?

「창세기」에서는 여호와 하나님(야훼)이 선악과의 두 번째 비밀을 터득하여 임신한 이브와 아담을 에덴 동산(Garden of Eden)에서 추방시킨다. 그리고 생명나무 실과도 따 먹고 영생할까 염려하여 에덴 동산 동편에 그룹들(체루빔, Cherubim-오늘날의 로봇보다 월등히 앞선 로봇들)

과 두루 도는 화염검(오늘날의 불을 뿜는 레이저 빔과 같은)을 두어 생명나무의 길을 지키게 하신다(「창세기」 3:23-24). 다시 말해 생명나무가 인간에게 금지된다.

「창세기」 2:16 - 여호와 하나님이 그 사람에게 명하여 가라사대 동산 각종 나무의 실과는 네가 임의로 먹되(And the LORD God commanded the man, "You are free to eat from any tree in the garden)(NIV)

2:17 - 선악을 알게 하는 나무의 실과는 먹지 말라 네가 먹는 날에는 정녕 죽으리라 하시니라(but you must not eat from the tree of the knowledge of good and evil, for when you eat of it you will surely die(NIV)

3:22 - 여호와 하나님이 가라사대 보라 이 사람이 선악을 아는 일에 우리 중 하나같이 되었으니 그가 그 손을 들어 생명나무 실과도 따 먹고 영생할까 하노라 하시고(And the LORD God said, "The man has now become like one of us, knowing good and evil. He must not be allowed to reach out his hand and take also from the tree of life and eat, and live forever"(NIV); Then the LORD God said, "Look, the human beings have become like us, knowing both good and evil. What if they reach out, take fruit from the tree of life, and eat it? Then they will live forever!"(New Living); Then the LORD God said, "Now these human beings have become like one of us and have knowledge of what is good and what is bad. They must not be allowed to take fruit from the tree that gives life, eat it, and live forever"(Good News)

3: 23 - 여호와 하나님이 에덴 동산에서 그 사람을 내어 보내어 그의 근본된 토지를 갈게 하시니라(So the LORD God banished him from the Garden of Eden to work the ground from which he had been taken(NIV)

3: 24 - 이같이 하나님이 그 사람을 쫓아내시고 에덴 동산 동편에 그룹들과 두루 도는 화염검을 두어 생명나무의 길을 지키게 하시니라(After he drove the man out, he placed on the east side of the Garden of Eden cherubim and a flaming sword flashing back and forth to guard the way to the tree of life(NIV)

2-2. 이 땅에 오셨던 하나님들의 생명의 빵과 생명의 물(생명수)

원래 우주물리학적인 관점으로 지구를 볼 때 1년이 365일이라 지구의 시간은 매우 빠르게 간다. 그것은 매우 빠르게 늙는다는 것을 의미한다. 그러나 신들의 행성인 니비루(Nibiru)의 공전주기는 3,600년이다. 이 땅에 오신 엔키(Enki) 신과 엔릴(Enlil) 신, 이들을 포함한 아눈나키(Anunnaki) 그룹, 그리고 이기기(Igigi, 네피림, Nephilim) 신들은 니비루 행성에 있는 신들보다 빨리 늙어갔다(Sitchin, 『The Lost Book of Enki』, 2004, p. 193). 대홍수 직전 니비루에서 '위대한 아는 자(Greater Knower)'라는 눈(snow)처럼 하얀 머리(white-haired)의 갈주(Galzu) 신이 하늘에 거주하는 안(An) 신의 특사로 이 땅에 내려온다. 아눈나키 그룹의 12명의 고위 신들이 다 모인 자리에서 갈주 신은 닌마(닌후르쌍) 여신에게 다음과 같이 말한다.

갈주 신은 닌마 여신에게 말을 했다.
우리 같은 학교에 다녔었지 !!
닌마 여신은 기억을 할 수 없었다;
특사 신은 닌마 여신의 아들과 같이 젊었고,
닌마 여신은 특사 신의 엄마처럼 늙었다 !!
(Of the same school and age we are! to her he said.
This Ninmah could not recall;

the emissary was as young as a son, she was as his olden mother!)
(Sitchin, 『The Lost Book of Enki』, 2004, pp. 208-209)

그래서 고위급 신들은 생명을 연장하기 위해 니비루에서 생명의 빵(Food/Bread of Life)과 생명의 물(Water of Life, 생명수)을 지구에 가져와 먹고 마셨다. 이 생명의 빵과 생명의 물!! 필자가 보기엔 신들이 먹고 마신 생명의 빵과 생명의 물은 「창세기」 3장 22절에 나오는 생명나무(Tree of Life)와는 완전히 다른 것이다. 물론 이 땅의 우주물리학적 관점에서 보면 이 땅에 오신 신들께서도 생명나무 열매를 먹었을 것이다.

2-3. 아담 – 생명나무의 열매를 먹어 930을 살았다

생명나무는 선악과를 따 먹기 전에, 다시 말하면 임신을 하기 전에 아담과 이브가 따 먹은 것이 확실하다. 선악과를 따 먹은 후 생명나무는 인간들에게 금지됐다. 그래서 아담은 930살을 살았다. 가장 오래 산 인간이 므두셀라(Methuselah)인데, 그는 969살을 살았다. 그는 에녹(Enoch)의 아들이며 라멕(레멕, Lamech)의 아버지이며, 노아(Noah)의 할아버지이다. 생명나무는 이 땅에서 1,000살을 보장하는 것 같다. 분명 아담은 생명나무 열매를 에덴동산에서 따 먹었기 때문에 본인이나 후손들은 900살을 살았다. 노아는 950살을 살았다. 그러나 그 이후 후손들은 점점 빨리 죽어 아브라함이 175세, 야곱이 147세, 그리고 모세가 120세로 죽는다. 그 이후 어느 누구도 120살을 넘게 살지 못했다. 오늘날에도 120살이 한계다.

여기서 잠깐 위경으로 간주되었던 「희년서(Book of Jubilees)」의 4장 29절에서 31절의 내용을 잠깐 보자(Charles, 1917 & 2002, 인터넷 공개).

「희년서」 4:29 - 주님께서 저주하셨다. 19번째 희년의 마지막, 6번째 해의 일곱 번째 주에, 그래서 아담은 죽었다, 그리고 아담의 아들들은 그가 창조된 땅에 묻었다(which the Lord hath cursed.' And at the close of the nineteenth jubilee, in the seventh week in the sixth year, thereof, Adam died, and all his sons buried him in the land of his creation, and he)

30 - 아담은 최초로 이 땅에 묻혔다. 천년에 70년이 모자라는 930에 죽었는데, 천년은 하늘의 하루이며, 그렇게 지식의 나무에 관하여 쓰여진 바 : 그것을 먹으면 그 날에 죽으리라. 이러한 이유로(was the first to be buried in the earth. And he lacked seventy years of one thousand years; for one thousand years are as one day in the testimony of the heavens and therefore was it written concerning the tree of knowledge: 'On the day that ye eat thereof ye shall die.' For this reason he)

31 - 이 하루의 연수를 채우지 못했다. 이러한 이유로 아담은 죽었다(did not complete the years of this day; for he died during it).

아담은 하늘의 하루인 천 년에서 70년이 모자라는 930살에 죽었다. 왜냐하면 성(性) 지식을 습득했기 때문이었다. 인간이 여호와 하나님의 계명을 어기고 여호와 하나님을 떠나 독립적인 존재가 되었을 때, 하나님은 그러한 상태에서 생명나무의 열매까지도 먹고 죽지 않고 천 살을 생존할 때 일어 날 수 있는 비극적인 상황을 미리 아셨기 때문이었다. 모든 인간이 1,000년을 산다고 가정해 보라. 무슨 일이 일어날지에 대해서는 삼척동자도 다 아는 얘기가 아닌가? 그래서 차라리 인간들에게 죽음을 주신 것이다. 아담은 하나님들과 함께 있었고 생명나무의 열매를 먹었기 때문에 930살을 살았다. 그래서 죽음이 차라리 축복일 수도 있다. 우리 모두는 죽음을 통하고 부활을 통하여 영생에 이를 수 있기 때문이다.

2-4. 천년왕국과 생명나무 – 예수님의 재림, 금지에서 허락으로

본 절은 이미 『바이블 매트릭스』 시리즈 4권 『하나님들의 과학기술과 우리가 창조해야 할 미래(하)』의 3부 2장인 "우리의 사명, 두 번째 우주창조, 시작과 끝의 의미"에서 소개했고, 마지막 권인 『바이블 매트릭스』 시리즈 6권 『예수님의 재림과 새 하늘과 새 땅』에 해당하는 내용이지만, 문맥상 여기에도 소개하기로 한다. 생명나무는 생명은 연장되어 천(1,000) 살을 살게 하지만 영생(eternal life)을 주지는 않는다. 영생은 하나님들이 마시고 먹던 생명의 빵과 생명의 물 즉, 생명수를 먹고 마실 때 가능한 것이다.

이 1,000살을 살게 해주는 생명나무는 에덴 동산(Garden of Eden)에 있었다. 에덴이란 '기쁨' 또는 '희열'이라는 뜻으로 지구에는 없는 이상적인 환경을 가진 아름다운 곳인 낙원(Paradise)을 의미한다. 천상에 실제로 존재하는 에덴의 낙원(Paradise of EDEN)을 하나님들께서 이 땅에 재현한 곳이 바로 에덴 동산이다(「에녹2서」 8장~9장)(Luarence, 인터넷 공개). 이러한 에덴 동산에서 아담과 이브는 쫓겨났다. 쫓겨났다는 것은 인간으로 보면 에덴 동산을 잃어버렸다는 것이다.

그런데, 주기도문에도 등장하듯이 "뜻이 하늘에서 이룬 것같이 땅에서도 이루어지이다(Thy will be done in earth, as it is in haven)"에서 처럼 이 땅에 다시 에덴 동산과 생명나무가 건설되고, 그 생명나무의 열매를 먹으면 누구나 1,000살을 영위하는 천년왕국이 도래한다. 「창세기」 2장에 등장했던 잃어버린 에덴 동산이 다시 건설되어 「요한계시록」 20장의 천년왕국(The Thousand Years)의 시대가 도래하는 것이다. 이것은 예수님께서 이 땅에 다시 오셔서 용-뱀-마귀-사단을 결박하여 무저갱(Abyss)에 던져 잠그고, 첫째 부활한 자들과 휴거(Rapture)로 선택한 자들과 직접 통치하시는, 이 땅에서 실제로 이루어질 천년왕국을 말한다.[10] 다시 말해 예수님이 이 땅에 재림함으로써, 구약에서 금지되었던 생명나무가 인간에게 허락된다는 말이다. 이 말은 인간들 보고 에덴 동산과 생명나무를 만들라는 커다란 사명과 역할을 주신 것이라고 해석할 수도 있다.

의롭고 경건한 자들이 건설할 천년왕국의 에덴동산과 생명나무에 대해 살펴보자. 바로 「이사야」 65장 18절~25절에 자세히 설명되어 있다. 18절에는 영원히 기뻐하며 즐거워하는 예루살렘을 창조한다고 기록되어 있으며, 19절에는 우는 소리와 부르짖는 소리가 더 이상 없는 곳이며, 20절에는 죽는 유아와 연수를 채우지 못하는 노인이 없는 곳이다. 100세에 죽으면 유아겠고 100세를 못 채우면 저주받은 것이다. 그곳은 이 세상처럼 농사를 짓고 집을 짓지만, 연수가 누구나 나무의 나이, 즉 1,000년을 살기 때문에 자기가 지은 집에서만 살고 자기가 농사지은 것만 먹는다. 1,000년을 살기 위해 맞춤식 집을 짓고 맞춤식 농사를 짓기 때문에 남의 집에서 거할 수 없고 남의 농사를 먹을 수 없다는 것이다. 그곳은 잘못되는 일이 없고, 자식들도 병에 걸리는 일이 없으며, 하나님이 항상 보살피신다. 그곳은 이리와 어린 양이 함께 먹고, 사자가 소처럼 짚(straw)을 먹을 것이며, 뱀은 흙을 먹고, 그곳은 서로 해함도 없겠고 상함도 없는 곳이라고 기록하고 있다.

「이사야」 65:18 – 너희는 나의 창조하는 것을 인하여 영원히 기뻐하며 즐거워할지니라 보라 내가 예루살렘으로 즐거움을 창조하며 그

10 부활과 휴거와 천년왕국에 대해서는 마지막 권인 『바이블 매트릭스』 시리즈 6권 『예수님의 재림과 새 하늘과 새 땅』을 참조하라.

백성으로 기쁨을 삼고(But be glad and rejoice forever in what I will create, for I will create Jerusalem to be a delight and its people a joy).

19 - 내가 예루살렘을 즐거워하며 나의 백성을 기뻐하리니 우는 소리와 부르짖는 소리가 그 가운데서 다시는 들리지 아니할 것이며(I will rejoice over Jerusalem and take delight in my people; the sound of weeping and of crying will be heard in it no more).

20 - 거기는 날 수가 많지 못하여 죽는 유아와 수한이 차지 못한 노인이 다시는 없을 것이라 곧 백세에 죽는 자가 아이겠고 백세 못되어 죽는 자는 저주 받은 것이리라("Never again will there be in it an infant who lives but a few days, or an old man who does not live out his years; he who dies at a hundred will be thought a mere youth; he who fails to reach a hundred will be considered accursed(NIV); There shall be no more thence an infant of days, nor an old man that hath not filled his days: for the child shall die an hundred years old; but the sinner being an hundred years old shall be accursed(KJV).

21 - 그들이 가옥을 건축하고 그것에 거하겠고 포도원을 재배하고 열매를 먹을 것이며(They will build houses and dwell in them; they will plant vineyards and eat their fruit).

22 - 그들의 건축한 데 타인이 거하지 아니할 것이며 그들의 재배한 것을 타인이 먹지 아니하리니 이는 내 백성의 수한이 나무의 수한과 같겠고 나의 택한 자가 그 손으로 일한 것을 길이 누릴 것임이며(No longer will they build houses and others live in them, or plant and others eat. For as the days of a tree, so will be the days of my people; my chosen ones will long enjoy the works of their hands).

23 - 그들의 수고가 헛되지 않겠고 그들의 생산한 것이 재난에 걸리지 아니하리니 그들은 여호와의 복된 자의 자손이요 그 소생도 그

들과 함께 될 것임이라(They will not toil in vain or bear children doomed to misfortune; for they will be a people blessed by the LORD, they and their descendants with them).

24 - 그들이 부르기 전에 내가 응답하겠고 그들이 말을 마치기 전에 내가 들을 것이며(Before they call I will answer; while they are still speaking I will hear).

25 - 이리와 어린 양이 함께 먹을 것이며 사자가 소처럼 짚을 먹을 것이며 뱀은 흙으로 식물을 삼을 것이니 나의 성산에서는 해함도 없겠고 상함도 없으리라 여호와의 말이니라(The wolf and the lamb will feed together, and the lion will eat straw like the ox, but dust will be the serpent's food. They will neither harm nor destroy on all my holy mountain," says the LORD).

「이사야」 11장 6절~9절에는 낙원과 같은 정경을 기록하고 있다. 그때에 이리가 어린 양과 함께 거하며 표범이 어린 염소와 함께 누우며 송아지와 어린 사자와 살찐 짐승이 함께 있어 어린아이에게 끌리며, 젖 먹는 아이가 독사의 구멍에서 장난하며 젖 뗀 어린아이가 독사의 굴에 손을 넣을 것이라. 이 모든 것이 가능한 이유는 바로 여호와를 아는 지식(the knowledge of the LORD)이 세상에 충만하기 때문이라고 기록하고 있다.

이때 여호와 지식이란 무엇을 말하는 것일까? 그것은 우선 생명공학기술로, 지금의 기술로 보자면 유전공학기술이다. 유전공학기술로 동물들이 갖고 있는 무서운 속성을 순하게 개조시킬 수 있다. 아니면 빛(전자파)의 양자동조기술이나 광유도기술로 사자와 독사와 어린아이의 두뇌를 동조화(Sync)시킬 수 있다. 지금은 스마트폰-TV-노트북의 동조기술로 영상을 여러 사람들과 공유하듯이, 두뇌의 뇌파를 동조화시키면, 그것도 인간 중심으로 동조화시키면, 어린아이의 생각대로 어린아이가 동물들을 리드할 수 있다. 이것이 브레인-브레인 인터페이스(BBI) 기술이다. 생각해 보라!! 1,000살을 살게 될 어린아이의 마음과 생각을? 그 어린아이에게는 악적인 생각이 없을 것임은 뻔한 일이다. 우리보고 그러한 낙원을 건설하라는 것이다.

「이사야」 11:6 - 그때에 이리가 어린 양과 함께 거하며 표범이 어린 염소와 함께 누우며 송아지와 어린 사자와 살찐 짐승이 함께 있어 어린 아이에게 끌리며(The wolf will live with the lamb, the leopard will lie down with the goat, the calf and the lion and the yearling together; and a little child will lead them).

7 - 암소와 곰이 함께 먹으며 그것들의 새끼가 함께 엎드리며 사자가 소처럼 풀을 먹을 것이며(The cow will feed with the bear, their young will lie down together, and the lion will eat straw like the ox).

8 - 젖 먹는 아이가 독사의 구멍에서 장난하며 젖 뗀 어린아이가 독사의 굴에 손을 넣을 것이라(The infant will play near the hole of the cobra, and the young child put his hand into the viper's nest).

9 - 나의 거룩한 산 모든 곳에서 해됨도 없고 상함도 없을 것이니 이는 물이 바다를 덮음같이 여호와를 아는 지식이 세상에 충만할 것임이니라(They will neither harm nor destroy on all my holy mountain, for the earth will be full of the knowledge of the LORD as the waters cover the sea)

이 천년왕국은 예수님께서 이 땅에서 직접 다스리시므로 아무나 들어가서 살 수는 없을 것이다. 예수님을 위해 죽은 자들은 첫째 부활을 통해, 예수님 재림시의 산 자들은 휴거를 통해 부르심을 받아 천년왕국에서 하나님들과 예수님의 제사장들(priests)이 되어 천 년을 왕 노릇하다가(「요한계시록」 20:4-6), 그 이후 '새 하늘과 새 땅'에 들어가 영생한다. 따라서 부활과 휴거가 어떤 메커니즘을 통해 일어나는지를 과학적으로 발견해야 한다. 그것은 바로 하나님 아버지와 예수님의 지식을 우리가 터득하는 것이다. 따라서 물과 성령으로 거듭나는 변형(transformation, transfiguration, change)의 과학적인 방법을 찾아야 한다. 부활과 휴거와 변형과 새 하늘과 새 땅에 대해서는 마지막 권인 『바이블 매트릭스』 시리즈 6권 『예수님의 재림과 새 하늘과 새 땅』에서 자세히 다룰 예정이다.

자, 이것으로 보아 분명 생명나무는 생명을 연장하여 천 살까지 사는 것이 분명하다. 그렇다고 영생을 보장하는 것은 아니다. 「창세기」는 첫 번째 우주창조이고 「요한계시록」은 두 번째 우주창조여서, 이 둘은 대칭적이다. 「요한계시록」에서는 금지되었던 생명나무를 인간에게 허락하여 다시 「창세기」의 아담의 930살, 아니 1,000살에 도전하게 하는 것이다. 선악과 중 임신하는 능력 때문에 저주받았던 인간이 완전하게 회복되는 것이다. 따라서 언젠가는 인간의 수명이 늘어 누구나 900살을 넘어 1,000살을 영위하게 될 것이다. 이것은 인간들에게 하나의 커다란 도전이다. 생명나무가 어떻게 나서 잎이 자라고 꽃을 피고 열매를 맺는지 그 방법론, 즉 메커니즘을 과학으로 풀라는 것이다. 실제 생명나무를 만들라는 것이다. 이것은 『바이블 매트릭스』 시리즈 마지막 권인 6권 『예수님의 재림과 새 하늘과 새 땅』에서 자세히 다루기로 한다.

2-5. 예수님을 통해 부활→영생을 얻을 기회를 갖다

영생(eternal life, everlasting life)이란 영원히 사는 것을 말한다. 천상

의 하루인 1,000년을 사는 게 아니라 그 이상 20,000년 그 이상 사는 것을 의미한다. 또한 그것은 『바이블 매트릭스』 시리즈 1권 『우주창조의 비밀』에서 밝혔듯이 우주를 의미하는데, 특이점-블랙홀-빅뱅을 통해 반복되는 첫 번째 우주에서도 살고 두 번째 우주에서도 사는 것을 의미한다. 아니 그 이상의 세 번째 네 번째에서 사는 것을 의미한다. 그러나 성경은 창세기가 첫 번째 우주, 그리고 「요한계시록」이 두 번째 우주를 기록하고 있다. 세 번째 우주 이상은 기록해 봤자 아무런 의미가 없다.

영생이란 단어는 한글개역, 구약의 「창세기」에 두 번(「창세기」 3:22 & 21:33), 「시편」에 한 번(「시편」 133:3), 그리고 「다니엘」에 세 번(「다니엘」 4:34 & 12:2 & 12:7) 나온다. 이 중에서 수 많은 죽은 자들이 일어나 그 중 몇몇 인간들이 영생할 것이란 말씀은 예언서인 「다니엘」 12장 2절에 나온다.

「다니엘」 12:2 - 땅의 티끌 가운데서 자는 자 중에 많이 깨어 영생을 얻는 자도 있겠고 수욕을 받아서 무궁히 부끄러움을 입을 자도 있을 것이며(Multitudes who sleep in the dust of the earth will awake: some to everlasting life, others to shame and everlasting contempt)(NIV); Many of those who have already died will live again : some will enjoy eternal life, and some will suffer eternal disgrace)(Good News).

신약에 가면 「마태복음」 18장 8절부터 시작하여 「유다서」 1장 21절까지 영생이란 단어가 47번이나 나오는데, 모두 우리 인간이 예수님을 통해 영생을 얻을 것이며 어떻게 영생을 얻을 것인지 그 방법론에 대해 서술하고 있다. 가장 대표적인 말씀이 「요한복음」이다. 그 내용은 이렇다! 예수님을 믿는 자는 영생을 얻는다. 예수님을 믿고 죽은 자는 마지막 날에 살린다(부활). 하나님 아버지와 예수 그리스도를 아는 것이 영생이다. 여기서도 아는 자가 영생을 얻는다라고 쓰여 있다. 안다는 것은 한 마디로 하나님 아버지와 예수님의 창조의 능력, 즉 과학지식을 의미한다.[11] 하나님 아버지와 예수님이 어떻게 첫 번째 우주를 창조하시고 인간을 창조했는지 그 비밀을 푸는 것, 즉 그 메커니즘을 밝혀내 두 번째의 새 하늘과 새 땅을 창조하는 것에 일조하는 것이다.

「요한복음」 3:16 - 하나님이 세상을 이처럼 사랑하사 독생자를 주셨으니 이는 저를 믿는 자마다 멸망치 않고 영생을 얻게 하려 하심이니라(For God so loved the world that he gave his one and only Son, that whoever believes in him shall not perish but have eternal life)(NIV).

5:24 - 내가 진실로 진실로 너희에게 이르노니 내 말을 듣고 또 나 보내신 이를 믿는 자는 영생을 얻었고 심판에 이르지 아니하나니 사망에서 생명으로 옮겼느니라("I tell you the truth, whoever hears my word and believes him who sent me has eternal life and will not be condemned; he has crossed over from death to life.)

6:40 - 내 아버지의 뜻은 아들을 보고 믿는 자마다 영생을 얻는 이것이니 마지막 날에 내가 이를 다시 살리리라 하시니라(For my Father's will is that everyone who looks to the Son and believes in him shall have

---

11 자세한 것은 『바이블 매트릭스』 시리즈 4권 『하나님들의 과학기술과 우리가 창조해야 할 미래(하)』의 3부 2장 6절인 "하나님 아버지와 예수님의 지식을 과학적으로 발견 → 보상의 법칙"을 참조하라.

eternal life, and I will raise him up at the last day)(NIV).

17:3 - 영생은 곧 유일하신 참 하나님과 그의 보내신 자 예수 그리스도를 아는 것이니이다(Now this is eternal life: that they may know you, the only true God, and Jesus Christ, whom you have sent)(NIV)

단, 앞서 얘기했듯이 영생을 하려면 예수님을 위해 살다가 죽은 자들은 부활해야 한다. 예수님이 이 땅에 오셔서 죽었다가 부활하신 것처럼 우리는 반드시 죽어 예수님의 재림시에 첫째 부활에 참여해야 한다(「요한계시록」 20:4~6). 예수님 재림시의 산 자들은 휴거를 통해 부르심을 받아야 한다. 따라서 부활과 휴거가 어떤 메커니즘을 통해 일어나는지를 과학적으로 발견해야 한다. 그것은 바로 하나님들과 예수님의 지식을 우리가 터득하는 것이다.

2-6. 영생의 조건(1) - 예수님께서 생명의 빵인 살과 생명의 물인 피(구원)를 이미 주셨다

하나님들이 먹는 생명의 빵(Bread/Food of Life)!! 영생하려면 이 양식을 먹어야 한다(Work for food to eternal life). 천상에 계시는 하나님들도 우리와는 다른 육체를 가지셨다.[12] 육체가 없는 영적인 존재라는 것은 잘못 알고 있는 것이다. 하나님들도 에너지를 먹고 마셔야 한다.[13]

12 자세한 것은 마지막 권인 『바이블 매트릭스』 시리즈 6권 『예수님의 재림과 새 하늘과 새 땅』을 참조하라.

13 자세한 것은 『바이블 매트릭스』 시리즈 4권 『하나님들의 과학기술과 우리가 창조해야 할 미래(하)』의 2부 12장 3절인 "하나님들의 식사법, 번제, 소제, 향기로 에너지를 마시다"를 참조하라.

이 생명의 빵은 예수님이 오심과 죽음으로 이미 우리에게 주셨다. 예수님은 하늘에서 내려온 산 떡(the living bread)이라고 말씀하셨다. 그것은 예수님이 우리를 위해 죽음으로써 이루어졌다. 즉 예수님의 살(몸)은 생명의 빵이요 피는 생명의 물이다. 이 살과 피를 먹고 마시는 자는 영생을 얻고 마지막 날에 예수님이 살리신다(부활)!! 그것은 하나님 아버지와 예수님을 마음을 다하고 목숨을 다하고 뜻을 다하여 사랑하고(「마태복음」 22:37) 예수님의 말씀을 지키고 명심하며 실천하는 것이다(「요한계시록」 1:3, 22:7, 22:9).

십자가에 못 박혀 돌아가시기 전에 12제자들과의 마지막 만찬(The Lord's Supper)에서 예수님께서는 이렇게 말씀하셨다. 떡은 몸이요 피는 구원이라!! 떡과 피는 바로 생명의 빵이요 물이요, 피는 바로 피의 언약, 즉 예수님의 새로운 언약, 즉 죄 사함은 구원이요 바로 영생을 보장하신 것이다.

「마태복음」 26:26 - 저희가 먹을 때에 예수께서 떡을 가지사 축복하시고 떼어 제자들을 주시며 가라사대 받아 먹으라 이것이 내 몸이니라 하시고(While they were eating, Jesus took bread, gave thanks and broke it, and gave it to his disciples, saying, "Take and eat; this is my body.")(NIV)

26:27 - 또 잔을 가지사 사례하시고 저희에게 주시며 가라사대 너희가 다 이것을 마시라(Then he took the cup, gave thanks and offered it to them, saying, "Drink from it, all of you.)

26:28 - 이것은 죄 사함을 얻게 하려고 많은 사람을 위하여 흘리는 바 나의 피 곧 언약의 피니라(This is my blood of the covenant, which is poured out for many for the forgiveness of sins.)(NIV); For this is my blood of the new testament, which is shed for many for the remission of sins.(KJV);

「요한복음」6:27 - 썩는 양식을 위하여 일하지 말고 영생하도록 있는 양식을 위하여 하라 이 양식은 인자가 너희에게 주리니 인자는 아버지 하나님의 인치신 자니라(Do not work for food that spoils, but for food that endures to eternal life, which the Son of Man will give you. On him God the Father has placed his seal of approval)(NIV)

6:48 - 내가 곧 생명의 떡이로라(I am the bread of life)

6:50 - 이는 하늘로서 내려오는 떡이니 사람으로 하여금 먹고 죽지 아니하게 하는 것이니라(But here is the bread that comes down from heaven, which a man may eat and not die.)

6:51 - 나는 하늘로서 내려온 산 떡이니 사람이 이 떡을 먹으면 영생하리라 나의 줄 떡은 곧 세상의 생명을 위한 내 살이로라 하시니라(I am the living bread that came down from heaven. If anyone eats of this bread, he will live forever. This bread is my flesh, which I will give for the life of the world)

6:53 - 예수께서 이르시되 내가 진실로 진실로 너희에게 이르노니 인자의 살을 먹지 아니하고 인자의 피를 마시지 아니하면 너희 속에 생명이 없느니라(Jesus said to them, "I tell you the truth, unless you eat the flesh of the Son of Man and drink his blood, you have no life in you.)

6:54 - 내 살을 먹고 내 피를 마시는 자는 영생을 가졌고 마지막 날에 내가 그를 다시 살리리니(Whoever eats my flesh and drinks my blood has eternal life, and I will raise him up at the last day)

6:55 - 내 살은 참된 양식이요 내 피는 참된 음료로다(For my flesh is real food and my blood is real drink.)

6:56 - 내 살을 먹고 내 피를 마시는 자는 내 안에 거하고 나도 그 안에 거하나니(Whoever eats my flesh and drinks my blood remains in me, and I in him.)

6:57 - 살아계신 아버지께서 나를 보내시매 내가 아버지로 인하여 사는 것 같이 나를 먹는 그 사람도 나로 인하여 살리라(Just as the living Father sent me and I live because of the Father, so the one who feeds on me will live because of me.)

6:58 - 이것은 하늘로서 내려온 떡이니 조상들이 먹고도 죽은 그 것과 같지 아니하여 이 떡을 먹는 자는 영원히 살리라(This is the bread that came down from heaven. Your forefathers ate manna and died, but he who feeds on this bread will live forever.")

6:63 - 살리는 것은 영이니 육은 무익하니라 내가 너희에게 이른 말이 영이요 생명이라(The Spirit gives life; the flesh counts for nothing. The words I have spoken to you are spirit and they are life.)

2-7. 영생의 조건(2) – 하나님들이 마시는 생명의 물(생명수)까지 주신다

두 번째 영생의 조건이 있다. 생명의 물(Water of Life)이다!! 생명의 물은 새 하늘과 새 땅에서의 진짜 생명수이다. 「요한복음」 4장 14절에는 예수님이 주시는 생명수를 마시면 영생한다고 기록되어 있다. 「창세기」에 하나님들만 마시던 생명수까지 주신다고 기록되어 있다. 생명나무의 1,000살이 연장되는 것이다. 「요한계시록」에는 마지막 날에 예수님이 생명수를 준비하시고 우리를 생명수로 인도하실 것이라 기록하고 있다. "듣는 자도 오라 할 것이요 목마른 자도 올 것이요 또 원하는 자는 값없이 생명수를 받으라 하시더라."

「요한복음」 4:14 - 내가 주는 물을 먹는 자는 영원히 목마르지 아니하리니 나의 주는 물은 그 속에서 영생하도록 솟아나는 샘물이 되리라(but whoever drinks the water I give him will never thirst. Indeed, the water I give him will become in him a spring of water welling up to eternal life)(NIV)

「요한계시록」 7:17 - 이는 보좌 가운데 계신 어린 양이 저희의 목자가 되사 생명수 샘으로 인도하시고 하나님께서 저희 눈에서 모든 눈물을 씻어주실 것임이러라(For the Lamb at the center of the throne will be their shepherd; he will lead them to springs of living water. And God will wipe away every tear from their eyes)(NIV)

「요한계시록」 21:6 - 또 내게 말씀하시되 이루었도다 나는 알파와 오메가요 처음과 나중이라 내가 생명수 샘물로 목마른 자에게 값없이 주리니(He said to me: "It is done. I am the Alpha and the Omega, the Beginning and the End. To him who is thirsty I will give to drink without cost from the spring of the water of life.")(NIV)

「요한계시록」 22:1 - 또 저가 수정같이 맑은 생명수의 강을 내게 보이니 하나님과 및 어린 양의 보좌로부터 나서(Then the angel showed me the river of the water of life, as clear as crystal, flowing from the throne of God and of the Lamb)(NIV)

「요한계시록」 22:17 - 성령과 신부가 말씀하시기를 오라 하시는도다 듣는 자도 오라 할 것이요 목마른 자도 올 것이요 또 원하는 자는 값없이 생명수를 받으라 하시더라(The Spirit and the bride say, "Come!" And let him who hears say, "Come!" Whoever is thirsty, let him come; and whoever wishes, let him take the free gift of the water of life.)(NIV)

3. 예수님은 빛=진리=부활=생명(영생)=길

3-1. 빛과 진리는 생명(영생), 영생은 부활로, 그 방법은 길

앞의 내용을 다 정리해 보면 '예수님은 빛(the light)이요, 진리(the truth)요, 생명(the life)이요, 길이요(the way), 부활(the resurrection)이요, 길(the way)이다'라고 요약할 수 있다. 예수님은 빛으로 오셨다 했다. 그 빛은 바로 진리요, 빛과 진리는 생명이라 했다. 생명은 영생(the eternal life)을 의미하며, 죽은 자는 부활을 통해 산 자는 휴거를 통해 가능하다. 부활과 휴거를 통해 영생을 얻어야 하나님 아버지의 나라나 하나님 아버지께 갈 수 있는데, 그것은 오로지 예수님을 통해 가능한 것이다. 그 방법을 알아야 하는데, 이때 방법이란 길 또는 문(the way or the gate)이다.

방법은 간단한데 예수님을 통해 갈 수 있다. 예수님은 하나님 아버지의 독생자 아들이며, 이 땅에 빛의 이식과 자극으로 육신으로 변형되어 오셨다가 육신으로 죽으시고 육신으로 부활하시어 천상의 몸으로 변형되시어 승천하시고, 하나님 아버지의 나라에 가셔서 하나님 아버지 보좌의 우편에 앉아 계신다는 것과, 이 땅에서 인간들에 의해 십자가에 못 박혀 피흘려 죽으심으로 우리의 죄를 사하여 주시고, 우리도 예수님처럼 부활하여 영생을 할 수 있다는 것을 믿고 예수님의 말씀을 과학적으로 실천하는 것이다.

「요한복음」 12:46 - 나는 빛으로 세상에 왔나니 무릇 나를 믿는 자로 어두움에 거하지 않게 하려 함이로라(I have come into the world as a light, so that no one who believes in me should stay in darkness.)(NIV)

1:4 - 그 안에 생명이 있었으니 이 생명은 사람들의 빛이라(In him

was life, and that life was the light of men.)

1:5 - 빛이 어두움에 비취되 어두움이 깨닫지 못하더라(The light shines in the darkness, but the darkness has not understood it.)

「요한복음」 11:25 - 예수께서 가라사대 나는 부활이요 생명이니 나를 믿는 자는 죽어도 살겠고(Jesus said to her, "I am the resurrection and the life. He who believes in me will live, even though he dies)(NIV).

14: 6 - 예수께서 가라사대 내가 곧 길이요 진리요 생명이니 나로 말미암지 않고는 아버지께로 올 자가 없느니라(Jesus answered, "I am the way and the truth and the life. No one comes to the Father except through me.)

10:9 - 내가 문이니 누구든지 나로 말미암아 들어가면 구원을 얻고 또는 들어가며 나오며 꼴을 얻으리라(I am the gate; whoever enters through me will be saved. He will come in and go out, and find pasture.)

3-2. 빛=진리=부활=생명(영생)=길의 과학적 접근

이것을 과학적으로 어떻게 설명할 수 있을까? 과학적으로 아직은 알 수 없으나 — 마지막 권인 『바이블 매트릭스』 시리즈 6권 『예수님의 재림과 새 하늘과 새 땅』에서 자세히 살펴보겠지만 — 그림으로 도식화 해보자. 이 그림은 필자가 2006년도에 쓴 『매트릭스 비즈니스, 2006, 1086페이지』의 제1부 3장인 "창조주의 유비쿼터스 창조 비밀(지식)에 도전"에 그렸던 그림을 다시 수정한 것이다.

앞에서 말한 대로 종교적으로는 간단하게 예수님을 통해서 하나님 아버지께 갈 수 있지만 과학적으로는 그리 간단하지 않다. 본권 1부 2장 2절에서 성령이란 하나님의 말씀이라고 했다. 이때 말씀은 빛=진리

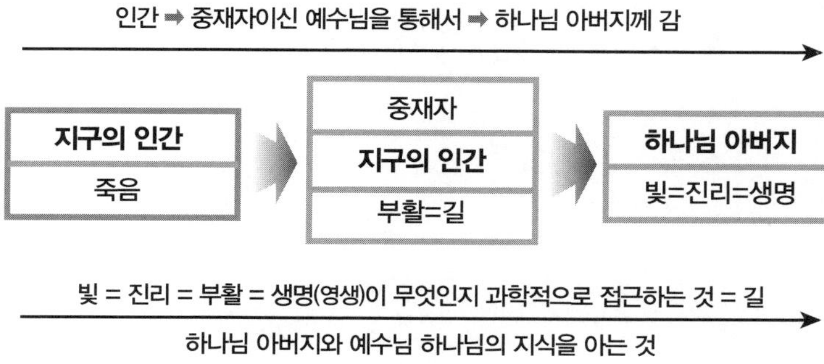

=생명(영생)이라고 했다. 다시 말해 하나님 아버지는 빛=진리=생명(영생) 그 자체이시다. 그리고 예수님 또한 빛=진리=생명(영생) 그 자체이시다. 그런데 예수님은 이 땅에 오셨으므로 반드시 인간들같이 죽으시되 부활하셨다. 그래서 부활이 하나 더 추가되어 빛=진리=부활=생명(영생)이 되신다. 여기에 예수님은 인간들과 하나님 아버지를 연결하는 중재자(중보)라 했다. 그것은 오로지 예수님만을 통해 이 모든 것이 가능하다는 뜻이다. 그래서 예수님은 문이자 길이 추가되어 빛=진리=부활=생명(영생)=길이 되는 것이다. 하나님 아버지의 속성과 예수님 하나님의 속성인 공통부분을 제거하면 예수님=부활=길이시다.

여기서 중요한 것은 빛=진리=부활=생명(영생)이 무엇인지 과학적으로 밝혀내는 것으로 그것은 바로 예수님이 말씀하신 길 또는 문이다. 이 땅에 오셔서 많은 기적(과학)을 보이셨는데, 어떻게 인간들의 병들을 고치셨는지 그것을 과학적으로 의학적으로 밝히라는 것이다. 결국 한마디로 하나님 아버지와 예수님의 지식을 알아내는 것이 바로 길이다. 그리고 이 땅에 오셔서 행한 구체적인 예수님의 기적들, 즉 과학기술들에 대해서는 본권 2부 "예수님이 이 땅에 오셔서 행한 성령에 의한 기적들을 과학기술로 조명"에서 자세히 다룰 것이다.

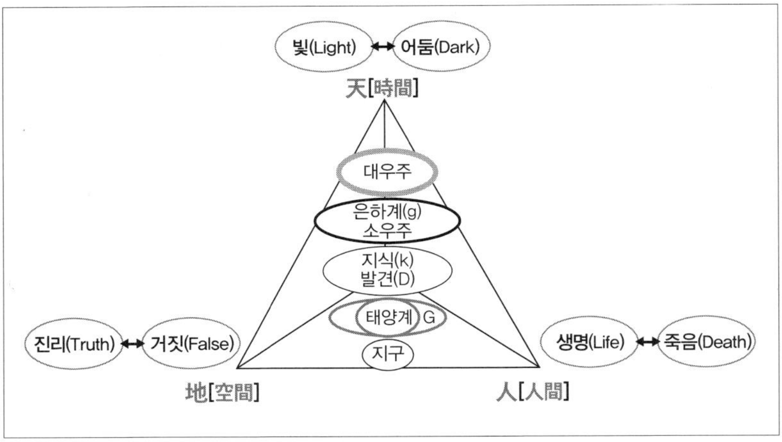

출처 – © 차원용 "Matrix Business"(2006)

이를 보다 구체적인 그림으로 그려보면 다음과 같은데, 이렇게 그려놓고 보면 이것은 하나님 아버지의 속성 그 자체이다. 또한 예수님 하나님의 속성 그 자체이다.

어둠의 참은 빛이요, 거짓의 참은 진리이요, 죽음의 참은 생명(영생)이다. 빛과 진리와 생명은 의로운 하나님들의 속성이요 어듬과 거짓과 죽음은 불의의 하나님들의 속성이다. 그래서 과학적으로 접근하여 발견하되 그 목적은 의로워야 한다.

필자는 『바이블 매트릭스』 시리즈 1권 『우주창조의 비밀』에서 현재 우리가 찾아낸 과학기술은 하나님 아버지와 예수님 아버지의 지식 중 4.6%에 불과하다고 했다. 우주 근원의 빛 중 우리가 알고 있는 빛은 4.6%에 불과하며, 따라서 진리 중 우리가 찾아낸 진리는 4.6%에 불과하다. 이 말은 생명의 근원 중 우리가 찾아낸 것은 4.6%에 불과하다는 뜻이다. 따라서 아직 남은 미지의 세계인 95.6%에 도전해야, 빛이 무엇이고 진리가 무엇이며 생명이 무엇인지를 정확히 알 수 있다. 이것은 지금의 우리 세대에서 해결될 문제가 아니다. 앞으로 오는 2100년의 물병자리에서 많은 지식이 밝혀질 것이며, 그 다음에 오는 4260년의 염소자리에서 더욱 많은 빛과 진리와 생명의 메커니즘이 밝혀질 것이다.

그러면 자연스럽게 예수님께서 우주의 빛으로 어떻게 이 땅에 오셨다가 부활하시어 빛으로 다시 하나님 아버지께로 가셨는지 그 길이 과학적으로 밝혀질 것이다. 그때가 되면 자연스럽게 예수님께서 재림하실 것이다. 예수님께서 언제 재림 하시는지는 마지막 권인 『바이블 매트릭스』 시리즈 6권 『예수님의 재림과 새 하늘과 새 땅』에서 자세히 다룰 것이다.

4절 인성도 지니신 예수님, 십자가에 못 박히시다

앞 절까지는 예수님의 신성(하나님) 측면에서 살펴보았지만, 이번 절에서는 예수님의 인성(인간)을 잠깐 살펴보자.

1. 인간들에게 정(민망)을 보이시다, 부끄러워하면…

이 땅에 육체로 오신 예수님은 인간들에게 동정심(compassion)을 많이 보이셨다. 이 말은 예수님은 신성(하나님) 이외에도 인성(인간)을 지니셨다는 얘기이다. 많은 병자를 고치시고 귀신 들린 자를 고치시고 한 마디로 마귀에게 눌린 모든 자(all who were under the power of the devil)를 고치셨다(「사도행전」 10:38). 그것은 예수님의 역할이었다. 그

외에 인간들을 보시고 불쌍한 연민을 보이시는 구절을 중심으로 살펴보자. 목자 없는 양과 같이 고생하며 유리하고 있는 인간들을 보시고 연민을 가지셨으며, 이에 제자들에게 추수할 것은 많되 일꾼은 적다고 말씀하셨다. 추수할 것이 많다는 것은 의로운 자들(The Righteous or Righteous men)과 경건한 자들(The godly or Godly men)이 많다는 것이다. 이것은 미래가 희망차다는 것을 보여주는 것이다.

「마태복음」 9:36 - 무리를 보시고 민망히 여기시니 이는 저희가 목자 없는 양과 같이 고생하며 유리함이라(When he saw the crowds, he had compassion on them, because they were harassed and helpless, like sheep without a shepherd.)(NIV)

9:37 - 이에 제자들에게 이르시되 추수할 것은 많되 일군은 적으니(Then he said to his disciples, "The harvest is plentiful but the workers are few.)

15:32 - 예수께서 제자들을 불러 가라사대 내가 무리를 불쌍히 여기노라 저희가 나와 함께 있은 지 이미 사흘이매 먹을 것이 없도다 길에서 기진할까 하여 굶겨 보내지 못하겠노라(Jesus called his disciples to him and said, "I have compassion for these people; they have already been with me three days and have nothing to eat. I do not want to send them away hungry, or they may collapse on the way.")

이러한 관점에서 다음 구절을 이해해 보자. 누구든지 예수님과 예수님의 말씀을 듣고 또는 읽고 자기가 잘못하고 있다는 것을 알고 얼굴이 붉어지고 어딘가에 숨고 싶은 기분으로 부끄러워하면, 예수님도 재림 시에 그 사람을 보고 부끄러워한다는 것이다. 이것은 대단하신 예수님의 철학이다.

「마가복음」 8:38 - 누구든지 이 음란하고 죄 많은 세대에서 나와 내 말을 부끄러워하면 인자도 아버지의 영광으로 거룩한 천사들과 함께 올 때에 그 사람을 부끄러워하리라(If anyone is ashamed of me and my words in this adulterous and sinful generation, the Son of Man will be ashamed of him when he comes in his Father's glory with the holy angels.") (NIV)

「누가복음」 9:26 - 누구든지 나와 내 말을 부끄러워하면 인자도 자기와 아버지와 거룩한 천사들의 영광으로 올 때에 그 사람을 부끄러워하리라(If anyone is ashamed of me and my words, the Son of Man will be ashamed of him when he comes in his glory and in the glory of the Father and of the holy angels.)

2. 죽을 것에 대한 인간적인 고민, 천사가 돕다

육체로 오신 예수님은 십자가에 못 박혀 돌아가시게 됨을 알자, 베드로와 세베대의 두 아들(야고보와 요한) 등 세명의 제자를 데리고 기도하러 가실 때 무척 고민(sorrowful, anguished)하고 슬퍼(troubled, heavy, distressed)하신다. 이것은 인성의 예수님을 보여주는 사례이다. 무려 세 번의 기도를 하시는데, "내 아버지여 만일 할 만하시거든 이 잔을 내게서 지나가게 하옵소서 그러나 나의 원대로 마옵시고 아버지의 원대로 하옵소서"라고 기도하신다. 죽게 되는 것을 인간적으로 심히 고민하시고 비통해 하시며 하나님 아버지께 기도하신 것이다. 그러나 아버지의 원대로 하옵소서라고 기도하셨다. 아버지의 뜻은 예수님이 못 박혀 죽는 것이었다. 이러한 과정을 보여주신 이유는 예수님은 신성(하나님)과 인성(인간)을 동시에 지니셨다는 것을 보여주신 것이다.

「마태복음」 26:37 - 베드로와 세베대의 두 아들을 데리고 가실새 고민하고 슬퍼하사(He took Peter and the two sons of Zebedee along with him, and he began to be sorrowful and troubled.)(NIV)' And he took with him Peter and the two sons of Zebedee, and began to be sorrowful and very heavy.(KJV); He took Peter and Zebedee's two sons, James and John, and he became anguished and distressed.(New L:iving); He took with him Peter and the two sons of Zebedee. Grief and anguish came over him,(Good News)

26:38 - 이에 말씀하시되 내 마음이 심히 고민하여 죽게 되었으니 너희는 여기 머물러 나와 함께 깨어 있으라 하시고(Then he said to them, "My soul is overwhelmed with sorrow to the point of death. Stay here and keep watch with me.")

26:39 - 조금 나아가사 얼굴을 땅에 대시고 엎드려 기도하여 가라사대 내 아버지여 만일 할 만하시거든 이 잔을 내게서 지나가게 하옵소서 그러나 나의 원대로 마옵시고 아버지의 원대로 하옵소서 하시고(Going a little farther, he fell with his face to the ground and prayed, "My Father, if it is possible, may this cup be taken from me. Yet not as I will, but as you will.")

26:40 - 제자들에게 오사 그 자는 것을 보시고 베드로에게 말씀하시되 너희가 나와 함께 한 시 동안도 이렇게 깨어 있을 수 없더냐(Then he returned to his disciples and found them sleeping. "Could you men not keep watch with me for one hour?" he asked Peter.)

26:42 - 다시 두 번째 나아가 기도하여 가라사대 내 아버지여 만일 내가 마시지 않고는 이 잔이 내게서 지나갈 수 없거든 아버지의 원대로 되기를 원하나이다 하시고(He went away a second time and prayed, "My Father, if it is not possible for this cup to be taken away unless I drink it, may your will be done.")

26:44 - 또 저희를 두시고 나아가 세 번째 동일한 말씀으로 기도하신 후(So he left them and went away once more and prayed the third time, saying the same thing.)

26:45 - 이에 제자들에게 오사 이르시되 이제는 자고 쉬라 보라 때가 가까왔으니 인자가 죄인의 손에 팔리우느니라(Then he returned to the disciples and said to them, "Are you still sleeping and resting? Look, the hour is near, and the Son of Man is betrayed into the hands of sinners.)

「마태복음」과 같은 내용이지만 「누가복음」에는 색다른 내용이 기록되어 있다. 기도하실 때 한 명의 천사가 예수님께 나타나 힘을 주셨다라고 기록하고 있다. 인간적인 고민과 슬픔을 보이시는 예수님께 천사가 나타나 죽음을 피할 수 없다는 말을 해주고 힘을 내라고 했을 것이다. 죽음에 강건하게 맞서라고 얘기해주었을 것이다. 그러자 예수님은 더욱 정직하게 간절이 기도하는데 이때 예수님의 땀이 땅에 떨어지는데 핏방울 같았다고 기록되어 있다.

「누가복음」 22:43 - 사자가 하늘로부터 예수께 나타나 힘을 돕더라(An angel from heaven appeared to him and strengthened him.)(NIV)

22:44 - 예수께서 힘쓰고 애써 더욱 간절히 기도하시니 땀이 땅에 떨어지는 피 방울같이 되더라(And being in anguish, he prayed more earnestly, and his sweat was like drops of blood falling to the ground.)

3. 엘리 엘리 라마 사박다니

예수님은 십자가에 못 박혀 영혼이 떠나시기 전에, 크게 소리질러 가라사대 "엘리 엘리 라마 사박다니 하시니 이는 곧 나의 하나님, 나의 하나님, 어찌하여 나를 버리셨나이까?"라고 하나님 아버지께 인간적인 고통의 호소를 하신다. 이것도 예수님의 인성을 보여주시는 것이다. 그러나 하나님 아버지께서 버리신 것이 아니라 뜻대로 하신 것이었다.

「마태복음」 27:45 - 제 육 시로부터 온 땅에 어두움이 임하여 제 구 시까지 계속하더니(From the sixth hour until the ninth hour darkness came over all the land.)(NIV)

27:46 - 제 구 시 즈음에 예수께서 크게 소리질러 가라사대 엘리 엘리 라마 사박다니 하시니 이는 곧 나의 하나님, 나의 하나님, 어찌하여 나를 버리셨나이까 하는 뜻이라(About the ninth hour Jesus cried out in a loud voice, "Eloi, Eloi, lama sabachthani?"--which means, "My God, my God, why have you forsaken me?")

27:50 - 예수께서 다시 크게 소리지르시고 영혼이 떠나시다(And when Jesus had cried out again in a loud voice, he gave up his spirit.)

4. 예수님의 언어, 예수님의 아람어(Aramaic of Jesus)

그렇다면 '엘리 엘리 라마 사박다니'는 어느 나라 말일까? 왜 예수님은 이런 말을 쓰셨을까? 예수님은 유다(Judah) 지파가 거주하는 유대(Judea) 지역의 베들레헴(Bethlehem)에서 나시고, 북부 갈릴리(Galilee) 지방의 나사렛(Nazareth)에서 성장하시다가 30살부터 가르침을 시작하셨다(「누가복음」 2:41-52 & 3:21-23).

이곳 나사렛은 아시리아(Assyria, 시리아, 성경의 '수리아') 근접 지역으로 아람어(Aramaic language)를 일반 언어로 사용하는 공동사회였다. 아람어는 신아시리아 왕조(Neo-Assyrian Empire, BC 912-BC 612)와 신바빌로니아 왕조(C 625-BC 539) 시대의 공용어로 사용되었는데, 이

때 유대인들의 아시리아(앗수르) 포로(Assyria Exile/Captivity, BC 723-BC 612)와 바벨론 유수(Babylonian Captivity/Babylon Exile, BC 605-BC 538)가 일어났다. 이러한 장기간의 역사적 사건과 그에 따른 언어적 영향을 받아 이스라엘 민족, 즉 유대(유다) 민족은 히브리어를 잊어 버리고 주로 아람어를 일상적인 언어로 사용하였다. 그러다가 마케도니아 왕국(Kingdom of Macedonia, BC 691 or 514-BC 146)의 알렉산드로스(알렉산더) 대왕(Alexander Ⅲ, 통치 BC 336-BC 323)의 동방 지배와 BC 146년부터 이어진 로마제국(Roman Empire, 공화정시대, BC 509-BC 27)과 로마제국[Roman Empire, 제정시대, BC 27-AD 476(서로마제국) & AD 1453(동로마제국/비잔티움제국)]의 지배에 의한 영향으로 그리스어도 일상적인 언어로 사용하였다. 그러므로 예수님이 탄생하신 시점[BC 6(B)]부터 AD 1세기 말까지의 이스라엘 민족은 아람어, 그리스어(코이네, Koine), 그리고 히브리어를 혼합해서 사용하던 때라고 볼 수 있다. 따라서 예수님도 성장하시면서 가르칠 때에 주로(Primarily or mainly) 아람어를 사용하시고 때론 그리스어(코이네, Koine)와 히브리어를 사용하신 것으로 성경 학자들은 보고 있다.

그런데 신약성경을 이루는 4권의 복음서 및 바울(Paul, AD 5-68)과 제자들의 서신은 처음부터 그리스어인 코이네(Koine)로 쓰여졌다. 그 이유는 이들 복음서들은 예수님 사후 대략 c.AD 50-100년에 쓰여졌는데, 이 당시에는 그리스어를 제1의 공용어로 사용하던 로마가 지배하던 시대였기 때문이다. 그러나 성경 학자들은 코이네로 쓰여진 신약에 등장하는 예수님의 말씀을 분석한 결과 문맥과 정황상 아람어에 가깝다는 것을 발견하고 예수님이 주로 아람어를 사용하셨다고 결론을 짓기에 이르렀다.

신약성경에 남아 있는 예수님이 사용하신 아람어로는 「마태복음」 5장 22절의 '라가(Raca) = 바보, 멍청이, 텅 빈 머리', 「마태복음」 6장 24절과 「누가복음」 16장 13절의 '마몬(Mammon) = 재물, 멸망', 「마가복음」 5장 41절의 '달리다굼(Tailitha koumi) = 소녀야 내가 네게 말하노니 일어나라', 「마가복음」 7장 34절의 '에바다(Ephphatha) = 열리라', 「마가복음」 14장 36절, 「로마서」 8장 15절, 그리고 「갈라디아서」 4장 6절의 '아바(Abba) = 아버지', 「요한복음」 20장 16절의 '랍오니(Rabboni) = 랍비(Rabbi), 선생', 「고린도전서」 16장 22절의 '마라나다(Maranatha) = 오 주여 오소서!(Lord, come! or Our Lord, come!)' 등이다.

특히 예수님이 십자가에 못 박혀 운명하시기 전에 "엘리 엘리 라마 사막다니 하시니 이는 나의 하나님, 나의 하나님, 어찌하여 나를 버리셨나이까 하는 뜻이라[Eloi(Eli), Eloi(Eli), lama sabachthani? - which means, "My God, my God, why have you forsaken me?]"라고(NIV, KJV, 「마태복음」 27:46; 「마가복음」 15:34, 「시편」 22:1을 인용) 하신 말씀이 아람어(Aramaic)였다. 예수님을 반박하는 사람들은 이를 두고 인도어라고 생각하여 예수님이 어린 시절 인도에 가서 공부를 했다고 생각한다. 이것은 필자가 보기엔 아주 잘못 알고 있는 것이다. 기타 신약성경에 등장하는 아람어의 지명이름 및 사람 이름에 대해서는 다음 사이트를 참조하라.[14]

---

14 http://en.wikipedia.org/wiki/Aramaic_of_Jesus
http://en.wikipedia.org/wiki/Historical_Jesus

2부

예수님이 이 땅에 오셔서 행한 성령에 의한 기적들을 과학기술로 조명

예수님은 이 땅에 오셔서 다시 하나님 아버지의 나라로 가시기 전까지 마지막 3년 동안 대략 40여 가지의, 종교적으로 말하면 기적들(miracles)이요, 과학적으로 말하자면 그 당시로서는 혹은 지금도 이해할 수 없는 최첨단 과학기술들을 이용하여 죽은 자를 살리시고 많은 병자들을 고치시는 의술을 우리에게 보이셨다. 그것도 다 다른 수준의 과학기술을 이용하여 우리에게 보이셨다. 왜 우리에게 직접 보이셨을까? 그것은 우리 보고 예수님이 하신 것과 같이 이 땅에서 다 이루라는 것이다. 이것을 다 이루려면 끊임없이 예수님의 과학지식이 무엇인지 배우고 알아야 한다.

필자는 『바이블 매트릭스』 시리즈 4권 『하나님들의 과학기술과 우리가 창조해야 할 미래(상/하)』에서 과학적으로 볼 때 기적은 없다고 했다. 성경에 등장하는 하나님들의 기적들과 예수님의 기적들은 모두 역사적 사실이며, 과학기술로 이해할 수 있다고 했다. 단지 구약의 하나님들과 신약의 예수님이 사용했던 과학기술들을 그 당시의 기록자들이 이해하지 못해 기적으로 표현한 것뿐이다. 또한 현재 우리가 이해 못하는 부분들은, 아직도 우리가 그러한 과학기술들을 찾아내지 못했기 때문에 이해를 못하는 것이다.

그러나 언젠가는 과학기술이 발전하다 보면 우리는 분명하게 성경에 기록된 내용이 사실이며 진실임을 이해하게 될 것이다. 지금은 물고기자리 끝자락에 와 있다. 서기 2100년부터 서기 4259년까지의 물병자리(AQUARIUS)에 도달하게 되면 지금의 과학은 아무것도 아니다. 이 때쯤 되면 예수님의 과학기술들을 이해할 수 있을 것이고, 그 다음의 염소자리(CAPRICORN, 서기 4260-서기 8579)에 진입하게 되면, 우리도 예수님처럼 물 위를 걷게 될 것으로 예측된다.

1장
42가지의 기적들을 현대와 미래과학기술로 분류

예수님께서 행한 과학기술이 무엇인지를 알아내는 것은 지금으로서는 불가능하다. 필자는 미래학자이지만 예언가(자)는 아니다. 사실 예언가(자)는 하나님들의 말씀을 먼저 듣고 전달하는 사람들이다. 따라서 하나님들의 말씀의 뜻을 정확히 이해할 수도 있겠지만 그 반대일 수도 있다. 필자는 그 대신 그간 하나님들과 예수님의 과학지식을 알고자 노력해 왔다. 따라서 지금까지 터득한 과학지식을 바탕으로 예수님이 이 땅에서 행한 서로 다른 수준의 39가지의 기적들과 말씀은 하셨지만 실제 현실로 나타내시지 않은 3가지를 현대과학으로 분류해보도록 하자. 단, 5,000년 뒤에는 어느 정도 확실히 알 수 있겠지만, 지금이나 미래의 과학기술로 최대한 매칭시켜 보도록 한다. 그 목적은 어렴풋이 나마 예수님의 과학기술들이 무엇인지를 이해하고자 함이며, 이해하는 데 도움을 주고자 함이다.

「마태복음」, 「마가복음」, 「누가복음」, 「요한복음」, 「고린도전서」 등에 등장하는 예수님께서 행한 기적들, 즉 과학기술들을 현대과학의 카테고리로 분류해서 클러스터로 묶어보면 다음과 같을 것이다.

42지의 기적들을 현대과학기술로 분류

순번	기적으로 표현된 내용	# of Miracles	과학의 대분류	과학의 소분류
01	죽은 자를 살리시다	4	재생의학	말씀=빛(에너지/파동)에 의한 미네랄/유전자/세포/뇌/심폐/장기소생+@영의 귀환
02	귀신들린 병자들을 고치시다	8	정신의학/두뇌과학	두뇌 패턴 감지, 척추진단, 원격진단, 말씀(에너지와 파동)의 테라헤르츠파(THz) 혹은 뇌파와 자기자극법, 생체인터넷, 인체매질, 원격의료+@
03	중풍환자를 고치시다	2	두뇌과학/신경과학	말씀(에너지와 파동)의 테라헤르츠파, 텔레파시, 원격진단, 원격의료, 뉴런자극, 마인드 패턴+@
04	맹인(눈), 귀머거리(귀), 벙어리(혀)를 고치시다	5	재생의학	원자/유전자/세포/망막/눈이식, THz, 생체인터넷+@
05	문둥병(나병), 손이 마른 사람, 칼에 잘려진 귀를 고치시다	4	재생의학	THz, 항생제, 생체인터넷, 피부재생, 조직이식+@
06	열병, 혈루증, 고창병 등을 고치시다; 예수님의 옷에 손을 대면 병이 낫다	4	질병/의학/의술	항생제/백신/약물 주사, 생체인터넷, THz, 마인드패턴+@
07	안식일에 연못에서 38년 동안 특수병을 앓는 환자를 고치시다	1	재생의학	미네랄 THz+@
08	오병이어와 칠병이어	2	조직공학	조직/세포복제, 3차원 프린팅+@
09	물→포도주를 만들다, 폭풍을 잠잠하게, 물 위를 걸으시다, 물고기 있는 곳을 아시다, 물고기 입에서 돈 한 세겔이 나오다, 무화과 나무가 마르다, 예수님 부활 후에 500여 형제에게 동시에 보이시다	8	자연, 물리, 통신, 영상, 식물공학 등등	원자자유전환, 기상/기후, 반중력광선, 어군탐지, 전파/초음파유도, 양자동조, 유전자발현 차단, 디스플레이+@)
10	예수님이 변형(Transformation or Transfiguration)되시어 모세와 엘리야와 대화하시다	1	천체우주물리학, 우주공학	지구와 다른 환경의 우주선/시스템으로의 변형기술+@
11	말씀은 하셨지만 성령의 과학지식으로 실제 나타내시지 못한 기적들	3	입자물리학, 건축공학	생각/마음/말=에너지, 텔레파시, 텔레키네시스, 나노 이상의 건축공학+@
총		42		

이렇게 분류해 놓고 보니 예수님께서는 전 학문의 과학기술들을 모두 사용하셨음을 알 수 있다. 이 중 "예수님이 변형(Transformation or Transfiguration)되시어 모세와 엘리야와 대화하시다"에 대해서는 『바이블 매트릭스』 시리즈 6권 『예수님의 재림과 새 하늘과 새 땅』에서 다루기로 하고, 나머지 41가지를 현대와 미래 과학기술로 풀어 이해를 돕도록 해보자.

2장
의학/의술/통신/전기전송 기술의 현재와 미래

1절 미네랄 테라헤르츠파(THz)란 무엇인가?

미네랄 테라헤르츠파에 대해서는 이미 『바이블 매트릭스』 시리즈 4권(하)의 2부 12장 3절의 "하나님들의 식사법, 번제, 소제, 향기로 에너지를 마시다"의 3-3인 "에너지인 미네랄(Mineral)을 코로 마시다"에서 소개했고, 이어 3부 1장 4절의 "물병자리(AD 2100년-)의 상징과 미래 과학기술"의 4-3인 "물병자리의 물, 물의 근원을 밝혀"와 4-4인 "미네랄 테라헤르츠파의 발견"과 4-5인 "유전자는 사라져도 생명의 흔적을 남기는 미네랄의 발견"에서 상세히 소개했다. 다시 한 번 요약해 소개하기로 한다.

테라헤르츠파(THz)는 미국, 러시아, 일본의 과학자들이 연구하는 향후 빛의 기술로 대략 2020년(통신용)~2045년(진단/치료용)에 상용활될 것으로 예측된다. 파장이 짧은 가시광선(Visible light)과 파장이 긴 마이크로파(Microwabe, 극초단파) 사이에 위치한 적외선(IR) 영역의 파장을 말한다. 일본의 과학자들은 이를 물질파(matter wave)라고 부른다.

화석을 포함하는 암반, 식물, 그리고 물이나 토양에는 광물들인 칼슘(Ca=Calcium), 인(P=Phosphorus), 염소(Cl=Chlorine), 나트륨(Na=Natrium/Sodium), 리튬(Li=Lithium), 칼륨(K=Potassium/Kalium), 황(S=Sulfur/Thion), 셀렌/셀레늄(S=Selen/Selenium), 게르마늄(Ge=Germanium), 실리콘(Si=Silicon) 등과, 금속들인 금(Au=Aurum/Gold), 은(Ag=Argentum/Silver), 철(Fe=Ferrum/Iron), 구리(Cu=Cuprum/Copper), 마그네슘(Mg=Magnessium), 망간(Mn=Manganese), 아연(Zn=Zinc), 티타늄(Ti=Titanium) 등 약 40종류의 미네랄(mineral)이 포함되어 있다. 이 중 칼슘, 셀렌, 리튬, 나트륨, 철, 구리, 게르마늄, 은, 칼슘, 아연 등은 생명의 흔적을 갖고 있는 미네랄로서 물에 쉽게 녹기 때문에 메조구조화(Mezoscopic Structures, 원자의 10의 3승~5승), 즉 의사수화결정체(擬似水和結晶體)가 된다.

지구의 70%가 물(H2O)이고 우리 몸의 대략 70%가 물이다. 우리의 세포는 계란의 얇은 막처럼 세포막 내부에 물이 가득 차 있고, 중앙에는 유전자(DNA)를 담은 핵(核)이 있다. 핵이 외부 충격에 흔들려 깨지면, 생체기능에 심각한 장애가 초래되므로 가장 튼튼한 구조인 육각수가 빽빽이 들어차서 핵을 꼭 잡아 고정시키고 있는 것이다. 또한 육각수는 우리 인체의 면역력을 높여줌으로써 각종 질병의 치료와 예방에도 매우 효과적인데, 각종 영양분과 산소의 인체 흡수율을 높여주기 때문이다. 한마디로, 육각수가 가진 이러한 뛰어난 효능들은 그 구조의 특징상, 육각형태가 다른 어떤 각보다 가장 넓은 저장공간을 가지고 있기 때문이다(시장판, 2011).

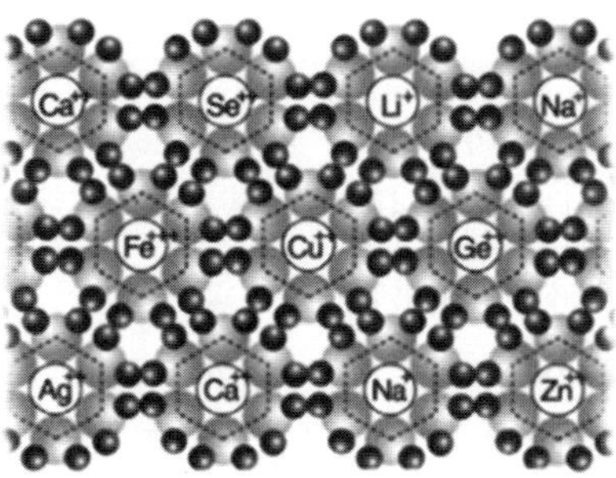

일반적으로 차가운 물에 6

각형 고리구조가 많이 들어 있다. 따라서 육각수의 비율은 온도가 낮을수록 높아진다. 10도에서는 22%, 0도에서는 26%, 영하 30~40도에서는 거의 100%가 육각수이다. 하지만 물이 차갑기만 해서는 육각수가 형성되지 않는다. 육각수가 형성되기 위해서는 반드시 칼슘(Ca)과 게르마늄(Ge) 등의 구조형성성(構造形成性) 또는 메조구조화 또는 의사수화결정체의 미네랄이 풍부하게 녹아 있어야 한다. 건강한 세포 주변을 보면 육각구조를 형성하는 무기 이온들(미네랄 이온들)을 중심으로 구조적으로 잘 짜여진 육각수를 형성하고 있다. 따라서 몸에 해로운 물질들이 끼어 들어갈 틈이 없음을 알 수 있다.

이들 미네랄 중 6개의 미네랄들인 칼슘, 인, 마그네슘, 나트륨, 칼륨, 염소, 황의 원자들을 추출하여, 미네랄 원자들을 사슬처럼 엮고 두드려서, 다시 말해 물리결합으로, 5나노~50나노 크기의 표면 플라즈몬(surface plasmon)의 메조구조화를 만든 후, 극성을 주면 자기(自己) 기전력(起電力), 즉 전자기장을 발생하게 된다. 그 다음 이 메조구조물을 물이 회전하는 통에 넣어 또 다른 미네랄을 첨가하면서 성장시키고, 외부에서 필요한 테라헤르츠파를 쏘아 각인시켜 주면 메조구조물은 각인된 테라헤르츠파를 방사하게 된다. 물에 녹아 있는 이러한 가공된 미네랄을 미네랄 워터(mineral water)라고 하며, 각인된 테라헤르츠파를 내는 광원인 표면 플라즈몬 메조구조체를 마이크로 크리스털(micro crystal)이라 한다. 스스로 기전력이 있으므로 아인슈타인(Albert Einstein)의 광전효과(photoelectric effect)에 따라 태양 빛이나 태양풍의 전자입자가 마이크로 크리스털에 닿으면 각인된 테라헤르츠파와 전기를 발생하게 된다. 또한 마이크로 크리스털은 물에 녹아 있지만, 물이 증발해도 같은 에너지 및 테라헤르츠파를 발생시킨다. 그 존속기간은 650만 년이다. 다시 말해 650만 년이 지날 때까지 태양 빛만 받으면 지속적으로 각인된 테라헤르츠파를 발생시킨다는 뜻이다. 이와 같

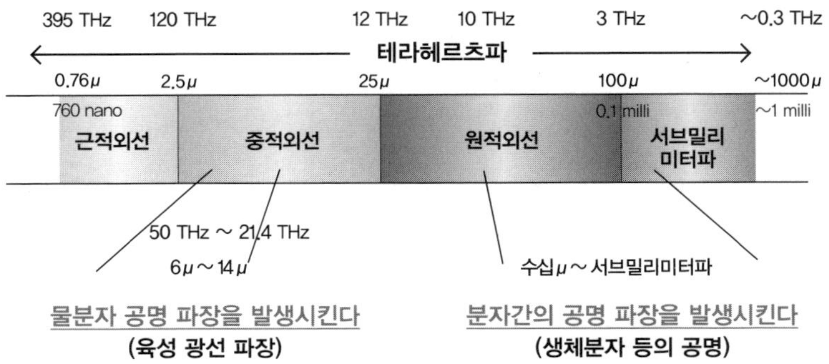

테라헤르츠파 유효파장의 발생. Credit : 후루사키 코이치(2011).

은 플라즈몬 물질을 서구에서는 메타물질(Metamaterial)이라고 한다.

서브밀리미터파(0.3THz~3THz)의 테라헤르츠파는 통신용으로 연구되고 있으며, 중적외선 영역(12THz~120THz)의 테라헤르츠파는 물에 흡수되어 공명하므로, 우리 몸을 이루는 70%의 물과 공명한다. 또한 원적외선 영역(3THz~12THz)의 테라헤르츠파는 물을 포함하고 있는 218개의 장기, DNA, 세포, 단백질, 효소 등과도 공명한다. 공명한다는 것은 주파수가 같으므로 해롭지 않다는 뜻이다. 그러므로 오늘날의 인체에 해가 되는 X-선을 대체할 것이란 의미이다. 따라서 이 기술을 잘 활용하면 신약개발은 물론 의약, 식물성장, 영상기술, 에너지, 환경, 건강 등에 획기적인 과학적 진보가 있을 것이다.

우리 몸의 218개 장기들은 고유의 테라헤르츠파를 낸다. 따라서 최적화된 테라헤르츠파를 외부에서 쏘아주면 죽어가는 장기도 소생시킬 수 있는 차세대 기술이다. 또한 테라헤르츠파를 쏘이면 몸 속의 물 분자들이 모두 육각수로 바뀔 수도 있다. 깨어졌던 물 분자가 본래의 육각수로 환원되는 것이다.

2절 유전자는 사라져도 생명의 흔적을 남기는 미네랄

그런데 일본의 과학자들은 여기서 더 나아가 물이 증발되어 미네랄이 메조구조화에서 분해되어 부품들인 칼슘, 마그네슘, 게르마늄 등으로 분해되어도, 각각의 미네랄들은 고유의 전기 및 테라헤르츠파를 유지할 뿐만 아니라, 다시 이들 분해된 미네랄들에 테라헤르츠파를 쏘이면 본래의 메조구조화로 복귀된다는 점을 발견한 것이다. 스스로 요동(fluctuation)치면서 생명력이 살아난다는 사실을 발견한 것이다(후루사키 코이치, 2011). 그 이유는 미네랄은 생명의 흔적을 갖고 있기 때문이다.

더군다나 세포 안에는 유전자(정보)를 이루는 네 개의 염기들(Bases) 즉, 아데닌(A), 티민(T), 구아닌(G), 시토신(C)이 있는데 이들도 수소결합으로 이루어져 있다. 이들 유전자(Exon)는 인간에게 필요한 단백질을 생산한다. 그러나 그 단백질들은 우리 육체가 필요한 피와 살과 뼈를 만드는 것인데, 우리가 죽으면 이들도 모두 죽어 사라진다는 사실이다. 즉, 유전자(Exon)도 사라진다는 것이다.[1]

그러나 일본의 과학자들은 이들 네 개의 염기에 미네랄이 결합되어 있다는 사실을 발견한 것이다. 이들 미네랄들은 우리가 죽어도 절대 사라지지 않고 토양이나 식물이나 바다에 남아 있다는 것이다. 그래서 앞서 얘기했듯이 이들 미네랄들은 생명의 흔적을 갖고 있다고 한 것이다. 여기에 빛이나 초음파나 테라헤르츠파나 앞으로 발견할 또 다른 파를

---

1 디옥시리보핵산(DNA, Deoxyribonucleic acid, Deoxyribo Nucleic Acid)을 DNA라고 부르는데, 이 DNA에는 단백질을 만드는 정보를 가진 엑손(Exon)과 정보를 가지고 있지 않은 인트론(Intron)으로 나누는데, 엑손은 전체 DNA 중 5%에 불과하며, 나머지가 인트론이다. 따라서 95%는 정크(Junk) DNA라고 부르는데, 왜 이리 정크인 인트론이 많은지 과학자들이 연구하고 있다. 자세한 것은 『바이블 매트릭스』 시리즈 6권 『예수님의 재림과 새 하늘과 새 땅』에서 다루고자 한다.

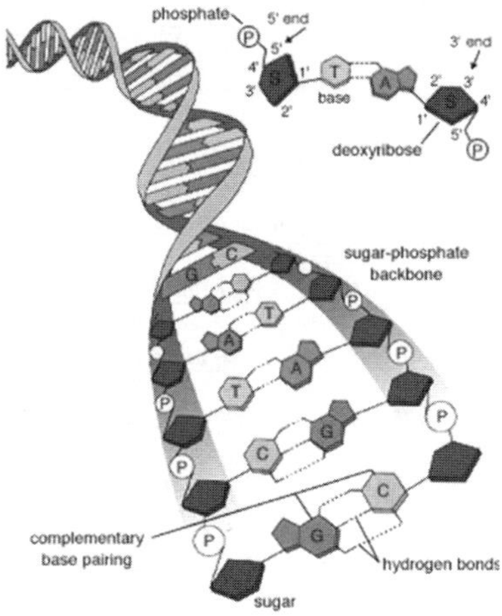

쏘이면 스스로 생명력을 갖추어 죽은 자들이 살아나는 것은 아닐까? 실제로 유전자(Exon)는 인간을 위해서 존재하는 것이지만, 죽으면 그만이어서, 이보다 더욱 중요한 영원한 에너지를 지니고 생명력을 가진 미네랄이 더 중요한 것은 아닐까?

「요한계시록」 20장 12절에서 15절에는 '바다가 그 가운데서 죽은 자들을 내어 주고 또 사망과 음부도 그 가운데서 죽은 자들을 내어 주매'라는 기록이 나오는데, 죽은 지 30만 년-1만 년-1천 년이 지난 죽은 자들은 육체가 다 썩어 없어졌을 것이고, 단백질을 만들던 유전자(Exon)도 다 썩어서 없어졌을 터인데, 바다와 무덤이 죽은 자를 내어 준다니, 이게 혹 바다와 땅 속에 있던 죽은 자들의 미네랄을 내어 준다는 얘기가 아닐까? 이것은 필자가 보기엔 부활과 관련 있음에 틀림없다. 이는 마지막 권인 『바이블 매트릭스』 시리즈 6권 『예수님의 재림과 새 하늘과 새 땅』에서 자세히 살펴볼 예정이다.

「요한계시록」 20:12 - 또 내가 보니 죽은 자들이 무론 대소하고 그 보좌 앞에 섰는데 책들이 펴 있고 또 다른 책이 펴졌으니 곧 생명책이라 죽은 자들이 자기 행위를 따라 책들에 기록된 대로 심판을 받으니(And I saw the dead, great and small, standing before the throne, and books were opened. Another book was opened, which is the book of life. The dead were judged according to what they had done as recorded in the books.)(NIV)

20:13 - 바다가 그 가운데서 죽은 자들을 내어 주고 또 사망과 음부도 그 가운데서 죽은 자들을 내어 주매 각 사람이 자기의 행위대로 심판을 받고(The sea gave up the dead that were in it, and death and Hades gave up the dead that were in them, and each person was judged according to what he had done.)

20:14 - 사망과 음부도 불못에 던지우니 이것은 둘째 사망 곧 불못이라(Then death and Hades were thrown into the lake of fire. The lake of fire is the second death.)

3절 대체의학/재생의학의 발전방향

자, 이번에는 의학이나 의술의 발전 단계를 예측해 보자. 크게 대체의학(이식기술)과 재생의학으로 나누어 간단히 살펴보기로 한다.

1. 대체의학 – 이식기술, 보철의학, 생체공학

대체의학도 광의의 개념으로 보면 재생의학(Regenerative medicine)에 포함되지만, 협의 개념으로 나누어 보기로 한다. 우선 장기이식(Organ transplantation) 등의 이식기술을 살펴보자. 지금의 장기이식기술은 부모나 자식이나 형제나 뇌사자(腦死者)가 기증한 장기들, 예컨대 간이나 심장이나 콩팥을 환자에게 이식하는 것이다. 그러나 지금의 이식기술 방향은 그 다음 단계로 발전하고 있는데, 조직(Tissue)이나 현재 회자되고 있는 줄기세포(Stem cell)를 이식하는 것이다.

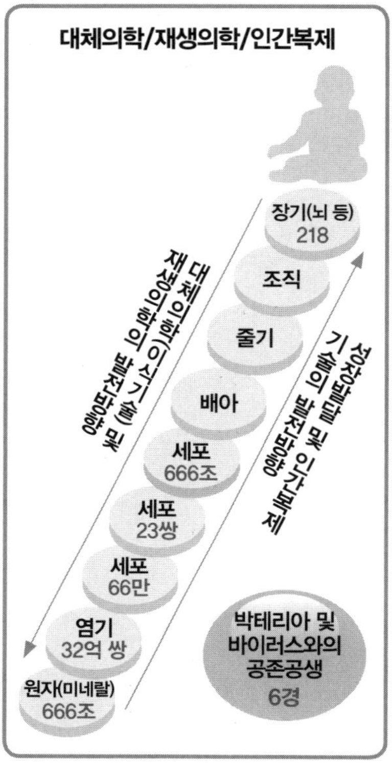

특히 피부세포 등의 체세포(Somatic cell)에 만능성을 유지하는데 중요한 역할을 하는 특정 유전자 4~5개를 주입해서 특정 만능유도줄기세포(iPSc, Induced Pluripotent Stem cell)를 추출하고 역분화 성장시켜 환자의 병든 조직이나 세포 덩어리에 이식하여 재생시키는 방법이다. 현재 많은 임상시험이 전개되고 있다.

이는 지난 2003년에, 영국 에든버러 대학 오스틴 스미스(Austin Smith) 교수와 일본 나라 과학기술연구소 야마나카 신야(Shinya Yamanaka) 박사가 영국 켈트족 전설의 '불사(不死)의 땅'을 의미하는 '나노그(Nanog)'라는 마스터 유전자(Master Gene)를 발견한 것에 기초를 두고 있다. 이들은 마스터 유전자를 체세포에 주입하여 줄기세포를 추출하고 역분화 성장시켜 심장-간-피부 등의 조직과 장기를 만들어 불치병 해결에 획기적인 실마리를 제공함으로써, 유전학자들이 오랜 시간 동안 찾아 헤매던 '생물학의 성배(聖杯, Holy grail)'를 발견한 것이다(Chambers and Smith et al., Cell, 2003; Mitsui & Yamanaka et al., Cell, 2003).(오른쪽 마스터유전자 그림의 출처)(동아일보, 30 May 2003)

그 이후 야마나카 신야박사는 이 마스터 유전자를 인간 피부세포에 주입하여 재프로그래밍(reprogramming)을 통해 2007년에 만능줄기세포(Pluripotent stem cell)를 만들었다(Takahashi & Yamanaka et al., Cell, 2007). 이를 만능줄기세포유도(iPS) 기술이라고 하는데, 이 공로로 2012년 노벨생리의학상을 수상했다.

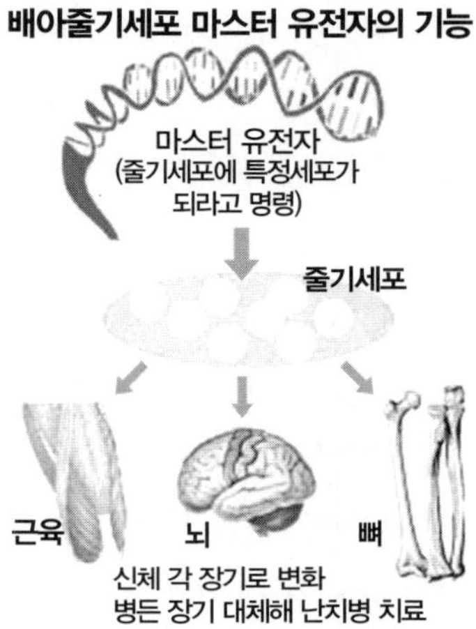

이러한 줄기세포 이식은 조만간 666조 개로 추정되는 세포이식 기술로 발전할 것이고, 그 다음 염색체 이식기술 → DNA나 유전자(Exon) 이식기술 → 32억 쌍의 염기 이식기술로 발전할 것이다. 666조 개로 추정되는 하나의 세포 안에는 666조 개의 원자가 들어 있는 것으로 추정되는데, 언제가는 바로 원자를 이식해서 고장난 염기와 유전자를 치료하게 될 것이다. 이게 다가 아니다. 원자에는 전자(Electron)와 원자핵(atomic nuclei/atomic nucleus, 原子核)이 있는데, 원자핵에는 양성자(Proton, 陽性子)와 중성자(Neutron, 中性子)가 있다. 그래서 먼 미래에는 전자를 이식하고 양성자와 중성자를 이식해서 잘못된 원자를 고치게 될 것이다. 그런데 이게 다가 아니다. 양성자와 중성자에는 6개의 쿼크들(Quarks)이 있다. 따라서 언젠가는 쿼크들을 이식해서 잘못된 중성자와 양성자를 고치면 게임은 끝나는 것이다. 그런데 이게 다가 아니다. 반물질(Anti-matter)이라는 것도 있다. 여기까지가 현재 물리학이 밝힌 과학이다.[2]

---

2 자세한 것은 『바이블 매트릭스』 시리즈 1권 『우주창조의 비밀』을 참조하라.

하지만 서기 2500년, 아니 3000년에 가면 더욱 많은 하나님 아버지와 예수님의 과학지식들이 발견될 것이다. 아니 서기 7500년에 가면 어떻게 되겠는가?

이외에 보철의학(補綴, Prosthetics/Prosthetik)은 로봇팔, 로봇다리, 틀니 등을 만들어 이러한 도구에 의존하여 원래 몸의 기능보다 월등히 높은 기능을 수행하도록 하는 의학을 말하며, 생체공학(Bioengineering or Bionics)은 생물에 공학을 융합하여 생체공학적 귀(Bionic Ear)/코(Bionic Nose)/눈(Bionic Eye) 등을 만들어 신체의 기능성을 잃은 각각의 생체부분(장기)을 대체하자는 학문이며 의학기술이다. 이들 또한 앞으로 눈부시게 발전할 것인데, 예수님의 과학기술에 맞추어 그때 그때 자세히 소개하기로 한다.

2. 죽은 자를 살리는 재생의학 – 빛(에너지와 파동)으로 자극

본권 1부 2장 3절의 "성령=말씀=빛(에너지와 파동)으로 오신 예수님, 빛의 이식/자극, 처녀생식이란?"의 3-5절의 "빛으로 자극하는 광유전학 또는 광유전자극기술"에서 설명했듯이, 한의학이나 서양의학이나 한 가지 공통점이 있다고 했다. 한방병원에 가면 당연히 침술(acupuncture)의 침(鍼)을 맡는다. 침을 맡는다는 것은 아픈 부위에 침을 꽂아 병들어 가는 세포를 자극하는 것이다. 그러면 병들어 가던 세포들이 젊은 세포로 되돌아가는 것이다. 다시 회춘하는 것이다. 서양의학도 마찬가지이다. 늙은 세포를 자극시키면 젊은 세포로 되돌아간다. 우리가 아픈 부위를 마사지하는 것도 같은 원리이다. 그런데 무엇으로 자극을 주느냐가 관건이다.

지금은 사람이 물에 빠져 심장이 뛰지 않거나 심장마비(Heart attack, 心臟痲痺)가 왔을 때 심장을 다시 뛰게 하여 호흡을 하기 위해서는 심폐소생술(心肺蘇生術, cardiopulmonary resuscitation, CPR)을 실시한다. 심폐소생술의 심폐소생기 또는 전기자극기(Electrical impulses)는 심장과 폐의 활동이 멈추어 호흡이 정지되었을 경우에, 이를 소생시키기 위해 전기자극을 주는 것이다.

그러나 최근에는 빛(Light)을 이용해 특정 세포를 자극하는 광유전자극(Optogenetic Stimulation) 기술로 발전하고 있다. 빛을 이용하는 광유전학(Optogentics)은 최근 생명과학의 여러 분야에서 각광받고 있는 학문으로 미생물이나 식물에서 발견되는 빛에 반응하는 신경세포나 단백질을 인간이나 동물세포에 적용해 세포의 여러 기능들을 조절할 수 있는 기술이다. 특히 이 기술은 두뇌의 망가진 뉴런에 의한 각종 중풍병환자들을 고치는 데 유용하게 사용될 것이다. 특정 뉴런에 빛을 쏘아 스위치를 켜고 끔으로써 사지가 마비된 환자들을 고치는 것이다.

앞에서 소개했듯이 테라헤르츠파는 물 분자와 공명하고 218개 장기들과 그 안의 세포분자들과 공명한다고 했다. 따라서 조만간 심장마비 환자들에 전기자극 대신 특정 빛의 에너지와 파장을 쏘아 재생시키는 그러한 심폐소생술이 등장하게 될 것이다. 이식기술도 빛을 이용하는 재생의학으로 대체될 가능성이 높다. 따라서 줄기세포를 장기들에 이식하는 것이 아니라 특정 빛의 에너지와 파장에 공명하는 빛을 218개 장기들에 맞춤식으로 쏘아주면 재생시킬 수 있다. 장기들뿐만이 아니라 조직이나 줄기에도 특정 빛을 쏘아 재생시킬 수 있으며, 언젠가는 세포도 살릴 수 있을 것이다.

더 나아가 언젠가는 테라헤르츠파 이상의 파를 발견하여 염색체를 재생시킬 것이고, 그 안에 있는 DNA나 유전자를 재생시킬 것이고, 그 안에 있는 있는 32억 쌍의 염기들을 살려, 죽은 자들을 소생시킬 것이다. 더 나아가 그 안에 있는 원자들, 즉 생명의 흔적을 갖고 있는 미네랄을 재생시키면 죽은 지 1년이 지난 아니 100년이 지난 죽은 자들까지 살릴 것이다. 엔젠가는 「에스겔」 37장에 나오는 마른 뼈들이 살아날 것이요, 예수님의 부활 후에 많은 성도가 무덤에서 일어나는 일이 실제로 현실화될 것이다. 우리 보고 실제로 과학지식을 다 발견하여 다 이루라는 명령이다.

3. 피부세포에 빛을 쏘아 세포를 재프로그램 → 만능줄기세포 만들다

한국의 동국대/한경대와 미국 펜실베이니아대 공동연구팀이 특정 낮은 전자기파(extremely low-frequency electromagnetic fields, EL-EMFs)를 쏘아 체세포(피부세포, Somatic cell)를 암세포 유발 없는 역분화 줄기세포(iPSC)로 재프로그램화하는 데 세계 최초로 성공했다(Baek & Kim et al., ACS Nano, 23 Sep 2014). 낮은 전자기파란 세포분자와 상호작용하는 원적외선 영역의 가장 낮은 테라헤르츠파(THz)를 말하는 것이다. 세포 재프로그래밍은 세포의 운명을 자유자재로 전환해 환자에게 필요한 맞춤형 세포를 만들어낼 수 있는 기술로, 현재 줄기세포 재생의학 치료분야에서 가장 주목 받고 있다(News1, 06 Oct 2014).

전자기파는 지구상에 다양하게 존재하고 있는데 생명체에 밀접한 영향을 주며 세포의 기능에도 다양한 영향을 미친다. 연구팀은 이러한 전자기파 중에서 저 테라헤르츠파(THz)가 세포에 특이적으로 영향을 미쳐서 세포의 운명 전환에 중요한 역할을 한다는 점을 세계 최초로

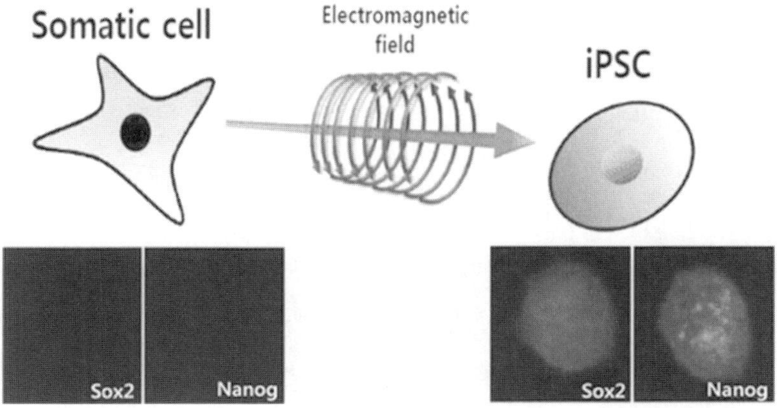

전자기파를 쏘여 체세포(피부세포)를 유도만능줄기세포로 재프로그램 하는 도식도. Credit : Baek & Kim et al., ACS Nano, 23 Sep 2014.

규명했다. 이를 통해 특정 전자기파의 특성을 이용해 효율적 세포 재프로그래밍을 유도, 세계 최초로 전자기파 유도 역분화 줄기세포를 만든 것이다. 지금까지 일본이 개발한 만능유도 줄기세포 제작방법은 낮은 효율과 많은 시간이 소요, 암세포를 만들 수 있는 인자를 사용한다는 점에서 세포치료제의 안전성에 문제가 있었다. 하지만 이번 연구에서는 전자기파동 에너지를 이용할 경우 역분화 줄기세포 제작효율이 기존의 역분화 기술에 비해 효율이 약 37배 높다는 것을 확인했다.

따라서 이 기술은 향후 환자 맞춤형 줄기세포 치료에 핵심적으로 적용될 수 있을 것으로 기대된다. 더불어 전자기파동 에너지로 세포를 자극하는 방법을 이용하면 암세포인자 같은 위험인자를 줄이면서 효율적으로 줄기세포를 제작할 수 있다는 것을 확인했다. 이는 줄기세포 및 세포 치료기반 재생의학 분야에 혁신적 지평을 열었다는 점에서 의의가 있다. 이제 빛(THz)을 쏘아 늙거나 병든 세포를 젊은 세포로 되돌리는 시대를 여는 것이다.

4절 생체인터넷의 발전방향, 생체인터넷으로 무장한 예수님?

1. 생체인터넷(IoB)이란?

사물인터넷(IoT)이란 모든 사물에 컴퓨팅 능력과 학습능력이 주어져 사물 스스로 학습하고 판단하여 추천→큐레이션(Curation)→작업→의사결정→예측 등의 가치를 인간에게 제공하는 것이다. 반면, 초기 단계의 생체인터넷(Internet of Biosignal or Biometrics or Biometry)이란 몸에 착용(웨어러블) 가능한 다양한 기기의 센서들(Sensors)로 하여금, 착용자의 생체정보(생체신호)들인 혈당(blood sugar), 심박동(heart rate, heartbeat), 심전도(EKG/ECG), 혈압(Blood pressure), 호흡수(Respiratory rate), 온도, 몸무게, 키, 걸음 수, 칼로리 소비량(Calories burned) 등의 데이터들을 실시간으로 감지하고 분석하여, 착용자들에게 그 결과를 제공하여 건강(헬스)을 유지하게 하는 것이다. 또한 생체정보들의 분석결과에 따라 착용자의 운동, 수면, 영양섭취 등의 활동에 따른 생체정보들의 변화를 제공하는 것이다. 더 나아가서는 위험상황을 사전에 감지하여 본인의 생명을 살릴 수도 있으며, 비상카드인 의료 아이디(Medial ID)의 장기기증 상태로 타인의 생명까지 살릴 수 있다.

초기 단계의 생체인터넷 서비스는 현행의료법의 규제로 '치료'가 아닌 '관리'의 4가지로 요약되는데, 운동을 할 때 심박수 등을 관리하는 피트니스 케어(Fitness Care), (2) 잠 잘 때 수면시간, 패턴, 코골이 등을 관리해주는 수면 케어(Sleep Care), (3) 칼로리 섭취량과 소모량을 비교해 식단을 조절하는 다이어트 케어(Diet Care), (4) 혈당, 심전도 등을 실시간으로 체크하는 질병 케어(Disease Care) 등으로 세분화되어 있다.

그러다가 현행의료법의 규제가 풀리는 원격의료(Tele medicine)의 시대가 도래하여 분석(A)/진단(D)/처방(T)/예방(P)하는 '치료'가 가능해지면, 각종 센서들이 융합된 마이크로 크기의 칩(SOC, System on a chip) 또는 마이크로유체칩(Microfluidics Chip) 또는 랩-온어-칩(Lab on a Chip)에 의해 현장에서 검사/분석하고 진단하고 치료할 수 있는 신체부착형이나 현장진단형(Point-of-care, POC)으로 발전할 것으로 보이며, 이러한 마이크로 기기를 통해 의사와 쌍방향으로 실시간 치료가 가능할 것으로 보인다. 이때 분석/진단하는 생체정보들은 주로 타액(침, 唾液, Saliva), 땀(Sweat), 소변(Urine, Urea), 호흡(Respiration), 눈물(Tear Fluid) 등을 분석할 것인데, 배출되는 이러한 생체정보들에는 각종 병을 일으키는 항원(Antigen) 또는 바이오 마커(Bio Marker)가 포함되어 있기 때문이다. 신체부착형이나 현장진단형은 마이크로 크기의 '생체이식형'과 '먹는 컴퓨터형'으로 발전할 것으로 보인다. 또한 이러한 생체인터넷 기기에 전력을 공급하는 기술도 매우 중요하다. 따라서 휘어지는 배터리, 유연한 태양광 충전 아니면 자기공명 방식이나 중거리무선전송 방식에 도전할 필요가 있다.

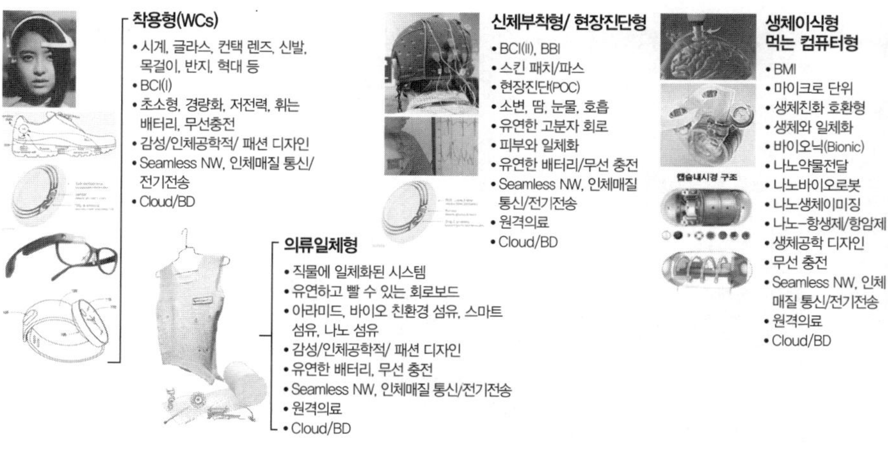

인간중심의 건강/생명을 중시하는 생체인터넷 진화 방향. Image Credit : 차원용, "사물인터넷(IoT)에 앞서 건강과 생명의 생체인터넷(IoB)이 더 중요", DigiEco, 13 Jun 2014.

2. 착용형(웨어러블)의 생체인터넷 디바이스(시계, 안경, 신발 등)

삼성전자는 심박센서 기능을 탑재한 시계형의 기어 2와 밴드형의 기어핏을 S-헬스 앱과 함께 2014년에 출시했다. 특히 기어핏은 심박수를 판단하고 실시간 피트니스 코칭 기능을 통해 운동량까지 관리하고 지원한다. 삼성전자는 더 나아가 개발자와 연구자들을 위한 팔찌형 웨어러블 기기인 심밴드(Simband)와 플랫폼인 사미(SAMI)를 2014년 5월에 미국에서 공개했다. 심장박동, 혈압, 혈액의 산소 수준, 수분 수준, 피부 온도 등 다양한 생체신호를 추적할 수 있는 광학센서, 음향센서, 기타 전자센서들을 이용해 다양한 헬스 데이터 앱과 수집 기기를 맞춤형으로 만들 수 있다.

LG전자의 라이프밴드 터치와 연동해 사용하는 이어폰에도 심박센서가 탑재되어 있다. 구글은 2014년 6월 I/O(Input/Output, Innovation in the Open) 행사에서 안드로이드 웨어(Wear)를 공개하고 안드로이드 웨어를 탑재한 LG전자의 G워치(Watch)와 삼성전자의 기어 라이브(Live)를 공개했다. 이는 모두 심박센서가 탑재되어 생체인터넷을 지원한다.

이보다 앞서 애플은 2013년에 운동 만을 추적하는 독립적인 M7이라는 모션 코프로세서(Motion coprocessor)가 탑재된 아이폰 5S를 출시

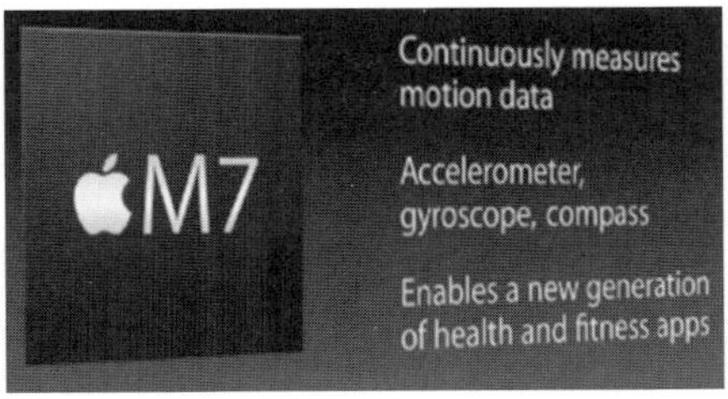

했다. 이는 기존의 수평 센서, 가속도 센서, 위치정보 센서에 3차원(3D) 공간추적 기술인 경사계 센서, 동작인식 센서와 나침반이 추가되

어 소비자들의 운동을 추적할 수 있다. 더 나아가 애플은 2014년 6월의 개발자회의에서(WWDC)에서 소문만 무성하던 헬스 앱(Health App)과 개발자를 위한 헬스 키트(Health Kit)를 공개했다. 따라서 차기 아이폰 6(iPhone 6)와 아이워치(iWatch)에는 차별화된 헬스 앱이 탑재될 것으로 보인다.

헬스 앱은 비결재 방식의 패스북(Passbook)과 같이 차별화된 건강 관련 앱들을 한 곳에 모아 놓은 것이다. 헬스 앱은 혈당 수준, 심박수, 수분, 혈압, 영양, 수면, 호흡수, 산소 포화도, 몸무게, 활동량의 데이터들을 제공한다. 활동은 걸은 회수, 만보계, 칼로리 소비량, 걸은 마일수, 몸무게 감량, 체질량 지수(BMI), 비만 정도(fat %) 등을 모니터링하고 통계치를 저장시켜준다. 헬스 앱의 헬스 데이터에는 진단, 피트니스, 랩 결과(Lab Results), 투약/약물, 영양, 수면, 뇌/심장 관련(Vitals) 등의 카테고리가 있다. 그리고 헬스 데이터의 카테고리 들은 매일-주

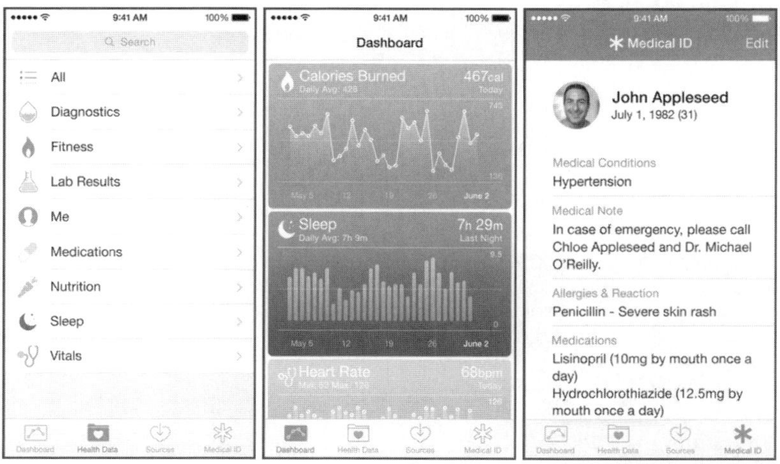

헬스 앱의 헬스 데이터 내의 카테고리, 대시보드를 통해 보여주는 그래프와 차트, 비상카드기능인 메디컬 아이디. Image Credit : Apple(http://www.apple.com/ios/ios8/)

별-월별-연간 데이터로 대시보드(Dashboard)를 통해 그래프와 차트로 보여준다. 특히 헬스 앱에는 비상카드기능인 메디컬 아이디(Medical ID)가 있다. 이 비상카드에는 본인의 이름, 사진, 생년월일, 혈액형, 장기기증상태, 비상연락망, 몸무게, 그간 진단 처방 받은 리스트가 있다. 따라서 이 카드는 본인의 생명뿐만 아니라 죽어가는 다른 생명을 살릴 수 있다.

3. 의류일체형의 생체인터넷 디바이스

의류일체형의 입는 컴퓨터 시장을 가속화시키는 것은 바로 최첨단의 직물(옷감) 안에 내장된 전자기기들과 혁신적인 디자인이다. 미국의 듀폰(DuPont)은 아라콘(Aracon)이라는 새로운 섬유를 개발했는데, 이는 매우 강하고 전기를 전달할 수 있는 케블라(Kevlar)로 만든 섬유로 보통의 전통적인 옷에 짜 넣을 수 있다. 반도체 기업인 독일의 인피니온(Infineon)은 세탁할 수 있는 칩 패키징(chip packaging)을 개발했다. 이 칩이 내장된 옷을 그냥 세탁기에 넣어도 저장된 정보들이 그대로 보존된다.

하지만 입는 컴퓨터의 원조는 아마도 1990년 중반 미국의 MIT 공대의 미디어랩연구소의 입는 컴퓨터 옷(Wearable computer group) 연구그룹일 것이다. 이 그룹에서 탄생한 신생기업이 바로 IFM이다. 이 회사는 전자직물(E-Textiles)을 개발했는데, 전기 도선의 역할도 하고 옷 내에서 데이터를 전송할 수 있다. 이들이 개발한 이 전자직물은 듀폰이나 국방계약자인 록히드 마

틴(Lockheed Martin) 등에서 군복으로 제조되는데, 록히드 마틴의 최첨단기술연구소의 비즈니스 개발 담당자인 솔츠(James Saultz)는 말하기를 "우리는 항상 군인들의 유니폼에 어떻게 하면 전자도구들을 집어넣을 수 있을까?라는 희망을 갖고 여태까지 왔습니다"라고 말한다(Technology Review, 01 Aug 2002).

또 다른 이 분야의 연구기업으로, 지금은 잠시 없어진 센사텍스(Sensatex)라는 신생기업이 있다. 이들은 옷 대신 스마트셔츠(SmartShirt)를 개발하고 있다. 이 셔츠는 병사의 위치와 상황을 모니터링한다. 가장 어려운 난제는 전쟁터에서의 병사의 상처의 위치를 찾아 이를 치료하는 것이라 한다. 이 전자 유니폼은 병사의 위험한 생명 신호를 모니터링하고, 그 치료방법을 정확히 그 병사의 상처 위치로 전송해야 한다. 그것도 신속하게 하여 시간을 단축해야만 그 병사를 살릴 수 있다. 이 기업은 이미 2002년 4분기부터 이와 같은 셔츠를 병원에 판매하기 시작했는데, 이 셔츠는 아기들의 성장 성숙도를 모니터링한다. 아기들의 온도를 셔츠가 측정하는데 0.03도의 차이까지 측정한다. 이들의 다음 계획은 완벽한 스마트셔츠를 개발하는 것이다. 이는

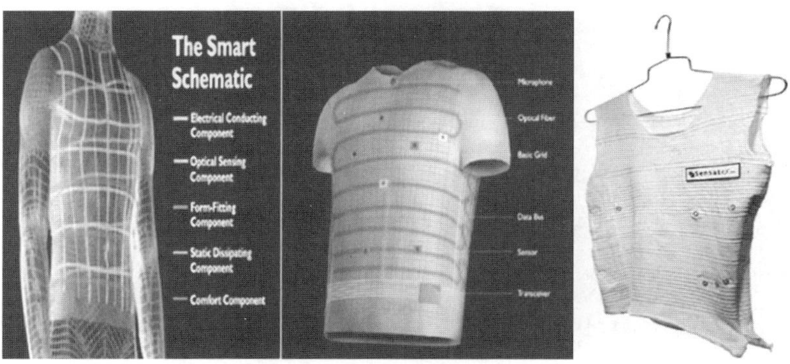

센사텍스의 스마트셔츠(SmartShirt). Image Credit : Sensatex

심장의 박동, 뇌파, 통증까지 모니터링할 것이다. 이 스마트셔츠에는 마이크로폰, 광섬유, 베이직 그리드, 데이터 버스, 센서, 멀티기능 프로세서 등이 내장되어 있다. 이 스마트 셔츠는 세탁이 가능하다.

그렇다면, 나중에 자세히 소개하겠지만, 12년간 혈루증을 앓는 여인(a Sick Woman with Bleeding for 12 Years)이 예수님의 옷자락을 만져(touch his cloak) 고침을 받는 기적이 나오는데, 예수님의 옷이 이러한 의류일체형의 생체인터넷으로 무장한 옷은 아니었을까?

4. 신체부착형의 생체인터넷 디바이스(콘택트 렌즈, 스킨 패치/파스 등)

구글은 눈물(Tear Fluid)에서 혈당을 진단하는 스마트 콘택트 렌즈(Smart Contact Lens)를 개발하고 있다. 구글은 이를 위해 마이크로 발광다이오드(LED) 조명을 스마트 콘택트 렌즈에 융합시켜 사용자들이 포도당 수준을 알 수 있도록 개발하고 있으며, 미국식품의약안전청(FDA)과 계속 협의 중이라고 공식 보도했다(Google Official Blog, 16 Jan 2014). 또한 구글은 2014년 3월 27일에 스마트 콘택트 렌즈 관련 8개의 특허를 미국 특허청에 등록했는데, 필자가 이를 분석한 결과 구글은 혈당뿐 아니라 만병을 진단하는 콘택트 렌즈를 개발하고 있는 것으로 밝혀졌다.

이보다 앞서 2013년 9월에 그간 중단되었던 구글 헬스(Google Health) 사업을 위해 구글의 래리 페이지(Larry Page)는 아서 레빈슨(Art Levinson)과 공동으로 칼리코(Calico)라는 바이오 리서치 회사를 설립하고 레빈슨을 CEO로 임명했다고 발표했다. 이에 대해 외신들은 '구글이 인간의 죽음을 풀 수 있을까요(Can Google solve Death?)'와 '구글이 인간의 불멸에 도달할까요?(Can Google reach to Human's

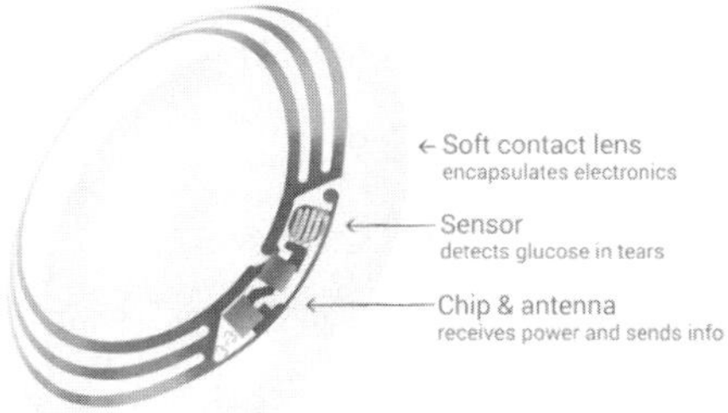

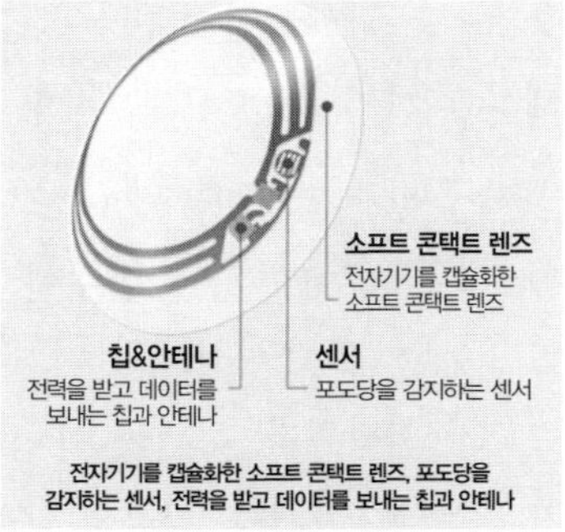

갭슐화된 전자기기의 소프트 컨택 렌즈, 눈물에서 포도당을 감지하는 센서, 전기를 받고 데이터를 보내는 칩과 안테나. Image Credit : Google via Daily Mail(14 Arp 2014)

Immortality?)'라는 타이틀로 일제히 보도했다. 래리 페이지는 발표문에서 "질병과 노화는 가족 모두에게 영향을 미친다. 헬스케어와 생명과학 연구에 대한 문샷적(Moonshot)인 사고는 장기적인 관점에서 수 백만 명의 생명을 연장할 수 있다"고 말했다(Google, 18 Sep 2013). 따라서 만병을 진단하는 구글의 콘택트 렌즈에 칼리코가 합세하여 기술이 융합된다면 분명 구글은 바이오 기업으로 변신할 가능성이 높다.

서울대 김대형 교수팀은 반창고처럼 피부에 붙이면 파킨슨병, 수전

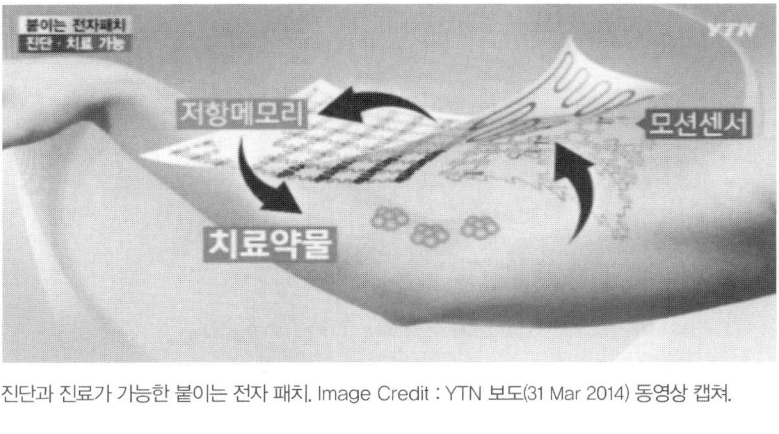

진단과 진료가 가능한 붙이는 전자 패치. Image Credit : YTN 보도(31 Mar 2014) 동영상 캡쳐.

증 등 운동장애 상태를 실시간으로 모니터링하고, 징후를 분석·진단해 치료까지 하는 신체부착형 전자 파스(패치)를 개발했다(Son & Kim et al., Nature Nanotechnology, 30 Mar 2014). 이 장치 안에는 나노박막 센서, 저항 메모리 소자, 치료용 약물, 히터 등 다양한 전자소자가 들어 있다. 센서가 운동장애의 패턴을 상시 측정하면, 메모리 소자에 측정 결과가 저장된다. 히터는 이 정보를 바탕으로 내려진 진단 결과에 따라 피부에 투여하는 약물의 양을 온도로 조절한다.

5. 현장진단용의 생체인터넷 디바이스(소변 검사 앱 등)

부산 소재 부경대의 장병용 교수 연구팀은 본인이 소변 검사로 혈당, 적혈구, 백혈구, 비타민, 혈청 등 12가지 검사 결과를 곧바로 알려주는 스마트폰 앱을 개발했다(Hong & Jang, Lab on a Chip, 21 May 2014). 이는 현장에서 색상을 분석하는 센서베이스로 검사 결과를 즉시 알려주는 현장진단의 아주 실용적인 앱이다. 리트머스 시험지를 소변에 담그면 시험지의 색상이 변한다. 그 다음 스마트폰으로 시험지의 색상 변화를

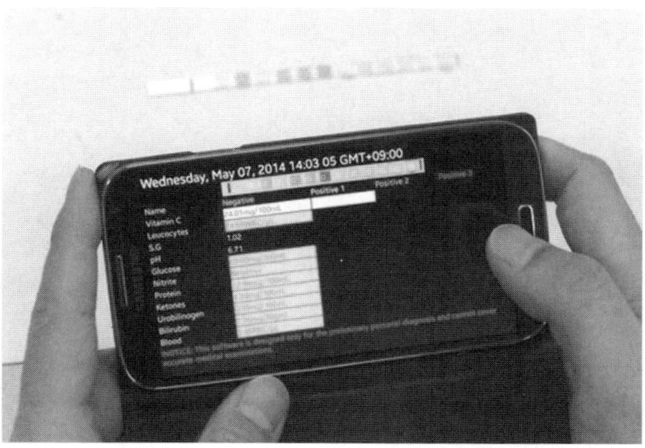

리트머스 시험지로 간단히 소변검사를 할 수 있는 다중물질분석 색상 센서 어레이 앱 개발. Image Credit : Hong & Jang, Lab on a Chip, 21 May 2014.

찍으면 각각의 색상 센서들이 자동으로 색상을 인식하고 분석해 정상, 위험 1~3 등 4가지 결과를 구체적인 수치와 함께 표시하고 데이터를 저장하기 때문에 이용자는 건강상태의 변화추이를 알 수 있다. 소변검사용 시험지는 개당 몇백 원에 불과해 검사비용을 상당히 아낄 수 있으며, 조만간 현장 진단 시대를 열 것으로 기대하고 있다.

6. 생체이식형/무선충전형의 마이크로 이식심장박동기/심폐소생기

자, 이번에는 심폐소생술이 어디까지 왔나 자세히 살펴보자. 심폐소생술은 심장과 폐의 활동이 멈추어 호흡이 정지되었을 경우에 실시하는 응급처치기술이다.

물에 빠진 사람들이나 심장마비(심근경색, Heart attack)에 걸린 사람들은 심장과 호흡이 멈춘다. 이 상태로 5분 이상 경과하면 뇌사로 이어지기 때문에 우선 빨리 인공호흡을 해야하고 동시에 인공적으로 심장과 폐를 압박하는 심폐소생술을 해야 한다. 심폐소생술은 심장과 호흡이 멈춘 지 4분 이내에 시작하면 살아날 가능성이 높으며, 시간이 갈수록 뇌가 손상되어 사망하게 된다. 시간에 따른 환자의 상태는 다음과 같다. ① 0~4분 : 소생술을 실시하면 뇌손상 가능성이 거의 없다. ② 4~6분 : 뇌 손상 가능성이 높다. ③ 6~10분 : 뇌 손상이 확실하다. ④ 10분 이상 : 심한 뇌 손상 또는 뇌사상태가 된다.

그러나 회복 불가능한 질환을 가진 사람이나 오랫동안 심장이 멈추어 살아날 가망이 전혀 없는 경우에는 시행하지 않는 것이 좋다. 이럴 경우 해당자의 장기기증 상태를 확인하여 조속한 장기기증 절차를 거쳐 타인에게 기증하는 것이 타인의 생명을 살리는 첩경이다. 단, 예를 들어 물에 빠져서 낮은 온도에 노출된 사람이나 어린아이는 시간이 어느 정도 지나더라도 뇌기능이 정상으로 돌아올 수 있으므로 이러한 경우에는 시간이 경과했더라도 심폐소생술을 시행해야 한다.

심장병 환자들은 심장 수술을 한 후 크고 무거운 전통적인 심장 박동기(심박기, conventional pacemaker or electrostimulator)를 심장에 이식 수술해야(surgical implantation) 한다. 뇌질환 환자들은 수술을 한 후 신경전달물질(Neurotransmitter) 전달기기를 뇌 속에 장착해야만 한다. 그리고 이들 이식된 기기들에 전기를 공급해야 하는데, 현재까지의 방식은 외부의 배터리나 전원장치를 유선으로 연결하는 방식이어서 불편한 점이 한두 가지가 아니다. 이를 해결하려면 두 가지를 혁신해야 한다. 우선 이식된 기기에 유선이 아니라 무선으로 전송 또는 충전하는 기술을 발견해야 하고, 그 다음 이식된 기기들의 크기를 현재의 크기에서 밀리미터 크기(millimeter dimensions)로 소형화(miniaturization) 해서, 의료처치 및 고통 완화용으로 손쉽게 신체에 이식될 수 있도록 해야 한다.

미국 스탠포드 대학 전기공학과의 아다 푼(Ada S. Y. Poon) 교수와 심장외과(Cardiothoracic Surgery)의 의학자들이 쌀 한 톨 크기(2 mm, 70 mg)의 마이크로이식기들(microimplants)을 개발하고, 동시에 인간 몸에는 해를 끼치지 않는 중거리무선전송(mid-field wireless transfer) 기술을 개발해, 토끼나 쥐에 이식된 마이크로이식기들에 전원을 무선 전송 또는 충전하는 데 성공해 '깊은 조직에 이식된 마이크로이식기들에 무선 전송(Wireless power transfer to deep-tissue microimplants)'이라는 획기적인 논문을 발표했다(Ho et al., PNAS, 19 May 2014).

이들은 논문에서, 이식한 마이크로기기들은 뇌나 표피 조직 속으로

쌀 한 톨 크기(2 mm, 70 mg)의 마이크로이식기, 중거리무선전송(mid-field wireless transfer)으로 전기를 받을 수 있는 코일들, 신용카드 크기의 전원공급장치를 통해 이식된 심장박동기에 무선으로 충전. Image Credit : Stanford

5cm 깊이로 이식했으며, 가슴 피부 위의 신용카드 크기의 전원공급장치를 통해 무선으로, 인간이나 동물에는 해가 안 되는 밀리와트 수준을(milliwatt levels) 전송해, 초소형 임플란트(이식) 기기들을 작동시켰다고 적고 있다(Stanford, 19 May 2014). 따라서 이는 앞으로 이식 시스템의 새로운 혁명을 열어, 이번 논문보다 더욱 작은 차세대 이식 시스템들이 인간의 몸 속이나 두뇌 속으로 융합되어진다면, 비용 절감은 물론 위험부담을 크게 줄일 수 있을 것으로 기대하고 있어, 지금 과학계와 의학계는 이 논문으로 야단법석이다(The Guardian, 20 May 2014).

다음 사이트에서 동영상을 확인해 보라.

• Youtube - Stanford engineer invents safe way to transfer energy to medical chip(16 May 2014). https://www.youtube.com/watch?v=7WURJ9rgwjs

• YTN - 쌀알 크기 인공심장박동기…사이보그 신호탄(24 May 2014) http://www.ytn.co.kr/_ln/0105_201405240004104778

그 동안 공상과학소설(SF)의 영역으로만 여겨져 왔던 인간 생체신호를 읽어 들이는 센서들과 사이버네틱(Cybernetics)[3] 임플란트를 이식하는 상황이 점점 더 현실화되고 있어, 몸 속으로 이식되는 사이보그

(Cyborg)[4] 시대를 예고하고 있다. 푼 교수는 수년간 연구해 온 중거리 무선전송으로 이름 붙인 새롭고 독특한 전파기술을 의료용 임플랜트 기기에 적용했다. 실험결과 근거리파(near-field)와 원거리파(far-field)를 섞은 이 전파는 피부표면에서 흡수되지 않고 깊숙이 퍼져 임플랜트 기기를 충전할 수 있게 했다.

이번 기술은 사람들이 신체와 뇌에 더 많은 임플랜트를 심어 생체 데이터를 수집하거나 감각을 증대하는 데 사용할 가능성을 제기하는 것이다. 연구팀은 이제 사람을 대상으로 배터리 없는 심박기를 테스트할 계획이다. 하지만 상용화까지는 몇 년 더 기다려야 할 전망이다. 하지만 이 기술이 더욱 발전되다 보면 옷에 부착된 여러 생체인터넷 디바이스들이 몸 안에 이식된 생체인터넷 이식기들에 무선으로 충전함은 물론이거니와 테라헤르츠파나 그 이상의 초음파를 직접 쏘아 심폐소송은 물론이거니와 뇌를 자극할 수도 있고 218개 장기들을 소생시킬 수 있을 것이다.

5절 예수님이 손을 대시다/만지시다, 인체매질 전기전송/데이터 통신

자, 이번에는 사람의 몸(Body)이나 피부(Skin)를 통해 전기를 전송하거나 통신하는 기술들에 대해 살펴보자. 이러한 기술들을 알아야 예수님

---

3 사이버네틱(Cybernetics) - 기계와 살아 있는 생물체와의 커뮤니케이션과 통제체계에 관한 연구 또는 인공 두뇌학

4 사이보그(Cyborg) - 개조인간(改造人間)으로 생물과 기계장치의 결합체를 뜻함. 사이버네틱(cybernetic)과 오거니즘(organism)의 합성어

의 과학기술을 이해할 수 있을 것이다. 특히 예수님께서 죽은 자를 살리실 때나 병든 자를 고치실 때 '손을 잡으시다', '관에 손을 대시다', '손을 만지시다', '눈을 만지시다', '손가락을 환자의 양 귀에 넣으시다'라는 의술의 행동을 하셨는데, 이것을 이해할 수 있는 내용의 기초 과학기술들이다. 이를 종교에서는 '안수'를 했다고 설명한다. 과연 그럴까?

1. MIT/IBM의 인체매질 전기전송/데이터 통신

인체매질 통신은 인간은 바로 전도체라는 점을 이용하는 기술이다. 하지만 지금의 기술은 상대방의 정보를 받아 보기 위해서는 반드시 디바이스에 전극(Electrode)을 이식해야 한다는 것이다. 이 경우 악수를 하면 디바이스에 있는 전극의 전기장에 의해 데이터가 손목을 통해 상대방의 디바이스로 전송된다. 이때 외부 디바이스에 의한 전기장은 인간의 몸을 통해 믿을 수 없는 아주 작은 미세 전류를 흐르게 하는데, 이 미세 전류를 통해 데이터가 전송되는 것이다. 이 미세한 전류는 1암페어(amp)의 10억분의 1로 1나노암페어에 불과하다. 이 미세한 전류는 사실 우리 인간 몸 속에 이미 흐르고 있는 전류보다 더 낮은 것이다. 우리가 빗으로 머리를 빗으면 이 때에도 전기장이 일어나는데, 이 때의 전기장은 인체매질에 사용되는 전기장의 1,000배나 된다. 하지만 인체매질의 1나노암페어의 전류로 이론적으로는 초당 40만 비트를 전송할 수 있다.

1996년 MIT의 미디어 랩 연구소의 짐머만(Tom Zimmerman)[5]이 최

5 지금은 IBM의 알마덴(Almaden) 연구소에서 연구하고 있다. http://researcher.ibm.com/researcher/view.php?person=us-tzim

짐머만(Tom Zimmerman)이 1996년 개발한 인체매질 통신 시스템으로 본인의 명함을 악수하면서 전송. 사진 : IBM의 Tom 사이트

초로 인체(Human body)를 통해 9600bps의 속도로 통신이 되는 시스템을 개발했는데, 두 사용자의 신발(→ 향후에는 스마트폰이나 안경 등) 밑에 인체통신 송수신장치를 부착하고 두 사용자가 악수를 하면서 명함을 인체를 통해 전달하는 것이었다. 이 방법을 이용해 짐머만은 실제로 본인의 명함을 전달했으며, 지금도 IBM에서 개인영역네트워크(PAN)와 인간과 디바이스의 쌍방향 통신을 연구하고 있다.

지금은 인체매질 통신을 통해 상대방의 정보만을 디바이스에 디스플레이하여 볼 수 있지만, 이 기술이 더욱 발전되다 보면 인체매질을 통해 필요한 전기나 테라헤르츠파까지 사람의 몸에 전송하여 멈춘 심장, 멈춘 폐뿐만이 아니라 고장난 장기들을 자극하여 활성화시킬 수 있으며, 필요한 지식도 데이터의 용량에 관계없이 상대방에게 전달할 수도 있을 것이다.

아니 더 나아가 요즈음 생체인터넷이 뜨고 있다. 스마트 워치, 스마트 글래스, 입는 옷 컴퓨터 등이 속속 등장하고 있는데, 이 기술이 발전하다보면 언젠가는 우리가 입고 있는 스마트 의류들이 병을 진단하고 치료하는 데 사용될 것이다.

2. MS, 몸-피부를 통해 전기와 데이터를 전송

마이크로소프트(Microsoft) 사는 인간의 몸-피부(Body-Skin)를 전기 전선관으로 이용하는 하나의 데이터 버스(a data bus)로 활용하는 기술을 개발해, 미국 특허청으로부터 2004년 6월 22일에 6,754,472라는 특허를 받았다. 즉, 인간의 몸을 하나의 컴퓨터 네트워크로 활용하자(human body as a computer network)는 기술이다. 인간의 피부는 스스로의 전기 전도성(skin's own conductive properties)을 지니고 있으므로 이를 이용해 네트워크를 만들고 데이터를 전송하자는 것이다.

이 특허는 인간 몸에 입고 입는 모든 디바이스들에게 어떻게 파우어(전기)와 데이터들을 전송할 수 있는가? 또한 입고 입는 디바이스들간에 어떻게 데이터들을 통신하게 하는가? 라는 방법론을 기술하

Microsoft 사가 개발한 인간의 피부를 이용한 전기 전송 및 데이터 전송법 기술(2004). 사진: News.com, P/N: 6754472

고 있다. 즉, 인간의 몸을 이용한 파우어와 데이터의 전송을 위한 방법과 장치(method and apparatus for transmitting power and data using the human body)로 특허를 받은 것이다(Cnet, 23 Jun 2004; UK-Economist, 01 Jul 2014).

이 기술은 몸에 착용할 수많은 디바이스들 간의 데이터 통신을 몸-피부를 이용해 하는 것이고, 더 나아가 압전효과를 이용한 나노신발발전기나 나노옷발전기를 통해 생성된 전기를 몸-피부를 통해 디바이스들에 공급하는 것이지만, 이 또한 기술이 발전되다 보면 몸-피부를 통해 필요한 전기나 고주파까지 사람의 몸에 전송하여 멈춘 심장, 멈춘 폐뿐만이 아니라 고장난 장기들을 자극하여 활성화시킬 수 있으며, 필요한 지식도 데이터의 용량에 관계없이 상대방에게 전달할 수도 있을 것이다. 그리고 더 나아가 생체인터넷 디바이스나 의류로 발전할 것이다.

3장

모든 기적에는 믿음이 있었다, 의사-환자-가족의 믿음

예수님께서 이 땅에 오셔서 행한 기적들, 즉 죽은 자를 살린다던지 병든자를 살린다던지 하는 그 이면에는 가족이나 형제나 환자 본인이나 예수님께서 반드시 살리고 병을 고쳐줄 것이라는 믿음, 예수님께서 능히 할 수 있다는 믿음, 다시 말해 예수님이 하나님 아버지의 아들이요(Son of God) 그리스도(Christ)임을 믿었다는 것이다. 그리고 믿음을 바탕으로 똘똘 뭉치고 예수님께 간청했다는 사실이다. 또는 예수님께서 측은히 여기고 동정(민망)을 보이시면 스스로 기꺼이 병든 자를 고치셨다는 것이다. 이게 중요한 사실인 것이다.

이것을 오늘날의 의사-환자-가족의 관계로 설명해 보면 이해할 수 있다. 그 실례로 필자의 어머니의 병을 고쳤던 사례를 들어 보자. 지금은 연세가 90이신데(2015), 82살(2007)에 인천 길병원에서 양쪽 무릎 관절수술을 받으셨다. 연골이 다 닳아 걷지를 못하시니 인공연골을 이식하는 대수술이었다.

그 당시 인공연골 이식 수술을 받으면 보통 한쪽 다리만 하는 것이 일상적이었다. 왜냐하면 수술비도 엄청 비싸거니와 수술 후의 후유증이 이만저만이 아니었다. 그러니 어머니께서 수술을 거부하는 것은 당연한 것이었다. 우선 어머니를 설득했다. 요즈음 의학기술은 최첨단화되어 수술을 받으면 여행도 다니시고 해외여행도 할 수 있다고 설득했다. 결국 어머니께서 승낙했다. 승낙했다는 것은 본인이 수술받아야겠다고 마음을 먹었다는 뜻이다. 수술해야겠다는 의지는 걷겠다는 의지와 희망을 가졌다는 뜻이다. 이처럼 첫째는 환자의 의지가 중요한 것이다.

필자와 필자의 누이와 형님이 어머니를 모시고 인천 길병원의 이범구 정형외과장님을 찾아 면담을 했더니, 76세까지는 수술을 해봤는데, 82세는 너무 고령인지라 수술을 해본 적이 없어 리스크(위험)가 커서 수술을 못하겠다는 것이다. 이제 문제는 어머니를 떠나 의사 선생님이었다. 다음날 우리 형제는 똘똘 뭉쳐 어머니를 모시고 병원을 다시 찾았다. 우리 형제는 정형외과장님이 우리 어머니의 무릎을 고쳐줄 수 있으리라 믿는다고 졸라댔다. 이처럼 둘째는 의사 선생님의 능력을 믿으면서 형제 가족들이 똘똘 뭉쳐야 한다는 것이다. 하도 우리 형제들이 능히 할 수 있으리라 믿는다고 졸라대자, 정형외과장님은 우리 어머니께 다음과 같은 질문을 했다. "어머니, 제가 능히 할 수 있으리라 믿습니까?" 이에 우리 어머니는 "네"라고 대답하셨다. 그러자 정형외과장님은 "어머니 연세가 많아, 수술시에 피도 많이 흘리실텐데 기꺼이 수술을 받으시겠습니까?", 그러자 우리 어머니가 "그건 의사 선생님이 알아서 해주겠지요!"라고 말씀하시는 것이었다. 한마디로 '믿는다'는 것이었다. 그러자 그제서야 정형외과장님은 그렇다면 수술하자고 했다. 의사 선생님이 자신이 생긴 것이었다. 이처럼 셋째는 의사 선생님의 자신, 다시 말해 자기 능력에 대한 믿음이 중요한 것이다.

수술은 4시간 동안 계속되어 끝났다. 한쪽 다리만 한 것이 아니라 양쪽 다리에 인공연골을 이식한 것이었다. 수술이 끝나자 필자는 이것을 다음과 같이 정리했었다. 어머니의 믿음이 33%, 자식들인 우리 형제들의 믿음이 33%, 그리고 의사 선생님의 믿음이 33%, 다시 말해 세 종류의 믿음으로 수술에 성공한 것이다. 이게 사랑이다. 믿고 똘똘 뭉쳐야만 병을 고칠 수 있다는 말이다. 물론 각자는 하나님 아버지께 예수님 하나님께 간절히 기도를 했을 것이다.

더욱 정형외과장님은 이렇게 말씀하셨다. "병상에 누운 지 72시간에 병상에서 내려와 걸을 겁니다." 그렇다!! 어머니는 3일이 지나자 바로 병상에서 내려와 걸으셨다. 이게 2007년도 얘기이다. 이제 의술이 더욱 발전하다 보면 이 기간은 더욱 짧아질 것이다. 2020년에 가면 48시간에 걸을 것이요, 2050년에 가면 24시간에 걸을 것이요, 2100년에 가면 1시간 만에 걸을 것이요, 2500년에 가면 '내가 능히 고칠 것이라 믿느냐?'는 질문에 그저 '네'라고 대답하면 의사 선생님이 손을 대자마자 일어나 걸을 것이다. 그때가 되면 의사들은 지금의 생체인터넷 이상의 최첨단 의료기기로 무장하고 있을 것이다.

한 가지만 더 얘기하자. 필자는 이런 방법으로 어머니를 모시고 있다. 필자의 어머니는 관절 수술 이후에 심장수술과 맹장수술도 받으셨다. 의사에 대한 믿음으로, 형제들이 어머니에 대한 믿음으로, 어머니는 수술 받으면 낫겠다는 믿음으로 자식들과 의사를 믿은 것이다. 그 결과 필자의 어머니는 90이신데 아직 건강하시고 정정하시다.

다음 예수님의 말씀을 음미해 보자.

「마가복음」 2:17 - 예수께서 듣으시고 저희에게 이르시되 건강한 자에게는 의원이 쓸데없고 병든 자에게라야 쓸데있느니라 내가 의인을 부르러 온 것이 아니요 죄인을 부르러 왔노라 하시니라(On hearing this, Jesus said to them, "It is not the healthy who need a doctor, but the sick. I have not come to call the righteous, but sinners.")

그럼 대략 40가지의 기적들, 즉 예수님은 어떤 구체적인 과학기술들을 이용해 죽은 자를 살리시고 병든 자를 살리셨는지를 하나씩 살펴보자.

4장
죽은 자를 살리시다
(재생의학, 부활이 아니라 재생)

예수님은 이 땅에 오셔서 한번은 막 죽은 자를 살리시고, 한번은 죽어가는 소녀를 살리고, 한번은 죽은 지 4일된 나사로(Lazarus)를 살리시고, 마지작 네 번째로는 예수님이 부활하실 때 오랫동안 죽어 무덤에 있던 많은 성도들을 살리셨다. 점점 가면서 죽은 자를 살리시는 강도가 높은 기적을 보이셨는데, 그만큼 차별화된 과학기술들을 사용하셨다는 것이다. 네 번의 죽은 자를 살리셨다는 것은 모두 재생시켰다는 것으로 이것은 부활이 아니다. 부활에 대해서는 『바이블 매트릭스』 시리즈 6권 『예수님의 재림과 새 하늘과 새 땅』에서 차차 설명하기로 하고, 그럼 어떻게 죽은 자를 재생시켰을까? 재생에 관해서는 『바이블 매트릭스』 시리즈 4권 『하나님들의 과학기술과 우리가 창조해야 할 미래(하)』의 2부 12장 5절의 "마른 뼈들이 살아나다(죽은 자의 재생, 부활은 아님)"을 참조하라. 단, 막 죽은 자와 이미 죽어 무덤에 있던 죽은 자들의 재생방법은 다르기 때문에, 이 부분을 과학적으로 얘기하고자 한다.

1절 유대인의 장례법, 당일에 치른 예수님(유대인의 왕)의 장례

1. 유대인의 장례, 죽은 당일에 장사

자, 이제는 유대인의 장례법을 간단히 살펴보자. 이 또한 대단히 중요한 것이다. 어떻게 예수님께서 죽은 자를 살리셨는지 그 과학기술을 자세히 알아보기 전에, 죽은 자에 관한 장례법도 알아보는 것이 매우 중요하다. 죽은 지 몇일 만에 살리셨는지 1일 만에 살리셨는지 2일 만에 살리셨는지 3일 만에 살리셨는지 4일 만에 살리셨는지, 그 이상 수십년 동안 무덤에 있던자를 살리셨는지 이게 중요한 것이다.

다음 기록을 보면 유대인들의 장례 기본은 24시간 안인 당일에 장사하는 것이었다(「신명기」 21:23; 「사도행전」 5:5-6).

「신명기」 21:23 - 그 시체를 나무 위에 밤새도록 두지 말고 당일에 장사하여 네 하나님 여호와께서 네게 기업으로 주시는 땅을 더럽히지 말라 나무에 달린 자는 하나님께 저주를 받았음이니라(you must not leave his body on the tree overnight. Be sure to bury him that same day, because anyone who is hung on a tree is under God's curse. You must not desecrate the land the LORD your God is giving you as an inheritance.(NIV)

「사도행전」 5:5 - 아나니아가 이 말을 듣고 엎드러져 혼이 떠나니 이 일을 듣는 사람이 다 크게 두려워하더라(When Ananias heard this, he fell down and died. And great fear seized all who heard what had happened.)

5:6 - 젊은 사람들이 일어나 시신을 싸서 메고 나가 장사하니라 (Then the young men came forward, wrapped up his body, and carried him out and buried him)

2. 유대인의 왕으로 치른 예수님의 장례, 금요일 아침에 장사

그런데 높은 사람들, 즉 귀족이나 왕들의 경우에는 특별하게 향품들이 사용되었다. 시체에서 악취가 나므로 향품과 향유를 사용했다. 아사왕(Asa, BC 911-BC 870)의 시신은 각양 향 재료(spikes, various belended perfurmes)를 가득히 채운 관에 놓였고(「역대하」 16:14), 유대 왕국의 마지막 왕인 시드기야왕(Zedekiah, BC 597-BC 586)도 분향되었다(funeral fired)(「예레미야」 34:5). 따라서 마리아가 예수님 머리 위에 향유를 뿌린 일(「마태복음」 26:6-13; 「마가복음」 14:3-9; 「요한복음」 12:1-3)이나 예수님 시신에 향품(spices)이 사용된 것은(「누가복음」 24:1; 「요한복음」 19:40) - 이것은 유대인의 장례 절차(Jewish burial customs)에 따른 것임(「요한복음」 19:40) - 예수님을 이스라엘 유대인의 왕으로 모신 귀한 행동이었다.

예수님께서 십자가에 못 박히실(The Crucifixion) 때, 빌라도가 패(죄패)를 써서 십자가 위에 붙였는데, 거기에는 유대인의 왕 예수(THIS IS JESUS, THE KING OF THE JEWS)라고 쓰여 있었다. 예수님께서 못 박히신 곳이 예루살렘 성에서 가까운 이유로 많은 유대인들이 이 패를 읽었는데, 히브리와 로마와 헬라 말로 기록되어 있었다. 그런데, 그때 거기에 있던 유대인의 대제사장들이 빌라도에게 이르되 '유대인의 왕이라 쓰지 말고(Do not write 'The King of the Jews)', 그 대신 '이 자가 자칭 유대인의 왕이라 말했다(This man said, I am the King of the Jews)'라고 쓰라 하니, 빌라도가 대답하되 '나의 쓸 것을 썼다(What I have written, I have written)'라고 대답했다고 기록하고 있다. 이는 예수님은 유대인의 왕이라는 진실을 기록했다는 것으로 빌라도는 진실을 썼던 것이다.

「요한복음」19:19 - 빌라도가 패를 써서 십자가 위에 붙이니 나사렛 예수 유대인의 왕이라 기록되었더라(Pilate had a notice prepared and fastened to the cross. It read: JESUS OF NAZARETH, THE KING OF THE JEWS.)

19:20 - 예수의 못 박히신 곳이 성에서 가까운 고로 많은 유대인이 이 패를 읽는데 히브리와 로마와 헬라 말로 기록되었더라(Many of the Jews read this sign, for the place where Jesus was crucified was near the city, and the sign was written in Aramaic, Latin and Greek.)(NIV); This title then read many of the Jews: for the place where Jesus was crucified was nigh to the city: and it was written in Hebrew, and Greek, and Latin.(KJV);

19:21 - 유대인의 대제사장들이 빌라도에게 이르되 유대인의 왕이라 말고 자칭 유대인의 왕이라 쓰라 하니(The chief priests of the Jews protested to Pilate, "Do not write 'The King of the Jews,' but that this man claimed to be king of the Jews.")(NIV); Then said the chief priests of the Jews to Pilate, Write not, The King of the Jews; but that he said, I am King of the Jews.(KJV); Then the leading priests objected and said to Pilate, "Change it from 'The King of the Jews' to 'He said, I am King of the Jews.'"(New Living); The chief priests said to Pilate, "Do not write 'The King of the Jews,' but rather, 'This man said, I am the King of the Jews.'"(Good News)

19:22 - 빌라도가 대답하되 나의 쓸 것을 썼다 하니라(Pilate answered, "What I have written, I have written."

그렇다!! 예수님은 유대인의 왕이었다.

「마태복음」27:11 - 예수께서 총독 앞에 섰으매 총독이 물어 가로되 네가 유대인의 왕이냐 예수께서 대답하시되 네 말이 옳도다 하시고

(Meanwhile Jesus stood before the governor, and the governor asked him, "Are you the king of the Jews?" "Yes, it is as you say," Jesus replied.)(NIV)

예수님은 유대인의 왕이요, 다 나아가 전 나라의 왕들 중의 왕이요 이 땅의 왕이요 만주의 주, 즉 하나님들의 하나님이시다.

「요한계시록」 17:14 - 저희가 어린 양으로 더불어 싸우려니와 어린 양은 만주의 주시요 만왕의 왕이시므로 저희를 이기실 터이요 또 그와 함께 있는 자들 곧 부르심을 입고 빼내심을 얻고 진실한 자들은 이기리로다(They will make war against the Lamb, but the Lamb will overcome them because he is Lord of lords and King of kings--and with him will be his called, chosen and faithful followers.")(NIV)

19:16 - 그 옷과 그 다리에 이름 쓴 것이 있으니 만왕의 왕이요 만주의 주라 하였더라(On his robe and on his thigh he has this name written: KING OF KINGS AND LORD OF LORDS.)

예수님의 심판은 목요일 오후부터 시작하여 저녁에 십자가에 못 박히셨다. 그리고 목요일 9시 정도에 돌아가신 후 당일(유대인의 하루는 저녁부터 시작하여 다음날 아침까지가 하루임)인 금요일 아침에 무덤에 장사되었다(「마태복음」 27:45-62; 「마가복음」 15:33-47; 「누가복음」 23:44-56).

3. 유대인의 장례, 1차와 2차 장례

또 한 가지 중요한 사실이 있다. BC 1세기에서 AD 2세기 말까지 약 300년 동안은 사람이 죽은 당일에 시신을 바위 무덤이나 동굴 속에 안치하였다가 1년 후에 뼈를 추려서 유골함에 넣는 2차 장례인 오실레지움(ossilegium)을 치렀다. 이 당시에는 개인 부활사상이 강한 시기였다. 특히 부활을 믿지 않는 사두개파(사두가이파, 사두개인, Sadducees) 보다는 부활을 믿는 바리사이파(바리새인, Pharisees)(「사도행전」 23:8) 유대인들이 오실레지움을 선호하였다. 가족들은 1차 장례가 있은 후 7일 동안 애도기간을 가졌고, 30일 동안은 추도기간을 지낸 후 1년을 기다려 2차 장례를 치렀다.

2절 죽은 자들로 저희 죽은 자를 장사하게 하라의 의미

1. 유대인의 2차 장례를 의미

「마태복음」과 「누가복음」에는 '예수를 좇으려면(The Cost of Following Jesus)'이라는 장면이 등장한다. 그런데, 예수님께서, '죽은 자들로 죽은 자를 장사하게 하라(let the dead bury their own dead)'는 말씀이 나온다. 이게 무슨 뜻일까? 이 말씀은 필자를 꽤나 오랫동안 괴롭혔다. 우선 기록을 보자.

「마태복음」 8:18 - 예수께서 무리가 자기를 에워쌈을 보시고 저편으로 건너가기를 명하시니라(When Jesus saw the crowd around him, he gave orders to cross to the other side of the lake.)(NIV)

19 - 한 서기관이 나아와 예수께 말씀하되 선생님이여 어디로 가시든지 저는 좇으리이다(Then a teacher of the law came to him and said, "Teacher, I will follow you wherever you go.")

20 - 예수께서 이르시되 여우도 굴이 있고 공중의 새도 거처가 있으되 오직 인자는 머리 둘 곳이 없다 하시더라(Jesus replied, "Foxes have

holes and birds of the air have nests, but the Son of Man has no place to lay his head.")

21 - 제자 중에 또 하나가 가로되 주여 나로 먼저 가서 내 부친을 장사하게 허락하옵소서(Another disciple said to him, "Lord, first let me go and bury my father.")

22 - 예수께서 가라사대 죽은 자들로 저희 죽은 자를 장사하게 하고 너는 나를 좇으라 하시니라(But Jesus told him, "Follow me, and let the dead bury their own dead.")

23 - 배에 오르시매 제자들이 좇았더니(Then he got into the boat and his disciples followed him)

「누가복음」 9:60 - 가라사대 죽은 자들로 자기의 죽은 자들을 장사하게 하고 너는 가서 하나님의 나라를 전파하라 하시고(Jesus said to him, "Let the dead bury their own dead, but you go and proclaim the kingdom of God."

61 - 또 다른 사람이 가로되 주여 내가 주를 좇겠나이다마는 나로 먼저 내 가족을 작별케 허락하소서(Still another said, "I will follow you, Lord; but first let me go back and say good-by to my family.")

62 - 예수께서 이르시되 손에 쟁기를 잡고 뒤를 돌아보는 자는 하나님의 나라에 합당치 아니하니라 하시니라(Jesus replied, "No one who puts his hand to the plow and looks back is fit for service in the kingdom of God.")

자, 이제 상황을 보자. 예수님께서 '갈릴리 호수를 가로질러(cross) 저편으로(the other side) 건너가자'고 권유와 명령을 하셨다. 그 전에 예수님과 제자들은 갈릴리 호수의 북쪽에 위치한 가버나움(Capernaum)

지역에 있었다(「마태복음」 8:5). 따라서 문맥상으로 보자면 북쪽에서 남쪽으로 건너가자는 것이었다. 그래야 예루살렘에 빨리 도착할 수 있기 때문이었다(「누가복음」 9:51). 따라서 서동방향이 아니라 북남방향으로 배를 타고 건너가자는 것이었다.

갈릴리 호수는 호수의 둘레가 약 53km이고, 남북으로 21km, 동서로 11km이며 면적은 대략 166km²에 이른다. 해수면으로부터 약 209m 가량 아래에 위치하고 있으며 수심의 평균 깊이는 약 26m, 가장 깊은 곳은 43m이다. 저편이라 함은 북남방향의 대략 20km를 건너가야 한다. 그것도 배를 타고 건너가야 한다. 예수님이 오셨던 시절을 생각해 보라. 아마도 몇 주가 아니라 몇 달이 걸릴 수도 있는 상황이었다. 이러한 사실과 상황을 예수님의 제자들과 예수님을 좇는 사람들은 다 알고 있었다.

그래서 한 서기관이 나아와 예수께 말씀하되 '선생님이여 어디로 가시든지 저는 좇으리이다'라고 말을 한 것이다. 몇 주나 몇 달이 걸리는 시간이 되더라도 서기관은 가겠다고 한 것이다. 이 서기관은 문맥상으로 보아 돌볼 가족이 없었던 것임에 틀림없다. 또 다른 사람이 가로되, '주여 내가 주를 좇겠나이다마는 나로 먼저 내 가족을 작별케 허락하소서'라고 말한 것도 시간이 많이 걸리니 가족과 작별을 하고 예수님을 좇겠다고 말을 한 것이다. 자, 이제 상황은 확실해졌다. 제자는 부친상을 당했지만 당장 죽었다는 부고를 받은 것이 아니라 2차 장례(탈상)를 마친 후 따르겠다고 말을 한 것이다. 상황으로 보아 부친상을 당한지 몇 개월(a few months)이 지난 것 같다.

그렇다면 '죽은 자들로 죽은 자를 장사하게 하라(let the dead bury

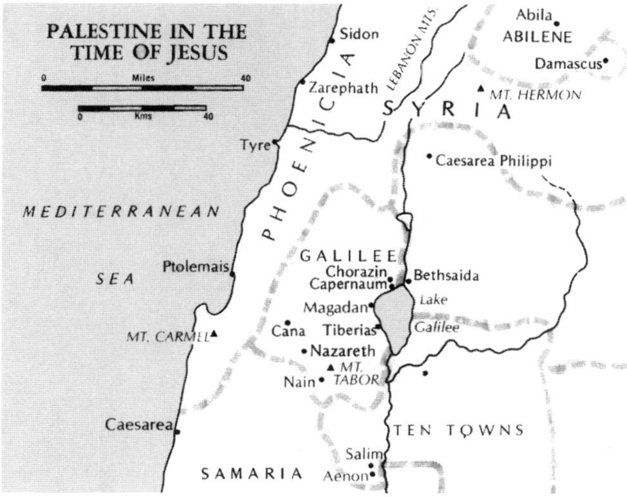

their own dead)'는 무슨 의미일까? 이 뜻은 유골함에 담겨 유골방에 안치된 선조들로 하여금 아직 유골함에 담기지 않은 아버지를 장사, 즉 돌보게 하라는 뜻이다. 이미 죽은 사람의 일에 왜 그리 집착하느냐? 2차 장례까지 아직 몇 달이 남아 있으니 그 동안 전도여행이나 예루살렘까지 다녀오자고 하신 것이다. 예수님이 돌아가실 날과 승천하실 날이 얼마 안 남았음을 아시고 예루살렘으로의 길을 재촉했던 것이다(「누가복음」 9:51).

2. 열조에게 돌아가다?

이렇게 해석할 수도 있다. '열조에게 돌아가라'라는 의미가 될 수도 있다. 구약성경에는 죽으면 자기 열조에게로 돌아갔다는 구절이 많이 등장한다. 아브라함도, 그 아들인 이삭도, 그 아들인 야곱도 죽어 자기 열조(조상)에게로 돌아갔다. 이스라엘 백성을 이집트에서 탈출시킨 모세의 형인 아론도 죽어 열조에게로 돌아갔고 모세도 죽어 열조에게로 돌아갔다.[1] 이들은 모두 이스라엘의 하나님인 야훼께서 점 찍은 지도자들로 열조로 돌아갔다는 것은, 그 이후에 신약에 이름들이 등장하는 것으로 보아 세 번째 하늘인 낙원(paradise)으로 들어갔을 가능성이 높다. 따라서 열조들로 하여금 그 영(영혼)을 데려가도록 하라는 예수님의 말씀이라고 해석할 수도 있다.

「창세기」 25:7 - 아브라함의 향년이 일백칠십오 세라(Altogether, Abraham lived a hundred and seventy-five years.)(NIV)

25:8 - 그가 수가 높고 나이 많아 기운이 진하여 죽어 자기 열조에게로 돌아가매(Then Abraham breathed his last and died at a good old age, an old man and full of years; and he was gathered to his people.)

35:29 - 이삭이 나이 많고 늙어 기운이 진하매 죽어 자기 열조에게로 돌아가니 그 아들 에서와 야곱이 그를 장사하였더라(Then he breathed his last and died and was gathered to his people, old and full of years. And his sons Esau and Jacob buried him.)

49:33 - 야곱이 아들에게 명하기를 마치고 그 발을 침상에 거두고 기운이 진하여 그 열조에게로 돌아갔더라(When Jacob had finished giving instructions to his sons, he drew his feet up into the bed, breathed his last and was gathered to his people.)

「민수기」 20:26 - 아론의 옷을 벗겨 그 아들 엘르아살에게 입히

1 모세가 죽어 열조에게로 돌아갔다고 기록은 하지만 그 이후의 기록을 보면 모압 땅에서 죽은 모세는 벧브올(Beth Peor) 맞은편 모압 땅에 있는 골짜기에 장사되었지만, 오늘날까지 그 묘를 아는 자가 없다라고 성경은 기록하고 있다는 점이다(「신명기」 34:4-7). 분명 장사되었지만, 묘가 없다? 묘가 없다는 것은 시체가 없다는 것이 아닌가? 그렇다면 하늘로 육체의 몸으로 승천한 것이 아닐까? 이 부분에 대해서는 마지막 시리즈인 『바이블 매트릭스』 시리즈 6권 『예수님의 재림과 새 하늘과 새 땅』에서 자세히 다루기로 한다.

라 아론은 거기서 죽어 그 열조에게로 돌아가리라(Remove Aaron's garments and put them on his son Eleazar, for Aaron will be gathered to his people; he will die there)

27:12 - 여호와께서 모세에게 이르시되 너는 이 아바림 산에 올라가서 내가 이스라엘 자손에게 준 땅을 바라보라(Then the LORD said to Moses, "Go up this mountain in the Abarim range and see the land I have given the Israelites.)

27:13 - 본 후에는 네 형 아론의 돌아간 것같이 너도 조상에게로 돌아가리니(After you have seen it, you too will be gathered to your people, as your brother Aaron was,)

3. 이 세상의 사람들은 모두 죽은 자들, 1차 부활의 산자들을 의미?

이렇게 해석할 수도 있다. 죽은 자들은 누구나 1차 부활(생명의 부활, rise to live)과 2차 부활(심판의 부활, rise to be condemned)에 반드시 참여해야 한다. 그 집안의 온 가족이 온 세대 선조들도 다 부활해야 한다. 그러니 몸은 반드시 죽어 썩어 없어지지만 1차 부활의 몸으로 살아나야 산 자(the living)가 되는 것이다. 어차피 나중에 부활할 것인데, 뭘 그리 신경 쓰느냐고 예수님께서 말씀하셨다고 볼 수도 있다. 다시 말해, 이 세상의 사람들은 다 죽는다. 이 세상은 바로 그 자체가 죽음이다. 그러니 신경쓰지 말고 형제들이나 친구들이나 이웃들, 즉 죽은 자들이 2차 장례를 치르도록 하고 너는 나를 따라 산 자가 되라는 것이다. 나중에 살펴보겠지만 예수님께서 재림시에 12제자들과 함께 오시기 때문이다.

여기에서 1차 부활이 매우 중요한데, 「요한계시록」 20장 4절~6절에는 1차 부활에 참여하는 자들은 복이 있고 거룩하며, 둘째 사망이 없고 하나님과 그리스도의 제사장이 되어 천 년 동안 그리스도와 더불어 왕 노릇한다고 기록되어 있다. 즉, 죽은 자들의 부활(1차 부활)을 말하는 것인데, 복음서에는 살아난다는 것을 말하며, 부활을 하면 장가도 아니 가고 시집도 아니 가고 다시 죽을 수 도 없으니 이는 하늘에 있는 천사들과 신분이 같다고 기록하고 있다. 따라서 하나님 나라의 하나님 품에 가는 합당한 죽은 자들은 다 부활하여 모두 산 자들(for to him all are alive)이 된다는 얘기이다. 그래서 "하나님은 죽은 자의 하나님이 아니요 산 자의 하나님이시니라 하시니(He is not the God of the dead but of the living")라고 예수님께서 말씀하신 것이다. 따라서 제자가 부친의 2차 장례를 치르지 않아도, 제자의 아버지는 나중에 1차로 부활할 것이니 걱정 말고 "너는 가서 하나님의 나라를 전파하라"고 말씀하셨다고 해석할 수도 있다. 부활에 대해서는 마지막 권인 『바이블 매트릭스』 시리즈 6권 『예수님의 재림과 새 하늘과 새 땅』에서 자세히 다룰 예정이다.

「요한계시록」 20:4 - 또 내가 보좌들을 보니 거기 앉은 자들이 있어 심판하는 권세를 받았더라 또 내가 보니 예수의 증거와 하나님의 말씀을 인하여 목 베임을 받은 자의 영혼들과 또 짐승과 그의 우상에게 경배하지도 아니하고 이마와 손에 그의 표를 받지도 아니한 자들이 살아서 그리스도로 더불어 천 년 동안 왕 노릇 하니(I saw thrones on which were seated those who had been given authority to judge. And I saw the souls of those who had been beheaded because of their testimony for Jesus and because of the word of God. They had not worshiped the beast or his image and had not received his mark on their foreheads or their hands. They came to life and reigned with Christ a thousand years.)

20:5 - (그 나머지 죽은 자들은 그 천년이 차기까지 살지 못하더라) 이는

첫째 부활이라((The rest of the dead did not come to life until the thousand years were ended.) This is the first resurrection.)

20:6 - 이 첫째 부활에 참예하는 자들은 복이 있고 거룩하도다 둘째 사망이 그들을 다스리는 권세가 없고 도리어 그들이 하나님과 그리스도의 제사장이 되어 천 년 동안 그리스도로 더불어 왕 노릇 하리라(Blessed and holy are those who have part in the first resurrection. The second death has no power over them, but they will be priests of God and of Christ and will reign with him for a thousand years.)

「마태복음」 22:29 - 예수께서 대답하여 가라사대 너희가 성경도, 하나님의 능력도 알지 못하는 고로 오해하였도다(Jesus replied, "You are in error because you do not know the Scriptures or the power of God.)(NIV)

30 - 부활 때에는 장가도 아니가고 시집도 아니가고 하늘에 있는 천사들과 같으니라(At the resurrection people will neither marry nor be given in marriage; they will be like the angels in heaven.)

31 - 죽은 자의 부활을 의논할찐대 하나님이 너희에게 말씀하신바(But about the resurrection of the dead--have you not read what God said to you,)

32 - 나는 아브라함의 하나님이요 이삭의 하나님이요 야곱의 하나님이로라 하신 것을 읽어 보지 못하였느냐 하나님은 죽은 자의 하나님이 아니요 산 자의 하나님이시니라 하시니('I am the God of Abraham, the God of Isaac, and the God of Jacob'? He is not the God of the dead but of the living.")

「요한복음」 5:29 - 선한 일을 행한 자는 생명의 부활로, 악한 일을 행한 자는 심판의 부활로 나오리라(and come out--those who have done good will rise to live, and those who have done evil will rise to be condemned.)

3절 죽은 자를 살리시다(유전자/세포/뇌/심폐/장기소생+@영의 귀환)

1. 막 죽은 혹은 죽은 지 하루가 안된 아들을 살리시다(뇌/심폐/장기소생) (1st)

「누가복음」 7장 11절에서 17절에는 예수님께서 '나인(Nain) 성에서 죽은 청년인 과부의 아들을 살리시다(Jesus Raises a Widow's Son)'라는 기적이 나온다. 어떻게 살리셨을까? 일단 성경 구절을 보며, 예수님이 어떻게 말씀하셨는지, 손을 대셨는지, 어떤 행동을 하셨는지 자세히 살펴보자.

「누가복음」 7:11 - 그 후에 예수께서 나인이란 성으로 가실새 제자와 허다한 무리가 동행하더니(Soon afterward, Jesus went to a town called Nain, and his disciples and a large crowd went along with him)(NIV)

7:12 - 성문에 가까이 오실 때에 사람들이 한 죽은 자를 메고 나오니 이는 그 어미의 독자요 어미는 과부라 그 성의 많은 사람도 그와 함께 나오거늘(As he approached the town gate, a dead person was being carried out--the only son of his mother, and she was a widow. And a large crowd from the town was with her.)

7:13 - 주께서 과부를 보시고 불쌍히 여기사 울지 말라 하시고(When the Lord saw her, his heart went out to her and he said, "Don't cry.")

7:14 - 가까이 오사 그 관에 손을 대시니 멘 자들이 서는지라 예수

께서 가라사대 청년아 내가 네게 말하노니 일어나라 하시매(Then he went up and touched the coffin, and those carrying it stood still. He said, "Young man, I say to you, get up!")

7:15 - 죽었던 자가 일어 앉고 말도 하거늘 예수께서 그를 어미에게 주신대(The dead man sat up and began to talk, and Jesus gave him back to his mother.)

우리가 죽었다 함은 심장이 멈추어서(심장박동 중지) 맥박이 뛰지 않고, 폐의 활동이 멈추어서 자가호흡 혹은 자발호흡(自發呼吸)도 하지 않는 상태가 5분 정도 지속될 때 죽었다고 하는 것이다. 뇌사(brain death)가 일어난 것이다. 따라서 죽었다 함은 심장박동과 호흡운동의 중추가 되는 뇌에서 가장 중요한 생명의 뇌인 뇌간(Brain stem) 중 연수(Medulla oblongata)가 기능을 중지한 것이다.

분명 과부의 아들은 죽어서 입관되어 사람들이 메고 나왔다고 기록되어 있으므로 죽은 것이 확실하다. 그것도 유대인의 당일에 장사하는 법에 따라 막 죽은 혹은 죽은 지 하루가 안된 상태였음을 알 수 있다. 그러나 예수님께서 죽은 청년의 어머니인 과부를 보시고 불쌍히 여기사(his heart went out to her), 울지 말라 하시고 관에 가까이 오셨다. 이것은 과부의 믿음을 보시고 예수님이 한 것이 아니라 예수님 스스로 불쌍히 여기사 죽은 자를 살려야 겠다는 인성의 예수님을 강조한 것이다.

자, 이번에는 예수님의 손의 동작이나 행동을 주시하자. 이때 앞서 설명한 생체인터넷과 인체매질이란 과학기술들을 상상해보자. 그 다음 관에 손을 대셨다(touched the coffin)라고 기록하고 있다. 이때 예수님의 손은 엄마의 약손 역할을 한 것으로 보인다. 다시 말해 예수님의 손에는 착용형이나 신체부착형 등의 생체인터넷 전극들이 달려 있어, 인체매질로 심폐소생술(心肺蘇生術, cardiopulmonary resuscitation)을 하지 않았나 생각한다. 심폐소생술의 심폐소생기는 심장과 폐의 활동이 멈추어 호흡이 정지되었을 경우에, 심폐를 소생시키기 위해 전기자극을 주는 것이다. 그래서 손을 대신 것이라고 생각한다. 이 경우에는 막 죽은지 5분 혹은 1시간이 안되었다는 가정하에 이렇게 풀이한 것이다.

또는 예수님의 손에는 착용형이나 신체부착형 등의 생체인터넷 센서들이 달려 있어, 손을 대시어 심장과 폐의 상태를 우선 진단하고, 더 나아가 성령의 능력을 갖추신 예수님은 심장과 폐를 관장하는 연수의 상태까지 진단하고 감지하지 않았을까? 그리고 죽은 자의 218개 장기들의 상태를 진단하고 감지하지 않았을까? 인간은 인체매질로 전기전송이 가능함을 인지하자. 이때 전기란 오늘날의 테라헤르츠파에 해당한다. 아니면 그 이상의 초음파를 사용했을 것이다. 다시 말해, 진단파를 손으로 죽은 아들에게 쏴서 상태를 감지하시고 인지하셨을 것이다.

그 다음 예수님의 행동을 보자. 예수님께서 가라사대 청년아 내가 네게 말하노니 일어나라 하시매, 그러자 죽었던 자가 일어나 앉고 말도 했다고 기록하고 있다. 예수님은 '네게 말하노니'라고 했다. 목표(Target)를 정확히 한 것이다. 의학 의술에서 이 목표는 매우 중요한 것이다. 그 다음 '일어나라'고 말씀하셨다. 예수님의 말씀은 빛이라 했다. 이때의 빛은 에너지와 파동이다. 실제로 우리가 말을 할 때 엄청난 에너지와 파동이 나온다. 말이 에너지요 생각이 에너지인 것이다. 손으로 연수 상태의 진단에 따라, 심폐 상태의 진단에 따라, 장기들의 상태 진단에 따라 이들을 소생시킬 수 있는 특정 맞춤식 테라헤르츠파(THz)를 쏜 것은 아닐까? 테라헤르츠파를 쏘았다는 것은 빛으로 자극시켰다는 의미이다. 그래야만 세포가 살아나고 조직이 살아나고 장기가 살아나 죽었던 자가 일어나 앉을 수 있고 동시에 말을 할 수 있다. 그것도 앞에서 소개했던 마이크로 이식심장박동기와 무선충전의 사례에서 보았듯이 테라헤르츠파의 에너지를 무선의 파동으로 쏘아 심폐를 소생시킨 것은 아닐까? 아니면 테라헤르츠파 말고 우리가 모르는 강력한 자극을 줄 수 있는 더 높은 주파수인 초음파나 텔레파시를 사용하셨지는지도 모른다.

여하튼 지금의 과학으로서는 맞춤식 테라헤르츠파에 의한 뇌(연수)-심폐-장기들을 소생시키는 재생의학이라고 이해할 수 있을 것이다. 이를 위해 예수님은 인체매질과 생체인터넷으로 무장하셨다고 이해할 수 있다. 아니 그 이상일 것이다. 자, 이제 이해했으니 부지런하게 재생의학을 발전시켜, 조만간 예수님과 같이 우리는 죽은 지 하루된 죽은 자들을 고치게 될 것이다.

2. 야이로 회당장의 죽어가는 딸을 살리시다(심폐소생술)(2nd)

자, 이번에는 예수님께서 야이로 회당장(Jairus, a Synagogue Ruler)의 죽은 딸(A Dead Girl) 혹은 죽어가는 딸(daughter is dying)을 살리셨는데(「마태복음」 9:18-26; 「마가복음」 5:21-43; 「누가복음」 8:40-56), 어떻게 살리셨는지 살펴보자. 우선 복음서의 기록 내용을 보자.

「마태복음」 9:18 - 예수께서 이 말씀을 하실 때에 한 직원이 와서 절하고 가로되 내 딸이 방장 죽었사오나 오셔서 그 몸에 손을 얹으소서 그러면 살겠나이다 하니(While he was saying this, a ruler came and knelt before him and said, "My daughter has just died. But come and put your hand on her, and she will live.")(NIV)

23 - 예수께서 그 직원의 집에 가사 피리 부는 자들과 훤화하는 무리를 보시고(When Jesus entered the ruler's house and saw the flute players and the noisy crowd,)

24 - 가라사대 물러가라 이 소녀가 죽은 것이 아니라 잔다 하시니 저들이 비웃더라(he said, "Go away. The girl is not dead but asleep." But they laughed at him.)

25 - 무리를 내어 보낸 후에 예수께서 들어가사 소녀의 손을 잡으시매 일어나는지라(After the crowd had been put outside, he went in and took the girl by the hand, and she got up.)

「마가복음」 5:23 - 많이 간구하여 가로되 내 어린 딸이 죽게 되었사오니 오셔서 그 위에 손을 얹으사 그로 구원을 얻어 살게 하소서 하거늘(and pleaded earnestly with him, "My little daughter is dying. Please come and put your hands on her so that she will be healed and live.")

35 - 아직 말씀하실 때에 회당장의 집에서 사람들이 와서 가로되 당신의 딸이 죽었나이다 어찌하여 선생을 더 괴롭게 하나이까(While Jesus was still speaking, some men came from the house of Jairus, the synagogue ruler. "Your daughter is dead," they said. "Why bother the teacher any more?")

36 - 예수께서 그 하는 말을 곁에서 들으시고 회당장에게 이르시되 두려워 말고 믿기만 하라 하시고(Ignoring what they said, Jesus told the synagogue ruler, "Don't be afraid; just believe.")

37 - 베드로와 야고보와 야고보의 형제 요한 외에 아무도 따라옴을 허치 아니하시고(He did not let anyone follow him except Peter, James and John the brother of James.)

38 - 회당장의 집에 함께 가사 훤화함과 사람들의 울며 심히 통곡함을 보시고(When they came to the home of the synagogue ruler, Jesus saw a commotion, with people crying and wailing loudly.)

39 - 들어가서 저희에게 이르시되 너희가 어찌하여 훤화하며 우느냐 이 아이가 죽은 것이 아니라 잔다 하시니(He went in and said to them, "Why all this commotion and wailing? The child is not dead but asleep.")

40 - 저희가 비웃더라 예수께서 저희를 다 내어 보내신 후에 아이의 부모와 또 자기와 함께한 자들을 데리시고 아이 있는 곳에 들어가사(But they laughed at him. After he put them all out, he took the child's father and mother and the disciples who were with him, and went in where the child was.)

41 - 그 아이의 손을 잡고 가라사대 달리다굼 하시니 번역하면 곧 소녀야 내가 네게 말하노니 일어나라 하심이라(He took her by the hand and said to her, "Talitha koum!" (which means, "Little girl, I say to you, get up!").

42 - 소녀가 곧 일어나서 걸으니 나이 열두 살이라 사람들이 곧 크게 놀라고 놀라거늘(Immediately the girl stood up and walked around (she was twelve years old). At this they were completely astonished.)

이 상황을 상세히 기록한 것은 「마가복음」이다. 야이로 회당장의 12살된 어린 딸이 죽어가고 있었다(little daughter is dying). 그래서 야이로는 예수님께 "오셔서 딸 몸 위에 손을 얹으사, 구원을 얻어 살게 하소서"라고 간청하였다. 여기서도 분명 어린 딸의 몸 위에 예수님의 손을 대셔달라고 간청하고 있는 것이다. 그 다음 상황은 회당장의 집에서 사람들이 와서 야이로의 딸이 죽었다고 보고한다. 이 말을 듣고 예수님은 야이로에게 "두려워 말고 믿기만 하라"고 말씀하신다. 무조건 예수님을 믿으라는 것이다. 야이로가 믿었다는 것은 죽어가는 딸을 보고 예수님께 간청한 사실만 보아도 믿음이 있었다고 보아야 할 것이다.

그 다음 예수님은 회당장의 집에 가신다. 그리고 아이가 있는 곳에 들어가기 전에 밖에서 "이 아이가 죽은 것이 아니라 잔다"라고 말씀하셨다. 밖에서 진단을 하신 것이다. 테라헤르츠파나 텔레파시를 쏴서 심장과 폐가 약하게 뛰고 있다는 것을 감지한 것이다. 그리고 아이가 있는 곳에 들어가 그 아이의 손을 잡았다. 손을 잡았다는 것은 인체매질통신을 통해 특정 전기를 흘려 보내 심폐를 자극시켰다는 것이다. 그리고 동시에 예수님은 아람어로 '달리다굼(Tailitha koumi, 소녀야 내가 네게 말하노니 일어나라)'고 말씀하셨다. 특정 맞춤식 테라헤르츠파(THz)나 그 이상의 주파수를 쏘아서 죽어가는 심폐를 소생시킨 것이라고 보면 확실히 이해가 간다.

3. 4일된, 썩는 냄새가 나는 나사로를 살림(유전자/세포…@영의 귀환) (3rd)

자, 이번에는 조금 이해하기가 어려운 대목이지만 천체 상황을 보면 그리 어렵지도 않은 '죽은 지 4일된 나사로를 살리시다(The Death of Lazarus)'라는 내용을 살펴보자(「요한복음」 11:1-44). 나사로는 향유를 예수님께 붓고 머리털로 예수님의 발을 씻긴 마리아(Mary)의 오빠요, 마르다(Martha)는 마리아의 언니다. 이들은 요단강 서쪽에 위치한 여리고(Jericho) 바로 아래 지역이자 예루살렘과 오리(2km) 떨어진 베다니(Bethany)에 살고 있었다.

한 가지 중요한 사실이 있다. 예수님이 북쪽 갈릴리(Galilee)에서 출발하여 이미 예루살렘 근처까지 올라오셨다는 것이다. 그것은 예수님이 십자가에 못 박혀 죽으실 날이 멀지 않음을 의미하지만, 예루살렘에 가까이 이르면 이를수록 예수님의 성령의 과학기술이 점점 더 강화된다는 것이다. 그래서 유대인들이 더욱 예수님을 미워했다. 예수님은 예루살렘에 가까이 이르러서야 "나는 부활이요 생명이다"를 제자들과 따르는 사람들에게 가르치셨다. 그래서 나사로를 살리신 것도 바로 이 부활과 생명의 가르치심과 관계가 있는 것이다.

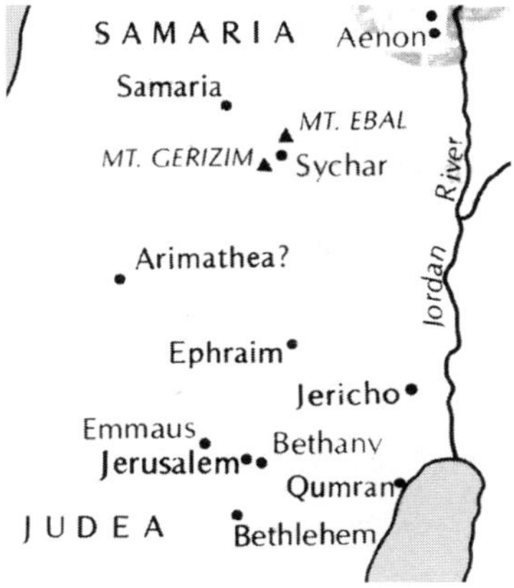

나사로가 병이 들자 그 누이들이 예수님께 사람을 보내어 가로되, "주여 보시옵소서 사랑하시는 자가 병들었나이다" 하니, 예수님께서 들으시고 가라사대, "이 병은 죽을 병이 아니라 하나님의 영광을 위함이요 하나님의 아들로 이를 인하여 영광을 얻게 하려 함이라(This sickness will not end in death. No, it is for God's glory so that God's Son may be glorified through it.)"라고 말씀하셨다. 이 말씀은 아주 중요한 말씀이시다. 하나님 아버지의 아들인 예수님이 나사로를 살리심으로 하늘에 계신 하나님 아버지의 영광이 들어 나실 것이라는 말씀이다. 이 말씀은 나사로를 예수님께서 살리심은 하나님 아버지가 도와주셔야 한다는 말이다. 하나님 아버지가 안 도와주시면 죽은 지 4일되는 나사로를 살릴 수 없다는 얘기이다.

예수님은 베다니로 가시기 전에 "나사로가 죽었느니라(Lazarus is

dead)"라고 제자들에게 솔직히 말씀하시는데, 이미 죽었다라는 사실을 아신 것이다. 앞에서 보았던 막 죽은 자를 살리시는 것이 아니고, 이미 죽어 며칠 된 나사로를 살리신다는 사실을 이미 알고 계신 것이다. 그리고 예수님은 "내가 거기 있지 아니한 것을 너희를 위하여 기뻐하노니, 이는 너희로 믿게 하려 함이라, 그러니 그에게로 가자(I am glad I was not there, so that you may believe)"라고 말씀하셨다. 막 죽은 자를 살리셔도 제자들이 믿지 못하니 이번에는 죽은 지 며칠이 지난 나사로를 살리심으로 제자들을 믿게 하신다는 것이다.

그렇다면 어떻게 미리 죽었다는 것을 감지하셨을까? 이 부분은 과학적으로 충분히 설명할 수 있다. 예를 들어 테라헤르츠파나 초음파나 텔레파시를 쏘았는데 나사로가 죽어 그에 반응하는 반응파가 오지 않아서 죽었다는 것을 감지하셨을 것이다. 그러나 나사로의 경우 하나님 아버지가 도와주셨다는 것을 고려한다면 하나님 아버지와의 기도(교신)에서 알려주었을 가능성도 배제할 수 없을 것이다.

예수님께서 베다니에 와서 보니 나사로가 무덤에 있은 지 이미 나흘이라는 사실을 아신다(Jesus found that Lazarus had already been in the tomb for four days.) 이미 죽었다는 것을 알고 계셨지만, 와서 상황을 인지해보니 무덤에 장사되고 4일이나 지난 것이었다.

마르다는 예수님께서 오신다는 말을 듣고 곧 나가 맞이 하되 마리아는 집에 있었다. 마르다가 예수님께 여짜오되 "주께서 여기 계셨더면 내 오라비가 죽지 아니하였겠나이다, 그러나 나는 이제라도 주께서 무엇이든지 하나님께 구하시는 것을 하나님이 주실 줄을 아나이다(But I know that even now God will give you whatever you ask)"라고 말을 한다.

예수님께서 마르다와 나사로와 마리아를 사랑하셨으므로, 예수님께서 베다니에 같이 계셨으면 오라비가 죽지 않았다고 마르다는 믿음을 말하는 것이다. 게다가 이젠 죽어 4일이나 지났으니, 예수님께서 이 사실을 하나님 아버지께 알리시고 구하면(기도하면) 하나님 아버지께서 무엇이든 들어주실 것이라는 사실을 또한 믿은 것이다. 이에 믿음을 보시고 예수님은 "네 오라비가 다시 살리라(Your brother will rise again)"라고 말씀하신다.

더 나아가 마르다는 "마지막 날 부활에는 그가 다시 살 줄을 내가 아나이다(I know he will rise again in the resurrection at the last day)"라고 부활에 대한 믿음을 말한다. 이에 예수님께서는 "나는 부활이요 생명이니 나를 믿는 자는 죽어도 살겠고, 무릇 살아서 나를 믿는 자는 영원히 죽지 아니하리니 이것을 네가 믿느냐(Do you believe this)?"라고 말씀하셨고, 이에 마르다는 "주여 그러하외다 주는 그리스도시요 세상에 오시는 하나님의 아들이신 줄 내가 믿나이다(Yes, Lord, I believe that you are the Christ, the Son of God, who was to come into the world.)"라고 대답한다. 대단한 믿음이다.

그 후 마르다의 전갈을 받은 마리아가 예수님 계신 곳에 와서 보이고, 그 발 앞에 엎드리어 가로되 "주께서 여기 계셨더면 내 오라비가 죽지 아니하였겠나이다"라고 한다. 예수님께서 마리아의 우는 것과 또 함께 온 유대인들의 우는 것을 보시고 심령에 통분히 여기시고 민망히 여기사(he was deeply moved in spirit and troubled), 가라사대 "그를 어디 두었느냐"고 묻자 "주여 와서 보옵소서"라고 대답 하니, 예수님께서 눈물을 흘리셨다(Jesus wept). 여기서 우리는 신성과 인성의 예수님을 보는 것이다.

이에 예수님께서 다시 속으로 통분히 여기시며 무덤에 가셔서 보니 무덤이 굴이라 입구가 돌로 막아 놓은 것을 보신다(It was a cave with a stone laid across the entrance). 이에 예수님께서 가라사대 "돌을 옮겨 놓으라" 하시니, 마르다가 가로되, "주여 죽은 지가 나흘이 되었으매 벌써 냄새가 나나이다(But, Lord, by this time there is a bad odor, for he has been there four days)"라고 대답한다.

죽은 지 나흘이라!! 시체 썩는 냄새가 난다!! 이 말은 우리 몸을 이루고 있는 단백질의 세포가 썩어 냄새가 난다는 말이다. 세포가 썩으면 그 안에 있던 유전자(Exon)도 썩는다는 말이다. 유전자가 죽어 썩으면 뇌도 심장도 폐를 비롯하여 모든 218개 장기들도 썩어 들어감을 의미한다. 아니 그 이상의 영(영혼)도 육체를 떠나 이미 낙원이나 지옥에 가서 있을 수 있다. 여기서 중요한 것은 낙원이나 지옥에 가서 있던 영(영혼)이 지구로의 귀환이 이루어져야 살릴 수 있다는 것이다. 다음 구절을 보면 확실해진다.

그 다음 예수님께서 가라사대 "내 말이 네가 믿으면 하나님의 영광을 보리라 하지 아니하였느냐"라고 말씀 하시자, 마르다가 돌을 옮겨 놓는다. 이에 예수님께서 눈을 들어 우러러 보시고 가라사대(Then Jesus looked up and said), "아버지여 내 말을 들으신 것을 감사하나이다(Father, I thank you that you have heard me), 항상 내 말을 들으시는 줄을 내가 알았나이다(I knew that you always hear me), 그러나 이 말씀 하옵는 것은 둘러선 무리를 위함이니(but I said this for the benefit of the people standing here), 곧 아버지께서 나를 보내신 것을 저희로 믿게 하려 함이니이다(that they may believe that you sent me.)"라고 하나님 아버지께 기도하시고 감사하시고 하나님 아버지와 소통하셨다는 것이다.

이것은 앞서 살펴보았듯이 의사(=예수님)-환자(=나사로)-가족(=마르다와 마리아)의 믿음이라는 삼박자가 맞아야 하는 것 이외에, 죽은 지 4일이나 지나 이미 영(영혼)이 떠난 상태이므로 또 한 사람의 도움이 필요함을 의미하는 것이다. 그것은 천상에 계시는 하나님 아버지께 도움을 청해야 함을 의미하는 것이다. 그래서 예수님께서는 처음부터 나사로의 영(영혼)을 되돌려 달라고 하나님 아버지께 기도했던 것이다. 아니 죽은 지 4일된 나사로를 살릴 것이라고 하나님 아버지와 의사소통하신 것이다. 다시 말해 이 사건을 사전에 기획했던 것이다. 상황으로 보아 나사로의 영(영혼)은 분명 낙원에 가서 있었던 것이 확실하다.

이렇게 말씀을 하시고 예수님은 큰 소리로 "나사로야 나오라!(Lazarus, come out!)"라고 부르시니(called), 죽은 자가 수족을 베로 동인 채로 나오는데 그 얼굴은 수건에 싸여 있었다. 그 다음 예수님께서 가라사대, "풀어 놓아 다니게 하라(Take off the grave clothes and let him go.)"고 말씀하시니 그대로 되었다고 기록하고 있다.

요약 정리하면, 하나님 아버지의 도움에 의한 영(영혼)의 귀환에 이어, 나사로야 나오라는 예수님의 부르심, 즉 테라헤르츠파나 그 이상의 파에 의해 유전자 → 세포 → 뇌 → 심폐 → 다른 장기들이 소생되어 죽은 지 4일이 된 나사로가 살아 돌아온 것이다. 하지만 이것은 「요한계시록」 20장에 등장하는 부활이 아니라, 죽은 자의 재생이다.

마지막으로 한 가지 중요한 사실이 있다. 예수님께서 이것을 우리에게 보여주신 것은 우리보고 그대로 이루라는 것이다. 필자가 생각할 때 우리가 물병자리(Aquarius, 2100-4269)에서 지금의 의학기술은 죽은 지 4일이 된 죽은 자를 살릴 수 있지 않을까 예측해 본다.

4. 예수님 부활 후에 죽은 많은 성도가 살아나다(미네랄/유전자/세포..)(4th)

자, 이번에는 죽은 지 1년~30년, 아니 그 이상 된 죽은 자들이 무덤에서 살아나는 기적 같은 장면이 등장한다. 바로 「마태복음」 27장 50절에서 53절에는 예수님의 부활 후에 많은 성도들이 무덤에서 일어나 나온다. 이는 이미 『바이블 매트릭스』 시리즈 4권 『하나님들의 과학기술과 우리가 창조해야 할 미래(하)』의 2부 12장 5절인 "마른 뼈들이 살아나다(죽은 자의 재생, 부활은 아님)"에서 소개하였으므로 간단히 요약하기로 한다.

내용을 우선 보자. 예수님께서 십자가에 못 박혀 크게 소리 지르시고 영혼(영, spirit)이 떠나신다. 그때 예루살렘 성전의 성소 휘장(the curtain of the temple)이 위로부터 아래까지 찢어져 둘이 되고, 땅이 진동하며 바위가 터지고, 무덤들이 열리며 죽었던 많은 성도들의 몸이 일어나기 시작한다. 그리고 3일 후의 예수님의 부활 후에, 저희들이 무덤에서 나와 거룩한 예루살렘 성전에 들어가 많은 사람들 앞에 나타나 보인다.

「마태복음」 27:50 - 예수께서 다시 크게 소리지르시고 영혼이 떠나시다(And when Jesus had cried out again in a loud voice, he gave up his spirit.)(NIV)

51 - 이에 성소 휘장이 위로부터 아래까지 찢어져 둘이 되고 땅이 진동하며 바위가 터지고(At that moment the curtain of the temple was torn in two from top to bottom. The earth shook and the rocks split.)

52 - 무덤들이 열리며 자던 성도의 몸이 많이 일어나되(The tombs broke open and the bodies of many holy people who had died were raised to life.)

53 - 예수의 부활 후에 저희가 무덤에서 나와서 거룩한 성에 들어가 많은 사람에게 보이니라(They came out of the tombs, and after Jesus' resurrection they went into the holy city and appeared to many people).

이것은 「에스겔」 37장의 '마른 뼈들이 살아나다'와 같은 이치인 재생의학과 재생의술이다. 지금 과학계에서는 1만 년 전에 멸종한 매머드(Mammoth)를 복원하는 프로젝트가 시작되었다. 생물의 각 세포에는 그 생물을 완전히 재구성하는 데 필요한 모든 유전 정보가 들어 있다. 남은 뼈 속에 남아 있는 세포 하나를 생명물질을 공급해주는 장치 속에 넣으면 그 생물을 본래대로 재현시킬 수 있다. 기계는 물질을 공급하고 세포는 그것에 따라 생물이 구성되는 설계도의 정보를 제공한다. 또한 빛(테라헤르츠파)을 쏘아 재생시킬 수도 있다. 이것은 쉽게 실현될 수 있는 일이며, 우리들도 머지않아 이러한 기술을 발견하게 되어, 오래된 죽은 자를 살리는, 즉 재생시킬 수 있다. 더 나아가 무덤이 아니라 화장(火葬)을 해서 세포의 유전자가 없어졌더라도 죽은 자가 갖고 있던 미네랄(Mineral)은 그대로 남는다고 했다. 미네랄은 생명의 흔적을 갖고 있다고 했다. 이것을 이용하면 유전자 없이도 재생이 가능하게 될 것이다.

그러나 이것은 어디까지나 재생이지 영원한 부활은 아니다. 다시 말해 재생기술로 오래된 죽은 자를 살린다 해도 결국 또다시 죽음을 맞이하게 될 것이다. 그렇다손 치더라도 오래된 죽은 자를 살린다면 그것은 획기적인 과학의 발견이 될 것이다. 예수님께서 이것을 우리에게 보여주신 것은 우리보고 그렇게 하라는 것이다. 결국 우리들은 과학을 진보시켜 언젠가는 예수님이 이룬 기적 같은 일들을 현실로 가능하게 할 것이다.

여기서 한 가지 의문이 떠오른다. 무덤에서 살아 돌아오는데 물리적으로나 생물학적으로나 3일이 걸렸는데, 그것은 예수님께서 부활하시는데 3일이나 걸렸기 때문이다. 왜 3일이 걸리셨을까? 예수님께서는 십자가에 못 박히시고 죽으시어 어디를 다녀오신 것일까? 자세한 것은 『바이블 매트릭스』 시리즈 6권 『예수님의 재림과 새 하늘과 새 땅』을 참조하라.

5. 4가지 기적의 과학기술 요약(유전자/세포/뇌/심폐/장기소생+@영의 귀환)

자, 지금까지 살펴본 '죽은 자를 살리시다'의 4가지의 과학기술을 요약하면 다음과 같을 것이다.

죽은 자를 살리시다(유전자/세포/뇌/심폐/장기소생+@영의 귀환)

#	기적으로 표현된 내용과 예수님의 손/행동/말씀	성경기록				현대과학의 분류
		마태복음	마가복음	누가복음	요한복음	상세기술
01 1st	나인(Nain) 성에서 죽은 청년인 과부의 아들을 살리시다(Jesus Raises a Widow's Son); 과부를 보시고 불쌍히 여기사, 관에 손을 대시고 말씀으로 살리시기			7:11-17		재생의학 말씀=빛(에너지/파동)인 THz에 의한 뇌(연수)/심폐/장기소생+@
02 2nd	야이로 회당장(Jairus, a Synagogue Ruler)의 죽은 딸(A Dead Girl)을 살리시다; 믿음을 보시고, '물러가라 이 소녀가 죽은 것이 아니라 잔다' 하시고, 소녀의 손을 잡으시고 '일어나라' 말씀 하시매 일어나다	9:18-26	5:21-43	8:40-56		재생의학 전기자극 또는 THz에 의한 심폐소생술+@

03 3rd	죽은 지 4일된 나사로를 살리시다(The Death of Lazarus); 나사로는 향유를 예수님께 붓고 머리털로 주의 발을 씻긴 마리아(Mary)의 오빠요 마르다(Martha)는 언니라; 마르다가 예수님은 부활이요 생명이요 그리스도요 하나님의 아들이며, 예수님께서 구하시는 것을 하나님 아버지께서 주실 것을 믿는다고 대답; 예수님이 심령에 통분이 일고 민망히 여기사 눈물을 흘리시고; 하늘을 우러러 '아버지여 내 말을 들으신 것을 감사하나이다'하시고 큰 소리로 '나사로야 나오라' 부르심				11:1-44	재생의학 말씀=빛(에너지/파동)인 THz에 의한 유전자/세포/뇌(뉴런)/심폐/장기소생+영(혼)의 귀환+@
04 4th	예수님의 부활 후에 죽은 많은 성도가 무덤에서 일어나, 예루살렘 성에 들어가 많은 사람들에게 보이다	27:50-53				재생의학 THz를 통한 미네랄/유전자/세포… 재생 (3일 걸림) +@

5장
귀신(악마의 영)을 말씀(에너지와 파동)으로 쫓아내고 귀신들린 병자를 고치시다

1절 두뇌/신경과학, 정신의학, 두뇌 패턴/모델링의 현재와 미래

자, 이번에는 '귀신을 쫓아내고 병든 자를 고치시다'를 살펴볼 것인데, 이는 뇌와 관계가 있다. 따라서 뇌를 연구하는 두뇌과학 또는 신경과학(Neuro science), 두뇌의 생각을 읽어내는 마인드 패턴(Mind pattern)과 관련 모델링 등 정신질환(Mental illness)을 다루는 정신의학(Psychiatry)에 대해 살펴보자. 상세히 쓰려면 900페이지 책으로 3권이나 되지만, 본 주제에 맞게 간단히 살펴보록 하자.

1. 미국/영국의 두뇌전략(Brain Strategy)

우리가 오감의 감각을 인지하고, 그 결과 감성을 자극하여 그에 따라 감정을 표현하고 본능에 대처하며, 사건의 기억을 저장하고 추출하고 꿈을 통해 정제하며, 그러는 동안에 선과 악을 선택할 수 있는 자유의지를 지향하고, 호랑이 굴에 들어가도 정신을 차려, 인간다운 사랑과 예술을 영위하게 하도록 하는 곳이 바로 두뇌(Brain)이다. 이 과정

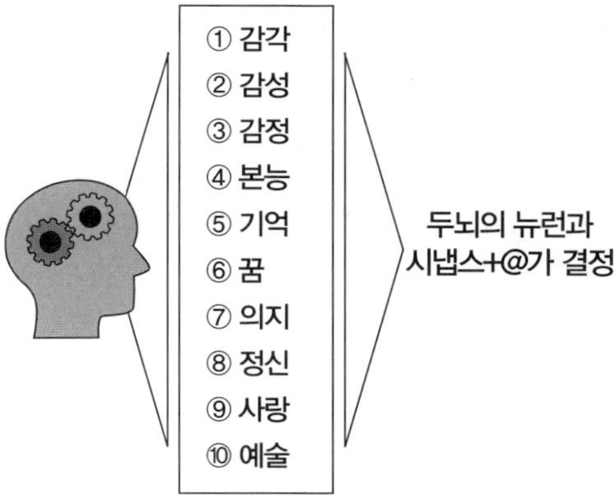

에서 중요한 역할을 하는 것은, 지금까지 밝혀진 바로는 두뇌의 뉴런(Neuron)과 시냅스(Synapse)와 뉴런을 고정시키고 뇌의 노폐물을 제거하는 신경교(glia or neuroglia)이다. 물론 앞으로 더욱 많은 새로운 사실(+@)이 발견되겠지만 말이다.

이러한 뉴런과 시냅스의 활동들이 비정상적이면 기억상실병인 알츠하이머병(Alzheimer's disease)이나 치매(Dementia), 중풍병의 파킨슨병(Parkinson's disease), 사회성 결핍과 언어장애 등의 자폐증(Autism), 정신분열이나 정신혼란의 정신분열증(Schizophrenia), 과도한 뉴런 흥분의 뇌전증(간질, Epilepsy), 뇌졸중(Stroke) 등 다양한 퇴행성 뇌질환(Degenerative brain diseases)이나 퇴행성 신경질환(Neurodegenerative diseases)에 걸리게 된다. 따라서 미래의 의학 및 의술은 이러한 질병들의 원인을 밝히고 약이나 치료를 찾는 두뇌/신경과학이나 정신의학으로 흐르고 있어, 앞으로 30년 혹은 50년 후이면 과학의 성배((聖杯, Holy Grail)를 찾을 수 있을 것으로 기대하고 있다. 그렇다고 100%를 다 찾아낸다는 것은 아니다. 12개 별자리의 세대(generation)에 따라 한참 가야 하기 때문이다.

1-1. 유럽(EU)의 휴먼브레인프로젝트(Human Brain Project)

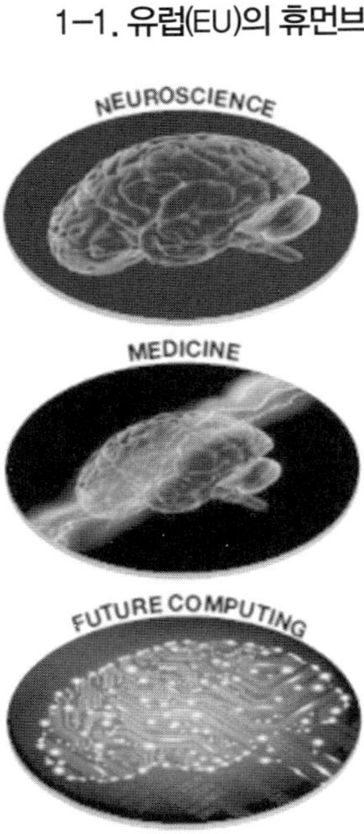

유럽의 휴먼브레인프로젝트[1]는 스위스 로잔 공과대학(Ecole Polytechnique Federale de Lausanne)[2]이 직접 주관하고 86개 대학 및 연구소가 참여하는 총 10년간의 프로젝트로 총 들어가는 비용은 12억 파운드나 된다. 2012년에 HBP Report(Human Brain Project Report)라는 건의서 및 계획서를 유럽(EU)에 제출하고 2013년부터 본격적으로 운영하고 있다.

주요 연구대상은 크게 3가지로, (1) 미래의 컴퓨팅(Future Computing)-미래의 슈퍼컴퓨터를 개발해 모든 관련 데이터를 모으는 빅 데이터(Big Data)를 구축한 후 시뮬레이션을 통해, (2) 의학(Medicine)-새로운 약과 치료방법을 개발하고, (3) 신경과학(Neuroscience)-이를 통해 두뇌과학과 신경과학을 발전시키는 것이다. 구체적인 연구분야는 두뇌 모델(Brain Model), 인지 모델(Cognition Model), 정신 모델(Mental Model), 감정 모델(Emotional Mode), 마인드 이론(Theory of Mind) 등이 포함된다.

이러한 분야의 학문과 기술이 앞으로 10년간, 아니 그 이상 기간에 걸쳐 구체적으로 밝혀진다면 현재 우리가 모르고 있는 많은 두뇌 비

---

1 http://www.humanbrainproject.eu/
2 http://bluebrain.epfl.ch/

밀이 밝혀질 것이다. 정상인과 비정상인, 그룹과 개인들, 너와 나의 차이, 하나님들과 인간들의 차이 등, 더 나아가 귀신(demon)도 과학적으로 증빙할 수 있을 것이다. 그것이 뇌파이건, 수소 원자핵의 자기장이건, 혈류의 이동이건, 신경교(glia)이건, 아니면 우리가 모르는 그 이상의 무엇이건 다 밝혀질 것이다.

1-2. 미국의 두뇌 전략(Brain Initiative)

미국의 두뇌 전략(Brain = Brain Research through Advancing Innovative Neurotechnologies)[3]은 오바마 대통령이 창조경제와 일자리 창출을 목적으로 2013년 4월 2일에 야심차게 발표한 프로젝트이다. 이 프로젝트를 일반적으로 두뇌활동지도프로젝트(Brain Activity Map Project)라 부른다. 유럽과 미국의 두뇌전략의 차이점은 미국은 바로 두뇌지도를 만드는 것이다. 다시말해 인간 두뇌의 1,000억 개로 추정되는 뉴런(Neuron)의 활동과 100조 개로 추정되는 시냅스(Synapse)의 활동을 3차원 맵으로 그려 내는 것이다. 이는 지난 1990년부터 시작하여 2003년에 마무리된, 총 30억 달러가 투입된 인간게놈프로젝트(Human Genome Project)를 잇는 차세대 프로젝트로 매년 3억 달러를 투입하여 앞으로 10년간 30억 달러의 비용을 투입한다.

앞서 미국의 국립보건원(NIH)은 2009년에 '위대한청사진도전(Blueprint Grand Challenges)'이라는 프로그램을 런칭하여 두뇌와 두뇌의 질병을 연구하기 시작했는데, 이의 목적은 (1) 시스템생물학(System Biology) 성격의 인간커넥톰프로젝트(Human Connectome Project)로, 이는

3 http://www.braininitiative.nih.gov/index.htm, http://www.whitehouse.gov/share/brain-initiative

유럽의 미래 컴퓨팅과 유사하며, 이를 바탕으로, (2) 새로운 약과 치료법을 찾는 고통(아픔)에 대한 위대한 도전(Grand Challenge on Pain)으로, 이는 유럽의 의학(Medicine)과 유사하며, (3) 마지막으로 신경치료청사진 네트워크(Blueprint Neurotherapeutics Network)로, 이는 유럽의 신경과학(Neruoscience)과 유사하다.

알츠하이머병, 파킨슨병, 정신분열증, 자폐증, 간질(뇌전증), 두뇌외상(Traumatic brain injury)을 빅데이터(BD)-진단(D)-치료(T)-예방(P)할 수 있는 새로운 도전이 시작된 것이다. 인간 두뇌의 메커니즘을 밝히고, 시공간에 두뇌의 신경세포와 신경회로들이(Neural circuits) 어떻게 반응하는지, 생각의 속도(the speed of thought)는 어떻게 되는지를 연구한다. 두뇌는 과학과 의학에서 아직도 신비스러운 영역이다. 또한 개인, 가족, 사회에 영향을 미치는 각종 두뇌관련 질병들은 바로 신경학적이고 정신의학적인 병들이다. 최근에 두뇌 관련 많은 과학적 진보가 이루어져 있지만, 이 분야의 신비는 아직도 대부분이 밝혀지지 않았다(Science Daily, 2 Apr 2013).

우리가 생각을 어떻게 하는지, 무엇을 생각하는지, 의사결정은 어디서 내리는지, 뇌의 질병은 왜 발생하는지, 그 기원을 밝히는 데 목적이 있으며, 그것을 알고자 뇌지도를 만드는 것이다. 이 뇌지도가 만들어지면 왜 사람들은 선한 생각을 하는지 악한 생각을 하는지, 어디서 그런 생각을 하게 만드는지 그 기원이 밝혀질 것이다. 그것이 지구에 기원한 것인지, 아니면 천상의 니비루(Nibiru)에서 기원한 것인지, 우리는 어디서 왔는지, 그리고 어디로 가는지, 악의 영이란 무엇인지, 그 근원지는 어디인지가 밝혀질 것이다. 10년 안이 아니라 100년, 200년 아니 1,000년 후의 일이다.

2. 뇌파/뇌파기록장치(EEG), MRI, fMRI, BMR…

자, 이번에는 생체이미징(Bioimaging) 기술을 살펴보자. 생체이미징이란 우리 두뇌의 특정 조직이나 신경세포에서 나오는 신호를 감지하여 두뇌가 어떻게 생겼는지 어떻게 연결되었는지 두뇌 안을 영상화하는 기술들이다. 두뇌를 영상화하면 그 안에서 무엇이 일어나고 있는지를 알 수 있을 뿐만 아니라 무엇이 잘못 되었는지도 분석할 수 있다. 지금은 두뇌과학이 첫 단계의 영상화하는 쪽으로 발전하고 있지만, 그 이후로는 이 생체신호들과 공명하는 신호를 보내면 두뇌의 질병을 고칠 수 있다는 점에서 획기적인 것이다. 만약 귀신이 들렸다면 귀신의 신호를 감지하여 귀신의 신호보다 훨씬 센 신호를 쏘아주면 귀신은 견딜 수 없어 우리 몸에서 나갈 것이다.

2-1. 뇌파(Brain waves)/뇌파기록장치(EEG)

대뇌피질(이성), 대뇌변연계(감성), 시상(감각), 시상하부(본능), 해마(기억), 편도핵(선호도), 뇌교(꿈), 연수(정신) 등의 두뇌의 구조와 기능과 뉴런과 시냅스(기억/의식 작용)와 신경교의 복합적인 상호작용에 의해 우리는 두뇌에서 생각하고 마음을 표현한다.

이러한 생각과 마음은 독특한 5개의 뇌파(Brain waves)로 발현한다. 깊은 잠을 잘 때의 델타파, 꿈을 꿀 때의 세타파, 명상할 때의 알파파, 활동할 때의 베타파, 그리고 공부하고 지식을 저장할 때의 감마파가 그것들이다. 그리고 5개의 뇌파는 다 다른 주파수를 갖고 있다는 것에 유념하자.

뇌파는 뇌의 상태에 따라 바뀐다(차원용, 2006)

명칭	주파수	뇌의 상태
델타파(δ)	0.5~3.5Hz	깊은 수면 중 거의 의식이 없는 상태(비렘수면)
세타파(θ)	4~7Hz	꿈을 꾸는 졸고 있는 상태(얕은 잠, 렘수면)
알파파(α)	8~13Hz	안정, 편안한 상태, 명상할 때
베타파(β)	14-34Hz	긴장하고 집중하고 있는 상태, 사람이 눈을 뜨고 활동할 때
감마파(γ)	25~100Hz	과거의 기억과 현재의 인식 정보를 효율적으로 운반한다는 사실이 밝혀짐. 해마(Hippocampus)에 과거의 기억과 새로 인식한 사실을 전달해, 뇌가 이 두 정보를 비교·처리할 수 있게 함. 기억과 회상, 인식 작용에서 '운송자' 역할을 맡는 셈임. 연구팀은 쥐의 뇌파를 분석하는 실험으로 감마리듬 중 주파수가 낮은(slow) 대역이 기억 정보를, 높은(fast) 대역이 인식 정보를 옮긴다는 점을 밝혀냄(Colgin et al., Nature, 2009).

이러한 뇌파를 측정하는 장치가 바로 뇌파기록장치(EEG, Electroencephalogram)이다. 지금은 그림에서처럼 얼굴에 붙이는 기술로 발전하고 있지만, 미래에는 뇌파기록장치가 더욱 작아져 스마트폰에 앱과 함께 장착될 것임은 자명하다. 또한 이들 뇌파들은 생각에 따라 변화한다. 따라서 뇌파가 변화하는 것을 감지하고 기계와 인터페이스시키는 기술을 발견한다면, 생각하는 대로 기계를 조작할 수 있고, 마음 먹은 대로 사물을 움직일 수 있다. 그것이 바로 텔레파시(Telepathy)[4] 통신이자 텔레키네시스(Telekinesis)이다. 텔레키네시스는 염력(念力)이라고 하는데, 이론적으로는 생각하는대로 앞의 산도 움직일 수가 있다.

인간은 이러한 고유의 주파수를 갖고 있기 때문에, 반대로 외부에서 이러한 주파수 대와 공명하는 저주파를 쏘아주면 정상인지 아닌지

4 본권 1부 2장 4절의 4-3의 "텔레파시(Telepathy)란? 사람의 생각을 메시지로 두뇌로 전달(BBI/BBC)"을 참조하라.

를 금방 알 수 있을 것이다. 아직은 이러한 과학기술이 없지만 말이다. 예를 들어 만약 귀신(demon)이 두뇌를 장악했다면, 그 귀신의 뇌파는 분명 다를 것이다. 그러므로 공명하지 않을 경우 귀신이 들렸다고 금방 진단할 수 있다. 또한 더 나아가 귀신이 장악한 두뇌 영역들(Regionss of Interest) 중 어느 영역을 장악했는지도 알 수가 있을 것이다. 그럴 경우 귀신이 장악한 영역의 주파수보다도 훨씬 높거나 낮은 주파수, 예컨대 초음파나 테라헤르츠파를 쏘아주면 그 귀신은 더 견디지 못해 그 영역에서 나올 수가 있을 것이다. 그렇다고 금방 낫지는 않을 것이다. 왜냐하면 인간은 원래의 형태로 되돌아갈 수 있는 가역성(可逆性, Reversibility)이 존재하지만 유연한 증감성질의 가소성(可塑性, Plasticity)도 있기 때문에, 그 다음 원래 정상적인 뇌파를 쏘아주어야 천천히 정상으로 돌아온다는 얘기이다.

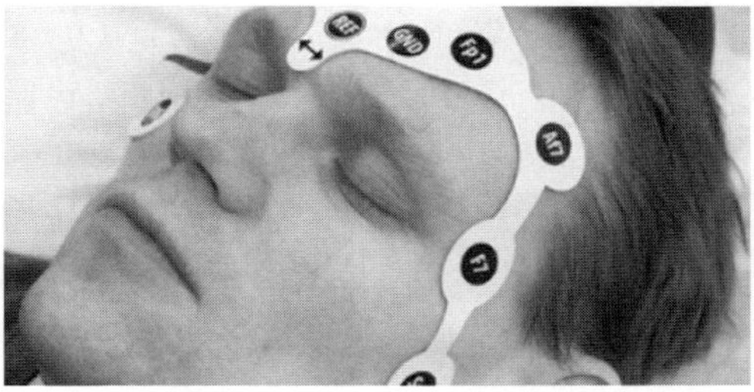

2-2. 수소, 자기공명/자기공명영상장치(MRI)

자기공명영상(MRI, Magnetic Resonance Imaging)이란 장기나 조직을 이루는 세포의 수소(Hydrogen) 원자핵(Nuclei)이 아주 작은 자석(act like tiny magnets)처럼 고유하게 방출하는 자성의 고주파를 이용하는 것이다. 인간 세포 안의 유전자를 이루는 염기들은 수소결합으로 이루어져 있다고 했다.

따라서 외부에서 자기장(external magnetic field)을 걸어주면 같은 자기장 주파수에 공명해 수소 핵이 자기장 방향(오른쪽 왼쪽)과 같은 방향으로 회전하면서(nuclei rotate around the direction of the field), 아주 작은 자성 변화를 만들어낸다. 그러면 하나의 전기 코일(electrical coil)이 이 자성의 변화를 감지해 컴퓨터를 통해 다시 전기적 신호로 재구성하여, 수소 핵의 공간 분포도를 맵으로 작성하고(spatial distribution of hydrogen nuclei), 그 다음 최종적으로 스캔된 조직의 이미지를 만들어 내는 영상기술이다. 공명하면 정상이고 공명하지 않으면 비정상, 즉 세포가 고장났거나 죽은 것이다. 이렇게 해서 정상적인 부분과 비정상적인 부분을 매핑해 두뇌나 장기나 조직 등을 단층 화상으로 표시하여 질환을 진단하는 화상 검사법이다. 예를 들어 뇌경색(cerebral infarction, 腦梗塞)이 왔을 경우 그 부위의 신경세포들이 다 죽어 자기장과 반응(공명)을 하지 않으므로 흰색으로 처리하여 보여주는 것이다. 흰색 처리된 부위를 진단하여 뇌경색의 정도와 부위의 위치를 정확히 알 수 있다. 자기장을 이용하는 MRI는 X-선(X-ray)처럼 이온화 방사선이 아니므로 인체에 무해하고 3차원(3-D) 영상화가 가능하며 컴퓨터지원단

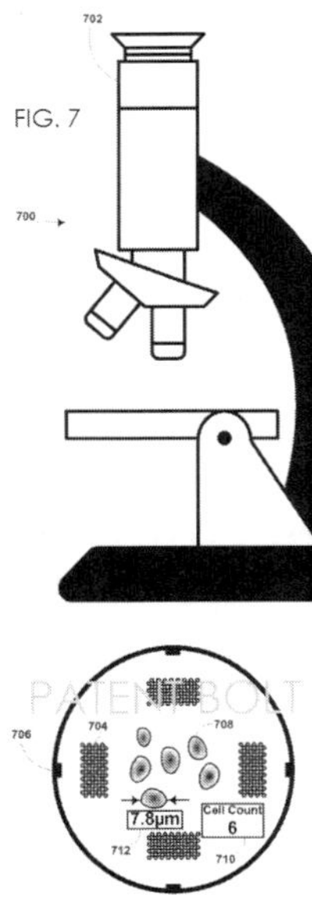

구글이 글라스에 MRI가 융합될 것이라는 특허상의 이미지. Image credit : Display Device with Image Depth Simulation, 20130107371, 2 May 2013 via USPTO

층사진촬영(CT, Computer assisted tomography)에 비해 대조도와 해상도가 뛰어나다. 그리고 횡단면(위/아래) 촬영만이 가능한 CT와는 달리 관상면(앞뒤)과 시상면(좌우)도 촬영할 수 있고, 필요한 각도의 영상을 검사자가 선택하여 촬영할 수 있다.

한마디로 두뇌나 장기들의 이상유무를 진단할 때 사용하는 기술이다. 지금은 MRI로 특정 장기나 부위를 영상화하여 이상유무를 진단하지만, 이 MRI 장치가 발전하여 크기가 작아지면 생체인터넷에 장착될 수도 있다. 바로 구글의 특허를 보면 '언젠가는 구글의 글라스(안경)가 MRI 역할을 할 것이다'라고 기술하고 있다. 앞으로 몇십 년 걸리겠지만 MRI가 장착된 안경이 나오면 쳐다보기만 해도 두뇌의 어느 부분이 잘못되었는지를 파악할 수 있을 것이다. 더 나아가 귀신이 들어왔는지의 유무도 알 수 있을 것이다.

지금은 MRI라는 영상장치를 이용해 두뇌의 이상유무를 진단하고, 그에 따라 약물이나 수술 등의 치료법을 활용하지만 과학이 발전하다 보면 MRI로 진단 후 잘못된 두뇌 영역에, 원래 수소 원자핵이 갖고 있던 고유의 자기장과 공명하는 자기장을 쏘아주면 쉽게 회복될 수도 있다. 필자의 경우 5년 전에 좌상에 1.5cm의 뇌경색이 와서 약물치료로 90%가 회복되었다. 하지만 미래의 의술은 1.5cm의 뇌 부위에 원래 갖고 있던 자기장을 쏘아주면 공명하면서 신경세포들이 재생될 수 있을 것이다. 뇌에서 종양이나 암이 발견된다면 지금은 수술이나 양성자 치료를 받아야 하지만, 미래의 기술은 종양의 자기장을 파악한 후 그 자기장보다 훨씬 센 고주파를 쏘아 100% 박멸시킨 후, 부위가 갖고 있던 원래의 자기장을 쏘아주면 원래대로 재생시킬 수도 있을 것이다. 아니 더 나아가 앞으로 보게 될 뇌의 영역(ROI, Regions of Interest)에 테라헤르츠파를 쏘아 원래상태로 회복시킬 수도 있을 것이다. 만약 귀신이 어느 특정 영역에 침투했다면 높거나 낮은 테라헤르츠파를 쏘아 쫓아낼 수도 있을 것이다.

2-3. 혈류와 신경교, 기능성자기공명/기능성자기공명영상장치(fMRI)

기능성 자기공명영상장치(fMRI, Functional MRI)는 물리적 감각이나 신체 활동의 유형에 따라 각각 다르게 활성화되는 뇌의 부위를 알아내는 영상 기술로, MRI 스캐너보다 기술적으로 진보된 장비로, 활성화된 뇌의 영역들에서 나타나는 혈류(blood stream)의 증가를 보여준다. 혈류가 증가하면 특정 뇌가 활성화되고 있다는 뜻이다.

예를 들어 대뇌피질에는 공간영역이 있는데, 우리가 이 방에서 저 방으로 공간을 이동할 때나 그러한 생각을 할 때 이 공간영역에는 혈류가 많이 흘러 활성화되는 것이다. 만약 혈류가 흐르지 않을 경우 공

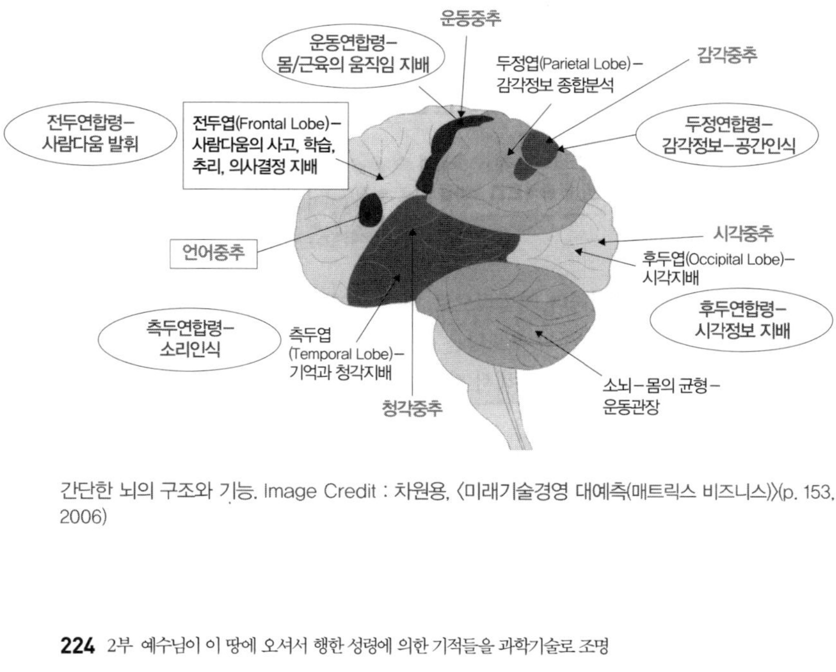

간단한 뇌의 구조와 기능. Image Credit : 차원용, 〈미래기술경영 대예측(매트릭스 비즈니스)〉(p. 153, 2006)

간영역을 담당하는 신경교와 뉴런들이 고장난 것이다. 또한 대뇌피질에는 운동영역이라는 곳이 있는데, 우리가 배드민턴을 칠 때 또는 배드민턴 치는 상황을 떠올릴 때 운동영역에는 혈류가 많이 흐른다. 만약 흐르지 않으면 운동영역을 담당하는 신경교와 뉴런들이 고장난 것이다. 마찬가지로 시각을 담담하는 시각영역, 청각을 담당하는 청각영역, 감각을 담당하는 감각영역도 같은 이치이다. 이 중 가장 중요한 곳이 전두엽이다. 전두엽은 사람다움의 사고, 학습, 추리, 의사결정을 지배하는 곳으로 언어중추가 있는 곳이다. 이곳이 다치거나 이곳의 신경교와 뉴런이 고장나면 말을 할 수 없으므로 벙어리가 된다.

100년 전에 과학자들에 의해 최초로 서술된 두뇌의 세포는 두 가지였다. 하나는 뉴런이고 다른 하나는 그리스어로 아교(glue)라는 뜻의 신경교(glia, neuroglia)가 그것이다. 신경교란 아교와 같은 끈적끈적한 세포 물질로, 정보를 전달하고 저장하는 뉴런의 정교한 구조들의 틈새를 막고(caulk), 뉴런 세포들을 연결하는 세포로, 그 전에는 이 신경교 세포(glia cells)가 어떤 역할을 하는지 알 수도 없어 발표된 논문의 수가 극히 적었다. 그러나 MIT 공대 과학자들이 신경교 세포는 알려진 것보다 더욱 복잡하고, 두뇌에서 뉴런만큼이나 중요한 역할을 하고 있으며, 그 결과 신경교 세포가 잘못되면 알츠하이머(치매) 같은 병이나 정신질환을 일으킬 수 있다는 근거를 논문으로 밝혀 주목받고 있다(Schummers & Sur et al., Science, 2008).

MIT 공대의 연구원들은 실험을 통해 성상세포(별세포, astrocytes)라 불리는 신경교 세포의 한 종류가 시각피질(visual cortex)에 있는 이웃 뉴런들과 함께 시각자극(visual stimuli)에 반응하고 있다는 사실을 밝혀냈다. 지금까지 밝혀진 것은 뉴런과 시냅스의 상호작용이었지만, 이번에는 성상세포들이 자극에 반응한다는 사실을 밝혀낸 것이다. 더군다나 이번 연구는 성상세포들이 두뇌로의 혈액의 이동과 증가를 부추기는(sparking) 역할을 하고 있다고 밝히고 있는데, 이들 혈류(influx)의 이동과 증가는 바로 fMRI를 이용해 두뇌의 기능을 영상화하는 데 중요한 신호를 제공하는 것이다. 결국 MIT 공대 연구원들은 fMRI를 이용해 성상세포가 두뇌로의 혈류의 이동과 증가를 담당하는 장본인임을 밝혀낸 것이다.

그렇다면 혈류와 신경교!! 이 혈류를 막는 장애물이 있다면 그것은 신경교가 제 역할을 하지 못하고 있다는 것으로, 이 신경교만 잘 다루면 모든 병을 고칠 수 있다는 것이 아닌가? 알츠하이머병도 벙어리도, 귀머거리도!! 고칠 수 있는 병들의 방법은 많을 것이다. 맞춤식 테라헤르츠파를 쏘아주어 자극을 주든, 맞춤식 초음파를 쏘아 자극을 주든!! 만약 귀신이 들려 신경교를 무력화시켜 혈류를 막았다면, 귀신을 일단 고주파의 빛으로 쫓아낸 다음 맞춤식 테라헤르츠파를 쏘아 신경교를 재생시키고 혈류를 재생시키면 그만이다.

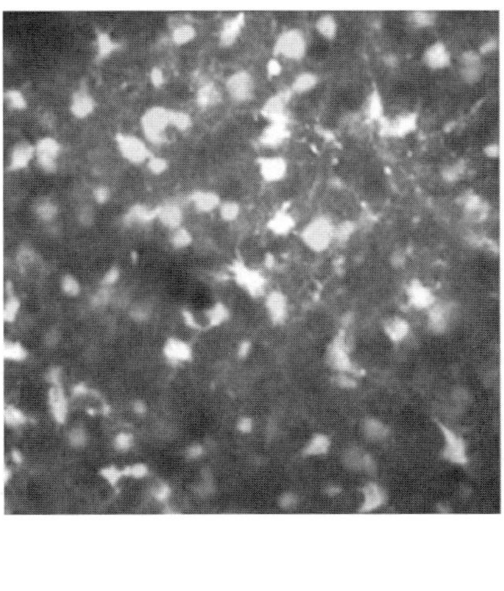

혈류의 이동과 증가를 책임지는 신경교(별처럼 생긴 하얀색). Image Credit: Courtesy of James Schummers and Hongbo Yu

2-4. 귀신을 가려낼 미래의 기술들(MEG, 양성자와 공명하는 BMR)

이 밖에 현재 개발되고 있는 기술은 뇌에서 방출하는 다양한 전기신호를 증폭시켜 매핑하는 뇌자기도(뇌자도, 腦磁氣圖, Magnetoencephalogram, MEG) 기술이 있다. 이 기술은 뉴런이 활성화하면 약한 자기장이 발생한다는 사실을 이용하여 두개 표면에 많은 전극을 부착하여 뇌 활동을 측정하는 방법이다. 따라서 간질과 뇌종양과 뇌졸중 같은 뇌관련 수술의 부위를 정확하고 간편하게 진단할 수 있는 장치가 바로 뇌자도 장치이며, 이 기술을 활용하면 특정 전기신호를 특정 뇌의 부위에 전달하는 것이 가능하다.

다른 과학자들은 MRI 같은 장치의 크기와 기능을 대체하는 각설탕 크기의 소형센서를 개발하고 있다. 고가의 장비를 사용하지 않고도 뇌의 손상 등을 분석할 수 있어 앞으로 뇌 의학 관련 분야에 활용도가 높은 전망이다. 이토록 소형화되면 그러면 생체인터넷에 장착할 수 있다.

뇌의 부위가 어떻게 기능적으로 연결되는지를 보여줄 수 있는 장치가 개발되고 있다. 한국표준과학연구원(KRISS)의 생체신호센터 김기웅 박사팀이 뇌기능 연결성을 보여줄 수 있는 뇌파자기공명(Brainwave Magnetic Resonance) 장치를 개발했다. 뇌기능 연결성 연구는 단순히 뇌의 모양이나 질병 유무를 알려주는 해부학적 정보를 넘어서, 뇌기능 간 어떻게 유기적으로 연결돼 있는지를 보여주는 연구로, 최근 뇌 과학 분야에서 주목받고 있다. 김 박사팀이 개발한 뇌파자기공명 장

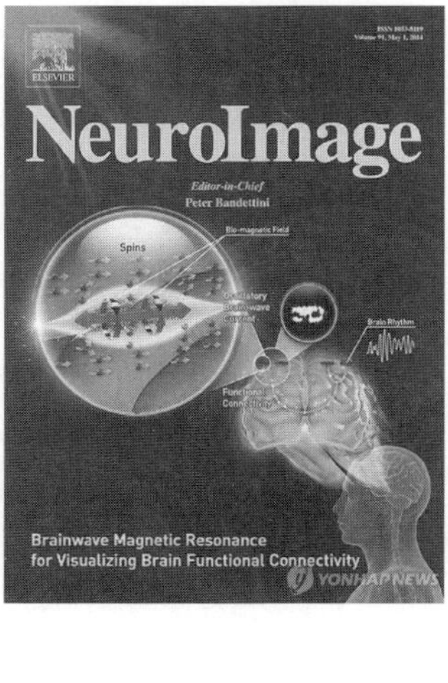

치는 뇌파가 발생시키는 자기장이 뇌 속의 수소핵의 양성자(Proton)를 직접 공명시키는 원리를 이용해, 이 공명된 양성자를 영상화하는 방식이다. 뇌의 여러 부분의 기능을 이어주는 뇌파가 진동하는 모습을 직접 파악할 수 있기 때문에 실시간 측정이 가능하다. 특히 초고감도 측정 기술을 이용해 fMRI의 백만 분의 1 자기장으로도 영상을 얻는데 성공했다고 연구팀은 밝혔다(Kim et al., NeuroImage,1 May 2014).

뇌파자기공명 장치의 개발이 중요한 것은 수소핵의 양성자(Proton)를 직접 공명시킨다는 것이다. 따라서 언젠가는 뇌 속의 뉴런들이 갖고 있는 양성자를 자기장으로 쏘아 공명시키면 어떠한 뇌질환도 고칠 수 있다는 것을 의미한다. 아니 언젠가는 더 나아가 중성자(Neutron)도 공명시킬 것이다.

이러한 미래의 기술들은 앞으로 더 폭발적으로 발전하여, 현재 우리가 모르고 있는 무수한 뇌의 신비들을 밝힐 것이다. 지금은 귀신을 가려낼 장치나 도구나 기타 빛의 기술들을 발견하지 못했지만, 아마도 물병자리에서 우리는 귀신을 구별하는 장치나 빛을 발견하게 될 것이다.

3. 두뇌의 영역들(ROI, Regions of Interest) – 7,404개 영역을 그려

두뇌 영역들을 관심영역(ROI, Point of Interest)이라 부른다. 2008년에 미국과 스위스의 신경과학자들이 분산스펙트럼영상 자기공명영상장치(diffusion spectrum imaging on MRI, DSI on MRI) 기술을 이용해 두뇌의 물 분자들(water molecules)의 이동을 추적해 인간 두뇌의 좌 우뇌 998개의 영역(ROI)을 고해상도로 그려냈다(Hagmann & Sporns et al., PLoS Biology, 2008). 좌=499. 우=499개 영역을 그려낸 것이다.

2013년에는 독일과 캐나다 연구진이, 10년 연구 끝에, 세계 최초로 세포구조 해부학(cytoarchitectural anatomy)으로 초고해상도의 3D 뇌 모델 지도(An Ultrahigh-Resolution 3D Human Brain Model)를 매핑해 '빅 브레인(BigBrain)'이란 타이틀로 논문을 발표했다(Amunts et al., Science, 21 Jun 2013).

연구원들은 마이크로현미경 단위의 미세한 세포부분까지 뇌를 해부해 20 마이크론(microns)의 공간 해상도(spatial resolution)로 지도를 그렸다. 머리카락이 100,000나노(0.1mm)이니, 20마이크론이면 20,000 나노이므로 머리카락 두께의 1/5이요, 세포가 18,000나노이니 세포수준으로 그려낸 것이다. 이것을 마이크로토미(microtome)라 하는데, 현

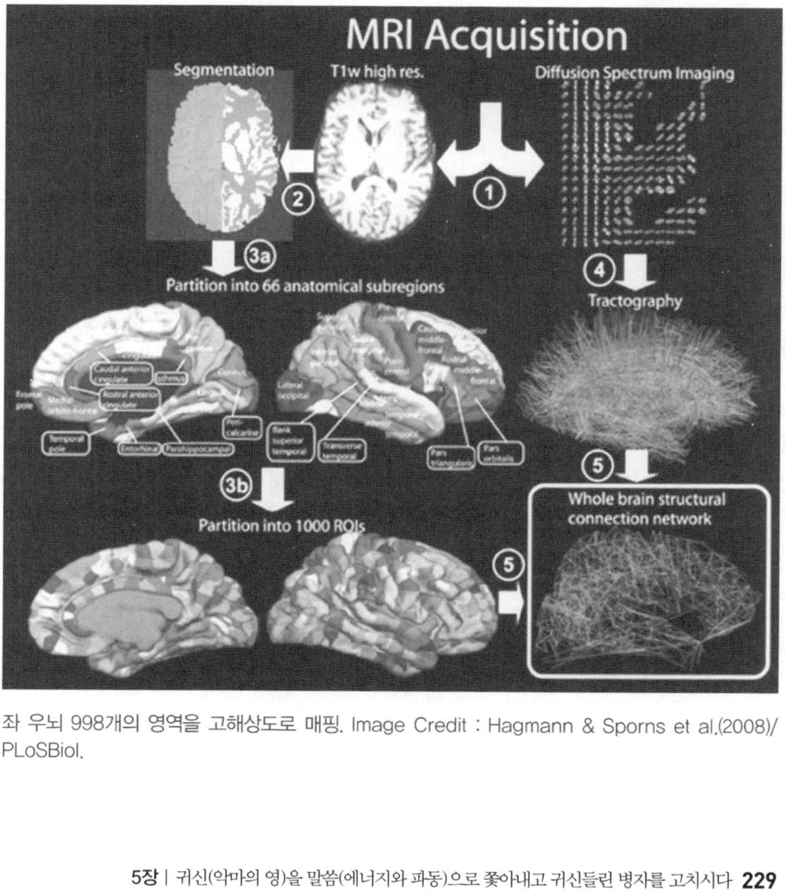

좌 우뇌 998개의 영역을 고해상도로 매핑. Image Credit : Hagmann & Sporns et al.(2008)/PLoSBiol.

미경 검사용 세포 조직의 얇은 절편을 만드는 기기이다. 그 다음 슬라이드(slides)에 올리고 고해상도 평평한 스캐너로 스캐닝을 해서 디지털화 한 다음 컴퓨터로 3D를 구축하여 매핑한 것이다. 더군다나 이들은 논문에서 밝혔듯이 완성한 '빅 브레인'을 세계 신경과학을 연구하는 과학자들에게 도움을 주기 위해 무료로 공개한다고 밝혔다.

얼마나 획기적인가 하면, 이 연구팀은 사망한 65세 여성의 뇌를 7,404개 조각으로 잘라, 구조가 잘 보일 수 있게 파라핀을 입힌(paraffin wax) 뒤 미세 현미경으로 단층을 촬영했고, 이를 통해 입체적인 뇌 해부도를 완성했다. 800억 개 신경세포(뉴런)를 분석한 이 작업은 약 10년이 걸렸다. 뉴런이 1,000억 개로 추정되는데, 거의 80%를 그려낸 것이다. 기존 자기공명영상장치(MRI)로는 1mm 단위까지 가능했다는 점에서 최첨단 초정밀 뇌 지도를 만든 셈이다. 또 MRI와 비교해 20배 세밀한 뇌 해부도를 만들었다는 점에서 과학계의 주목을 받고 있다. 연구를 주도한 아문츠(Amunts) 박사는 "구글어스로 지형을 찾아보는 것처럼 뇌 구조를 찾아볼 수 있게 됐다"고 설명했다. 이어 캐나다 맥길대 몬트리올신경학연구소의 앨런 에반스(Alan C. Evans) 박사는 "뇌 구조는 연령과 개인별로 미묘한 차이가 있지만 비슷한 분포도를 보이기 때문에 이번에 완성된 지도는 해부학적으로 의미가 있다"고 전했다(Science Daily, 2013). 이번 연구는 앞의 998개 영역보다 8배나 많은 영역으로 확대한 것이다. 좌=3,702, 우=3,702 개 영역을 그려낸 것이다. 대략 보아 이번에 매핑한 것이 80%라고 밝히고 있으니, 대략 우리의 두뇌의 기능 영역은 10,000개 가량 되는 셈인데, 앞으로 의대생들은 이걸 다 외우려면 꽤나 힘이 들 것이다. 지금이 그렇다는 것이고, 앞으로 밝혀질 것은 무량대수라는 점을 잊지 말아야 한다.

4. 두뇌 패턴과 멘탈 모델, 무슨 생각을 하는지를 읽어

미국 코넬대를 중심으로 하는 일련의 신경과학자들이 기능성자기공명영상장치(fMRI)를 이용해, 누가 어떤 이미지들(images)을 어떻게 분석하고 그 이미지들에 대해 무슨 생각을 하고 있는지를 알아내는 방법을 발견하였다(Hassabis et al., Cerebral Cortex, 2013).

한 마디로 지금 여러분이 뇌에서 무슨 생각을 하고 무슨 분석을 하고 있는지를 훤히 들여다볼 수 있는 방법을 발견한 것이다. 사람들은 각자 생각할 때, 즉 뇌를 활성(brain activation)화시킬 때, 시간영역과 공간영역 등에서 사람마다 고유의 패턴, 즉 독특한 패턴(unique patterns)을 갖고 있다. 이것이 우리 뇌의 내측전전두엽피질(the medial prefrontal cortex, mPFC)이 갖고 있는 멘탈 모델(Mental Models)이다.

그러므로 이 독특한 패턴을 감지하여 디코딩(해석, Decoding)하면 무슨 생각을 하고 있는지 알게 되는 것이다. 이 기술을 이용하면 어떤 특정 상황에서 어떤 사람이 무슨 행동을 할 것인지를 알아낼 수 있다. 또한 이 기술이 발전하다 보면 그 사람이 정상인지 비정상인지, 정신질환을 앓고 있는지 등을 알아낼 수 있다. 더 나아가 언젠가는 그 사람이 귀신에 걸렸는지도 간파할 수 있을 것이다.

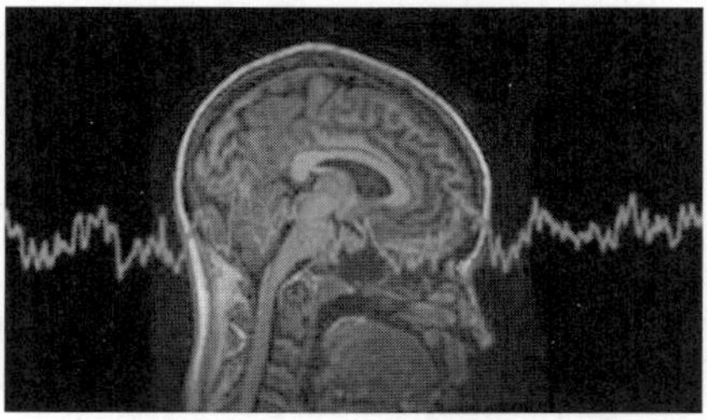

더 나아가 이 장치가 소형화되고 고도화되어 우리 눈으로 이식될

경우 눈으로 보고 다른 사람들이 무슨 생각을 하고 있는지 쉽게 파악할 수도 있을 것이다(Science Daily, 5 Mar 2013).

5. 자기자극법(Magnetic stimulation), 두뇌에 자기장을 쏘아 재생/소생

5-1. 머리에 자기장을 쏘아 알츠하이머병과 치매 치료

미국 노스웨스턴대(Northwestern University)와 시카고 재활연구소(Rehabilitation Institute of Chicago)의 신경감각 과학자들이 매일 20분씩 왼쪽 뒷머리에 비침습의 전자기장을 쏘아 자극하면(noninvasive electromagnetic stimulation) 기억력이 좋아지고 알츠하이마병(Alzheimer's disease)과 치매(Dementia) 등의 치료에 도움이 된다는 연구결과를 논문으로 발표했다(Wang & Voss et al., Science, 29 Aug 2014). 그것도 24시간 내에 효과가 나타난다는 것이다(Northwestern University, 28 Aug 2014; YTN, 14 Sep 2014).

지금까지 과학자들은 기억력과 관계 깊은 뇌 부위로 뇌 가운데 있는 해마(Hippocampus)를 주목했다. 하지만 점심을 함께 먹은 사람의 이름과 식당의 위치처럼 별개의 사항을 연관 지어 기억하는 연상기억(Associative

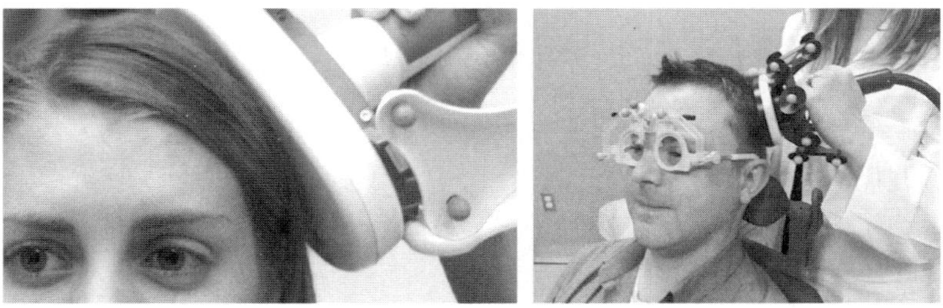

미국 연구진이 머리 왼쪽 뒷부분을 자기장으로 자극하면 24시간 동안 기억력을 끌어 올릴 수 있다는 사실을 밝혀냈다. Image Credit : Northwestern University

memory)은 뇌의 어느 부위가 어떤 방식으로 담당하는지 정확히 알지 못했다. 연구진은 자기장을 발생시키는 장치로 뇌를 자극하는 경두개자기자극법(자기자극법, TMS, Transcranial magnetic stimulation)에 주목했다. 이 방법은 뇌 속 전기 신호를 안전하고 간단히 조절할 수 있다는 점에서 미국식품의약국(FDA)이 우울증 치료법으로 승인하기도 했다.

연구진은 TMS로 머리의 각 부위를 자극하면서 해마와 기능적으로 가장 잘 연결된 뇌 부위가 어딘지를 찾기 위해 기능성자기공명영상장치(fMRI)로 확인했다. 그 결과 머리 왼쪽 뒷부분을 자극했을 때 해마와 뇌 피질을 잇는 부분의 신경 연결이 가장 활성화된 것으로 나타났다. 16명을 대상으로 한 실험에서 사람마다 몇 cm의 차이는 있었지만, 머리 왼쪽 뒷부분에서 크게 벗어나지 않았다. 또 이 부분을 5일 동안 매일 20분씩 반복해서 자극했더니 기억력이 높아지는 현상도 발견했다. 자극을 마친 뒤 얼굴 사진 20장과 특정 단어를 짝 지어 기억하는 테스트를 시행했더니 뇌 자극을 받은 사람들의 점수가 훨씬 높게 나타났다. 기억력 향상 효과는 적어도 24시간 동안 유지됐다. 보스(Joel L. Voss) 교수는 "해마와 피질의 상호작용이 연상기억에 중요한 역할을 하는 것으로 보인다"며 "이번 연구가 초기 알츠하이머병이나 해마 손상으로 발생하는 기억장애를 치료하는 데 기여할 것"이라고 말했다(Northwestern University, 28 Aug 2014).

자기장을 쏘았다는 것은 해마가 갖고 있는 뉴런의 수소원자가 발생하는 자기장에 공명하는 자기장을 쏘았다는 것이다. 아니면 자극을 줄 수 있는 높은 자기장을 쏘았다는 것이다. 그렇다면 기억을 담당하는 해마뿐만 아니라, 두뇌의 영역인 언어중추, 시각중추, 청각중추 등 특정 영역에도 두뇌가 갖고 있는 자기장과 공명하는 자기장이나 더 높은 자기장을 쏘아주면 소생시킬 수 있다는 것이 아닌가?

5-2. 자기자극법으로 벙어리/장님 등 뇌질환/신경질환 치료, 영상화 성공

이명(귀울음, Tinnitus), 편두통(Migraine), 간질(뇌전증, epilepsy), 우울증(Depression), 정신분열증(Schizophrenia), 알츠하이머병(Alzheimer's), 뇌졸중(stroke), 벙어리(Dumbness), 눈멈(Blindness), 척추질환(Spondylopathy) 등은 두뇌의 다양한 퇴행성 뇌질환(Degenerative brain diseases)이나 두뇌 신경의 퇴행성 신경질환(Neurodegenerative diseases)이 주요 원인들이다. 따라서 최근에는 이러한 병들을 치료하는 방법으로 뇌를 자극하는 자기자극법이 널리 사용되고 있다. 그러나 어떠한 메커니즘으로 병들이 호전되는지는 정확이 알려지지 않고 있었다. 바로 독일의 RUB 대학(Ruhr University Bochum)의 신경과학자들이 세계 최초로 자기자극으로 자극하면 뇌의 신경들에 어떠한 효과가 일어나고 있는지, 그것도 실시간으로 고해상도 영상(high-res images)으로 매핑하는 데 성공했다. 이들은 고양이를 대상으로 연구했는데, 전압에 민감한 물감(voltage-sensitive dyes)을 뉴런의 세포막(cell membranes)에 고정시키고, 뉴런들이 활성화될(get activated) 때 혹은 억제될(get inhibited) 때, 형광 빛(fluorescent light)을 내도록 해서, 뉴런들의 이미지를 영상화하는 데 성공한 것이다(Kozyreva & Eyselb & Janckea, PNAS, 03 Sep 2014).

고통 없는 치료법(Painless therapy)인 자기자극 또는 경두개자기자극(TMS)은 비침습의 자극 방법(non-invasive stimulation method)으로, 전자기코일 장치를 머리 위에 또는 옆에 대고, 강한 자기장을 발생시켜 두뇌의 특정 영역에 전류를 주입하는 것이다. 이렇게 하면 특정 뇌 영역의 뉴런들을 활성화시킬 수도 있고 반대로 비활성화(억제)

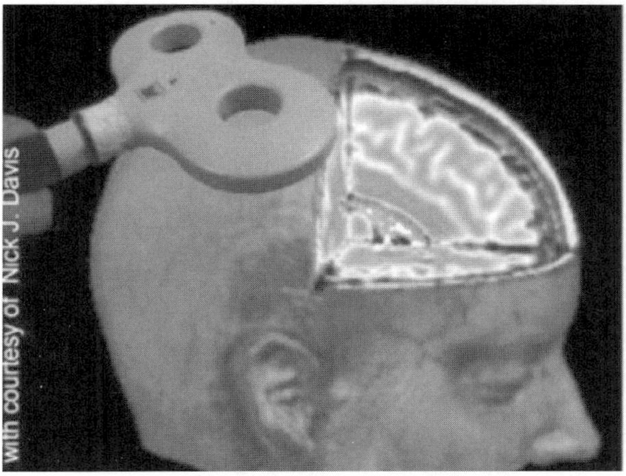

두뇌 왼쪽 위의 전기가 흐르는 코일(A current-carrying coil)은 백만 분의 1~300초 간의 자기장을 발생해 대뇌피질(cortex) 안에 전류를 유도 주입함. 이렇게 함으로서 두뇌의 특정 영역을 자극하거나 억제함. 그림은 기능성자기공명영상장치로 얻은 요약 다이아그램임. Credit: Nick Davis

시킬 수도 있다. 따라서 TMS의 사용이 늘어나고 있지만, 뉴런의 반응 메커니즘은 아직 정확히 밝혀진 것이 없었다. 왜냐하면 뇌가 활성화될 때의 혈류를 측정하는 기능성자기공명장치(fMRI)는 천분의 1초에 일어나는 순식간의 뉴런의 활동들을 영상화 할 수 없다. 게다가 좀 더 빠르게 측정할 수 있는 것이 뇌파기록장치(EEG)나 뉴런이 활성화하면 약한 자기장이 발생한다는 사실을 이용하여 두개 표면에 많은 전극을 부착하여 뇌 활동을 측정하는 방법인 뇌자기도(腦磁氣圖, 뇌자도, Magnetoencephalogram, MEG)라는 것도 있다. 그러나 EEG나 MEG는 외부에서 자기장을 두뇌에 주입하기 때문에 강한 간섭(strong interferences)이 일어나 TMS 사용시의 뉴런의 중요한 활동들을 간과하기가 쉽다.

이를 해결하고자 RUB 대학의 신경과학자들은 전압에 민감한 물감(voltage-sensitive dyes)을 뉴런의 세포막(cell membranes)에 고정시키고,

뉴런들이 활성화될(get activated) 때 혹은 억제될(get inhibited) 때, 형광빛(fluorescent light)을 내도록 해서, 뉴런들의 이미지를 영상화하는 데 성공한 것이다. 그것도 실시간으로 측정하는 데 성공한 것이며, 간섭과 인위적인 파동을 제거했다. 단일 TMS는 뇌의 상당한 영역에 걸쳐 뇌의 활동 즉, 뉴런의 활동을 억제했다. 그러나 고주파 TMS로 매번 쏘아주면 뇌의 활동이 급격하게 증가하여, 실시간으로 뉴런의 증감의 가소성(Plasticity)을 실시간으로 볼 수 있다.

이들이 실험을 한 것은 동물(고양이) 대상이었다. 따라서 조만간 인간의 뇌의 표적 학습 과정에 TMS를 이용하면 뉴런들의 연결이 가속화되어 재조직되어 학습능력 효과를 볼 수도 있다. 예를 들어 어릴 때 성장과정에서 생기는 약시(amblyopia) 환자에 TMS를 쏘이면 시각의 이미지 인식 능력이 급격하게 올라갈 수도 있다. 따라서 수많은 퇴행성 뇌질환이나 신경질환 등의 치료법이 개선될 것으로 보인다(Science Daily, 04 Sep 2014).

2절 귀신(악마의 영)을 말씀(에너지와 파동)으로 쫓아내고 귀신들린 병자를 고치시다

1. 귀신(demon)이란? 악마의 영(evil/devil spirit)

과학적으로 아직 귀신(demon)이 무엇인지 영(spirit)이 무엇인지 영혼(soul)이 무엇인지는 밝혀지지 않았다. 관련 과학적 논문도 아직은 없다. 아직은 과학적으로 접근하기가 어려운 분야이다.

한글 성경(한글개역, 한영해설)에는 '귀신'이란 단어가 신약의 「마태복음」 4장 24절에 처음 등장한다. 그런데 영문 성경을 보면 NIV, New Living, Good News에는 '귀신'이란 뜻의 'the demon, demon, demons'로 표현되어 있으나 KJV에는 '마귀(devils)'로 표현되어 있다.

「마태복음」 4:24 - 그의 소문이 온 수리아에 퍼진지라 사람들이 모든 앓는 자 곧 각색 병과 고통에 걸린 자, 귀신들린 자, 간질하는 자, 중풍병자들을 데려오니 저희를 고치시더라(News about him spread all over Syria, and people brought to him all who were ill with various diseases, those suffering severe pain, the demon-possessed, those having seizures, and the paralyzed, and he healed them.)(NIV); And his fame went throughout all Syria: and they brought unto him all sick people that were taken with divers diseases and torments, and those which were possessed with devils, and those which were lunatick, and those that had the palsy; and he healed them.(KJV); News about him spread as far as Syria, and people soon began bringing to him all who were sick. And whatever their sickness or disease, or if they were demon possessed or epileptic or paralyzed - he healed them all.(New Living); The news about him spread through the whole country of Syria, so that people brought to him all those who were sick, suffering from all kinds of diseases and disorders : people with demons, and epileptics, and paralytics - -and Jesus healed them all.(Good News)

그러나 영문성경 NIV에는 'demons'이 「신명기」 32장 17절에 처음 등장한다. New Living도 'demons'이라 표현하고 있으나, KJV는 'devils'로 표현하고 있으며, Good News에는 '다른 신들(gods)'이라 표현하고 있다. 아예 KJV에는 'demon'이란 단어가 안 나온다. 그 대신

'악마들(devils)'로 표현되어 있다.

「신명기」 32:17 - 그들은 하나님께 제사하지 아니하고 마귀에게 하였으니 곧 그들의 알지 못하던 신, 근래에 일어난 새 신, 너희 열조의 두려워하지 않던 것들이로다(They sacrificed to demons, which are not God--gods they had not known, gods that recently appeared, gods your fathers did not fear.(NIV); They sacrificed unto devils, not to God; to gods whom they knew not, to new gods that came newly up, whom your fathers feared not.(KJV); They offered sacrifices to demons, which are not God, to gods they had not known before, to new gods only recently arrived, to gods their ancestors had never feared.(New Living); They sacrificed to gods that are not real, new gods their ancestors had never known, gods that Israel had never obeyed.(Good News)

다른 고대 수메르 문서를 보자. 이미 『바이블 매트릭스』 시리즈 2권 『인간창조와 노아 홍수의 비밀』의 6부 3장의 "엔릴 신의 인간 대학살을 위한 6번×600년 동안의 대재앙, 땅의 저주"에서 밝혔듯이 엔릴(Enlil) 신께서는 대홍수(BC 13020년)가 일어나기 전인 BC 16620년부터 3,600년 동안 6번의 대재앙을 인간에게 내려 인간을 몰살시키려 했다. 이때 각종 돌림병이나 페스트(역병, pest) 등을 인간에 내린 신이 바로 남타라(NAM.TAR, Namtara, Namtar, Namtaru) 신이다.

남타라 신은 수메르의 신으로 지옥의 신이자 죽음의 신이며 운명의 신(god of fate)이다. 안(An) 신이나 아래세계를 지배하고 있던 에르쉬기갈(Ereshkigal)과 네르갈(Nergal) 신의 메시지를 전달하는 신이다. 엔릴 신이 여신인 닌릴(Ninlil)과 결혼하기 전에 에르쉬기갈과의 정사로 하늘에서 태어난 신으로 질병과 페스트를 책임지는 신이다. 60개의 질병을 다양한 형태의 악마(devils)로 변형시켜 인간의 몸에 침투시키는 책임을 졌다. 따라서 남타라 신께 제물과 번제를 드리면 이와 같은 악마의 질병을 사전에 예방할 수 있었다.

여기서 다양한 형태의 악마로 변형시켜 인간의 몸에 침투시켰다는 의미를 다시 한번 되새겨보자. 아직은 과학적으로 밝혀지지 않았지만, 본 권 1부 2장 1절에 소개한 "영(Spirit or Spirits)이란?"을 참조하고, 본 권 1부 3장 2절 5-2의 "12제자 중 예수님을 판 유다에게 사단이 들어가다"와 『바이블 매트릭스』 시리즈 4권 『하나님들의 과학기술과 우리가 창조해야 할 미래(상)』의 1부 6장인 "요한계시록의 용/뱀/마귀/사단은? 의로운 하나님들과 불의의 하나님들"을 참조하면 실마리가 나온다.

따라서 그 의미는 악을 책임지고 있던 불의의 하나님들(엘로힘)로부터 나오는 또는 불의의 하나님들의 입에서 나오는 영(spirit) 즉, 말이나 메시지나 어떤 고주파나 테라헤르츠파나 초음파나 텔레파시를 뜻하는 에너지와 파동인 것이다. 이러한 불의의 하나님들의 영에 인간의 몸이나 두뇌가 노출되면 장기들이나 조직들은 원래 자기 고유의 역할과 기능을 못하게 되어(변형이 되어) 불의의 엘로힘의 지배를 받는 것이다. 남의 지배를 받는다는 것은 귀신들렸다(demon-possessed)는 것이다. 그래서 어떤 이는 귀신들려 말을 할 수 없어 벙어리가 되고, 어떤 이는 눈이 멀어 장님이 되고, 어떤 이는 허리가 꼬부라지고, 어떤 이는 앉은뱅이가 되고, 어떤 이는 뇌전증(간질, epilepsy or seizures)이 되는 것이다.

예수님께서 이러한 귀신들을 쫓아내 병든 자들을 고치셨다는 것은 귀신들이 분명히 이 세상에 존재하고 있다는 것을 증명하는 것이다. 그렇다면 이렇게 결론지을 수 있다. 주기도문(The Lord;s Prayer)에 있는 '우리를 시험에 들게 하지 마옵시고, 다만 악에서 구하옵소서'가 정답인데, 여기서 악(devils)이란 「요한계시록」 20장 2절의 용(the dragon)=옛 뱀(ancient serpent)=마귀(the devil)=사단(Satan)의 불의의 하나님들의 우두머리를 비롯한 그 이하 불의의 하나님들(엘로힘)과 천사들의 집단을 말하는 것이다. 이러한 불의의 하나님들의 악의 영을 맞은 인간들은 귀신들렸다(demon-possessed men)라고 말할 수 있는 것이다.

나중에 보시겠지만, 악의 영들, 즉 귀신들은 예수님이 누구이신지를 즉각적으로 알아본다. 예수님이 하나님 아버지의 아들이라는 것을 즉시 알아본다. 더군다나 예수님은 귀신들을 인간의 몸에서 쫓아내지만 죽이지는 않는다. 왜냐하면 악의 하나님들과 악의 하나님들의 영들도 아직은 역할이 있기 때문이다. 그러나 병을 주도하고 사망을 주도한 악의 하나님들은 예수님의 재림시에 최종 심판에서 유황 불 못에 던져진다(「요한1서」 3:8; 「마태복음」 25:41; 「요한계시록」 20:2 & 20:10). 이때서야 선과 악 중 악이 완전히 제거되는 것이다. 이에 대해서는 마지막 시리즈인 『바이블 매트릭스』 시리즈 6권 『예수님의 재림과 새 하늘과 새 땅』에서 자세히 다룰 것이다.

2. 귀신들을 말씀(에너지와 파동)으로 쫓으시다, 귀신들이 예수님을 알다

2-1. 가버나움 회당에서 귀신들린 사람의 귀신을 말씀으로 쫓으시다(5th)

「마가복음」 1장 21절에서 28절과 「누가복음」 4장 31절과 37절에는 귀신들린 사람의 귀신을 쫓으시는 장면이 등장한다. 가버나움(Capernaum) 회당에서 가르치실 때에, 마침 저희 회당에 더러운 귀신들린 사람이 있어 소리지른다. 악마의 영이 지배한 사람, 즉 귀신들린 사람(a man was possessed by an evil spirit)이라고 표현하고 있는데 정확하게 기록되었다고 생각한다. 악마의 영이 사람에게 침투한 것이다. 소리 질러 가로되란 그 사람이 하는 소리가 아니고 악마의 영이 소리 질렀다는 뜻이다. 그 사람의 두뇌에 악마의 영이 침투하여 혀를 장악했다는 것이다. 뭐라고 귀신이 소리질렀나 하면 "우리가 당신과 무슨 상관이 있나이까 우리를 멸하러 왔나이까 나는 당신이 누구인 줄 아노니 하나님의 거룩한 자니이다"라고 소리질렀다. 귀신은 금방 예수님이 누구신지를 알아차린다. 알아차렸다는 것은 불의의 하나님들의 영이라는 것을 의미한다. 그리고 귀신은 예수님께서 자기를 멸하러 오셨다고 생각했다. 뭘 잘못 안 것이다.

이에 예수님께서 말씀(에너지와 파동)으로 꾸짖어 가라사대 잠잠하고 그 사람에게서 나오라 하셨다. 잠잠하라는 것은 멸하러 온 것이 아니니 안심하라는 것이다. 그리고 예수님은 그 귀신의 주파수를 간파하고 귀신이 싫어하는 고주파나 저주파를 때렸을 것이다. 그러자 귀신이 그 사람으로 하여금 경련을 일으키게 하고 큰 소리를 지르며 나왔다. 경련을 일으켰다는 것은 몸을 장악했던 귀신이 빠져나감으로 생기는 일시적인 에너지의 변이(이동) 현상일 수 있다. 하지만 곧 그 사람은 예수님으로부터 인간의 뇌파나 테라헤르츠파를 받았기 때문에 두뇌와 심신이 곧 회복되었을 것이다.

「마가복음」 1:21 – 저희가 가버나움에 들어가니라 예수께서 곧 안식일에 회당에 들어가 가르치시매(They went to Capernaum, and when the Sabbath came, Jesus went into the synagogue and began to teach.(NIV)

1:23 – 마침 저희 회당에 더러운 귀신들린 사람이 있어 소리질러

가로되(Just then a man in their synagogue who was possessed by an evil spirit cried out,)

1:24- 나사렛 예수여 우리가 당신과 무슨 상관이 있나이까 우리를 멸하러 왔나이까 나는 당신이 누구인 줄 아노니 하나님의 거룩한 자니이다("What do you want with us, Jesus of Nazareth? Have you come to destroy us? I know who you are--the Holy One of God!")

1:25 - 예수께서 꾸짖어 가라사대 잠잠하고 그 사람에게서 나오라 하시니("Be quiet!" said Jesus sternly. "Come out of him!")

1:26 - 더러운 귀신이 그 사람으로 경련을 일으키게 하고 큰 소리를 지르며 나오는지라(The evil spirit shook the man violently and came out of him with a shriek.)

그러면 그 사람은 어떻게 되었을까? 예수께서 꾸짖어 가라사대 잠잠하고 그 사람에게서 나오라 하시니 귀신이 그 사람을 무리 중에 넘어뜨리고 나오되 그 사람은 상하지 아니하였다. 상황으로 보아 막 귀신이 그 사람에게 들어간 직후라 볼 수 있다. 너무 시간이 오래 걸리면 말을 못한다던지 앉은뱅이가 될텐데, 귀신이 나가자 멀쩡했다는 것은 귀신이 들린지 얼마 안된 상황이라 볼 수 있다. 또한 그렇기 때문에 이 상황은 귀신이 먼저 미리 겁먹고 예수님께 자수한 꼴인 상황이라고 볼 수 있다.

「누가복음」 4:35 - 예수께서 꾸짖어 가라사대 잠잠하고 그 사람에게서 나오라 하시니 귀신이 그 사람을 무리 중에 넘어뜨리고 나오되 그 사람은 상하지 아니한지라("Be quiet!" Jesus said sternly. "Come out of him!" Then the demon threw the man down before them all and came out without injuring him.)

또 한 가지 사실이 있다. 처음부터 귀신들린 병자를 고치신 예수님이 아니라 처음에는 귀신을 파악 감지하고 귀신을 쫓는 능력을 보여주시고, 그래도 유대인들이 믿지를 않으므로, 점점 강도가 높은 과학기술을 사용하여 귀신들린 병자들을 고치셨다고 해석할 수도 있다.

2-2. 해질 무렵에 많은 귀신들린 사람들의 귀신들을 쫓으시다(6th)

「마태복음」 8장 16~17절, 「마가복음」 1:32~34절, 「누가복음」 4장 40~41절에도 많은 귀신들린 사람들에게서 귀신들을 말씀(에너지와 파동)로 쫓아내시는 장면이 등장한다. 앞서 얘기했듯이 초기에 귀신들린 사람들이라고 보면 된다. 그 귀신들을 쫓아내는 방법은 앞절의 방법과 같다. 일단 귀신들의 특정 뇌파를 진단한 뒤 귀신들이 싫어하는 테라헤르츠파나 초음파나 뇌파를 쏘아 쫓아내신 것이다.

단, 여기에서도 귀신들이 나가면서 소리질러 가로되 "당신은 하나님의 아들이니이다"라고 말하는 것으로 보아 귀신들은 예수님이 누구이신지 알고 있다는 것이다. 불의의 엘로힘들의 영이니 당연히 예수님의 신분을 알고 있을 것이다. 이에 예수님께서 꾸짖으사 귀신들이 말함을 허락지 아니하시는데, 그 이유는 예수님을 그리스도인 줄 알고 있기 때문이었다. 아직은 예수님의 가르치심이 초기라 알려지면 안되기 때문이었다.

「마태복음」 8:16 - 저물매 사람들이 귀신들린 자를 많이 데리고 예수께 오거늘 예수께서 말씀으로 귀신들을 쫓아내시고 병든 자를 다 고치시니(When evening came, many who were demon-possessed were brought to him, and he drove out the spirits with a word and healed all the sick.)(NIV)

17 - 이는 선지자 이사야로 하신 말씀에 우리 연약한 것을 친히 담당하시고 병을 짊어지셨도다 함을 이루려 하심이더라(This was to fulfill what was spoken through the prophet Isaiah: "He took up our infirmities and carried our diseases.")

「누가복음」 4:40 - 해 질 적에 각색병으로 앓는 자 있는 사람들이 다 병인을 데리고 나아오매 예수께서 일일히 그 위에 손을 얹으사 고치시니(When the sun was setting, the people brought to Jesus all who had various kinds of sickness, and laying his hands on each one, he healed them.)

41 - 여러 사람에게서 귀신들이 나가며 소리질러 가로되 당신은 하나님의 아들이니이다 예수께서 꾸짖으사 저희의 말함을 허락지 아니하시니 이는 자기를 그리스도인 줄 앎이러라(Moreover, demons came out of many people, shouting, "You are the Son of God!" But he rebuked them and would not allow them to speak, because they knew he was the Christ.)

3. 집단귀신들린 사람을 고치심, 집단귀신들이 돼지 떼에 들어가다 (BBI)(7th)

「마태복음」 8장 28절~34절, 「마가복음」 5장 1절~20절, 그리고 「누가복음」 8장 26절~39절에는 예수님께서 가다라(Gadarenes) 또는 거라사인(Gerasenes) 지방의 귀신들린 두 사람의 귀신들을 말씀(에너지와 파동)으로 쫓아내고 고치시는(The Healing of Two Demon-possessed Men) 장면이 등장한다. 특히 이 과정에서 귀신들이 원하는 대로 말씀으로 명령하여 귀신들이 돼지떼에 들어가 비탈로 내리달아 호수에 들어가 몰살하는 장면이 등장한다.

「마태복음」에는 귀신들린 두 사람이라고 기록하고 있고, 이들이 무덤에서(the tombs) 나왔다(NIV, KJV), 또는 이들이 교회 공동묘지(cemetery)에서 살았다(New Living), 또는 묘지 동굴(burial cave)에서 살았다(Good News)라고 기록하고 있다. 정황상 귀신들린 두사람들이 무덤에서 나온 것이 아니라 공동묘지 또는 묘지에 있는 동굴에서 나왔다고 보는 것이 보다 정확할 것이다. 일단 기록을 보자.

「마태복음」 8:28 - 또 예수께서 건너편 가다라 지방에 가시매 귀신들린 자 둘이 무덤 사이에서 나와 예수를 만나니 저희는 심히 사나와 아무도 그 길로 지나갈 수 없을 만하더라(When he arrived at the other side in the region of the Gadarenes, two demon-possessed men coming from the tombs met him. They were so violent that no one could pass that way.)(NIV); And when he was come to the other side into the country of the Gergesenes, there met him two possessed with devils, coming out of the tombs, exceeding fierce, so that no man might pass by that way.(KJV); When Jesus arrived on the other side of the lake, in the region of the Gadarenes, two men who were possessed by demons met him. They lived in a cemetery and were so violent that no one could go through that area.(New Living); When Jesus came to the territory of Gadara on the other side of the lake, he was met by two men who came out of the burial caves there. These men had demons in them and were so fierce that no one dared travel on that road.(Good News)

8:29 - 이에 저희가 소리질러 가로되 하나님의 아들이여 우리와 당신과 무슨 상관이 있나이까 때가 이르기 전에 우리를 괴롭게 하려고 여기 오셨나이까 하더니("What do you want with us, Son of God?" they shouted. "Have you come here to torture us before the appointed time?")

「마가복음」에는 귀신들린 한 사람이라고 기록하고 있다. 반면 「마가복음」에는 귀신들린 한 사람의 정황을 보다 자세히 기록하고 있는데, 그 사람은 무덤 사이의 동굴에서 거처하는데, 이제는 아무나 쇠사슬로도 맬 수 없게 되었으니, 이는 여러 번 고랑과 쇠사슬에 매였어도 쇠사슬을 끊고 고랑을 깨뜨렸음이러라. 그리하여 아무도 저를 제어할 힘이 없는지라, 밤낮 무덤 사이에서나 산에서나 늘 소리지르며 돌로 제 몸을 상하고 있었다. 그가 멀리서 예수님을 보고 달려와 절하며, 큰 소리로 부르짖어 가로되, "지극히 높으신 하나님의 아들 예수여 나와 당신과 무슨 상관이 있나이까 원컨대 하나님 앞에 맹세하고 나를 괴롭게 마옵소서"라고 말하였다. 여기서도 귀신은 예수님의 신분을 알아차린다. 귀신은 악마의 영이기 때문이다. 또한 그 전에 예수님은 귀신들린 사람에게 말씀(에너지와 파동)으로 이르시기를 "더러운 귀신아 그 사람에게서 나오라"고 명령하셨다. 말씀이란 귀신이 견디기 어려운 테라헤르츠파나 뇌파나 초음파나 그 이상의 주파수를 쏜 것이다.

「마가복음」 5:3 - 그 사람은 무덤 사이에 거처하는데 이제는 아무나 쇠사슬로도 맬 수 없게 되었으니(This man lived in the tombs, and no one could bind him any more, not even with a chain.)(NIV)

5:4 - 이는 여러 번 고랑과 쇠사슬에 매였어도 쇠사슬을 끊고 고랑을 깨뜨렸음이러라 그리하여 아무도 저를 제어할 힘이 없는지라(For he had often been chained hand and foot, but he tore the chains apart and broke the irons on his feet. No one was strong enough to subdue him.)

5:5 - 밤낮 무덤 사이에서나 산에서나 늘 소리지르며 돌로 제 몸을 상하고 있었더라(Night and day among the tombs and in the hills he would cry out and cut himself with stones.)

5:6 - 그가 멀리서 예수를 보고 달려와 절하며(When he saw Jesus

from a distance, he ran and fell on his knees in front of him.)

5:7 - 큰 소리로 부르짖어 가로되 지극히 높으신 하나님의 아들 예수여 나와 당신과 무슨 상관이 있나이까 원컨대 하나님 앞에 맹세하고 나를 괴롭게 마옵소서 하니(He shouted at the top of his voice, "What do you want with me, Jesus, Son of the Most High God? Swear to God that you won't torture me!")

5:8 - 이는 예수께서 이미 저에게 이르시기를 더러운 귀신아 그 사람에게서 나오라 하셨음이라(For Jesus had said to him, "Come out of this man, you evil spirit!")

그러자 예수님은 귀신에게 "네 이름이 무엇이냐?"고 묻자, "내 이름은 군대니 우리가 많음이니이다(My name is Legion, for we are many)"라고 대답한다. 하나의 귀신이 아닌 수많은 귀신들의 군집귀신(The demons) 또는 집단귀신이란 뜻이다. 이름이 무엇이냐고 예수님께서 물으신 것은 귀신들의 정체를 파악하기 위함이었을 것이다.

「마가복음」 5:9 - 이에 물으시되 네 이름이 무엇이냐 가로되 내 이름은 군대니 우리가 많음이니이다 하고(Then Jesus asked him, "What is your name?" "My name is Legion," he replied, "for we are many.")

5:10 - 자기를 이 지방에서 내어 보내지 마시기를 간절히 구하더니 (And he begged Jesus again and again not to send them out of the area.)

귀신들이 예수님께 무저갱으로 들어가라 하지 마시기를 간구하더니, 때 마침 멀리서 많은 돼지 떼가 산 곁에서 먹고 있는지라, 이에 나오라는 예수님의 말씀인 명령, 즉 테라헤르츠파나 초음파나 고주파의 뇌파나 텔레파시를 맞은 귀신들은 "우리를 돼지에게로 보내어 들어가게 하소서"라고 예수님께 간구한다. 이에 예수님께서 귀신들 보고 "가라" 하시니, 귀신들이 사람에게서 나와 거의 이천 마리나 되는 돼지떼에게 들어가 바다를 향하여 비탈로 내리달아 바다에서 빠져 몰살당한다. 여기서 이천 마리라는 것은 집단귀신들의 수가 이천이나 된다는 의미이다. 어떻게 돼지떼에 들어갔을까? 이것은 오늘날의 브레인-브레인 인터페이스(Brain-Brain Interface)[5] 기술이라고 보아도 타당할 것이다. 예수님의 브레인에서 귀신들의 브레인으로 '가라'라는 메시지를 전달하고 다시 돼지떼에 메시지를 전달했다고 보면 될 것이다.

「누가복음」 8:31 - 무저갱으로 들어가라 하지 마시기를 간구하더니(And they begged him repeatedly not to order them to go into the Abyss.)

「마태복음」 8:30 - 마침 멀리서 많은 돼지 떼가 먹고 있는지라(Some distance from them a large herd of pigs was feeding.)

8:31 - 귀신들이 예수께 간구하여 가로되 만일 우리를 쫓아 내실찐대 돼지떼에 들여 보내소서 한대(The demons begged Jesus, "If you drive us out, send us into the herd of pigs.")

8:32 - 저희더러 가라 하시니 귀신들이 나와서 돼지에게로 들어가는지라 온 떼가 비탈로 내리달아 바다에 들어가서 물에서 몰사하거늘(He said to them, "Go!" So they came out and went into the pigs, and the whole herd rushed down the steep bank into the lake and died in the water.)

5 본권 1부 2장 4절의 4-3의 "텔레파시(Telepathy)란? 사람의 생각을 메시지로 두뇌로 전달(BBI/BBC)"을 참조하거나, 『바이블 매트릭스』 시리즈 4권 『하나님들의 과학기술과 우리가 창조해야 할 미래(하)』의 3부 1장 4절의 "뇌파/생각을 이용하는 텔레파시/텔레키네시스, EEG, BCI, BMI, BBI", "사람의 생각/메시지를 동물에 전달하는 동물전파유도", "사람의 생각을 타인에 전달하고 타인을 움직이기(쌍방향)"를 참조하라.

「마가복음」 5:11 - 마침 거기 돼지의 큰 떼가 산 곁에서 먹고 있는 지라(A large herd of pigs was feeding on the nearby hillside.)

5:12 - 이에 간구하여 가로되 우리를 돼지에게로 보내어 들어가게 하소서 하니(The demons begged Jesus, "Send us among the pigs; allow us to go into them.")

5:13 - 허락하신대 더러운 귀신들이 나와서 돼지에게로 들어가니 거의 이천 마리 되는 떼가 바다를 향하여 비탈로 내리달아 바다에서 몰사하거늘(He gave them permission, and the evil spirits came out and went into the pigs. The herd, about two thousand in number, rushed down the steep bank into the lake and were drowned.)

그렇다면 이천의 귀신들이 들어갔던 사람은 어떻게 되었을까? 귀신들이 나가자 예수님은 귀신들린 사람에게 원래 두뇌가 가지고 있던 뇌파나 테라헤르츠파를 쏘아 치료하신 것이 분명하다. 많은 사람들이 어떻게 된 것을 보러 와서 예수님께 이르러, 수많은 군대집단귀신(the legion of demons)에 의해 귀신들렸던 자가 옷을 입고 정신이 온전하여 앉은 것을 보고 두려워한다. 예수님께서 배에 오르실 때에, 귀신들렸던 사람이 함께 있기를 간구하였으나, 허락지 아니하시고, 그에게 이르시되, "집으로 돌아가 주께서 네게 어떻게 큰 일을 행하사 너를 불쌍히 여기신 것을 네 친속에게 고하라"라고 말씀 하시자, 그가 가서 예수님께서 자기에게 어떻게 큰 일 행하신 것을 데가볼리(the Decapolis)에 전파하니 모든 사람이 기이히 여겼다. 처음에는 알리지 말라 하시더니 유대인에게 잡힐 때가 가까이 와서는 알리라고 예수님은 말씀 하신 것이다.

「마가복음」 5:14 - 치던 자들이 도망하여 읍내와 촌에 고하니 사람들이 그 어떻게 된 것을 보러 와서(Those tending the pigs ran off and reported this in the town and countryside, and the people went out to see what had happened.)

5:15 - 예수께 이르러 그 귀신들렸던 자 곧 군대 지폈던 자가 옷을 입고 정신이 온전하여 앉은 것을 보고 두려워하더라(When they came to Jesus, they saw the man who had been possessed by the legion of demons, sitting there, dressed and in his right mind; and they were afraid.)

5:18 - 예수께서 배에 오르실 때에 귀신들렸던 사람이 함께 있기를 간구하였으나(As Jesus was getting into the boat, the man who had been demon-possessed begged to go with him.)

5:19 - 허락지 아니하시고 저에게 이르시되 집으로 돌아가 주께서 네게 어떻게 큰 일을 행하사 너를 불쌍히 여기신 것을 네 친속에게 고하라 하신대(Jesus did not let him, but said, "Go home to your family and tell them how much the Lord has done for you, and how he has had mercy on you.")

5:20 - 그가 가서 예수께서 자기에게 어떻게 큰 일 행하신 것을 데가볼리에 전파하니 모든 사람이 기이히 여기더라(So the man went away and began to tell in the Decapolis how much Jesus had done for him. And all the people were amazed.)

4. 귀신들린 벙어리를 말씀으로 고치시다(8th)

자, 이제부터 귀신이 들려 병이든 환자를 고치시는 기적들이 등장한다. 앞에서는 귀신이 막 들린 사람에게서 귀신을 쫓아내는 장면이었는데, 이제부터는 귀신이 들어와 오래 있다보니 두뇌의 한 영역을 장악해 어느 특정 기능이 상실된 것이다.

「마태복음」 9장 32절~34절에는 '귀신들린 벙어리(dumbness, not-talk)를 고치시다'라는 기적이 나오는데, 3절에 걸쳐 짤막하게 소개하고 있지만, 어떤 과학기술을 이용해 고치셨는지 살펴보자.

귀신들려 벙어리 된 자를 예수님께 데려온다. 벙어리가 되었다는 것은 귀신이 두뇌 전두엽의 언어중추를 장악하고 마비시켜 말을 할 수가 없다는 것이다. 언어중추가 마비가 되면 혀를 움직일 수가 없는 것이다. 모든 몸의 놀림의 비밀은 바로 두뇌이다. 두뇌의 뉴런들이 명령하여 말도 하고 소리도 지르고 손을 움직이는 것이다. 그 다음 귀신이 쫓겨났다고 했다. 앞 절의 상황을 미루어 보아 분명 예수님께서 말씀으로 귀신보고 '나오라'고 명령했을 것이다. 나오라고 명령 하시기 전에 벙어리의 두뇌 패턴을 진단했을 것이다. 그리고 귀신이 언어중추를 장악했다는 것을 파악했을 것이다. 그리고 나오라고 명령하셨을 것이다. 예수님의 말씀은 에너지와 파동이라 했다. 귀신이 견디기 어려운 뇌파나 초음파나 테라헤르츠파를 언어중추에 쏘았을 것이다. 귀신이 나간 다음에 벙어리가 말을 했다는 것은 원래 언어중추가 가지고 있던 뉴런의 수소핵의 자기장(Magnetic field)에 공명하는 자기자극법(Magnetic stimulation)이나 테라헤르츠파를 쏘아 원래대로 재생시켰을 것이다.

「마태복음」 9:32 - 저희가 나갈 때에 귀신들려 벙어리 된 자를 예수께 데려오니(While they were going out, a man who was demon-possessed and could not talk was brought to Jesus.)(NIV)

9:33 - 귀신이 쫓겨나고 벙어리가 말하거늘 무리가 기이히 여겨 가로되 이스라엘 가운데서 이런 일을 본 때가 없다 하되(And when the demon was driven out, the man who had been mute spoke. The crowd was amazed and said, "Nothing like this has ever been seen in Israel.")

9:34 - 바리새인들은 가로되 저가 귀신의 왕을 빙자하여 귀신을 쫓아낸다 하더라(But the Pharisees said, "It is by the prince of demons that he drives out demons.")

5. 귀신들려 눈 멀고 벙어리 된 자를 말씀으로 고치시다(9th)

「마태복음」 12장 22절~28절, 「마가복음」 3장 20절~30절, 그리고 「누가복음」 11장 14절~23절에는 귀신들려 눈 멀고 벙어리 된 자(a demom-possessed man with blid and mute)를 예수님께서 하나님 아버지의 성령(말씀=에너지와 파동)을 힘 입어 귀신을 쫓아 내시고 고치시는 장면이 등장한다. 이제는 귀신이 두뇌의 시각중추와 언어중추를 동시에 장악하여, 그 사람이 눈이 멀고 벙어리가 된 것이다.

이제 예수님은 귀신들려 두 가지의 두뇌 기능이 상실된 병자를 고치시는데, 그 방법은 앞절과 같을 것이다. 먼저 두뇌 패턴을 감지하고, 귀신이 어디를 장악했는지를 감지하고, 말씀의 테라헤르츠파나 초음파나 자기장이나 그 이상의 주파수를 쏘아 귀신을 쫓아내고, 다시 그 사람이 원래 갖고 있던 테라헤르츠파나 자기장의 자기자극법으로 시각중추와 언어중추에 쏘아 회복 재생시킨 것이다. 「누가복음」의 '하나님의 손을 힘입어'라는 것도 같은 맥락이다. 누구의 도움이 필요할 땐 손을 내민다. 하나님 아버지의 손이란 하나님 아버지의 성령의 힘으로 귀신을 쫓았다는 것이다.

「마태복음」 12:22 - 그때에 귀신들려 눈 멀고 벙어리 된 자를 데리고 왔거늘 예수께서 고쳐주시매 그 벙어리가 말하며 보게 된지라(Then they brought him a demon-possessed man who was blind and mute, and

Jesus healed him, so that he could both talk and see.)(NIV)

12:28 - 그러나 내가 하나님의 성령을 힘입어 귀신을 쫓아내는 것이면 하나님의 나라가 이미 너희에게 임하였느니라(But if I drive out demons by the Spirit of God, then the kingdom of God has come upon you.)

「누가복음」 11:14 - 예수께서 한 벙어리 귀신을 쫓아내시니 귀신이 나가매 벙어리가 말하는지라 무리들이 기이히 여겼으나(Jesus was driving out a demon that was mute. When the demon left, the man who had been mute spoke, and the crowd was amazed.)

11:20 - 그러나 내가 만일 하나님의 손을 힘입어 귀신을 쫓아내는 것이면 하나님의 나라가 이미 너희에게 임하였느니라(But if I drive out demons by the finger of God, then the kingdom of God has come to you.)

6. 안식일에 18년 동안 귀신들려 허리가 꼬부라진 여자를 고치시다 (10th)

「누가복음」 13장 10절~17절에는 안식일에 18년 동안 귀신들려 허리가 꼬부라져 펴지 못하는 여자(a woman, crippled, bent over, not straighten up)를 예수님께서 말씀으로 귀신을 쫓고, 손을 대시어 고치시는 장면이 등장한다. 이번에는 18년 동안 귀신이 들어와 척추신경을 장악해 허리가 꼬부라진 병자를 고치셨다. 여기서 예수님께서 손을 대셨다라는 것은 예수님께서 인체매질통신이나 의류일체형 등의 생체인터넷으로 무장하셨다는 것을 이해할 수 있다.

어떻게 고치셨는가 하면, 앞 절과 거의 같은 원리이다. 생체인터넷 이상의 과학기술로 무장하신 예수님은 먼저 척추를 진단하시고, 귀신이 그곳을 장악한 것을 아시고, 에너지와 파동의 말씀으로 테라헤르츠파나 초음파나 그 이상의 주파수 쏘아 쫓아낸 후, 손을 대시어 자기장의 자기자극법이나 인체매질로 전류나 테라헤르츠파를 전달해 척추를 원래대로 재생시킨 것이라고 이해할 수 있다.

또한 점점 더 예수님의 과학기술은 날로 진보하고 있다는 것을 의미하는데, '네가 네 병에서 놓였다'라고 말씀 한 마디로, 앞 절에서 보았던 귀신을 쫓는 과정이 압축되고 있다는 것을 알 수 있다. 말씀 한 마디에 여러 가지 과학기술들이 함축되어 있다는 것을 의미하는 것이다.

「누가복음」 13:10 - 안식일에 한 회당에서 가르치실 때에(On a Sabbath Jesus was teaching in one of the synagogues,)

13:11 - 십팔 년 동안을 귀신들려 앓으며 꼬부라져 조금도 펴지 못하는 한 여자가 있더라(and a woman was there who had been crippled by a spirit for eighteen years. She was bent over and could not straighten up at all.)

13:12 - 예수께서 보시고 불러 이르시되 여자여 네가 네 병에서 놓였다 하시고(When Jesus saw her, he called her forward and said to her, "Woman, you are set free from your infirmity.")

13:13 - 안수하시매 여자가 곧 펴고 하나님께 영광을 돌리는지라(Then he put his hands on her, and immediately she straightened up and praised God.)

여기서 중요한 것은 안식일에 예수님은 수많은 일을 하시고 병든 자를 고치셨다는 것이다. 그 다음 구절을 보면 이 당시 유대교인들은 안식일에는 일도 하지 말아야 하고 병도 고쳐서는 안된다는 유대교법을 따르고 있었다(「출애굽기」 31:14-15 & 34:21). 따라서 안식일에 병고치시는 예수님을 유대교인들은 더더욱 미워했으며 죽이고자 하였다.

13:14 - 회당장이 예수께서 안식일에 병 고치시는 것을 분내어 무리에게 이르되 일할 날이 엿새가 있으니 그 동안에 와서 고침을 받을 것이요 안식일에는 말 것이니라 하거늘(Indignant because Jesus had healed on the Sabbath, the synagogue ruler said to the people, "There are six days for work. So come and be healed on those days, not on the Sabbath.")

13:15 - 주께서 대답하여 가라사대 외식하는 자들아 너희가 각각 안식일에 자기의 소나 나귀나 마구에서 풀어내어 이끌고 가서 물을 먹이지 아니하느냐(The Lord answered him, "You hypocrites! Doesn't each of you on the Sabbath untie his ox or donkey from the stall and lead it out to give it water?)

13:16 - 그러면 십팔 년 동안 사단에게 매인 바 된 이 아브라함의 딸을 안식일에 이 매임에서 푸는 것이 합당치 아니하냐(Then should not this woman, a daughter of Abraham, whom Satan has kept bound for eighteen long years, be set free on the Sabbath day from what bound her?")

13:17 - 예수께서 이 말씀을 하시매 모든 반대하는 자들은 부끄러워하고 온 무리는 그 하시는 모든 영광스러운 일을 기뻐하니라(When he said this, all his opponents were humiliated, but the people were delighted with all the wonderful things he was doing.)

안식일에 예수님이 행한 일들을 이해하기 위해서는 「마태복음」 12장 1절~8절과 「요한복음」 5장 1절~18절을 상기하면 되는데, '인자는 안식일의 주인이니라'와 '내 아버지께서 이제까지 일하시니 나도 일한다'이다. 이 땅을 창조하신 예수님께서는 이 땅의 왕이요 주님이시기 때문에 안식일도 예수님이 주인이시거니와 하나님 아버지께서는 안식일에도 쉬지 않고 일을 하시니 예수님도 안식일에 일을 하신다는 것이다. 안식일에도 우리를 위해서 처소를 준비(예비)하신다는 것이다(「요한복음」 14:1-3).[6]

「마태복음」 12:8 - 인자는 안식일의 주인이니라 하시니라(For the Son of Man is Lord of the Sabbath.)

「요한복음」 5:16 - 그러므로 안식일에 이러한 일을 행하신다 하여 유대인들이 예수를 핍박하게 된지라(So, because Jesus was doing these things on the Sabbath, the Jews persecuted him.)

5:17 - 예수께서 저희에게 이르시되 내 아버지께서 이제까지 일하시니 나도 일한다 하시매(Jesus said to them, "My Father is always at his work to this very day, and I, too, am working.")

7. 가나안(이방인, 페니키아인) 여자의 귀신들린 딸을 원격의료로 고침 (11th)

「마태복음」 15장 21절~28절과 「마가복음」 7장 24절~30절에는 가나안(Canaanite) 지방, 즉 두로(Tyre)와 시돈(Sidon) 사이의 페니키아(수로보니게, Phoenicia) 족속인, 이 당시 그리스(Greece)가 지배해서 헬라인(Greek)인, 한 여자(엄마)의 귀신들린(demon-possessed) 딸을 그 엄마의 믿음과 말씀으로 고치시는 장면이 등장한다.

6 「요한복음」 14:1~3절의 의미는 협의의 개념으로 특별히 12제자를 위한 처소를 말함.

앞의 내용인 귀신들린 유대인들을 고치시는 것에서 더 나아가 이제 예수님은 이방인의 딸을 원격으로 진단하고 원격의 말씀으로 귀신을 쫓아내고 병을 고치신다. 오늘날의 의학기술로 보면 원격의료(Telemedicine)임에 틀림없다. 이제 예수님의 복음은 이방인에게도 개방되는 시대를 여는 것이다. 그러나 여기에 예수님의 사랑과 예술의 진단이 있다. 그것은 고난이도의 질문을 통한 믿음과 귀신 들린 병의 진단이었다.

「마태복음」 15:21 - 예수께서 거기서 나가사 두로와 시돈 지방으로 들어가시니(Leaving that place, Jesus withdrew to the region of Tyre and Sidon.)

15:22 - 가나안 여자 하나가 그 지경에서 나와서 소리질러 가로되 주 다윗의 자손이여 나를 불쌍히 여기소서 내 딸이 흉악히 귀신들렸나이다 하되(A Canaanite woman from that vicinity came to him, crying out, "Lord, Son of David, have mercy on me! My daughter is suffering terribly from demon-possession.")

15:23 - 예수는 한 말씀도 대답지 아니하시니 제자들이 와서 청하여 말하되 그 여자가 우리 뒤에서 소리를 지르오니 보내소서(Jesus did not answer a word. So his disciples came to him and urged him, "Send her away, for she keeps crying out after us.")

15:24 - 예수께서 대답하여 가라사대 나는 이스라엘 집의 잃어버린 양 외에는 다른 데로 보내심을 받지 아니하였노라 하신대(He answered, "I was sent only to the lost sheep of Israel.")

15:25 - 여자가 와서 예수께 절하며 가로되 주여 저를 도우소서(The woman came and knelt before him. "Lord, help me!" she said.)

15:26 - 대답하여 가라사대 자녀의 떡을 취하여 개들에게 던짐이

마땅치 아니하니라(He replied, "It is not right to take the children's bread and toss it to their dogs.")

15:27 - 여자가 가로되 주여 옳소이다마는 개들도 제 주인의 상에서 떨어지는 부스러기를 먹나이다 하니("Yes, Lord," she said, "but even the dogs eat the crumbs that fall from their masters' table.")

15:28 - 이에 예수께서 대답하여 가라사대 여자야 네 믿음이 크도다 네 소원대로 되리라 하시니 그 시로부터 그의 딸이 나으니라(Then Jesus answered, "Woman, you have great faith! Your request is granted." And her daughter was healed from that very hour.)

「마가복음」 7:24 - 예수께서 일어나사 거기를 떠나 두로 지경으로 가서 한 집에 들어가 아무도 모르게 하시려 하나 숨길 수 없더라(Jesus left that place and went to the vicinity of Tyre. He entered a house and did not want anyone to know it; yet he could not keep his presence secret.)

7:26 - 그 여자는 헬라인이요 수로보니게 족속이라 자기 딸에게서 귀신 쫓아 주시기를 간구하거늘(The woman was a Greek, born in Syrian Phoenicia. She begged Jesus to drive the demon out of her daughter.)

7:27 - 예수께서 이르시되 자녀로 먼저 배불리 먹게 할찌니 자녀의 떡을 취하여 개들에게 던짐이 마땅치 아니하니라("First let the children eat all they want," he told her, "for it is not right to take the children's bread and toss it to their dogs.")

7:28 - 여자가 대답하여 가로되 주여 옳소이다마는 상 아래 개들도 아이들의 먹던 부스러기를 먹나이다("Yes, Lord," she replied, "but even the dogs under the table eat the children's crumbs.")

예수님은 여자의 간청에 "나는 이스라엘 집의 잃어버린 양 외에는 다른 데로 보내심을 받지 아니하였노라"고 처음에는 거절하셨다. 이 여자의 출신이 이방인이었기 때문이었다. 또한 아버지가 와서 간구해도 들어줄까 말까인데 엄마인 여자가 무릎꿇고 간청하는 것이었다. 그래서 예수님은 '자녀로 먼저 배불리 먹게 할찌니 자녀의 떡을 취하여 개들에게 던짐이 마땅치 아니하니라'의 고차원적인 질문을 한다. 시리아 헬라인들은 헬레니즘의 영향을 받아 지식 수준이 매우 높았다. 이에 여자는 '주여 옳소이다마는 상 아래 개들도 아이들의 먹던 부스러기를 먹나이다'라고 대답했다. 이게 무슨 말인가? 우선 역사적인 배경을 알아야 이 구절을 이해할 수 있다.

페니키아인(페니키안, 성경의 '수로보니게')부터 시작하자. 페니키아는 c.BC 2500(B)~c.BC 2400(B)년 함(Ham)의 아들인 가나안 족속이(Canaanite) 거주하던 갈릴리 북부지방으로 오늘날의 시리아와 레바논 해안지대 즉, 지중해 해안을 일컫는 고대 지명이다. 가나안의 그리스식 명칭은 페니키아(Phoenicia)이며 자줏빛의 색을 의미한다. 그리스 사람들은 페니키안 사람들을 포이니키스(phoinikes), 즉 '자(紫)색의 사람'이라고 불렀는데, 이는 페니키아인들이 값 비싼 보랏빛 염료인 포이닉스(phoinix)를 만드는 기술을 보유하고 있었기 때문이다. 이는 c.BC 1000년경에 페니키아가 해상 무역으로 전성기를 누리던 시기에 고대 그리스(c.BC 1100-BC 146)에 의해 이름 붙여진 것으로 추정된다. BC 1406년에 이스라엘 민족이 출애굽하고 가나안 지역으로 들어오자 이 곳에 살던 가나안 족속 등 페니키아인들은 이스라엘 민족간의 수 차례에 걸친 전쟁 끝에 패한 후 결국 이스라엘 왕국(BC 1050-BC 930)에 예속되어 지배당하게 되었다. 시대에 따라 그 가나안의 범위는 달라지지만 지도상의 위쪽부터 베리토스(베이루트, Beirut), 비블로스=게발(Byblos=Gebal), 시돈(Sidon), 티레(Tyre, 구약의 '두로') 등의 항구도

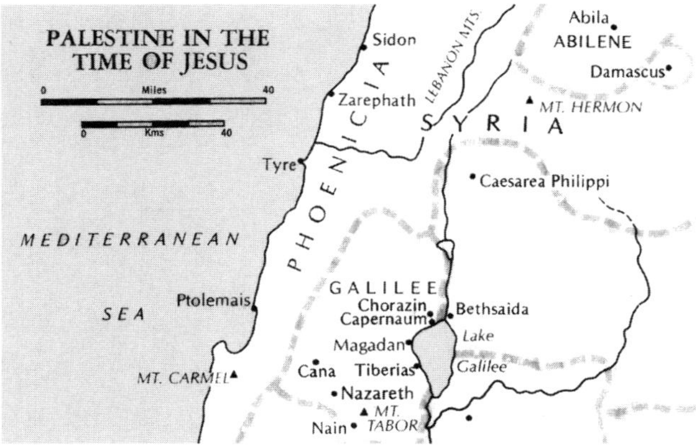

시를 중심으로 한 도시연맹의 형태를 취했으며, 거주민은 주로 해상무역에 종사했다. 따라서 페니키아인들은 부유한 생활을 누렸다. 부유한 사람들은 하나님 아버지와 예수님을 무시하는 경향이 있다. 따라서 예로부터 유대인들은 이방인들을 개(dog)로 불렀다.

「마가복음」 24절에 언급된 배경을 통해서 우리는 사건의 배경이 불결한 이방지역임을 알 수 있으며, 사건에 묘사된 것들, 즉 두로, 더러운 귀신, 헬라인, 수로보니게 여인, 개들은 이러한 이방지역의 모습을 강조하고 있는 것이다. 「마가복음」에 의하면 예수님께 나아온 이 여인은 더러운 귀신들린 어린 딸을 가진 헬라인(이방인)인 수로보니게인으로 묘사되어 있다. 여기서 '헬라인'이란 단순히 이방인을 가리키는 것이 아니라 헬라의 시민으로 상당한 교육을 받은 여인임을 암시하고 있다. 자신의 발 아래 엎드리어 딸의 치유를 겸손하게 간구하는 여인에게 내뱉은 예수님의 말씀은 모욕적인 거절에 가까운 것이었다.

예수님의 거절의 말씀은 비유로 주어졌다. 예수님 당시, 해변의 두로 지역은 갈릴리 북쪽 산지의 유대 농부들의 농작물들을 사고 비축해서 쓰는 부유한 도시였다. 따라서 특별히 농작물이 귀한 시절(겨울)이 오면 상대적으로 가난한 유대인 농부들은 비축한 곡식이 없으므로 음식 섭취에 어려움이 생겼다. 이때 예수님께서는 '자녀의 떡'을 '이스라엘의 농작물'로 비유했고, 이교의 '개들'을 '페니키아인', 즉 '이방인들게 주는(파는) 것이 옳은가?'라고 물으셨다. 다시 말해 자녀는 유대인을 가리키고 개들은 이방인을 가리키는 것이다.

우리는 여기서 왜 자비로우신 예수님께서 이 믿음의 여인에게 그와 같은 반응을 하셨을까? 라는 의문을 갖게 된다. 그렇다면 예수님의 행동의 의미와 의도는 무엇인가? 그 당시의 정황이나 문맥을 고려하면 비유의 말씀으로 주어진 예수님의 이러한 반응은 대단히 의도적임을 알 수 있다. 이미 앞에서 언급한 것처럼 이 비유는 농작물이 귀한 시절에 유대 농부들이 한 불평의 말로서, 예수님은 지금 여인에게 이 비유를 사용함으로써, 그녀의 믿음을 시험할 뿐만 아니라, 자신의 (이방)사역의 의미를 보다 역설적으로 알리려고 한 것 같다.

하나님 나라의 외인(이방인)으로 여기며, 비유로 대답하신 예수님에 대하여, 이 여인은 그 비유의 의미를 이해하고 지혜롭게 응답하고 있는 것이다. 여인의 대답은 그녀가 하나님의 사랑과 돌봄에 대한 이스라엘의 우선권(혹은 특권)과 선택권을 인정하고 있음("주여 옳소이다마는")을 보여준다. 그럼에도 불구하고 그녀는 예수님의 무조건적인 자비와 놀라운 능력에 호소하면서 비록 자신이 개 같은 존재라 할지라도 먹던 부스러기라도 얻기를 바라고 있다. 사실 그녀의 높은 신분이나 유대인과 두로인 사이의 갈등을 고려한다면, 여인의 이 반응은 매우 특이한 행동이었다. 모멸스러운 비유적 답변에도 불구하고 그녀는 자신의 딸의 온전해짐(떡을 먹음)을 위하여 자신을 개로 여길 정도로 겸

손하게 받아들일 뿐만 아니라 또한 낙망하지 않고 끈질기게 반응한 것이다. 딸의 치유를 위해서 그녀는 이러한 모멸과 거절의 벽을 넘어서야만 하였다. 결과적으로 그녀의 끈질긴 간구는 응답을 받았고, 그로 인해 그녀는 더 큰 믿음을 갖게 되었다.

그녀의 담대하고 적극적인 믿음과 지혜와 신뢰의 행동은 인종과 성별의 장벽에도 불구하고 놀라운 구원의 이적을 경험하는 축복으로 이끌었다. 예수님의 이와 같은 말을 단순히 듣고(믿고) 집으로 돌아간 그 여인은 자신의 어린 딸이 정상으로 돌아와 침상에 누워 있음을 보게 되었다. 이 여인의 믿음의 결과는 단순한 부스러기의 먹음이 아니라 배불리 먹은 넉넉한 하나님의 은혜(돌보심, 치유)였다. 우리는 여기서 하나님 아버지와 예수님의 돌보심의 은혜가 이제 더 이상 외관상 차별이 없음을 보게 된다(준동 님의 블로그, 총신대 신약학 교수님의 "수로보니게 여인의 지혜와 믿음").

8. 귀신들려 뇌전증(간질, Epilepsy/Seizures)에 걸린 아이를 고치시다 (12th)

자, 이제는 귀신이 두뇌의 뉴런을 장악하여 뉴런의 흥분으로 일어나는 뇌전증(간질, 발작, Epilepsy or Seizures)에 걸린 아이를 고치시는 장면이 「마태복음」 17장 14절~21절, 「마가복음」 9장 14절~29절, 그리고 「누가복음」 9장 37절~49절에 기록되어 있다. 귀신들린 뉴런을 정상으로 회복시킨다는 것은 예수님의 가르침 시절인 AD 24~26년에는 꿈도 못 꾸는 기적이었을 것이다.

우선 기록을 보자. 뇌전증 걸린 외아들을 제자들에게 데리고 왔으나 제자들은 믿음이 부족하여 능히 고치지 못하자, 어린 아이의 아버지는 예수님께 직접 아들을 데리고 와서 믿음을 보이시고 고쳐달라고 청한다. 기록상으로는 「마태복음」과 「누가복음」의 내용보다 「마가복음」에 더 상세히 설명되어 있다.

외아들인 어린아이는 귀신이 뉴런을 장악하자, 귀신이 어린아이에게서 말을 탈취한다. 그 결과 벙어리와 귀머거리가 된다. 이뿐만 아니라 뉴런이 흥분하여 발작하면 몸의 기능을 제어할 수 없어 입에 거품을 흘리며 스스로 이를 갈며 몸이 굳어 땅에 거꾸러져지기도 한다. 이에 그 아비는 예수님께 귀신을 쫓아내 달라고 간청한다. 귀신이 예수님을 보고 곧 그 아이로 심히 경련을 일으켜, 그 아이가 땅에 엎드러져 굴며 거품을 흘린다. 앞에서는 귀신들이 고분고분 나갔는데, 뉴런을 장악한 귀신은 예수님이 누구이신지 알고 마지막 발악을 하는 것이다. 예수님도 이러한 사실을 인지하신 것 같다. 그 다음 예수님께서는 그 아비에게 물으시되 '언제부터 이렇게 되었느냐'고 물의시고, 그 아비는 '어릴 때부터니이다'라고 대답한다. 귀신의 에너지와 파동의 패턴을 간파하시려 질문을 한 것이다.

뇌전증은 오늘날에도 고치기 어려운 병이다. 어디가 잘못되었는지 알 수가 없기 때문이다. 예수님은 그 아비의 믿음을 테스트한다. 그 아비는 믿는다고 대답한다. 이에 예수님은 귀신을 쫓아낼 강력한 에너지와 파동으로 귀신을 꾸짖어 말씀하시되 '벙어리 되고 귀먹은 귀신아 내가 네게 명하노니 그 아이에게서 나오고 다시 들어가지 말라'고 명령하신다. 이에 귀신은 마지막 발악을 한다. 귀신이 소리지르며 아이로 심히 경련을 일으키게 하고 나가니 그 아이가 죽은 것같이 되어 많은 사람이 말하기를 죽었다 하나, 예수님께서 그 아이의 손을 잡아 일으키시니 아이가 일어선다. 다시 말해 뉴런들이 갖고 있던 원래의 뇌파나 테라헤르츠파를 전달해 재생시킨 것이다. 아니면 손을 잡았다 하셨으니 생체인터넷의 인체매질로 에너지와 파동을 전달해 뉴런을 재생시킨 것이다. 아니면 자기자극법으로 뉴런을 재생시켰다고 볼 수 있다.

「마가복음」 9:17 - 무리 중에 하나가 대답하되 선생님 벙어리 귀신 들린 내 아들을 선생님께 데려왔나이다(A man in the crowd answered, "Teacher, I brought you my son, who is possessed by a spirit that has robbed him of speech.)

9:18 - 귀신이 어디서든지 저를 잡으면 거꾸러져 거품을 흘리며 이를 갈며 그리고 파리하여 가는지라 내가 선생의 제자들에게 내어쫓아 달라 하였으나 저희가 능히 하지 못하더이다(Whenever it seizes him, it throws him to the ground. He foams at the mouth, gnashes his teeth and becomes rigid. I asked your disciples to drive out the spirit, but they could not.")

9:19 - 대답하여 가라사대 믿음이 없는 세대여 내가 얼마나 너희와 함께 있으며 얼마나 너희를 참으리요 그를 내게로 데려오라 하시매("O unbelieving generation," Jesus replied, "how long shall I stay with you? How long shall I put up with you? Bring the boy to me.")

9:20 - 이에 데리고 오니 귀신이 예수를 보고 곧 그 아이로 심히 경련을 일으키게 하는지라 저가 땅에 엎드러져 굴며 거품을 흘리더라(So they brought him. When the spirit saw Jesus, it immediately threw the boy into a convulsion. He fell to the ground and rolled around, foaming at the mouth)

9:21 - 예수께서 그 아비에게 물으시되 언제부터 이렇게 되었느냐 하시니 가로되 어릴 때부터니이다(Jesus asked the boy's father, "How long has he been like this?" "From childhood," he answered.)

9:22 - 귀신이 저를 죽이려고 불과 물에 자주 던졌나이다 그러나 무엇을 하실 수 있거든 우리를 불쌍히 여기사 도와 주옵소서("It has often thrown him into fire or water to kill him. But if you can do anything, take pity on us and help us.")

9:23 - 예수께서 이르시되 할 수 있거든이 무슨 말이냐 믿는 자에게는 능치 못할 일이 없느니라 하시니("'If you can'?" said Jesus. "Everything is possible for him who believes.")

9:24 - 곧 그 아이의 아비가 소리를 질러 가로되 내가 믿나이다 나의 믿음 없는 것을 도와 주소서 하더라(Immediately the boy's father exclaimed, "I do believe; help me overcome my unbelief!")

9:25 - 예수께서 무리의 달려 모이는 것을 보시고 그 더러운 귀신을 꾸짖어 가라사대 벙어리 되고 귀먹은 귀신아 내가 네게 명하노니 그 아이에게서 나오고 다시 들어가지 말라 하시매(When Jesus saw that a crowd was running to the scene, he rebuked the evil spirit. "You deaf and mute spirit," he said, "I command you, come out of him and never enter him again.")

9:26 - 귀신이 소리지르며 아이로 심히 경련을 일으키게 하고 나가니 그 아이가 죽은 것같이 되어 많은 사람이 말하기를 죽었다 하나(The spirit shrieked, convulsed him violently and came out. The boy looked so much like a corpse that many said, "He's dead.")

9:27 - 예수께서 그 손을 잡아 일으키시니 이에 일어서니라(But Jesus took him by the hand and lifted him to his feet, and he stood up.)

9. 8가지 기적의 과학기술 요약(정신의학/두뇌과학+@)

자, 지금까지 살펴본 귀신(악마의 영)을 말씀(에너지와 파동)으로 쫓아내고 귀신들린 병자를 고치시다의 8가지의 과학기술을 요약하면 다음과 같을 것이다.

귀신을 말씀으로 쫓아내고 귀신들린 병자를 고치시다(정신의학/두뇌과학)

#	기적으로 표현된 내용과 예수님의 행동/말씀	성경기록				현대과학의 분류
		마태복음	마가복음	누가복음	요한복음	상세기술
01 5th	가버나움 회당(Synagogue of Capernaum)에서 귀신들린 사람의 귀신을 쫓으시다(Jesus Drives Out an Evil Spirit); 귀신보고 '잠잠하고 나오라' 말씀하시니 귀신이 나오다		1:21-28	4:31-37		정신의학/ 두뇌과학 말씀(에너지와 파동)의 테라헤르츠파(THz) 혹은 뇌파+@
02 6th	해질 무렵 귀신들린 사람들을 말씀으로 좇아내시다(Jesus drove out the spirits with a word; Demon-possessed)	8:16-17	1:32-34	4:40-41		정신의학/ 두뇌과학 말씀(에너지와 파동)의 테라헤르츠파(THz) 혹은 뇌파+@
03 7th	가다라(Gadarenes) 지방의 집단귀신들린 두 사람을 말씀으로 고치시다(The Healing of Two Demon-possessed Men); 이천의 집단귀신들이 간구하는 대로 말씀으로 명령하여 이천 마리 돼지 떼어 들어가 비탈로 내리달아 호수에 들어가 몰살	8:28-34	5:1-20	8:26-39		정신의학/ 두뇌과학 말씀(에너지와 파동)의 테라헤르츠파(THz) 혹은 뇌파와 BBI 기술+@
04 8th	귀신들린(demon-possessed) 벙어리(dumbness, not-talk)를 고치시다; 말씀으로?	9:32-34				정신의학/ 두뇌과학 패턴 감지,말씀(에너지와 파동)의 테라헤르츠파(THz) 혹은 뇌파와 자기자극법+@

05 9th	귀신들려 눈 멀고 벙어리 된 자(a demom-possessed man with blid and mute)를 고치시다; 하나님의 성령(말씀)을 힘 입어 귀신을 쫓아 내시다	12:22-28		11:14-20		정신의학/ 두뇌과학 패턴 감지,말씀(에너지와 파동)의 테라헤르츠파(THz) 혹은 뇌파와 자기자극법+@
06 10th	안식일에 18년 동안 귀신들려 허리가 꼬부라져 펴지 못하는 여자(a woman, crippled, bent over, not straighten up)를 고치시다; 말씀으로 귀신을 쫓고, 손을 대시어			13:10-17		정신의학/ 두뇌과학 척추진단, 말씀(에너지와 파동)의 테라헤르츠파(THz) 혹은 뇌파와 자기자극법, 생체인터넷+@
07 11th	가나안 여자의 귀신들린(demon-possessed) 딸을 '여자야 네 믿음이 크도다 네 소원대로 되리라'는 말씀으로 고치시다	15:21-28	7:24-30			정신의학/ 두뇌과학 원격진단, 말씀(에너지와 파동)의 테라헤르츠파(THz) 혹은 뇌파, 원격의료+@
08 12th	귀신들려 뇌전증(간질, 발작, Seizures)에 걸린 아이를 고치시다; 제자들이 고치지 못하자, 귀신을 꾸짖자(rebuked), 귀신이 나가고 간질이 고쳐지다	17:14-21	9:14-29	9:37-49		정신의학/ 두뇌과학 두뇌 패턴감지, 말씀(에너지와 파동)의 테라헤르츠파(THz) 혹은 뇌파와 자기자극법, 인체매질+@

3절 바티칸 교황청, 귀신(악령) 쫓아내는 국제퇴마사협회(IAE) 공식인정(2014)

귀신(악령)을 쫓아내는 것을 우리말로는 퇴마(退魔) 또는 구마(驅魔)라고 하고, 영어로는 엑소시즘(Exorcism)이라 한다. 퇴마의식(退魔儀式)이란 퇴마를 하기 위한 순서 등의 의식을 말하는 것이다. 그리고 퇴마(구마)를 행하는 사람을 퇴마사(退魔師), 퇴마를 하는 사제(신부)를 퇴마사제라 하고, 영어로는 둘다를 엑소시스트(Exorcist)라고 한다. 일반적으로 가톨릭에서 행하는 퇴마의식만을 엑소시즘으로 보는 경우가 많은데, 엑소시즘이란 귀신을 쫓아내는 행위 그 자체를 말하며, 이러한 엑소시즘은 가톨릭 외에도 많은 종교들에서도 존재한다.

악마와 싸우는 퇴마사제들은 악마의 존재에 대해 대부분 이렇게 정의한다. 많은 이들이 알게 모르게 악령에 노출되어 있고 악령의 지배를 받는다. 악령, 악의 존재를 믿지 않는다면 신자가 아니다. 악령은 엄연히 존재한다. 눈에 안 보인다고 존재하지 않는다고 부인할 수 있는가? 그렇다면 하느님은 어떻게 믿는가? 같은 맥락으로 악령은 존재한다. 신을 믿는다면 악마의 존재도 믿어야 한다. 때문에 현대 과학으로 치료하지 못하는 영역을 엑소시스트들은 치료할 수 있다고 자부하고 있다(오마이뉴스, 24 Jul 2014).

최근 여론과 언론의 시선이 로마 교황청으로 쏠렸다. 퇴마사역은 본래부터 가톨릭교회에 존재했고, 국제퇴마사협회(IAE, International Association of Exorcists)와는 상관없이 존재 계승되어 왔다. 그렇다고 가톨릭에서 퇴마의식은 아무나 할 수 있는 것이 아니다. 주교나 주교의 허락을 받은 이른바 구마사제만 가능하다. 그런데 교황청은 2014년 6월 13일 국제퇴마사협회를 공식승인하고, 교황청 기관지 『로세르바토레 로마노(L'Osservatore Romano)』는 7월 2일에 교황청 성직자성(Congregation for Clergy)이 이 협회의 정관(statutes)을 허가하고 교회법(canon law, 322조 1항)에 따라 이 협회를 인정했다고 보도했다. 비공식적이고 암암리에 진행되던 엑소시즘이 이제 공신력을 얻은 게 아니냐는 평가다. 가브리엘 아모스(Gabriele Amorth) 신부가 1991년 9월 4일에 세운 국제퇴마협회에는 엑소시즘 능력을 보유한 신부가 30개국에서 250여 명이 가입돼 있다(Vatican Insider, 02 Jul 2014).

악령을 물리치는 가톨릭교회 내 사제들의 활동은 역사적으로 존재해왔으나, 중세를 거쳐 뜸해졌다. 이유는 미신적 호기심으로 접근하는 사람들을 염려해서였다. 이 때문에 1999년 이후엔 전통 라틴어를 사용하고 각 주교의 허가나 지시를 받은 고위 성직자들에게만 퇴마활동을 허가했다. 그러나 2008년, 전 교황인 베네딕트 16세가 영적 회복을 위한 퇴마사역의 중요성을 강조하면서 분위기가 달라졌다. 이후 교황청이 이를 긍정적으로 검토하고 행정적 절차를 밟아 2014년 6월 승인한 것이다. 현 제266대 교황인 프란치스코(Francis)는 이탈리아 내 몇몇 특정교구에 퇴마사제 전문 육성방안을 지시한 것으로 전해진다.

그렇다면 국내 엑소시즘 상황은 어떨까. 한국 가톨릭계에 따르면 국제퇴마사협회에 가입한 한국인 신부는 현재까지 없다. 다만, 국내에서 퇴마사 활동을 하는 신부는 다수 있는 것으로 파악된다. 국내에서는 마귀를 쫓아낸다는 뜻으로 '구마사제'라고 부른다. 구마사제로 활동하고 있는 한 신부는 "국내에서는 구마사제라는 직책이 딱 정해져 있는 게 아니라 구마의 은사를 입은 신부를 그렇게 표현할 뿐이다. 전국 곳곳에서 수백 명이 활동하고 있으며 누가 구마사제인지는 베일에 가려져 있다"라고 전했다(일요신문, 21 Jul 2014).

결론적으로 앞에서 보았듯이 퇴마란 예수님께서 이 땅에 오셔서 귀신을 쫓고 병자를 고쳐주셨듯이 그 이후부터 이미 행해졌던 사역이다. 단, 성령, 즉 과학기술 수준의 차이만 존재할 뿐이다. 따라서 예수님께서 우리에게 보이신 정신의학과 두뇌과학을 찾아내서 우리도 언젠가는 예수님처럼 악령을 쫓아내도록 모두 노력해야 할 것이다.

6장
중풍환자들을 고치시다
(두뇌과학/신경과학)

1절 중풍이란? 중풍을 고치는 오늘날의 최첨단 과학기술

뇌졸중(腦卒中, stroke)은 뇌혈관 질환이다. 한의학계에서는 뇌졸중을 '중풍(中風, tetraplegia, quadriplegia, paralyzed)' 혹은 이를 줄여서 '풍(風)'이라고 지칭하기도 한다. 뇌졸중에는 두뇌 내의 혈관이 좁아지거나 이상이 생겨 피가 출혈하는 출혈성 뇌졸중, 즉 뇌출혈(cerebral hemorrhage)이라고 하며, 반면 뇌의 혈관이 막혀 막힌 부위의 뇌조직이나 뉴런들이 괴사(壞死)하게 되는 것을 뇌경색(腦梗塞, cerebral infarction, 腦梗塞)이라고 한다. 뇌출혈은 수술로 치료를 하지만 그리 쉽지 않으며, 뇌경색은 지속적인 약물치료를 받아야 한다. 어느 경우이건 일단 뇌를 한번 다치게 되면 현재 의학수준으로는 100% 회복이 불가능하다. 필자도 2009년 11월에 뇌경색이 와서 팔다리가 다 마비가 되고 혀도 마비되어 말을 못했었는데, 병원에 입원하여 약물치료를 받아 다행히 회복되었으나 그 수준은 지금도 85% 정도이다. 그렇지만 어느 경우이든지 평상시와는 조금이라도 다른 이상증후를 느끼면 3~4시간 안에 병원에 도착하여 CT-MRI-fMRI를 찍어 어느 부위가 출혈 또는 막혔는지를 감지해내면 95% 회복이 가능하다. 옛날에는 나이 들어서 오는 경우가 많았지만 필자가 병원에 입원해 보니 요즈음은 나이와 상관이 없다는 것을 알았다. 20대에서 80대까지 환자들이 무척 많았다.

뇌졸중의 결과 결국 대뇌피질(Cerebral cortex)의 운동영역, 감각영역, 공간영역 등이 다쳐 그곳의 뉴런들이 괴사되거나 기능을 상실하면 사지가 마비되는 것이다. 남성들은 주로 왼쪽 뇌를 많이 사용하기 때문에 왼쪽 뇌에 뇌졸중이 오면 오른쪽 팔다리가 마비가 되고, 여성들은 그 반대가 된다. 또한 척추신경이 이상이 생겨 척추의 뉴런들이 기능을 상실하면 일어설 수가 없는 것이다.

이뿐 아니라 파킨슨병(Parkinson's disease)이라는 것이 있다. 이는 일종의 퇴행성 신경질환이다. 파킨슨병은 1817년에 처음으로 제임스 파킨슨(James Parkinson)이라는 영국 의사가 손 떨림, 근육 경직, 자세성 반사 소실 등의 특징적 양상을 보이는 환자들에게 '떨림 마비'라는 이름을 붙이면서 처음 알려졌다. 파킨슨병은 뇌의 대뇌피질에 분포하는 신경전달물질(Neurotransmitter)의 일종인, 근육 이완과 행동을 유발하는 도파민(Dpamine)이 점차 소실되어 발생하는 병이다. 이 증상이 계속되면 뉴런의 신호를 받아 신경전달물질을 방출하는 시냅스(Synapse)가 기능을 잃게 된다. 결국 뉴런의 기능저하와 시냅스의 기능저하로 만성 중풍환자(Paralytic)가 되는 것이다. 이 외에도 대표적인 신경질환으로는 흔하게 알츠하이머병(Alzheimer's disease, 기억상실증)이나 운동신경세포가 사멸하여 근육이 위축되는 루게릭병(amyotrophic lateral sclerosis, ALS) 등을 예로 들 수 있다.

그렇다면 이러한 중풍병을 고치는 최첨단 과학기술은 없을까? 있다. 이 절을 이해하려면 본권에 서술된 다음 내용을 먼저 이해해야 한다.

1부 2장 3절 3-5의
3-5. 빛으로 자극하는 광유전학 또는 광유전자극기술
3-5-1. MIT 공대, 빛으로 특정 뉴런을 자극하다
3-5-2. 미국 스탠포드 의대, 빛으로 사교성의 뇌 회로를 찾다
3-5-3. 국내 연구진, 빛으로 신경세포를 자라게 하다

1부 2장 4절 4-3의
4-3. 텔레파시(Telepathy)란? 사람의 생각을 메시지로 두뇌로 전달(BBI/BBC)

2부 2장의
1절 미네랄 테라헤르츠파(THz)란 무엇인가?
3절 3-2. 죽은 자를 살리는 재생의학 - 빛(에너지와 파동)으로 자극

이러한 첨단 기술들은 예수님께서 어떻게 중풍환자들을 고치셨는지 이해하는데 필요한 기술에 불과하다. 왜냐하면 예수님은 이보다 월등히 높은 수준의 과학기술을 사용하셨음에 틀림 없기 때문이다.

2절 백부장의 믿음으로 하인의 중풍병을 말씀으로 고치시다 (13th)

「마태복음」 8장 5절~13절, 「누가복음」 7장 1절~10절, 그리고 「요한복

음」 4장 46절~54절에는 백부장(Centurion, 100인의 대장)의 믿음으로 하인의 중풍병을 예수님께서 '가라, 네 믿음대로 될찌어다'라는 말씀으로 고치시는 장면이 등장한다(The Faith of the Centurion's Paralyzed). 우선 기록을 한번 읽어보자. 단, 이 경우에는 귀신이 두뇌 영역을 장악한 것이 아니라 자연적인 신경질환이라는 것을 이해해야 한다.

「마태복음」 8:5 - 예수께서 가버나움에 들어가시니 한 백부장이 나아와 간구하여(When Jesus had entered Capernaum, a centurion came to him, asking for help.)(NIV)

8:6 - 가로되 주여 내 하인이 중풍병으로 집에 누워 몹시 괴로와 하나이다("Lord," he said, "my servant lies at home paralyzed and in terrible suffering.")

8:7 - 가라사대 내가 가서 고쳐 주리라(Jesus said to him, "I will go and heal him.")

8:8 - 백부장이 대답하여 가로되 주여 내 집에 들어오심을 나는 감당치 못하겠사오니 다만 말씀으로만 하옵소서 그러면 내 하인이 낫겠삽나이다(The centurion replied, "Lord, I do not deserve to have you come under my roof. But just say the word, and my servant will be healed.)

8:9 - 나도 남의 수하에 있는 사람이요 내 아래도 군사가 있으니 이더러 가라 하면 가고 저더러 오라 하면 오고 내 종더러 이것을 하라 하면 하나이다(For I myself am a man under authority, with soldiers under me. I tell this one, 'Go,' and he goes; and that one, 'Come,' and he comes. I say to my servant, 'Do this,' and he does it.")

8:10 - 예수께서 들으시고 기이히 여겨 좇는 자들에게 이르시되 내가 진실로 너희에게 이르노니 이스라엘 중 아무에게서도 이만한 믿음을 만나 보지 못하였노라(When Jesus heard this, he was astonished and said to those following him, "I tell you the truth, I have not found anyone in Israel with such great faith.)

8:13 - 예수께서 백부장에게 이르시되 가라 네 믿은대로 될찌어다 하시니 그 시로 하인이 나으니라(Then Jesus said to the centurion, "Go! It will be done just as you believed it would." And his servant was healed at that very hour.)

「요한복음」 4:50 - 예수께서 가라사대 가라 네 아들이 살았다 하신대 그 사람이 예수의 하신 말씀을 믿고 가더니(Jesus replied, "You may go. Your son will live." The man took Jesus at his word and departed.)

4:51 - 내려가는 길에서 그 종들이 오다가 만나서 아이가 살았다 하거늘(While he was still on the way, his servants met him with the news that his boy was living.)

4:52 - 그 낫기 시작한 때를 물은즉 어제 제 칠 시에 열기가 떨어졌나이다 하는지라(When he inquired as to the time when his son got better, they said to him, "The fever left him yesterday at the seventh hour.")

4:53 - 아비가 예수께서 네 아들이 살았다 말씀하신 그 때인 줄 알고 자기와 그 온 집이 다 믿으니라(Then the father realized that this was the exact time at which Jesus had said to him, "Your son will live." So he and all his household believed.)

어떻게 고치셨을까? 핵심은 원격통신기술이며 원격진단 및 원격의료기술이다. 귀신에 의한 중풍병이 아니기 때문에 두뇌의 어느 영역의 뉴런과 시냅스가 이상이 있는가를 원격으로 진단하고 이상이 있는 뉴런과 시냅스들을 원격으로 재생시키면 되는 것이다. 말씀으로 테라헤르츠파를 원격으로 쏘아 뉴런과 시냅스를 재생시킬 수도 있고, 텔레파시를 쏘아 하인의 뇌에 치료의 메시지를 전달할 수도 있다. 아니면 초음파를 쏘아 재생시킬 수도 있다. 아니 그 이상의 빛의 파동으로 고칠 수도 있다. 예수님의 말씀은 빛이라고 했다.

3절 환자와 가족의 믿음으로 지붕을 뚫고 내려온 중풍환자를 말씀으로 고치시다(14th)

「마태복음」 9장 1절~8절, 「마가복음」 2장 1절~12절, 그리고 「누가복음」 5장 17절~26절에는 침상에 누운 중풍병자를, 믿음을 보시고, 말씀과 세상의 죄를 사하는 권위(authority)로 죄를 사하고 고치시는(Jesus Heals a Paralytic)는 장면이 등장한다. 그런데 위와는 조금 다르다. 위는 그냥 백부장의 믿음대로 하인인 중풍환자를 고치셨다면, 이 경우에는 중풍병자의 죄까지 사하여 주시고 중풍을 고치셨다는 것이다.

수일 후에 예수님께서 배에 오르사 건너가 본 동네인 가버나움(Capernaum)의 집에 들어가시니, 곧 집에 계신다는 소문이 퍼진다. 이어 수많은 사람들이 예수님의 가르침을 듣고자 집에 모였는데, 방에는 들어갈 자리도 없거니와 문 밖에도 발 딛을 자리가 없었다. 이때 침상에 누운 한 중풍병자를 네 사람이 메어 예수님께 데리고 온다. 사람들이 하도 많아 중풍환자를 예수님께 데려갈 수 없으므로, 그 계신 곳의 지붕을 뜯어 구멍을 내고, 중풍병자의 누운 상을 달아내린다. 지붕위에서 중풍환자가 매트에 누워 줄에 달려 예수님 앞에 내려온다. 이 광경을 예수님께서 보시고, 믿음이 대단하다고 생각하신다. 그리고 예수님은 중풍병자에게 이르시되 "소자야 안심하라, 네 죄 사함을 받았느니라, 일어나 네 침상을 가지고 집으로 가라" 하시자, 그가 일어나 집으로 돌아간다. 중풍환자와 가족들의 믿음에 예수님께서 말씀으로 중풍을 고치신 것이다.

또 하나 중요한 사실이 있다. 그 다음 내용을 보면 서기관들이 '이 사람이 어찌 이렇게 말하는가 참람하도다, 오직 하나님 한 분 외에는 누가 능히 죄를 사하겠느냐'며 속으로 이른다. 속으로 이른다는 것은 서기관들이 똑 같은 생각을 했다는 뜻이다. 이에 서기관들이 속으로 이렇게 의논하는 줄을 예수님께서 곧 중심에 아시고(Immediately Jesus knew in his spirit that this was what they were thinking in their hearts) 이르시되 어찌하여 이것을 마음에 의논하느냐고 반문한다. 예수님은 어떻게 서기관들의 생각을 읽으셨을까? 이미 『바이블 매트릭스』 시리즈 4권 『하나님들의 과학기술과 우리가 창조해야 할 미래(하)』의 3부 1장 4-14절의 "꿈을 해석하고 타인의 생각을 읽어"와 본권 2부 5장 1절 1-4의 "두뇌 패턴과 멘탈 모델, 무슨 생각을 하는지를 읽어"에서 소개했듯이, 예수님은 서기관들의 마인드 패턴(Mind pattern)을 읽어낸 것이다. 마인드 패턴을 읽으면 누가 어떤 이미지들을 어떻게 분석하고 그 이미지들에 대해 무슨 생각을 하고 있는지 다 파악할 수 있다. 지금은 기능성자기공명장치를 사용하지만, 예수님은 직접 자기장이나 테라헤르츠파나 우리가 발견하지 못한 다른 빛의 파장을 서기관들의 두뇌에 쏘아 생각을 읽어냈을 것이다. 그리고 예수님은 말씀하셨다. "인자가 세상에서 죄를 사하는 권세가 있는 줄을 너희로 알게 하려 하노라"

「마태복음」 9:1 - 예수께서 배에 오르사 건너가 본 동네에 이르시니(Jesus stepped into a boat, crossed over and came to his own town.)(NIV)

9:2 - 침상에 누운 중풍병자를 사람들이 데리고 오거늘 예수께서 저희의 믿음을 보시고 중풍병자에게 이르시되 소자야 안심하라 네 죄

사함을 받았느니라(Some men brought to him a paralytic, lying on a mat. When Jesus saw their faith, he said to the paralytic, "Take heart, son; your sins are forgiven.")

9:3 - 어떤 서기관들이 속으로 이르되 이 사람이 참람하도다(At this, some of the teachers of the law said to themselves, "This fellow is blaspheming!")

9:4 - 예수께서 그 생각을 아시고 가라사대 너희가 어찌하여 마음에 악한 생각을 하느냐(Knowing their thoughts, Jesus said, "Why do you entertain evil thoughts in your hearts?)

9:5 - 네 죄 사함을 받았느니라 하는 말과 일어나 걸어가라 하는 말이 어느 것이 쉽겠느냐(Which is easier: to say, 'Your sins are forgiven,' or to say, 'Get up and walk'?)

9:6 - 그러나 인자가 세상에서 죄를 사하는 권세가 있는 줄을 너희로 알게 하려 하노라 하시고 중풍병자에게 말씀하시되 일어나 네 침상을 가지고 집으로 가라 하시니(But so that you may know that the Son of Man has authority on earth to forgive sins. Then he said to the paralytic, "Get up, take your mat and go home.")

9:7 - 그가 일어나 집으로 돌아가거늘(And the man got up and went home.)

9:8 - 무리가 보고 두려워하며 이런 권세를 사람에게 주신 하나님께 영광을 돌리니라(When the crowd saw this, they were filled with awe; and they praised God, who had given such authority to men.)

그렇다면 어떻게 고치셨을까? 서기관들의 마인드 패턴을 읽으셨다는 것을 생각하면 중풍을 고치는 것은 아무것도 아닐 것이다. 우선 두뇌 어느 영역의 뉴런과 시냅스가 이상이 있는가를 뇌파나 테라헤르츠파 등으로 진단하고, 이상이 있는 뉴런과 시냅스들을 원래 가지고 있던 고유의 주파수인 자기장이나 테라헤르츠파를 쏘아 자극법으로 재생시켰을 것이다. 예수님의 말씀은 에너지와 파동의 빛이라고 했다.

4절 2가지 기적의 과학기술 요약(THz/뉴런자극/자기자극/마인드 패턴/원격의료+@)

자, 지금까지 살펴본 중풍환자를 말씀(에너지와 파동)으로 고치신 2가지의 과학기술을 요약하면 다음과 같을 것이다.

중풍환자를 고치시다(THz/뉴런자극/자기자극/마인드 패턴/원격의료+@)

#	기적으로 표현된 내용과 예수님의 행동/말씀	성경기록				현대과학의 분류
		마태복음	마가복음	누가복음	요한복음	상세기술
01 13th	백부장(Centurion, 100인의 대장)의 믿음으로 하인의 중풍병을 고치시다(The Faith of the Centurion's Paralyzed), '가라 네 믿음대로 될찌어다'라는 말씀으로 고치시다	8:5-13		7:1-10	4:46-54	두뇌과학, 신경과학 말씀(에너지와 파동)의 THz, 텔레파시, 초음파에 의한 원격진단, 뉴런자극재생, 원격의료+@
02 14th	침상에 누운 중풍병자를 고치시다(Jesus Heals a Paralytic); 믿음을 보시고, 말씀으로, 세상의 죄를 사하는 권위(authority)로 죄를 사하고 고치시다	9:1-8	2:1-12	5:17-26		두뇌과학, 신경과학 말씀(THz)에 의한 뉴런자극재생, 자기자극, 마인드 패턴 감지+@

7장
눈(장님)과 귀(귀머거리)와 혀(벙어리)를 고치시다(재생의학)

1절 장님(눈)을 고치는 오늘날과 미래의 최첨단 과학기술

1. 선천성/후천성 시각장애인(맹인/장님)과 이식/재생/생체공학 기술의 발전

인간은 오감 중 시각(Sight, Vision)에 의존하여 87%의 의사결정을 한다(디자인포장센터, 1990).[1] 그만큼 시각이 매우 중요하다. 시각의 기능을 잃으면 사물을 볼 수 없기 때문에 시각장애인들은 매우 큰 고통을 받는다. 가장 최초의 시각에 대한 과학적 요구(earliest scientific postulations of vision)는 고대 그리스 시대에 등장했다. 이 당시의 그리스인들은 시각을 눈으로부터 불을 발산하는 요소(sight as elemental fire emanating)로 설명했다. 그러다가 1500년 전에 알-헤이탐(al-Haytham)

---

1 디자인포장센터, "오감이 구매의사 결정에 미치는 정도", 1990; 오감이 사람의 의사결정에 미치는 영향은 시각이 87%, 청각이 7%, 촉각이 3%, 후각이 2%, 그리고 미각이 1%이며, 특수감각, 체성감각, 내부감각을 포함한 전체 감각을 놓고 보면 시각은 70%이다.

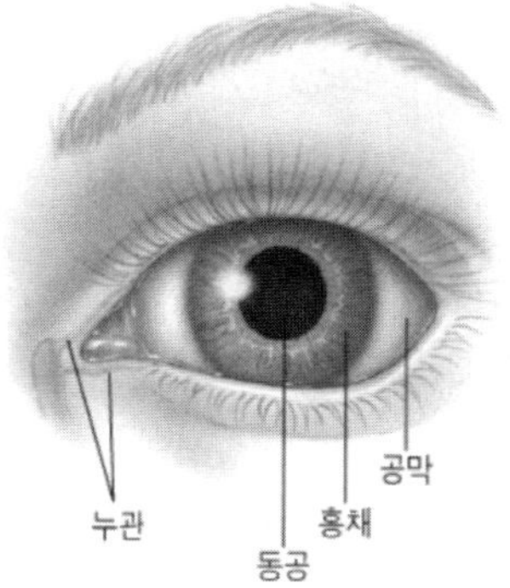

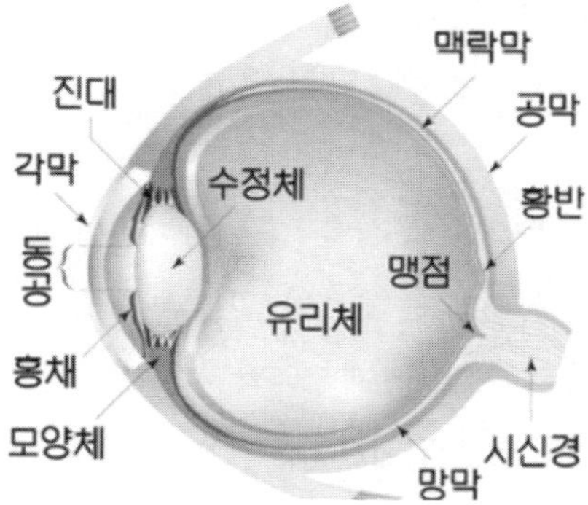

이 어떻게 수정체가(lenses)가 빛을 모으고 상(images)을 확대하는지 설명하기 시작했고, 1604년에야 인간의 눈을 최초로 밝혀내기 시작했다.

간단히 살펴보면 인간이 물체를 보기 위해서는 '빛(Light rays) → 각막(Cornea) → 수정체(Lens) → 유리체(Vitreous humour) → 망막(Retina) → 시신경(Optic nerve) → 대뇌'라는 프로세스가 필요하다. 인간이나 동물이나 곤충이나 각각 다른 시각의 메커니즘이 있는데, 자연에 존재하는 시각의 메커니즘은 다 합쳐야 10개 미만이다. 이 중에서 가장 두드러진 시각의 메커니즘은 인간 눈의 구조인 카메라 형태의 눈(camera-type eye)이다.

후천성 시각장애인의 경우 대부분 각막이 손상을 입거나 수정체가 손상을 입거나 아니면 망막이 손상을 입는 경우가 많다. 망막의 경우 망막염 색소증(Retinitis Pigmentosa)이나 반점 퇴화(Macular Degeneration)나 황반(Macula lutea)이 퇴화하여 변하는 황반변성(Macular degeneration)이나 희귀 망막질환인 스타르가르트(Stargardt)는 모두 망막색소상피(RPE, retinal pigment epithelium)라는 세포의 손상으로 발병한다. 황반변성이란 사물이 심하게 뒤틀려 보이고 아예 시커멓게까지 보이는 난치병이다.

따라서 손상을 입은 각막이나 수정체나 망막이나 황반을 치료하기만 하면 되는데, 오늘날의 의술로는 그리 쉽지 않다. 본권 2부 2장 3절의 "대체의학/재생의학의 발전방향"에서 살펴보았듯이, 재생의학이 등장함으로써 이론상으로는 만능줄기세포를 추출하여 각막세포, 수정체세포, 망막세포, 황반세포로 성장시켜 이식하면 그만이지만 아직은 30년 더 가야 가능한 일이고, 초기 세포를 이식하려면 더 한참 가야한다. 지금은 이식기술이 대세이지만, 눈의 구조와 기능이 갖고 있는 원래의 테라헤르츠파를 쏘아 구조와 기능을 원래대로 회복시키는 재생의학도 가능할 것이다.

또한 생체공학 기술도 나날이 발전하고 있다. 따라서 조만간 후천성 시각장애인들을 위해 인조 생체공학 눈(Bionic eye)을 만들어 이식하면 이제 장님도 보는 세상이 될 것이다. 눈뿐이 아니라 생체공학 귀(Ear)도 만들 것이고, 코도 만들어 이식할 것이다. 물론 시신경(Optic nerve)이 손상을 입는 경우도 있지만, 이 경우에도 인조 시신경 칩을 만들어 이식하면 된다. 정상적인 사람들에게는 독수리가 갖고 있는 천리안의 눈(인간보다 5배나 많은 원추세포와 총 4개의 황반 구조)을 만들어 이식하면 20킬로미터 이상을 망원경 없이 공간의 움직임을 자세히 볼 수 있는 시대로 진입하게 될 것이다.

반면 선천성 시각장애인들은 원래 날 때부터 눈의 구조와 기능이 손상을 입었다는 의미이다. 손상을 입었다는 것은 유전자가 아예 발현되지 않았거나 돌연변이가 됐다는 뜻이다. 따라서 선천성은 후천성

보다 치료가 더욱 어렵다. 지금은 후천성에 의학기술이 집중하고 있지만, 조만간 선천성에도 집중하여, 언젠가는 돌연변이 유전자를 제거하고 정상 유전자를 망막이나 시신경에 주입할 것이다. 더 나아가 유전자를 이루는 4개의 염기를 주입할 것이고, 물병자리에 진입하면 원자를 주입해서 대부분의 장님들이 눈을 뜨게 될 것이다.

2. 일본, 후천성 환자에 '유도만능줄기세포→망막세포 이식' 성공

일본의 과학자들이 환자의 피부세포를 만능줄기세포로 분화시키고, 빛과 색을 감지하는 망막세포(Retina Cell)로 성장시킨 뒤 환자의 눈에 이식하는데 성공했다. 이들은 6명의 환자를 수술한 뒤 앞으로 4년 동안 경과를 지켜볼 방침이라고 밝히고, 향후 파킨슨병과 척추 손상 등에도 이 치료법을 적용해볼 계획이라고 밝혔다(경향신문, 12 Sep 2014; YTN, 14 Sep 2014).

눈의 망막세포가 손상돼 끝내 실명할 수도 있는 노인성 황반변성은 국내에도 수십만 명의 환자가 있고 매년 조금씩 늘어나고 있는 상황이다. 그런데 최근 일본 의료진이 황반변성을 앓고 있는 70대 여성의 피부조직으로 유도만능줄기세포(iPS cell, induced Pluripotent Stem

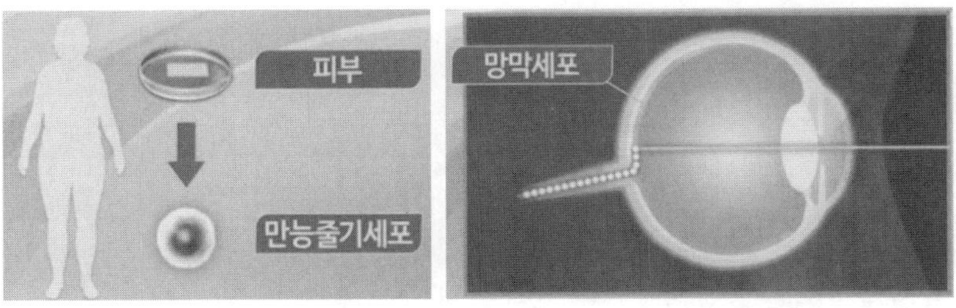

환자의 피부세포를 만능줄기세포로 분화, 빛과 색을 감지하는 망막세포로 성장시킨 뒤 환자의 눈에 이식. Image Captured from Video : Youtube via YTN(14 Sep 2014)

cell)를 만든 뒤 이 세포를 빛과 색을 감지하는 망막세포로 바꿔 환자의 눈에 이식한 것이다. 일단 수술환자의 반응은 긍정적이지만 관건은 이식한 세포가 환자의 몸 속에서 제대로 뿌리를 내리는지, 암으로 변할 위험성은 없는지, 시력회복 효과가 있는지 등을 확인할 예정이다.

수술을 주도한 일본 이화학연구소의 발생·재생과학종합연구센터 연구팀의 구리모토 안과 총괄부장은 "환자는 사물이 더 잘 보인다고 말하고 있지만 본인의 판단이기 때문에 정말 치료가 잘 됐는지 조사가 필요합니다"라고 말한다. 따라서 일본 의료진은 6명의 환자를 수술한 뒤 앞으로 4년 동안 경과를 지켜볼 방침이다. 일본에서는 난치병 눈 질환에 이어 손발이 떨리는 파킨슨병과 척추 손상 등에도 이 치료법을 적용할 계획이다.

전문가들은 이번 임상연구 수술의 안전성이 확인될 경우 앞으로 10년 안에 이 분야의 연구가 큰 진전을 보일 수 있다고 전망하고 있다. 일본 후생노동성은 2014년 7월에 이화학연구소 연구팀이 유도만능줄기세포를 사용해 진행하는 세계 최초의 임상연구를 승인한 바 있다.

3. 영국, 선천성 맹인에 유전자 이식 성공 → 향후 원자 이식으로 발전

3-1. 2007년의 도전, 유전자 이식수술 경과

2007년 5월 영국 런던의 무어필드안과병원(Moorfields Eye Hospital)은 선천적으로 맹인이 된 존슨(Robert Johnson)이란 남자에 대해 세계 최초의 유전자 치료(gene therapy)를 시도했다. 유전자 치료란 눈에 유전자를 이식하는 수술을 말하는데, 아무것도 볼 수 없었던 존슨은 이 유전자 이식수술을 받은 후 낮에는 윤곽을 볼 수 있었지만 밤에는 아직도 거의 볼 수 없다. 그러나 이 유전자 이식수술이 성공했는지 실패

했는지는 몇 개월 더 가봐야 알 수 있는 상황이다. 만약 성공하면 과학자들과 의사들은 이 유전자 치료를 통해 다양한 시각장애를 치료할 수 있는 획기적인 기술로 등장할 것으로 기대하고 있다.

이번 유전자 이식기술은 랩에서 개발되고 동물에 대한 임상시험을 거쳐, 12명의 젊은 환자 중에 존슨이 뽑혀 수술을 받게 되었다. 이에 대해 존슨은 수술을 받기 전에 만감(mixed feelings)이 교차했다고 고백했다. "제가 어떤 느낌을 받았는지 말하기가 정말 어렵습니다. 극도의 불안감(extreme nervousness)과 어느 정도의 흥분(a bit of excitement) 등이 교차했습니다"라고 말했다(BBC, 01 May 2007).

이번 연구를 주도한 런던대학 안과연구소(University College London Institute of Ophthalmology)의 알리(Robin Ali) 교수는 그간 15년 동안 이 유전자 치료 기술을 개발해온 장본인이다. "저는 어느 정도 불안감을 느끼지 않을 수 없었습니다. 수술하는 데 너무나 많은 시간을 기다려야 했습니다. 그러나 그저 감사할 뿐입니다"라고 말했다. 그의 동료로 이번 수술을 집도한 베인브리지(James Bainbridge)는 이번 수술의 성공을 장담할 수 없다고 말했다. "존슨의 망막이 실제로 작동할지 확신이 없습니다. 그러나 복잡한 수술 작업 없이 눈의 아주 연약한 부분(extremely fragile site)에 유전자를 이식할 수 있었다는 것에 고무적입니다"라고 말했다.

3-2. 선천성의 망막퇴화증(LCA)이란?

존슨의 눈병은 망막색소상피(RPE, retinal pigment epithelium)를 엔코딩하는 특정 95-kDA 단백질을 만드는 RPE65라 불리는 유전자의 기능이 상실되거나 불완전한 것에 기인한 것이다. 다시 말해 RPE65 유

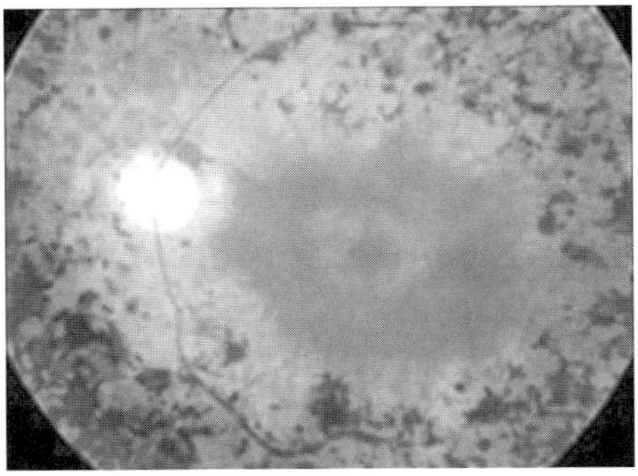

LCA라 불리는 선천성의 망막퇴화증은 나이가 들면서 망막의 기능을 더욱 악화시킨다. Image Credit : BBC(01 May 2007)

전자 내에서 돌변변이가 일어나 야기되는 병으로 이를 선천성 망막퇴화증(inherited degeneration of the retina) 또는 LCA(Leber's congenital amaurosis)라 한다. 이 병은 선천성으로 태어날 때 시력이 아주 저조하다가 자라면서 성인 초기에 시력이 완전히 상실되는 병이다.

RPE65 돌연변이 유전자는 눈의 맨 뒤에 있는 망막(Retina)과 공막(Sclera) 안에 있는 색소층(Pigment layer)의 망막색소상피 내의 광수용체 세포들(Photoreceptor cells)의 기능을 중지시킨다. 이 광수용체 세포들은 빛을 감지하여 전기 신호들(electrical impulses)을 광학 신경(optic nerve)을 통해 뇌(brain)의 시상(thalamus)이나 시각중추로 보내는 역할을 하는데, 존슨의 경우 이 색소층 세포들이 손상을 입어 빛을 감지할 수 없어 볼 수가 없었던 것이다.

3-3. 2007년의 유전자 이식기술의 수준은?

수술에는 정말 믿을 수 없으리만큼의 정확도(incredible precision)가 필요했다. 까딱 잘못되어 한번 미끄러져(one slip) 존슨의 망막이 찢

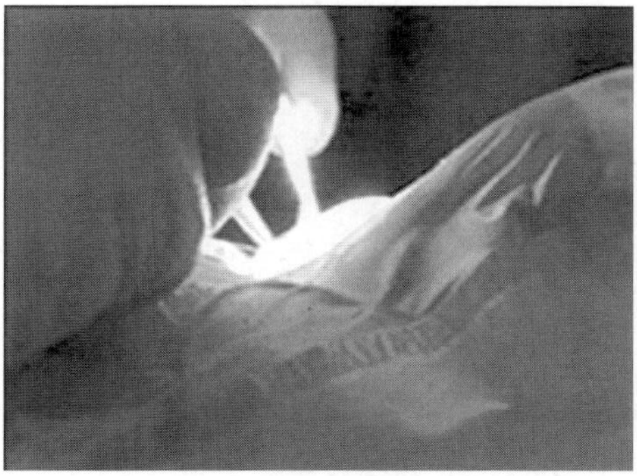

수술에는 정말 믿을 수 없으리 만큼의 정확도(incredible precision)가 필요했다. Image Credit : BBC(01 May 2007)

어지면 수술은 실패다. 이에 대해 이번 수술에 보조 역할을 한 맥클라렌(Robert Maclaren)은 "우리는 좋은 결과를 바라지 않았습니다. 그러나 제가 앉아 종이 위의 완벽한 결과를 빼내어 보는 순간 망막은 지금 보는 것과 거의 같이 보였습니다"라고 말했다.

임페리얼 런던대(Imperial College London)의 분자 면역(molecular immunology) 전문가인 조지(Andrew George) 교수는 이에 대해 "눈은 아주 간단한 장기이기 때문에 유전자 치료가 가능합니다. 이번 눈에 대한 유전자 치료가 성공적으로 나타나면, 과학자들은 보다 복잡한 장기들에 도전하게 될 것입니다"라고 말했다.

연구자들이 사용한 망막 유전자 치료법(Retinal Gene Therapy)을 보면 다음 설명과 그림과 같다.

1) 바늘(needle)이 눈(eye)을 통해 망막(retina)까지 삽입된다(inserted).

2) 대체 유전자가 망막(replacement gene)을 지나 색소층에 주입

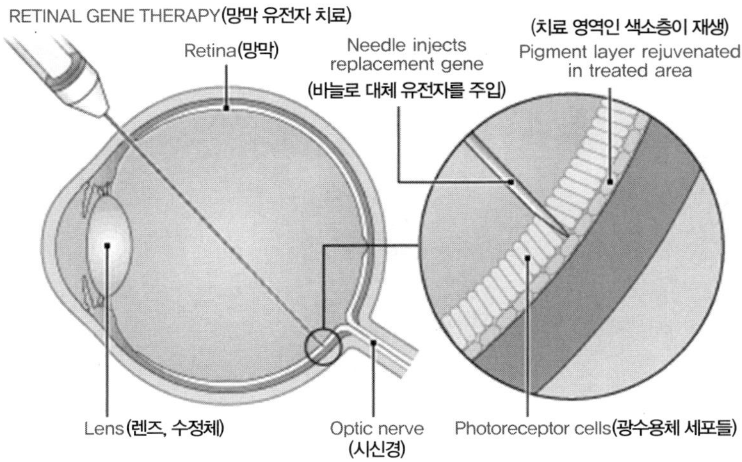

망막 유전자 치료법. 소스 : 무어필드 안과병원(번역 : 차원용).

된다(injected). 이 색소층에는 광수용체 세포들(photoreceptor cells)로 하여금 빛(light)을 감지(detect)하지 못하게 하는 결점을 가진 유전자(faulty gene)가 있다.

3) 일단 치료가 되면 색소층에 있는 광수용체 세포들의 프로그램이 재저장되고(restored) 정상처럼 빛을 감지한다.

4) 광수용체 세포들은 감지한 빛의 전기 신호들(electrical impulses)을 뇌로 전송하기 위해 시신경(optic nerve)으로 보낸다.

3-4. 2008년의 개가, 18세 선천성 맹인이 눈을 뜨다

2008년 4월에 그간의 유전자 치료 기술과 경험을 바탕으로 무어필드 안과병원의 의사들이 시력을 완전히 상실하여, 낮이나 밤이나 거의 볼 수 없는 한 맹인에 대한 수술을 시도해 눈을 뜨게 했다. 이는 정말 엄청난 사건이자 과학기술의 성배(holy grail)이다. 죽어가는 광수용체 세포들을 재생시킨 것인데, 주인공은 바로 스티븐 호와스(Steven

Howarth)라는 18세의 청년이다. 그 결과 낮뿐만이 아니라 밤에도 거리를 혼자 걷는 세계 최초의 정상인이 된 것이다.

호와스는 이 병원에서 유전자 치료 수술을 받은 세 번째 맹인인데, 수술한지 4개월 후의 경과로, 호와스의 빠른 재생에 의사들은 모두 놀랐고 상당히 고무되어 있으며, 향후 유전자 치료의 미래가 밝을 것으로 기대하고 있다. 이에 대해 이번 임상시험을 주도한 알리(Robin Ali) 박사는 "2007년부터 오로지 3명의 환자에 대한 유전자 이식 기술로 이와 같은 성공을 거둘 수 있다는 것에 지금 모두 흥분하고 있습니다. 저는 또한 오늘날의 우리 과학 기술이 이처럼 진보된 것에 대해 두려움과 흥분을 감출 수 없습니다. 또한 앞으로 과학기술이 이룩할 것을 생각하면 잠을 이룰 수 없습니다"라고 말한다(BBC, 27 Apr 2008 & 01 May 2008).

낮과 밤에 걸을 수 없었던 호와스는 지금 혼자서 밤거리이건 전철역이건 마음대로 활보하고 있으며 기타 줄까지 보면서 기타를 치고 있다. 이번 수술에 참여한 베인브리지(James Bainbridge)는 이에 대해 "우리의 그간 노력에 대한 정말 커다란 보상이며 한 사람의 삶의 질(quality of life)에 엄청난 영향을 주는 이번 새로운 유전자 치료를 보면서 정말 흥분을 감출 수 없습니다"라고 말한다. 이에 대해 당사자인 호와스는 "저는 정말 그간 고통의 나날이었습니다. 그러나 지금은 아닙니다. 커다란 짐을 벗어 던진 느낌입니다. 아주 새로운 삶으로 태어난 것 같습니다"라고 말한다

3-5. 다른 두 명의 회복은? 맹인 아이들을 광명의 세상으로 인도

호와스 이외에 2007년에 수술을 받은 2명은 아직 호와스처럼 정상

으로 회복은 안되었지만 낮에 대략적인 윤곽을 볼 수 있고, 이번 수술로 망막이 더 악화되지는 않은 것으로 나타났다. 2007년에 수술을 받은 존슨은 호와스의 소식을 접하면서 "수술 팀에 감사를 드립니다. 그들의 노력의 결과가 성공으로 나온 것에 대해 스릴을 느낍니다. 저도 낮에 대략적인 사물의 윤곽을 볼 수 있으니 더 이상 바랄 것이 무엇이 있겠습니까?"라고 말한다.

알리 교수는 이번 성공의 결과를 바탕으로 앞으로 나이가 어린아이들을 대상으로 유전자 치료를 적용할 계획이다. "다음 단계는 유전자의 양을 늘릴 예정입니다. 그러면 결과가 더 좋을 것으로 기대합니다. 특히 젊은 아이들을 치료할 예정인데, 아이들은 세포들이 젊고 아직 망가지지 않은 세포들이 남아 있기 때문에 치료의 효과가 클 것으로 사료됩니다"라고 말한다. 맹인 아이들을 광명의 세상으로 실제적으로 인도하겠다는 정말 가슴 벅찬 계획이다.

3-6. 논문발표와 유전자 치료의 미래

또한 몇 년이 흐르면 유전자 치료 기술의 혁신으로 인해 다양한 맹인들을 치료할 수 있을 것으로 기대하고 있으며, 또한 노화로 인해 시력을 잃는(age-related sight loss) 후천성 맹인까지 치료할 수 있을 것으로 기대하고 있다. 이에 대해 베인브리지는 "이것은 시작에 불과합니다. 이번에 데모한 기술은 유전자 치료가 특정 유전자 병을 치료할 수 있다는 원칙을 증명한 것입니다. 따라서 향후 연구를 계속하면 어떤 유전자로 인한 어떤 병도 모두 치료할 수 있게 될 것입니다"라고 말한다.

이번 연구는 영국의 보건성(Department of Health)이 자금을 지원하였으며, 연구결과는 2008년 4월 27일자 『뉴잉글랜드의학저널(The New

England Journal of Medicine)』의 온라인판에 "Effect of Gene Therapy on Visual Function in Leber's Congenital Amaurosis(LCA에서의 시각 기능에 대한 유전자 치료의 효과)"(Bainbridge & Ali et al., The New England Journal of Medicine, 2008)라는 논문으로 발표되었다.

이에 대해 보건성 장관인 프리마롤로(Dawn Primarolo)는 "이는 엄청난 업적입니다. 특히 이곳 영국에서 최초로 장님의 눈을 뜨게 했습니다. 따라서 앞으로 유전자 치료의 미래가 아주 밝습니다"라고 말한다. 영국 망막색소변성증사회(British Retinitis Pigmentosa Society)의 헤드(David Head)는 "특히 알리 교수에게 감사를 드립니다. 그러나 우리는 이번 성배에 대해 흥분을 자제해야 합니다. 그저 하나의 잘못된 유전자(one flawed gene)를 대체했다는 아주 초기의 유전자 치료에 성공했다는 점을 직시해야 합니다. 앞으로 더욱 정진이 필요합니다"라고 말한다.

3-7. 어떻게 치료했나?

알리 팀원들은 DNA를 이루는 프로모터(promoter)[2]의 제어를 통해, RPE65의 상보성의 DNA(complementary DNA)를 아데노-관련 바이러스(adeno-associated virus, AAV)에 넣고, 이를 바늘 플라스틱 튜브에 담아, 색소층까지 관통시켜 주입한 후, 바이러스를 하나의 벡터(vector)로 이용해 RPE65 상보성 DNA(cDNA)를 주입시켜, 새로 주입된 유전자가 발현되도록 했는데, 이를 그림으로 설명하면 다음과 같다. 옛날에는 레트로바이러스(retrovirus)를 이용했으나 이 바이러스는 계속 남

2 염색체(DNA+단백질) → DNA(유전자+Intergenic DNA + Promoter) → 유전자(Exon+Intron) → 단백질을 만들라는 유전정보(Exon)

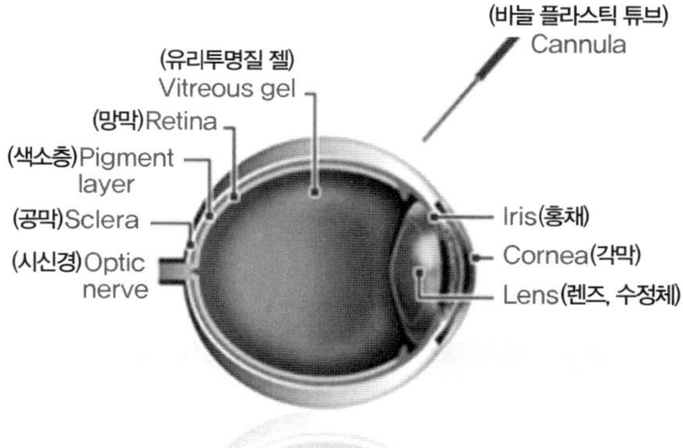

아데노 바이러스에 RPE65 상보성 유전자를 넣은 다음 바늘로 망막의 색소층에 주입. 사진 : Moorfields Eye Hospital/UCL/번역/차원용

아 있어 암세포나 다른 병을 유도할 가능성이 있어, 최근에는 감기 바이러스의 일종인 아데노바이러스를 이용하는데, 감기 바이러스는 상보성 유전자를 전달한 후 일주일 내에 나오기 때문이다. 여기서 상보성(Complimentarity)이란 색소층에 있는 RPE65가 돌연변이라 정상적인 유전자로 대체한다는 뜻이다. 정상적인 유전자를 주입해서 발현하도록 하는 것이다.

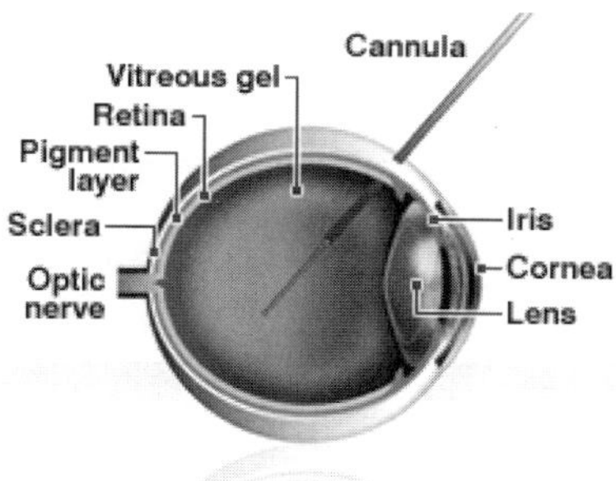

정교한 바늘 플라스틱 튜브가 안구 표면을 지나 유리투명질(유리체)까지 관통. 사진 : Moorfields Eye Hospital/UCL

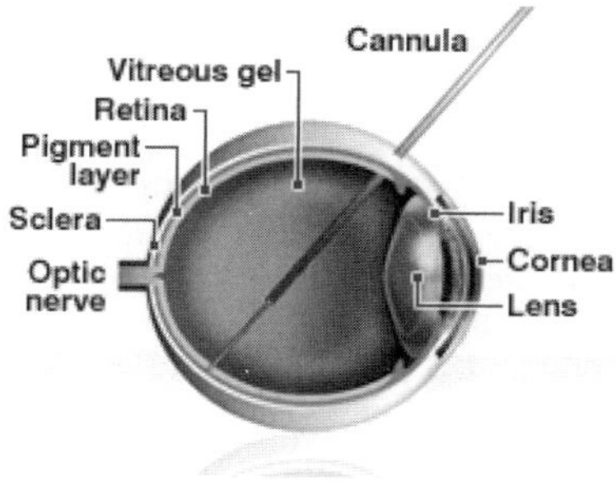

바늘 플라스틱 튜브가 망막을 지나 망막과 공막 사이의 빛을 감지하는 조직인 색소층까지 관통. 사진 : Moorfields Eye Hospital/UCL

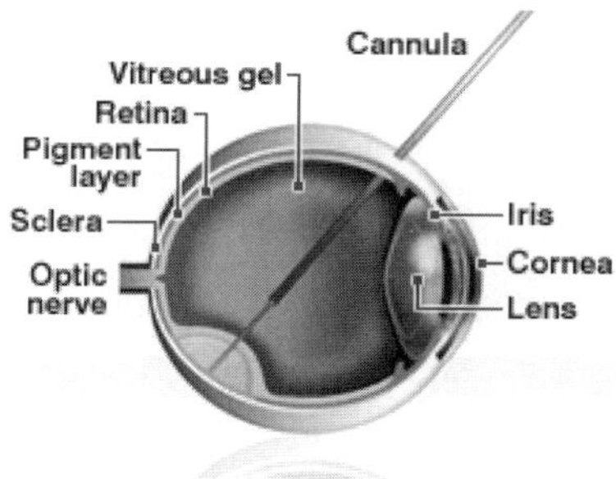

색소층에 RPE65 상보성 유전자를 실은 아데노 바이러스를 주입. 사진 : Moorfields Eye Hospital/UCL

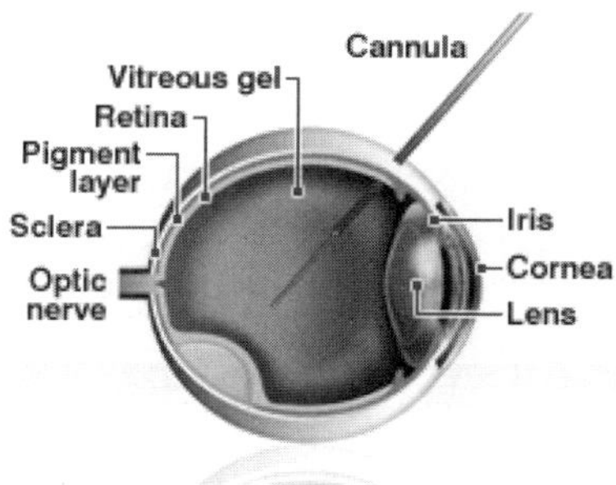

색소층의 광수용체 세포들이 RPE65 상보성 유전자를 실은 아데노 바이러스를 흡수하고 망막은 정상 상태로 복귀. 사진 : Moorfields Eye Hospital/UCL

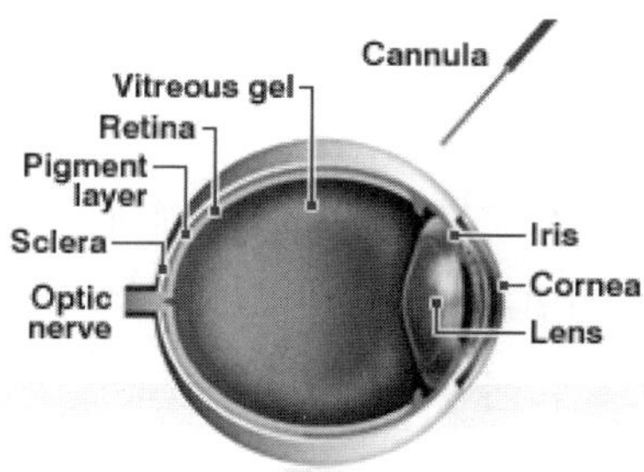

SOURCE: Moorfields Eye Hospital/UCL

아데노 바이러스가 광수용체 세포들을 감염시켜 RPE65 상보성 유전자를 제공하여 유전자가 발현되도록 함으로써 광수용체 세포들이 빛을 감지하는 기능을 회복시켜 시각을 회복/재생. 사진 : Moorfields Eye Hospital/UCL]

3-8. 환자와 의사들의 믿음/자신과 예수님의 장님 치료

그러나 제일 중요한 것은 환자와 의사들의 믿음과 자신이라고 이들은 말하고 있다. 새로운 유전자가 돌연변이 유전자를 대체하면 광수용체 세포들이 제 기능을 할 것이라는 자신과 믿음, 더 나아가 환자의 수술에 대한 믿음이 제일 중요한 시각 재생의 중요한 변수라는 것이다.

이 점에서 성경의 말씀을 살펴볼 필요가 있다. 본 절에서 다시 언급하겠지만, 「마태복음」 9장에는 예수님이 후천성 두 맹인을 고치시는(Jesus Heals Two Blind) 장면이 나온다. 내가 능히 너희들을 고칠 줄 믿느냐라는 질문에 이들은 "네, 주여(Yes, Lord)"라고 대답을 한다. 이외에 나병환자나 중풍환자 등 많은 사람들을 고치시는 장면이 나온다. 환자들의 믿음과 예수님의 자신으로 만지시거나 말씀 한 마디로 이들을 모두 고치신 것이다. 기적이 아니라 우리가 그 당시에도 몰랐고 지금도 모르는 최첨단 과학기술로 모두 고치신 것이다.

지금의 유전자 치료는 우리 눈으로 보이는 바늘을 통해 위의 내용과 같이 유전자 주입 후 4개월 만에 18세의 호와스가 시각을 회복하는 정도이지만, 과학기술이 해가 갈수록 혁신이 거듭된다고 생각해 보라. 10년 뒤에는 하나의 유전자가 아니라 수십 개의 유전자를 주입하여 2개월이면 눈을 뜨게 될 것이고, 20년 뒤에는 1개월이면 눈을 뜨게 될 것이며, 30년 뒤에는 15일 만에 눈을 뜨게 될 것이다. 200년 뒤에는 우리 눈으로는 보이지 않는 하나의 빛(light)을 통해 유전자를 주입하는 세상으로 진입하게 될 것이라는 점이다. 예수님이 우리 인간에게 가르쳐주신 성경의 말씀들은 "언젠가는 너희 인간들도 나처럼 모든 병자들을 그저 만지거나 말만 해도 고칠 수 있는 과학기술을 발견하라"는 뜻인 것이다.

4. 생체공학 눈(Bionic Eye)을 만들어 이식

4-1. 미국 워싱턴 대, 버추얼 망막 디스플레이(Virtual Retinal Display)

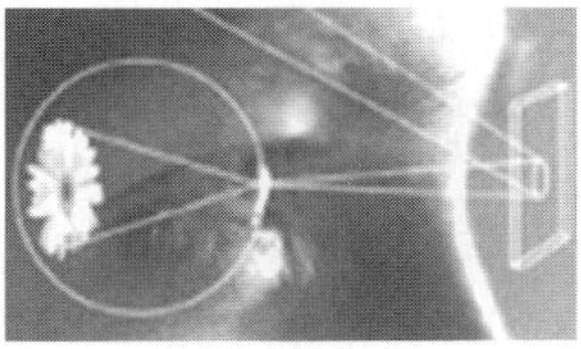

미국 워싱턴 대 휴먼 인터페이스 기술연구소의 퍼니스(Thomas Furness) 소장은 2001년에 신경외과 의사들을 위한 인공 눈인, 고화질의 버추얼 망막 디스플레이(Virtual Retinal Display)를 개발했다(Wired, 03 Apr 2001 & 18 Aug 2001). 현재 마이크로비전(Microvision) 사가 상용화에 도전하고 있다. 이 디바이스는 기존의 헤드 마운티드 디스플레이 기술과는 다르게, 빛이 스크린이 아닌 망막에 직접 투영되기 때문에 그만큼 전기 사용량이 적다. 의술, 의학, 교육, 예술 등 입체영상 분야에 엄청난 영향을 미치며 우리의 생활 패턴을 바꾸게 될 것으로 보인다.

4-2. 독일/미국, 생체공학 인공 눈 개발

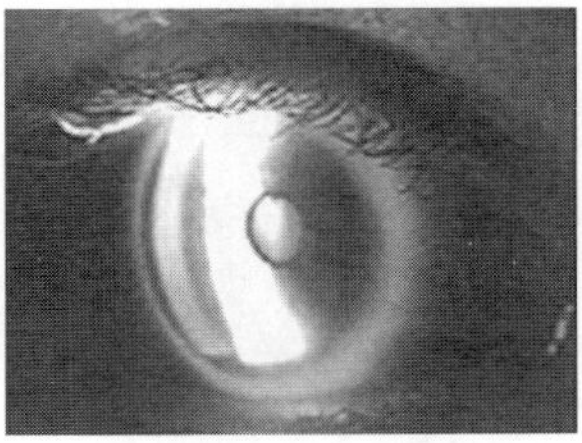

후천성 시각장애인들이 점으로 이루어진 형태의 사물을 다시 볼 수 있는 생체공학적 인공 눈(bionic eye)이 미국과 독일 과학자들에 의해 개발되었다(BBC, 05 Apr 2005). 안경에 내장된 아주 작은 미니 비디오 카매라와 연결된 컴퓨터 칩을 각각 눈의 뒤쪽에 있는 망막에 이식한 것이다. 비디오 카메라에 잡힌 영상이 이 컴퓨터 칩에 빛으로 전달되면 컴퓨터 칩이 이를 뇌가 해석할 수 있는 파동으로 바꾸어 뇌에 전달토록 하는 것이다. 이번 연구는 영국의 왕립실명회복연구소(Royal National Institute of the Blind)에서 의논되었다.

미국 존스 홉킨스 대(Johns Hopkins University)의 대그넬리 교수(Dagnelie)는 이번 런던에서 개최된 학술 컨퍼런스에서 이 같은 인공 눈 개발을 발표하고 앞으로 1년 안에 인간 대상 임상시험을 시작할 계획이라고 밝혔다. 인공 눈이 만드는 영상은 아직 인간의 자연적 시각 시스템에 비해 아주 미비하지만 시각장애인들은 적어도 이를 이용해 사람의 얼굴을 인식할 수 있을 것으로 내다봤다. 영국에는 50만 명의 시각장애인들이 이 혜택을 받을 것으로 보인다. 대그넬리 박사는 "망막에 심어지는 칩에는 미니 전극들이 들어 있어서 전극 하나가 자극을 받으면 살아 남아 있는 시신경을 자극해 시각장애인은 하나의 점(a single dot of light)을 보게 된다"고 설명했다. 대그넬리 박사는 지금까지는 최고 16개의 전극을 이식했지만 앞으로 이를 50~100개로 늘리면 사물의 전체적인 영상을 보다 더 잘 나타낼 수 있을 것이라고 말하고 이 정도면 시각장애인이 장애물을 피해 걸어가고 문과 창문을 찾아낼 수 있을 것이라고 밝혔다. 영상은 아주 초보적인 형태로 나타나지만 시각장애인에게는 이것만으로도 대단한 것이며 불투명한 영상이라도 이를 해석하는 방법을 배우면 영상이 무엇인지를 알 수 있을 것이라고 대그넬리 박사는 말했다. 앞으로 상당한 시간이 걸리기는 하겠지만 이 기술이 더 미세조정을 거치면 나중에는 사람의 얼굴을 구분할 수도 있을 것이라고 그는 덧붙였다.

대그넬리 박사는 그러나 태어날 때부터 실명한 성인은 뇌가 전달된 영상을 인지하지 못할 것이기 때문에 이 인공 눈이 도움이 되지 않을 것이라고 말했다. 영국 왕립실명회복연구소의 라이프스톤(Anita Lifestone)은 이 기술은 혁명적인 것으로 사람들의 삶의 방식을 바꿀 것이지만 아직은 요원한 길이라고 말했다. 이번 인공 눈은 미국 캘리포니아주에 위치한 세컨드 사이트(Second Sight)라는 회사가 실제 기술의 상용화를 담당하고 있다.

4-3. 미국 어바나-샴페인 일리노이 대, 전자 눈 개발

미국 어바나-샴페인 일리노이 대 재료공학과의 존 로저스(John Rogers) 교수팀은 반구형 전자 눈(Electronic Eye)을 발견하고 2008년 8월에 평면 마이크로칩 광센서 대신 화소(Pixel)들이 반구형(Hemispherical) 곡면 형태로 되어 있어 사람 눈처럼 작동하는 전자 눈을 개발했다(Ko & Rogers et al., Nature, 2008). 광감지기 어레이의 곡면 형태는 넓은 시야각과 고품질의 영상을 제공한다. 기존 디지털 카메라와 달리 광센서(광수용체 세포=Photoreceptor Cells)가 사람 눈동자처럼 곡면으로 되어 있는 곡면 센서(Curved Sensor)로 넓은 각도(Wide Field of View)를 볼 수 있는 전자 눈이다. 연구팀은 앞으로 10년 내에 상용화가 가능할 것으로 기대하고 있다.

2절 귀머거리를 고치는 오늘날과 미래의 최첨단 과학기술

1. 3차원 프린터로 생체공학 귀(Bionic Ear)가 탄생하다

이번에는 3차원 프린터를 이용해 생물학과 전자공학이 만나는 사례를 하나 살펴보자. 2013년에 최초로 3D 프린터로 찍어낸 생체공학 귀(Bionic Ear)가 탄생했다(Mannoor, Nano Letters, 01 May 2013). 3D 프린터로 생물학(조직)과 전자공학(안테나)을 융합한 것이다. 이를 플렉소닉

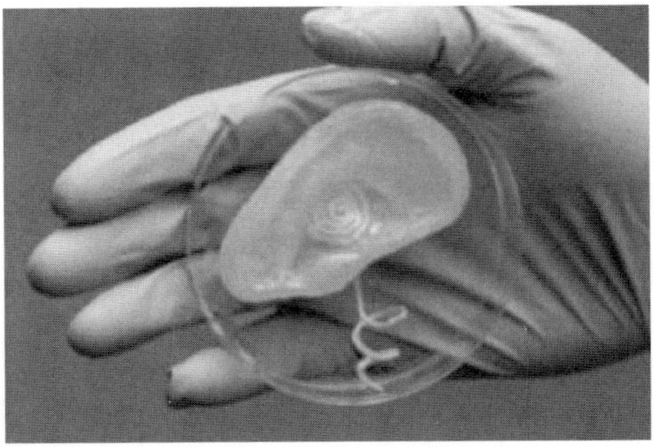

3D프린터로 조직과 안테나를 융합해 실제 들을 수 있는 생체공학 귀를 만듦. Credit: Photo by Frank Wojciechowski; Mannoor(01 May 2013)

(Flexonics)의 분자혁명이라고 하는데 바로 생체공학(Bionics) 기술이다.

미국 프린스턴 대학 과학자들이 3차원 프린터로 기능성의 귀를 개발했는데, 이 생체공학 귀는 인간이 들을 수 있는 전파 주파수 범위(16Hz~20kHz)를 훨씬 뛰어넘어 초음파까지 들을 수 있다. 연구팀은 3차원 프린터를 이용해 세포와 코일 안테나를 카트리지로 공급해 생체공학 귀를 개발했다. 인간의 능력을 증강(enhance)시키는 학문을 사이버네틱스(cybernetics)라 하는데, 최근에 이 분야에 관심이 집중되고 있으며, 이러한 생체공학 귀를 착용한 인간들을 사이보그(Cyborg)라 한다. 이러한 생체공학 눈/귀/코 등의 개발사례는 상당히 많으나 아직 상용화되기에는 이르다. 그 이유는 실제 기능(보고, 듣고, 냄새 맡고)을 해야 하는데, 이게 쉬운 일이 아니다. 그러나 언젠가는 인간 몸 부분을 이들 생체공학들이 대체할 것이며, 생물학적으로 인간의 능력을 뛰어넘는 장기까지 만들어낼 것으로 과학자들은 보고 있다(Science Daily, 01 May 2013).

3절 선천성과 후천성 맹인들을 고치시다(재생의학)

1. 후천성 두 맹인의 눈을 만져(조직/줄기/세포이식) 재생시키다(15th)

「마태복음」 9장 27절~31절에는 후천성 두 맹인의 믿음으로 예수님께서 눈을 만지시며, '너희 믿음대로 되라'라는 말씀 한 마디로 고치시는(Jesus Heals Two Blind) 장면이 등장한다. 예수님께서 두 맹인에게 "내가 능히 너희들을 고칠 줄 믿느냐(Do you believe that I am able to do this?)"라는 질문에 이들은 "네, 주여(Yes, Lord)"라고 대답을 한다. 이에 예수님께서 저희 눈을 만지시며 가라사대 너희 믿음대로 되라 하신대, 두 맹인의 눈들이 밝아진다.

「마태복음」 9:27 - 예수께서 거기서 떠나 가실쌔 두 소경이 따라오며 소리질러 가로되 다윗의 자손이여 우리를 불쌍히 여기소서 하더니(As Jesus went on from there, two blind men followed him, calling out, "Have mercy on us, Son of David!")(NIV)

9:28 - 예수께서 집에 들어가시매 소경들이 나아오거늘 예수께서 이르시되 내가 능히 이 일 할 줄을 믿느냐 대답하되 주여 그러하오이다 하니(When he had gone indoors, the blind men came to him, and he asked them, "Do you believe that I am able to do this?" "Yes, Lord," they replied.)

9:29 - 이에 예수께서 저희 눈을 만지시며 가라사대 너희 믿음대로 되라 하신대(Then he touched their eyes and said, "According to your faith will it be done to you";)

9:30 - 그 눈들이 밝아진지라 예수께서 엄히 경계하시되 삼가 아무에게도 알게 하지 말라 하셨으나(and their sight was restored. Jesus warned them sternly, "See that no one knows about this.")(NIV); And their eyes were opened; and Jesus straitly charged them, saying, See that no man know it.(KJV); and their sight was restored. Jesus spoke sternly to them, "Don't tell this to anyone!"(Good News)

9:31 - 저희가 나가서 예수의 소문을 그 온 땅에 전파하니라(But they went out and spread the news about him all over that region.)

어떻게 고치셨을까? 여기서 중요한 내용은 '두 맹인의 눈들이 밝아진다'의 영문 성경을 보면 'their sight was restored'라는 점이다. 이 말은 '회복/복귀'시켰다는 뜻이다. 원래대로 눈의 기능을 재생시켰다는 뜻이다. 그래서 이는 후천성의 두 맹인이라는 것을 알 수 있다. 두 맹인의 믿음에 따라 예수님께서 '눈을 만지시며(he touched their eyes)'라는 뜻은 그저 종교적으로 안수했다는 뜻이 아니라, 생체인터넷으로 무장한 예수님은, 오늘날의 조직을 이식했거나 줄기세포나 세포를 이식했다는 것을 말한다. "너희 믿음대로 되라"고 말씀하신 것은 그 조직이나 줄기세포나 세포가 갖고 있던 원래의 테라헤르츠파나 자기장을 쏘아 공명시킴으로써 신속하게 재생시켰다는 의미이다. 아니면 손을 만지실 때 생체인터넷의 인체매질로 테라헤르츠파나 자기장을 흘려보낼 수도 있다.

2. 후천성 맹인의 눈을 만져 새로운 망막/생체공학 눈을 이식하다 (16th)

「마태복음」 20장 29절~34절, 「마가복음」 10장 46절~52절, 그리고 「누가복음」 18장 35절~43절에는 여리고 근처에서 맹인들의 믿음을 보시고 동정을 보이사, 예수님께서 맹인들의 눈을 만지시니, 곧 보게 되어 예수님을 좇는 장면이 등장한다. 「마태복음」에는 두 명의 맹인들이, 「마가복음」에는 소경 거지 바디매오가, 그리고 「누가복음」에는 한 소경이 등장한다. 여기서도 소경의 믿음이 먼저 등장한다. 예수님께서 이들에게 "너희에게 무엇을 하여 주기를 원하느냐"고 묻자 맹인들은 "우리 눈 뜨기를 원하나이다"라고 대답한다.

「마태복음」 20:29 - 저희가 여리고에서 떠나갈 때에 큰 무리가 예수를 좇더라(As Jesus and his disciples were leaving Jericho, a large crowd followed him.)

20:30 - 소경 둘이 길가에 앉았다가 예수께서 지나가신다 함을 듣고 소리질러 가로되 주여 우리를 불쌍히 여기소서 다윗의 자손이여 하니(Two blind men were sitting by the roadside, and when they heard that Jesus was going by, they shouted, "Lord, Son of David, have mercy on us!")

20:31 - 무리가 꾸짖어 잠잠하라 하되 더욱 소리질러 가로되 주여 우리를 불쌍히 여기소서 다윗의 자손이여 하는지라(The crowd rebuked them and told them to be quiet, but they shouted all the louder, "Lord, Son of David, have mercy on us!")

20:32 - 예수께서 머물러 서서 저희를 불러(Jesus stopped and called them. "What do you want me to do for you?" he asked.)

20:33 - 가라사대 너희에게 무엇을 하여 주기를 원하느냐 가로되 주여 우리 눈 뜨기를 원하나이다("Lord," they answered, "we want our sight.")

20:34 - 예수께서 민망히 여기사 저희 눈을 만지시니 곧 보게 되어 저희가 예수를 좇으니라(Jesus had compassion on them and touched their eyes. Immediately they received their sight and followed him.)(NIV); So Jesus had compassion on them, and touched their eyes: and immediately their eyes received sight, and they followed him.(KJV)

「마가복음」 10:46 - 저희가 여리고에 이르렀더니 예수께서 제자들과 허다한 무리와 함께 여리고에서 나가실 때에 디매오의 아들인 소경 거지 바디매오가 길가에 앉았다가(Then they came to Jericho. As Jesus and his disciples, together with a large crowd, were leaving the city, a blind man, Bartimaeus (that is, the Son of Timaeus), was sitting by the roadside begging.)

10:52 - 예수께서 이르시되 가라 네 믿음이 너를 구원하였느니라 하시니 저가 곧 보게 되어 예수를 길에서 좇으니라("Go," said Jesus, "your faith has healed you." Immediately he received his sight and followed Jesus along the road.)

「누가복음」 18:35 - 여리고에 가까이 오실 때에 한 소경이 길가에 앉아 구걸하다가(As Jesus approached Jericho, a blind man was sitting by the roadside begging.)

18:42 - 예수께서 저에게 이르시되 보아라 네 믿음이 너를 구원하였느니라 하시매(Jesus said to him, "Receive your sight; your faith has healed you.")

어떻게 고치셨을까? 핵심은 우리말 성경의 '곧 보게 되어'와 '구원'이라는 말의 영문 성경을 보면 알 수 있는데, 'their eyes received sight' 혹은 'he received his sight' 혹은 'Receive your sight'라는 점이다. 이는 '눈을 받았다'라는 뜻으로 후천성 맹인을 알 수 있는데, 무엇을 받았을까? 예수님께서 '눈을 만지시니'라는 것은, 오늘날의 과학기술로 이해하자면 망막을 이식했다는 뜻이다. 새로운 망막의 조직을 이식했을 수도 있고, 생체공학적 눈을 이식했을 수도 있다. 그리고 '가라'라고 말씀하신 것은 테라헤르츠파나 자기장을 쏘아 신속하게 눈의 기능들과 조화하도록 했다고 볼 수 있으며, 아니면 생체인터넷의 인체 매질을 사용했을 수도 있다. 이게 중요한 것이 아니다. 예수님께서 우리들에게 이를 보이셨다는 것은 우리 보고 그런 과학기술을 찾아내 다 이루라는 것이 중요한 것이다. 언젠가는 우리도 예수님과 같이 맹인을 고치는 그런 날이 올 것이다.

3. 선천성 맹인을 유전자를 주입하여 고치시다(17th)

자, 이제 예수님께서 맹인을 고치는 의술 수준의 난이도가 점점 높아간다. 「마가복음」 8장 22절~26절에는 사람들이 소경 하나를 데리고 예수님께 나아와 손대시기를 구한다(begged Jesus to touch him). 예수님이 손만 대시면 병이 낫는다는 것을 환자들은 소문에서 들은 것이다. 그것은 예수님께서 손만 대시면 낫는다는 믿음이다. 이에 예수님께서 소경의 손을 붙드시고 마을 밖으로 데리고 나가사 눈에 침을 뱉으시며 그의 손을 잡아 예수님께 대고 무엇이 보이느냐고 물으신다. 이것은 대단한 의술을 의미하는 것이다. 사람들이 안 보이게 마을 밖으로 데리고 나가서, 소경의 눈에 침을 뱉으신다. 눈에 침을 뱉는 것을 사람들이 보면 무어라 할까? 미쳤다고 할 것이다. 문맥의 정황을 보면 선천성 맹인임을 알 수 있다. 그리고 왜 침을 뱉었을까?

그것은 예수님의 침에 있는 유전자를 소경의 눈에 주입했다는 뜻으로 풀이 할 수 있다. 그리고 소경의 손을 예수님께 댔다는 것은, 생체인터넷으로 무장한 예수님이시라, 테라헤르츠파나 자기장을 소경에 흘려보냈다고 해석할 수 있다. 그것은 신속하게 재생시키기 위함이라 볼 수 있다. 그리고 예수님은 "무엇이 보이느냐?"고 물으신다. 소경은 이에 사람들이 보이는데 사람들이 마치 나무가 걸어다니는 것 같다(they look like trees walking around)고 대답한다. 보이기는 보이는데, 아직은 확실히 보이지 않고 사람이 나무처럼 보인다는 것이다. 예수님은 의술의 경과도 확인한 것이다. 이에 예수님은 소경의 눈에 손을 대신다. 손을 대신다는 것은 눈의 구조와 기능들인 망막, 공막, 수정체들이 제대로 작동되도록 각각의 맞춤식 테라헤르츠나 자기장을 흘려보냈다고 해석할 수 있다. 아니 그 이상의 과학기술을 사용하셨다고 볼 수 있다.

'소경의 눈이 열렸다(his eyes were opened)'는 것은 눈꺼풀이 열렸다는 뜻이고, '그의 눈이 완전히 재생되었다(His sight was completely restored)'는 것은 유전자가 100% 발현되었다는 뜻이고, '만물을 밝히 보는지라(he saw everything clearly)'는 눈의 구조와 기능이 100% 재생(회복)되어 사물의 이미지를 100% 분간할 줄 안다는 뜻이다. 참으로 대단한 유전자 주입의술이다. 그러나 이게 중요한 것이 아니다. 예수님께서 우리들에게 보이셨다는 것은 우리보고 그런 유전자 주입기술을 찾아 다 이루라는 것이 중요한 것이다. 언젠가는 그런 날이 올 것이다.

「마가복음」 8:22 - 벳새다에 이르매 사람들이 소경 하나를 데리고 예수께 나아와 손대시기를 구하거늘(They came to Bethsaida, and some people brought a blind man and begged Jesus to touch him.)

8:23 - 예수께서 소경의 손을 붙드시고 마을 밖으로 데리고 나가사 눈에 침을 뱉으시며 그에게 안수하시고 무엇이 보이느냐 물으시니(He took the blind man by the hand and led him outside the village. When he had spit on the man's eyes and put his hands on him, Jesus asked, "Do you see anything?")

8:24 - 우러러 보며 가로되 사람들이 보이나이다 나무 같은 것들의 걸어가는 것을 보나이다 하거늘(He looked up and said, "I see people; they look like trees walking around.")

8:25 - 이에 그 눈에 다시 안수하시매 저가 주목하여 보더니 나아서 만물을 밝히 보는지라(Once more Jesus put his hands on the man's eyes. Then his eyes were opened, his sight was restored, and he saw everything clearly.)(NIV); After that he put his hands again upon his eyes, and made him look up: and he was restored, and saw every man clearly.(KJV); Then Jesus placed his hands on the man's eyes again, and his eyes were opened. His sight was completely restored, and he could see everything clearly.(New Living); Jesus again placed his hands on the man's eyes. This time the man looked intently, his eyesight returned, and he saw everything clearly.(Good News)

8:26 - 예수께서 그 사람을 집으로 보내시며 가라사대 마을에도 들어가지 말라 하시니라(Jesus sent him home, saying, "Don't go into the village.")

4. 안식일날 선천성 맹인을 원자(미네랄)-염기를 이식하여 고치시다 (18th)

자, 이번에는 가장 난이도가 높은 의술을 사용하시어 맹인을 어떻게 고치셨는가를 예측해 보자. 「요한복음」 9장 1절~41절까지는 안식일에 날 때부터(선천성) 맹인된 사람을 고치시다(Jesus Heals a Man Blind)라는 기적이 등장한다. '이 사람이나 그 부모가 죄를 범한 것이 아니라 그에게서 하나님의 일을 나타내고자 하심이니', '내가 세상에 있는 동안에는 내가 세상의 빛이로다' 말씀하시고 땅에 침을 뱉아 진흙을 이겨 그의 눈에 바르시고, '실로암 못에 가서 씻으라'고 말씀하시자 맹인이 가서 씻고 밝은 눈으로 왔다는 내용이다.

「요한복음」 9:1 - 예수께서 길 가실 때에 날 때부터 소경된 사람을 보신지라(As he went along, he saw a man blind from birth.)

9:2 - 제자들이 물어 가로되 랍비여 이 사람이 소경으로 난 것이 뉘 죄로 인함이오니이까 자기오니이까 그 부모오니이까(His disciples asked him, "Rabbi, who sinned, this man or his parents, that he was born blind?")

9:3 - 예수께서 대답하시되 이 사람이나 그 부모가 죄를 범한 것이 아니라 그에게서 하나님의 하시는 일을 나타내고자 하심이니라("Neither this man nor his parents sinned," said Jesus, "but this happened so that the work of God might be displayed in his life.)

9:4 - 때가 아직 낮이매 나를 보내신 이의 일을 우리가 하여야 하리라 밤이 오리니 그 때는 아무도 일할 수 없느니라(As long as it is day, we must do the work of him who sent me. Night is coming, when no one can work.)

9:5 - 내가 세상에 있는 동안에는 세상의 빛이로라(While I am in the world, I am the light of the world.")

9:6 - 이 말씀을 하시고 땅에 침을 뱉아 진흙을 이겨 그의 눈에 바르시고(Having said this, he spit on the ground, made some mud with the saliva, and put it on the man's eyes.)

9:7 - 이르시되 실로암 못에 가서 씻으라 하시니 (실로암은 번역하면 보냄을 받았다는 뜻이라) 이에 가서 씻고 밝은 눈으로 왔더라("Go," he told him, "wash in the Pool of Siloam" (this word means Sent). So the man went and washed, and came home seeing.)

우선 날 때부터 소경된 사람(a man blind from birth)이라고 강조하고 있는 것으로 보아 선천성의 고치기 어려운 소경임이 틀림없다. 핵심은 이것이다. 예수님은 "내가 세상에 있는 동안에는 세상의 빛이로라(While I am in the world, I am the light of the world.)"라고 말씀하신다. 빛으로 오신 예수님을 강조한 것이다. 빛으로 안되는 일이 없다는 뜻일 것이다. 그것은 전지전능한 과학기술로 무장하셨다는 것을 의미할 것이다. 이 말씀을 하시고 예수님께서 '땅에 침을 뱉아 진흙을 이겼다(he spit on the ground, made some mud with the saliva)'. 이게 도대체 무슨 말인가? 무엇을 했다는 뜻인가?

이것을 이해하려면 본권 2부 2장 1절의 "미네랄 테라헤르츠파(THz)란 무엇인가?"와 2절의 "유전자는 사라져도 생명의 흔적을 남기는 미네랄"을 이해해야 한다. 예수님은 침을 땅에 뱉는다. 예수님의 침의 유전자에 들어 있는 원자와 인간의 몸을 구성하는 22~23개의 원자 중 흙속에 들어있는 미네랄 원자들을 섞어 진흙을 만드셨다고 해석할 수 있다. 이 소경은 날 때부터 유전자뿐만 아니라 유전자를 이루는 미네랄 원자가 잘못되었던 것 같다. 아니면 아데닌-티민-시토신-구아닌의 염기들이 잘못 배열된 것이다. 잘못 배열되었다는 것은 제대로 있어야 할 염기들이 삭제되었거나 중복되었거나 변경되었다는 것이다. 잘못 배열된 것을 제대로 배열되게 염기를 만드셨다고 해석할 수 있다. 그 다음 진흙을 소경의 눈에 바른다. 이것은 원자나 염기들을 주입했다는 뜻일 것이다. 그 다음 예수님께서는 '실로암 못에 가서 씻으라'라고 말씀하셨다. 이것도 중요한 대목이다. 물에는 생명의 흔적을 갖고 있는 미네랄 원자들이 있다고 했다. 미네랄이 들어 있는 물을 미네랄 워터라고 한다. 씻으라는 것은 주입한 원자들이나 염기들과 공명하는 물속의 미네랄 원자들을 흡수하고, 기타 흙이나 다른 이물질들을 씻어내라고 해석할 수도 있을 것이다. 이것은 어디까지나 오늘날과 근 미래의 과학기술로 해석한 것뿐이다. 따라서 정확히는 알 수 없으나 원자나 염기를 이식했다고 보면 대충 이해가 된다. 그러나 예수님은 우리가 아직도 모르는 그 이상의 최첨단 과학기술을 사용하셨음에 틀림이 없다.

이게 중요한 것이 아니다. 예수님께서 우리들에게 보이셨다는 것은 우리보고 그런 원자(미네랄)-염기 주입기술을 찾아 다 이루라는 것이 중요한 것이다. 언젠가는 그런 날이 올 것이다.

5. 귀먹은 벙어리(농아), 유전자/세포를 귀와 혀에 이식하여 고치시다 (19th)

「마가복음」 7장 31절~37절에는 귀먹고 어눌한 사람의 믿음을 보시고, 환자를 따로 데리고 무리를 떠나, 손 가락을 환자의 양 귀에 넣고, 손 바닥에 침을 뱉어 환자의 혀에 대시어 고치는(The Healing of a Deaf and Mute Man) 장면이 등장한다. 앞에서 소개한 '선천성 맹인을 유전자를 주입하여 고치시다(17th)'와 유사하지만, 이번에는 귀가 막히고(귀머거리, 청각장애인, 난청자) 동시에 말을 못하는(벙어리), 다시 말해 난청(難聽)으로 인하여 언어 장애를 가진 농아(聾啞, deaf mutism)에게 유전자나 세포나 줄기세포를 주입하여 두 가지 병을 동시에 치료하는 경우이다. 농아는 그 어머니가 임신 중에 풍진(風疹)을 앓거나 극약 등을 복용하여 생기는 선천적 농아와 3~4세 때 뇌막염이나 성홍열 등의 병을 앓아 말을 배울 때 귀가 안 들려 언어 장애인이 되는 후천적 농아(聾啞)가 있다. '귀먹고 말이 어눌한 자(a man who was deaf and could hardly talk)'라고 했으니 분명 농아가 맞다.

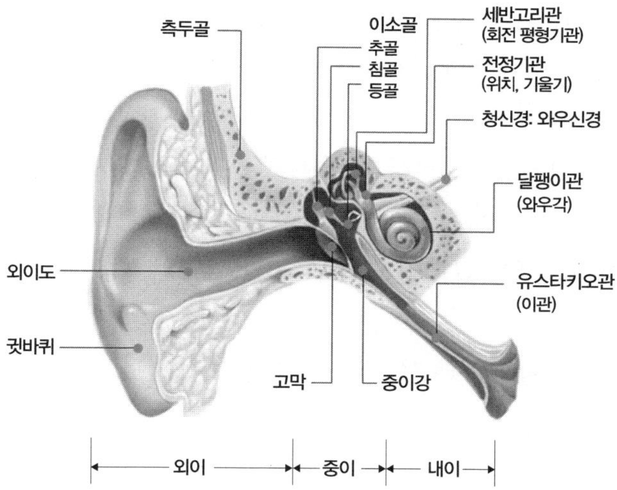

귀의 구조. Image Credit : 우리아기닷컴 건강정보 – http://www.uryagi.com/uryagig4/bbs/board.php?bo_table=dr_ear&wr_id=1

외이는 음파를 모아서 고막을 울려 중이로 전달한다. 고막이 터지면 윙윙하는 소리가 난다. 중이에 있는 이소골은 음파의 진동을 내이로 전달하며, 내이는 청각과 평형감각을 담당한다. 내이에 있는 달팽이관(와우각, cochlea)은 소리를 듣는 것과 관계가 있어 매우 중요하다. 달팽이관 내부에는 림프액과 청각세포가 있는데 소리진동이 가운데 귀의 뼈를 지나 속귀로 전달되면서 달팽이관의 림프액에 파동을 일으킨다. 이러한 파동을 청각세포가 감지하고 청신경(와우신경)이 +−의 전기신호로 바꾸어 뇌까지 전달하게 된다. 따라서 달팽이관에 이상이 생기면 감각신경성 난청, 노인성 난청, 소음성 난청, 돌발성 난청, 청각장애 등이 발생하고, 그 결과 언어 장애가 일어난다.

예수님께서 그 사람을 따로 데리고 무리를 떠나셨다는 것은, 사람들에게 치료하는 장면을 보여주기 싫어서가 아니라, 사람들이 보면 미쳤다고 생각하기 때문이다. 예수님께서 손가락을 그의 양 귀에 넣고라는 것은, 생체인터넷으로 무장한 예수님이시기 때문에, 그 사람의 청력을 테라헤르츠파를 쏘아 검사했다는 것이다. 동시에 귀의 달팽이관에 있는 손상된 청각세포에 새로운 청각세포를 주입하셨거나 줄기세포를 주입하셨거나, 아니면 청신경에 있는 손상된 신경세포들에게 테라헤르츠파를 쏘아 재생시켰다고 해석할 수 있다.

그 다음 예수님은 농아의 혀를 고치시는데, 침을 뱉아 그의 혀에 대신다. 침에 있는 예수님의 유전자를 주입했다는 뜻이다. 그리고 하늘을 우러러 탄식하시며 그에게 이르시되 '에바다' 하시니, 그의 귀가 열리고 혀의 맺힌 것이 곧 풀려 말을 분명하게 하기 시작했다. 새로운 유전자가 주입되고 신속하게 재생시키기 위해 '에바다'라는 말씀과 함께 테라헤르츠파나 자기장을 쏘신 것이다. 딱딱하게 굳어 있던 농아의 혀가 풀린 것이다.

「마가복음」 7:31 - 예수께서 다시 두로 지경에서 나와 시돈을 지나고 데가볼리 지경을 통과하여 갈릴리 호수에 이르시매(Then Jesus left the vicinity of Tyre and went through Sidon, down to the Sea of Galilee and into the region of the Decapolis.)

7:32 - 사람들이 귀먹고 어눌한 자를 데리고 예수께 나아와 안수하여 주시기를 간구하거늘(There some people brought to him a man who was deaf and could hardly talk, and they begged him to place his hand on the man.)

7:33 - 예수께서 그 사람을 따로 데리고 무리를 떠나사 손가락을 그의 양 귀에 넣고 침 뱉아 그의 혀에 손을 대시며(After he took him aside, away from the crowd, Jesus put his fingers into the man's ears. Then he spit and touched the man's tongue.)

7:34 - 하늘을 우러러 탄식하시며 그에게 이르시되 에바다 하시니 이는 열리라는 뜻이라(He looked up to heaven and with a deep sigh said to him, "Ephphatha!" (which means, "Be opened!").

7:35 - 그의 귀가 열리고 혀의 맺힌 것이 곧 풀려 말이 분명하더라(At this, the man's ears were opened, his tongue was loosened and he began to speak plainly.)

6. 5가지 기적의 과학기술 요약(원자/유전자/세포/망막/눈 이식, THz/생체인터넷+@)

5가지 기적의 과학기술 요약(원자/유전자/세포/망막/생체공학 눈 이식, THz/생체인터넷+@)

#	기적으로 표현된 내용과 예수님의 손/행동/말씀	성경기록				현대과학의분류
		마태복음	마가복음	누가복음	요한복음	상세기술
01 15th	후천성 두맹인을 만져 고치시다(Jesus Heals Two Blind); '내가 능히 이 일을 할줄을 믿느냐?'는 예수님의 질문에 '네 주여'라고 답하자, 예수님께서 저의 눈을 만지시며, '너희 믿음대로 되라' 말씀 하심	9:27-31				재생의학 조직/줄기/세포 이식, 테라헬츠 또는 자기장 치료/재생+@
02 16th	여리고 근처에서 후천성의 두 맹인들을 고치시다(Two Blind Man Receive Sight); 예수님께서 믿음을 보시고 동정을 보이사, 맹인의 눈을 만지시니, 곧 보게 되어 예수님을 좇다	20:29-34	10:46-52	18:35-43		재생의학 망막이식, 생체공학 눈 이식, 테라헬츠 또는 자기장 치료/재생+@

03 17th	벳새다의 선천성 맹인을 고치시다(The Healing of a Blind Man at Bethsaida); 믿음을 보시고, 소경의 손을 잡고 마을 밖으로 데리고 가서, 맹인의 눈에 침을 뱉고 손을 맹인과 눈에 대고 안수하시다	8:22-26			재생의학 유전자 주입, 생체인터넷, 테라헬츠 또는 자기장 치료/재생+@
04 18th	안식일에 날 때부터 맹인된 사람을 고치시다(Jesus Heals a Man Blind); '이 사람이나 그 부모가 죄를 범한 것이 아니라 그에게서 하나님의 일을 나타내고자 하심이니', '내가 세상에 있는 동안에는 내가 세상의 빛이로다' 말씀하시고 땅에 침을 뱉아 진흙을 이겨 그의 눈에 바르시고, '실로암 못에 가서 씻으라' 고 말씀하심			9:1-41	재생의학 원자(미네랄)-염기 주입, 공명하는 물(미네랄) 흡수+@
05 19th	귀먹고 어눌한 사람(농아)을 고치시다(The Healing of a Deaf and Mute Man); 믿음을 보시고, 환자를 따로 데리고 무리를 떠나, 손가락을 환자의 양 귀에 넣고, 손 바닥에 침을 뱉어 환자의 혀에 대시다	7:31-37			재생의학 유전자-줄기세포-세포 주입, 생체인터넷, 테라헤르츠파, 자기장 치료/재생+@

8장

문둥병 환자/손 마른 사람/잘린 귀를 고치시다(재생의학)

1절 한센병/문둥병/나병(癩病, leprosy)이란? 현재는 항생제 치료

상처가 있는 피부나 호흡기를 통해 혹은 나균 또는 간상균(Mycobacterium leprae)에 양성인 환자와의 직접적인 접촉에 의해 세균에 감염되는 만성 피부 전염성 질환을 말한다. 한센병(Hansen's disease)이라고도 한다. 우리 나라에도 소록도 등지에 많은 환자가 있다. 1871년 노르웨이의 의사 한센(Hansen)이 나환자의 결절(피부 주위와 비교적 뚜렷하게 구별될 수 있을 정도로 융기한)의 조직에서 세균이 모여 있는 것을 발견하여, 1974년 나균(간균, Bacillus leprae)이라 명명함으로써 유래하였다. 말초신경과 피부에 주로 침범하고, 경우에 따라서는 상부 기도를 침범하기도 한다. 일찍이 한의학에서는 가라(痂癩), 풍병(風病), 대풍라(大風癩)라 하였고, 치료가 불가능했던 시대에는 문둥병 또는 천형병(天刑病)이라 하였다. 현대의 학술적 분야에서는 나병으로 하되 사회적 분야에서는 한센병이라고 통칭한다. 왜냐하면 나병이란 용어가 편견과 차별적인 의미가 내포되어 사용되었기 때문에 이제는 대부분의 경우에서 한센병이라고 부르고 있다.

피부에 침투하는 나균(좌). 얼굴의 문둥병(중). 손의 문등병(우)

진단은 피부에 나타나는 변화를 확인하고, 말초신경이 침범되었을 때 나타나는 증상인 과다 감각, 감각소실, 마비, 근육 위축 여부의 검진, 말초신경의 비대나 압통 여부의 촉진(손으로 만져보는 것) 등을 통해 진단한다. 피부에 병적인 변화가 나타나는 부분을 조직 검사하여 원인균을 확인하면 한센병을 확실히 진단할 수 있다. 한센병의 치료에는 여러 종류의 항생제를 함께 쓰는 병합 요법이 사용된다. 나균에 효과적인 항생제로는 댑손(dapsone), 리팜핀(rifampin), 클로파지민(clofazimine) 등이 있다. 그러나 장기간의 항생제 투여로 내성균이 생겨서 치료에 어려움이 있을 수 있으며, 나병 자체의 예방 백신은 아직 없다.

치료하지 않으면 신경계의 합병증으로 인해 사지의 무감각과 근육의 병적인 증상이 발생한다. 촉감, 통각, 온도 감각이 소실되고 위치감각과 진동감각도 없어진다. 나균에 가장 흔히 침범되는 신경 부위는 팔꿈치이며 네 번째와 다섯 번째 손가락이 갈퀴처럼 변형된다. 손목 처짐이나 발목 처짐이 발생할 수 있다. 손가락과 발가락에 감각이 소실된 상태에서 지속적으로 외상을 입고 이로 인해 이차 감염이 발생하면 손가락과 발가락의 말단 부위가 떨어져 나가기도 한다.

코점막에 나균이 침범하면 코피가 나거나 코막힘 증상이 나타나고, 코연골의 만성적인 염증으로 인해 연골이 변형되어 안장코(saddle nose)가 되거나 무후각증이 발생하기도 한다. 눈에 침범되면 안구가 돌출되거나 눈이 감기지 않게 되고 각막궤양이나 백내장, 녹내장 등이 발생하여 실명할 수도 있다. 나균이 고환염을 일으킬 경우 무정자증이 되어 불임이 될 수도 있다.

2절 레위기에 정의된 문둥병과 피(blood)/기름(oil)/THz 치료법

구약성경 「레위기」 13장과 14장에는 문둥병의 정의와 진단하는 방법 및 치료법이 상세하게 나온다. 「레위기」 13장 1절에는 '여호와께서 모세와 아론에게 일러 가라사대'라는 여호와 하나님(야훼)의 말씀이 등장하는 것으로 보아, 모세(Moses, BC 1526-BC 1406)가 출애굽을 시작하고(BC 1446), 출애굽한 지 2년(BC 1444) 정월에 니새 산 앞에 이동식 성막(Tabernacle), 즉 회막(Tent of Meeting)을 세우고 언약궤(Ark of Covenant) 즉, 증거궤(Ark of Testimony)를 안치한 후 봉헌한다(「출애굽기」 39:21-43 & 40장). 그리고 모세를 부르시고 번제(The Burnt Offering)에 대해 말씀하시고(「레위기」 13:1), 모세와 아론을 부른 것으로 추측된다. 그렇다면 「레위기」 13장과 14장은 BC 1444년이라고 보아야 할 것이다.

「레위기」 13장에는 각종 문둥병이 등장한다. 사람의 피부에 무엇이 돋거나 딱지가 앉거나 색점이 생겨서 발생하는 문둥병(When a man shall have in the skin of his flesh a rising, a scab, or a bright spot, and it be in the skin of his flesh like the plague of leprosy)(「레위기」 13:2, KJV)에서부터, 피부를 불에 데워서(a burn on his skin), 즉 화상에서 발생한 문둥병

(it is a leprosy broken out of the burning)(「레위기」 13:24-25, KJV), 머리에나 수염에 환처가 생겨 옴(an itch, or a dry scall)으로 인해 발생하는 문둥병(「레위기」 13:29-30, KJV), 머리털이 빠져 대머리에 발하는 문둥병(「레위기」 13:40-42)까지 그 종류가 다양하다. 하기야 이스라엘 민족이 출애굽을 하여 시내산의 험한 길로 탈출을 했으니 BC 1444년에는 다양한 문둥병이 발생했을 것이다.

그런데 문둥병인지 아닌지 진단을 하는 역할을 담당한 사람들은 바로 대제사장인 아론(Aaron)이나 제사장들이었다는 점이다. 문둥병의 초기에는 7일간 격리시키기도 하고, 문둥병 환자라고 진단되면 혼자 살되 진 밖에서 살게 했다. 그리고 문둥병이 입고 있던 옷들은 전부 깨끗하게 빨게 하고 의복이나 가죽에 생기는 색점들은 전부 불살라 전염병의 길을 막았다.

이러한 방법으로 문둥병 환자가 나은 조짐이 있으면, 다시 제사장에게로 데려가 다음과 같은 까다로운 치료법을 받았다(「레위기」 14장, NIV). 제사장은 문둥병 환자를 위하여 깨끗한 산 새 두 마리(two birds alive and clean)와 백향목(cedar wood)과 홍색실(scarlet)과 우슬초(hyssop)를 가져오게 하고, 그 새 하나는 흐르는 물 위 질그릇 안에서 잡게 하고(one of the birds be killed in an earthen vessel over running water), 다른 새는 산대로 취하여, 앞서 잡은 새 피에 담그고(into the blood of the bird), 문둥병 환자에게 일곱 번을 뿌려 정하다 명령하고, 그 산 새는 야생 들에 놓아 주었다. 그 다음 환자는 자기 장막 밖에 칠 일을 거하면서 그의 옷을 빨고 모든 털을 밀어 깎아내고 물로 몸을 씻었다.

제 팔일에는 환자의 번제물(his offerings)인 흠 없는 어린 수양 둘(two

male lambs)과 일년 된 흠 없는 어린 암양 하나(one ewe lamb a year old)와 또 고운 가루 에바 십분 삼에 기름 섞은 소제물과 기름 한 록을 취해(along with three-tenths of an ephah of fine flour mixed with oil for a grain offering, and one log of oil), 제사장은 환자와 그의 번제물들을 회막문 여호와 앞에 두고(before the LORD at the entrance to the Tend of Meeting), 어린 수양 하나를 취하여 기름 한 록과 아울러 속건제(a guilt offering)로 드리되 여호와 앞에 흔들어 요제(a wave offering)를 삼았다. 그 다음 그 어린 수양은 거룩한 장소(the holy place) 곧 속죄제(the sin offering)와 번제 희생(the burnt offering) 드리는 곳에서 잡고, 속건 제물(the guilt offering)은 속죄 제물(the sin offering)과 같이 제사장에게 속했다. 그 다음 제사장은 그 속건제 희생의 피를 취하여 환자의 우편 귓부리와 우편 손 엄지가락과 우편 발 엄지가락에 발랐다. 제사장은 또 그 한 록의 기름을 취하여 자기 좌편 손바닥에 따르고, 우편 손가락으로 좌편 손의 기름을 찍어 그 손가락으로 그것을 여호와 앞에 일곱 번을 뿌렸다. 그리고 손에 남은 기름은 제사장이 환자의 우편 귓부리와 우편 손 엄지가락과 우편 발 엄지가락 곧 속건제 희생의 피 위에 발랐으며, 환자의 머리에 바르고 여호와 앞에서 제사장은 환자를 위하여 속죄(atonement) 했다. 그 다음 번제 희생을 잡았다(After that, the priest shall slaughter the burnt offering). 그 다음 제사장은 그 번제(the burnt offering)와 소제(the grain offering)를 단(the altar)에 드려 환자를 위하여 속죄했으며, 그 이후에야 환자가 깨끗하게 되었다.

참으로 환자가 정결하게 되는 날의 까다로운 규례의 어려운 치료법이었다. 그래도 결과적으로 문둥병 환자는 낫다는 사실이다. 어떤 과학적인 기술을 사용했는지 정확히 알 수는 없으나, 오늘날의 과학으로 보자면 깨끗한 새의 피와 흠없는 양의 피를 문둥병 환자에게 뿌리고, 환자의 귓부리와 손 엄지가락과 발 엄지가락에 발랐다는 것이다. 그러면 무엇을 발랐을까? 핏속에 들어 있는 세포를 통틀어 혈구(血球, blood corpuscle), 血球)라 한다. 적혈구, 백혈구, 혈소판 등 세 가지 종류의 세포가 혈구이다. 피에서 이들 세 가지 세포 성분을 제외한 나머지를 혈장(blood plasma)이라고 한다. 혈장은 노란색을 띠는데 그것은 피가 빨간색으로 보이게 하는 적혈구가 제거되었기 때문이다. 혈장에는 다양한 기능을 하는 수많은 물질이 녹아 있고, 이 성분과 세 혈구가 하는 일이 바로 피의 기능이 된다.

혈구는 혈액의 약 45% 정도를 차지하고, 혈장은 약 55%를 차지한다. 혈장에서 섬유소원(fibrinogen)을 제거한 나머지를 혈청(血淸, blood serum)이라 한다. 따라서 혈청은 무색이다. 피에 녹아 있는 성분 중 피의 중요한 기능을 담당하는 성분은 대부분 단백질이며, 이를 통틀어 혈청 단백질 또는 혈장 단백질이라 하는데 섬유소원의 포함 여부에 따라 이름이 결정된다. 혈청 단백질은 크게 알부민(albumin)과 글로불린(globulin)으로 구분한다. 피 속에 들어 있는 단백질 중 양이 가장 많은 알부민은 전체 혈장 단백질의 약 60%를 차지하며, 수많은 종류의 단백질이 혼합된 글로불린은 약 35%를 차지한다. 섬유소원은 약 4%를 차지하며, 나머지 1%는 효소, 풋효소(효소전구체), 호르몬과 같이 인체 내에서 조절기전을 담당하는 단백질이다.

이와 같이 깨끗한 피를 뿌리고 발랐다는 것은 깨끗한 피에 있는 모든 수많은 성분들이 문둥병 환자의 피부로 흡수했다는 것을 의미하는 것은 아닐까? 또한 적혈구, 백혈구, 혈소판의 혈구 세포안에는 유전자가 들어 있다. 야훼 하나님께서는 원격으로 이 유전자를 문둥병 환자의 피부에 주입하지 않았을까?

또 하나가 있다. 기름(oil)을 환자의 피부와 머리에 발랐다는 것이다. 기름은 지질(脂質)로 대표적인 것이 지방(脂肪, fat)이다. 탄수화물(炭水化物, 糖質), 지방(지질), 단백질, 미네랄, 비타민을 5대 영양소(the five major nutrients)라고 하며 이 중 앞의 3개를 3대영양소라 부른다. 지방은 이처럼 피부를 구성하는 데 중요한 것으로, 같은 양으로 가장 많은 에너지를 내는데 1g당 9kcal를 발생한다. 또 지방은 우리 몸을 이루는 기본 단위인 세포 각각을 얇은 층으로 싸주는 세포막의 성분이고, 기름에 녹는 지용성 비타민의 운반과 흡수를 돕는다. 그 밖에도 필수지방산의 공급원으로서, 필수지방산은 성장과 피부 건강에 관여하는 중요한 영양소이다. 따라서 기름을 발랐다는 것은 나균에 망가진 세포의 재생을 촉진시켜 피부 조직을 재생시켰다는 것으로 해석할 수 있다.

또 한 가지 중요한 사실이 있다. 제사장은 제 팔일의 '환자가 정결하게 되는 날의 규례'를 위해, 환자와 그의 번제물들을 회막문 여호와 앞에 두고(before the LORD at the entrance to the Tend of Meeting), 어린 수양 하나를 취하여 기름 한 록과 아울러 속건제(a guilt offering)로 드리되 여호와 앞에 흔들어 요제(he shall wave them before the LORD as a wave offering)를 먼저 행했다는 것이다. 왜 요제일까? 이것을 이해하려면 성막(회막)과 언약궤를 알아야 하는데, 이미 『바이블 매트릭스』 시리즈 4권 『하나님들의 과학기술과 우리가 창조해야 할 미래(하)』의 2부 10장의 "언약궤/속죄소는 오늘날의 무전기 이상의 원자로 송수신기"에서 소개했듯이, 여호와 하나님이 항상 성막에 계신 것이 아니라, 멀리 우주선에 혹은 타 지방에 가신 여호와 하나님은 언약궤(송신기)를 통해 이스라엘 백성들이 하는 행위와 목소리를 다 들으시고 속죄소(수신기)를 통해 지시를 내리셨다는 것을 이해해야 한다.

따라서 요제는 여호와 하나님과 모세와 아론간의 약속이다. 흔들라(wave)는 것은 소리의 파동을 일으키라는 것이다. 문둥병 환자를 고치는 중요한 의식을 치를 때에는 소리를 지르지 말고 파동을 일으키면, 언약궤가 그 파동을 감지하여 여호와 하나님께 송신(전달)하면, 여호와 하나님은 지금 무엇이 일어나고 있는지를 아는 것이다. 피를 바르고 기름을 발랐으면, 여호와 하나님께서는 원격으로 환자에 맞는 맞춤식 테라헤르츠파나 다른 빛의 파장을 쏘아 빨리 회복 재생되도록 하셨을 가능성이 높다. 암튼 이것이 요제(a wave offering)였다.

그러나 이것은 어디까지나 BC 1444년경에 야훼 하나님과 이스라엘 백성 사이에 만들어진 구약(Old testimony)에 따른 것이다. 이스라엘 백성들이 목이 뻣뻣하여 야훼 하나님의 명령을 종종 어기므로 번제, 소제, 속죄죄 등의 규례를 까다롭게 만들지 않았을까 생각된다. 또한 『바이블 매트릭스』 시리즈 4권 『하나님들의 과학기술과 우리가 창조해야 할 미래(하)』의 2부 12장 3절의 "하나님들의 식사법, 번제, 향기로 에너지를 마시다"와 관계가 있을 것이다. 그만큼 하나님들은 품질관리를 엄격하게 다루어야 했을 것이다. 지금이 2015년이니 3359년 전의 일로 실제 일어난 역사적인 진실이다.

3절 문둥병을 고치는 오늘날과 미래의 최첨단 과학기술

1. 나노-항생제/백신/신약+욕토 항생제+생체인터넷+@

1987년에 개봉된 공상과학영화인 〈이너스페이스(Innerspace), 1987〉에는 아주 작게 제작된 잠수정을 타고 사람 몸 속에 들어가 모험을 하는 장면이 등장하고, 1966년에 제작된 공상과학영화인 〈환상 여행(Fantastic Voyage), 1966〉에는 초소형 잠수함이 사람의 혈관 속을 돌아다니며 탐험한다는 꿈같은 이야기가 나온다.

하지만 연구원들이나 과학자들은 오늘날의 디지털-분자 기술 발전 속도를 볼 때 언젠가는 이 같은 공상과학영화가 현실로 다가올 날이 결코 멀지 않다고 말하고 있다. 이들 영화에서처럼 작은 나노 로봇이 몸 속 구석구석을 다니면서 병균이나 암세포와 싸우고 아픈 곳을 치료한다는 상상이 조금씩 현실화되고 있다. 지금은 나노(nano, 10분의 1미터) 기술이지만 조만간 피코(pico, 조분의 1미터)로 발전할 것이고 그 다음 펨토(femto, 천조분의 1미터) → 아토(attto, 백경분의 1미터) → 젭토(zepto, 십해분의 1미터) → 욕토(yocto, 자분의 1미터) → 그 이상으로 발전하여 나노-항생제의 크기가 우리 눈에는 안 보일 것이다. 여기에 생체인터넷이 융합되면 그저 손으로 대는 것만으로도 항생제를 문둥병 환자에게 놓을 것이다.

1-1. 독소/병원균/항원들을 잡아내는 수용체 나노입자

2003년 미국 아르곤국립연구소(Argonne National Laboratory)의 연구원들은 일반 세포표면처럼 수용체들(Receptors)이 붙어 있는 나노입자를 개발했다(Wired, 08 Dec 2003). 이때 수용체들의 역할은 바로 표적분자들(Target Molecules)을 수색하고 찾아내는 것으로, 이 나노입자를 그저 우리가 주사를 놓듯이 피의 혈류(Bloodstream)에 주사하면, 이들 나노입자는 온 몸을 순환하는 혈액(Blood)[1]을 타고 다니면서 표적 독소(Target Toxins)나 병원균(病原菌, pathogen or pathogenic bacteria), 항원들(Antigens)을 잡아내는 것이다(ARGONNE, 07 Nov 2003).

일단 온 몸을 몇 바퀴 돌게 되면, 그 다음의 일은 몸에서 이들 나노입자들을 제거해야 하는데, 아주 간단하다. 아주 작은 들고 다닐 수 있는 이중 채널의 자석을 한쪽 팔이나 다리의 동맥혈(Artery)에 주입하면 이중 채널 자석의 자기장(Magnetic Field)이 나노입자를 끌어내어 하나의 분리 방으로 유도하여 적재시켜 제거한다.

이런 방식으로 나노입자 수용체를 주사한 지 40분의 치료기간만 지나면 탄저균에 감염된 병사들은 금방 일어나 다시 전쟁터로 복귀할 수 있고, 술에 취해 흥얼거리던 사람들은 다시 파티장으로 돌아갈 수 있으며, 문둥병 환자들은 40분 만에 회복되어 일터로 돌아갈 수 있다. 이 얼마나 신기한 치료방법인가? 이들은 또한 면역시스템을 피하기 위해 100나노 크기의 입자에 폴리에틸렌 글리콜(Polyethylene Glycol)로 코팅했다. 실제 쥐를 대상으로 한 실험에서 일반 나노입자들은 12분에서 20분만을 지속하지만, 폴리에틸렌 글리콜로 코팅된 입자들은 5시간까지 살아 작동하였다. 이들은 앞으로 나노입자+자철광+수용체 또는 항체를 융합시키는 나노분자기계약에 도전하고 있다.

1-2. 버키볼 형태의 항생물질(Buckyball Antibiotics)인 풀러렌(Fullerene) 분자

2003년 미국 라이스 대학(Rice University)의 화학교수인 윌슨(Lon Wilson)은 병원균에 감염된 조직에만 정확히 타케팅하여 주입할 수 있

1 혈액(Blood)을 온 몸으로 보내는 혈관(Blood Vessel)은 동맥(Artery, 나가는)과 정맥(Vein, 돌아오는)이다. 혈액을 만들어 보내는 펌프는 바로 심장이다. 심장으로부터 나온 혈관을 일렬로 모두 연결시킨다면 지구를 두 바퀴 반이나 도는 10만 킬로미터의 길이가 된다. 혈액은 이들 혈관을 통해 기나긴 회로를 순환하고 다시 심장으로 돌아오는데, 온 몸을 한 바퀴 도는 데 걸리는 시간은 50초에서 1분이다.

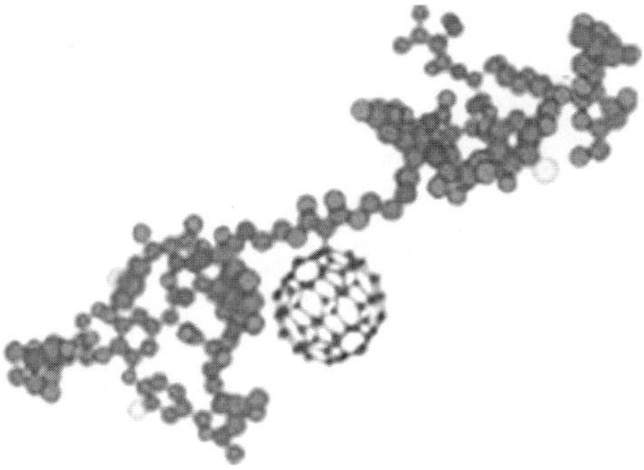

버키볼에 붙은 항생분자물질. 사진 : Courtesy of Rice University

는 축구공 모양의 나노입자인 버키볼 형태를 지닌 항생물질(Buckyball Antibiotics)인 풀러렌(Fullerene) 분자를 개발하였다(Technology Review, Oct 2003). 이러한 항생물질 분자를 조직에 투입하면 전통적인 치료법보다 그 효과가 엄청날 것으로 기대하고 있다.

예를 들면 정형외과 수술(Orthopedic Surgery)을 받는 환자들에서 가끔 발생하는 박테리아 뼈 전염병(Bacterial Bone Infections)을 치료하기 위해 윌슨은 밴코마이신(Vancomycin)이라 불리는 잠재적인 항생물질 두개의 분자를 하나의 풀러렌에 붙였다. 그 다음 버키볼의 다른 방향에 오로지 뼈에만 붙을 수 있는 다른 화학분자를 붙였다. 미국 뉴욕시에 위치한 베스이스라엘병원(Beth Israel Hospital)의 전문 정형외과의와 공동으로 개발한 이 치료법은 아주 정확하게 박테리아에 전염된 타켓의 조직에 투입할 수 있어 환자들은 이제 이들 전염병을 치료하기 위해 그간 상당량의 항생제를 맞을 필요가 없어진 것이다. 지금 윌슨은 이 새로운 항생물질 풀러렌을 동물대상으로 실험하고 있다. 또한 탄저균 전염병을 치료하는 항생물질 풀러렌인 사이프로(Cipro)의 다양한 버키볼 버전을 연구중이다. 이 풀러렌은 폐(Lungs) 내의 탄저균 포자(Anthrax Spores)들에 들러붙어 탄저균들이 독소를 뿜어내기 전에 병원균들을 죽인다.

2. 생체공학 – 인조피부

인조생물학의 재생의학에 도전하는 기업이 있다. 2007년에 자연피부와 똑같고 거부반응도 없는 획기적인 인조피부가 개발되었다. 영국의 세포치료 전문기업인 인터사이텍스 그룹(Intercytex Group)은 상처에 붙이면 원래의 피부조직에 완전히 흡수되어 흉터가 거의 남지 않고 말끔하게 상처가 복원되는 인조피부(ICX-SKN)의 프로토타이프 개발에 성공하고(Boyd et al., Regenerative Medicine, 2007), 지금은 이의 업데이트 버전인 ICX-RHY(VAVELTA)를 개발하고 판매하고 있다.

연구원들은 6명의 건강한 사람을 대상으로 팔에 타원형으로 피부를 약 2.5cm^2 도려낸 뒤, 그 자리에 이 인조피부를 붙인 결과, 28일 후 거의 흉터 없이 원래 상태로 복원되었다고 밝혔다. 회복된 상처를 현미경으로 관찰한 결과 인조피부는 원래의 피부에 완전히 흡수돼 자연피부와 거의 구분할 수 없었고, 인조피부 속으로는 혈관들이 형성되어 있었다. 가장 중요한 것은 이 인조피부에 대한 거부반응이 나타나지 않았다는 사실이다. 따라서 이번에 개발된 인조피부는 과거 어떤 인조피부보다 자연피부와 가장 효과적으로 상호작용한다. 그러므로 피부이식(Skin Grafts) 기술에 획기적인 전기를 마련했다는 평가이다.

인터사이텍스가 개발한 인조피부는 사각형의 시험접시에 상처를 치유하는 단백질인 섬유소(Fibrin, 혈액이 응고할 때 생기는 섬유 모양의 단백질)를 바탕으로 깔고, 그 위에 사람에게서 채취한 섬유모세포

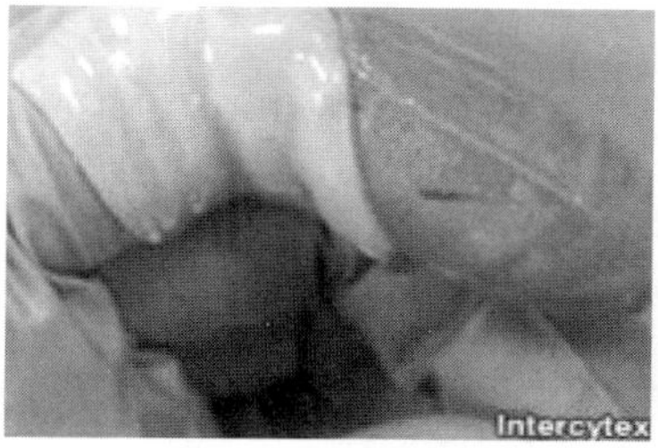

ICX-SKN 인조피부는 혈액 응고 단백질인 섬유소 젤과 섬유모세포로 만듬. 사진 : Intercytex.

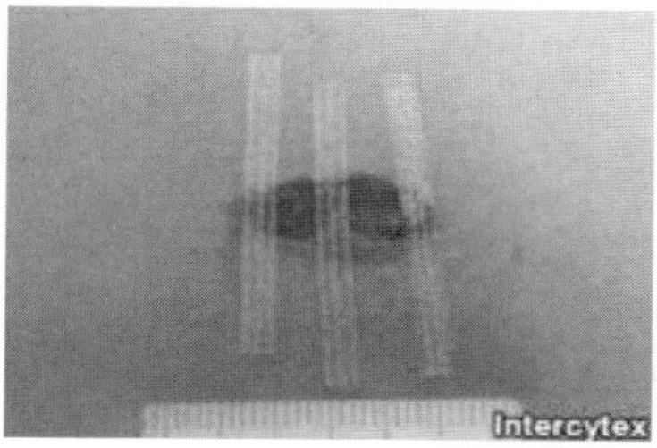

인조피부는 상처 부위 크기만큼 잘라 피부봉합 접착제로 붙이고 붕대를 매면 치료는 끝. 사진 : Intercytex.

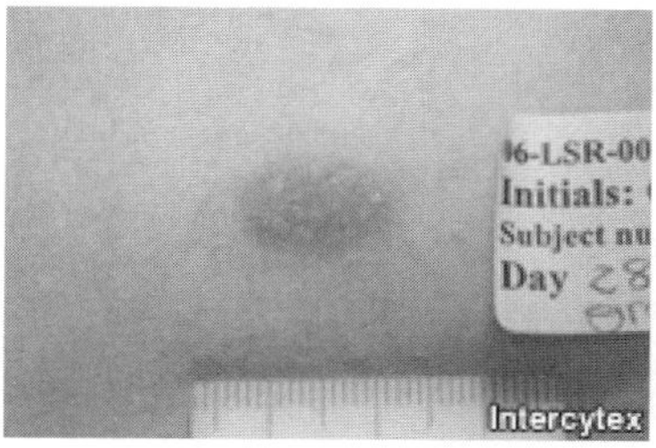

28일 후에 붕대를 풀면 흉터가 거의 사라진 자연 피부가 재생. 사진 : Intercytex.

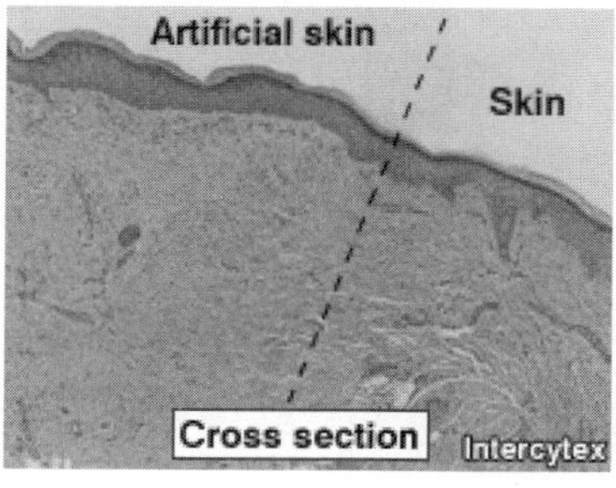

흉터 아래 부분의 단면을 현미경으로 관찰한 결과 기존피부와 새로운 인조피부 간의 차이가 거의 없음. 사진 : Intercytex.

(Fibroblast Cells, 몸에서 새로운 조직을 조합토록 하는 세포)를 얻은 다음, 화학물질을 이용해 섬유모세포가 수백만 개로 증식하면서 콜라겐(collagen) 단백질을 만들어내도록 유도함으로써, 사람의 피부와 두께

가 같은 인조피부를 만들어냈다. 섬유모세포는 원래 콜라겐이라는 단백질을 만들어내는데 콜라겐은 피부조직에 힘과 탄력 및 안정을 주는 기능을 가지고 있다. 이 인조피부는 상처 속으로 자연적으로 이식되고 자연피부와 상호작용을 하여 완벽하게 치유가 된다(BBC, 26 Jun 2007).

외과의사들은 크기가 여러 가지인 이 인조피부를 냉장고에 보관해 두었다가, 필요한 사이즈를 가져다 피부상처에 실톱 모양으로 연결해, 피부봉합접착제(steri-strip)로 붙이고 붕대를 매면 치료는 끝난다.

3. 미래의 피부재생의학 – THz를 피부에 쏘아 재생

미래의 피부재생이나 문둥병 환자의 피부재생으로 빛의 파장인 테라헤르츠파가 뜨고 있다. 각 손이나 발이나 머리나 등에 나타난 환처의 조직에 맞는 테라헤르츠파를 쏘아주면 원래 조직이 갖고 있는 테라헤르츠파와 공명하면서 피부가 회복되어 재생되는 것이다. 현재 일본과 한국에서 연구가 진행중이다.

이에 대한 자세한 사항은 본권 2부 2장 3절의 3-3 "피부세포에 빛을 쏘아 세포를 재프로그램 → 만능줄기세포 만들다"를 참조하라.

4절 나병 환자/손 마른 사람/잘린 귀를 고치시다

1. 문둥병 환자를 손을 대시어 말씀으로 고치시다(20th)

「마태복음」 8장 1절~4절, 「마가복음」 1장 40절~45절, 그리고 「누가복음」 5장 12절~16절에는 믿음을 보시고, 손을 내밀어 문둥병 환자에게 대시며 "내가 원하노니 깨끗함으로 받으라"라는 말씀으로 문둥병(나병) 환자를 고치시다(Jesus Cleans The Man with Leprosy)라는 장면이 나온다. 어떻게 고치셨을까?

우선 한 문둥병자가 나아와 절하고 엎드려 가로되 '주여 원하시면 저를 깨끗케 하실 수 있나이다'라고 믿음을 보인다. 예수님께서 손을 내밀어 저에게 대시며 가라사대 '내가 원하노니 깨끗함을 받으라' 하신대 즉시 그의 문둥병이 깨끗하여진다. 예수님은 생체인터넷으로 무장하셨다는 것을 알아야 한다. 문둥병 환자의 손을 잡고 그에게 손을 대셨다는 것은 1) 인체매질을 통해 문둥병의 어느 조직이 손상을 입었는지 진단했다고 생각할 수도 있고, 2) 아니면 진단에 따라 보이지 않는 최첨단 항생제를 나균을 타깃으로 주사했다고 볼 수도 있으며, 3) 아니면 생체공학적 인조피부를 붙여 재생시켰다고 볼 수도 있으며, 4) 말씀을 하셨다는 것은 원래 조직이 갖고 있던 테라헤르츠파를 쏘아 즉시 조직이나 세포를 재생시켰다고 생각할 수도 있다.

「마태복음」 8:2 - 한 문둥병자가 나아와 절하고 가로되 주여 원하시면 저를 깨끗케 하실 수 있나이다 하거늘(A man with leprosy came and knelt before him and said, "Lord, if you are willing, you can make me clean."(NIV)

8:3 - 예수께서 손을 내밀어 저에게 대시며 가라사대 내가 원하노니 깨끗함을 받으라 하신대 즉시 그의 문둥병이 깨끗하여진지라(Jesus reached out his hand and touched the man. "I am willing," he said. "Be clean!" Immediately he was cured of his leprosy.)

2. 안식일에 손 마른 자의 손을 잡고 고치시다(21th)

「마태복음」 12장 9절~13절, 「마가복음」 3장 1절~6절, 그리고 「누가복음」 6장 6절~11절에는 안식일에 손 마른 사람(a man with a shriveled hand)에게 '손을 내밀라 하시자', 손을 내밀어 다른 손과 같이 회복(restored)시키는 장면이 등장한다. 이것은 손 마른 자의 믿음을 보시고 하신 것이 아니라, 서기관과 바리새인들이 예수님을 송사할 빙거를 찾으려 하여(Looking for a reason to accuse Jesus), 안식일에 병 고치시는가 엿보니, 예수님께서 저희 생각을 아시고, 손 마른 사람을 고치시는 경우이다.

앞서 얘기했지만 구약의 모세의 율법에 따라 안식일에는 모든 유대인들이 일을 하지 않고 쉬었다(「출애굽기」 31:14-15 & 34:21). 그렇지만 하나님 아버지와 예수님은 안식일에도 일을 하신다 했다(「마태복음」 12:8; 「요한복음」 5:16-17). 그래서 예수님은 "사람이 양보다 얼마나 더 귀하냐 그러므로 안식일에 선을 행하는 것이 옳으니라"라고 말씀하시고 일부러 손 마른 자를 고치신 것이다. 이에 서기관들과 바리새인들은 안식일에 병을 고치시는 예수님을 더더욱 미워하고 결국 십자가에 못 박아 죽이셨다.

어떻게 고치셨을까? 손이 말랐다는 것은 피부병의 문둥병이다. 예수님께서 그 사람에게 이르시되, "손을 내밀라(Stretch out your hand)" 하시니, 저가 내밀자(he stretched it out), 다른 손과 같이 완전히 회복되었다(it was completely restored). 손을 내밀었다는 것은 예수님께서 손을 잡았다는 것이다. 따라서 앞과 마찬가지로 해석할 수 있다. 예수님은 생체인터넷으로 무장하셨다는 것을 알아야 한다. 손 마른 환자의 손을 잡았다는 것은 1) 인체매질을 통해 손 마른 자의 어느 조직이 손상을 입었는지 진단했다고 생각할 수도 있고, 2) 아니면 진단에 따라 보이지 않는 최첨단 항생제를 주사했다고 볼 수도 있으며, 3) 아니면 생체공학적 인조피부를 붙여 재생시켰다고 볼 수도 있으며, 4) 원래 조직이 갖고 있던 테라헤르츠파를 쏘아 즉시 조직이나 세포를 재생시켰다고 생각할 수도 있다.

「마태복음」 12:10 - 한편 손 마른 사람이 있는지라 사람들이 예수를 송사하려 하여 물어 가로되 안식일에 병 고치는 것이 옳으니이까(and a man with a shriveled hand was there. Looking for a reason to accuse Jesus, they asked him, "Is it lawful to heal on the Sabbath?")

12:11 - 예수께서 가라사대 너희 중에 어느 사람이 양 한 마리가 있어 안식일에 구덩이에 빠졌으면 붙잡아 내지 않겠느냐(He said to them, "If any of you has a sheep and it falls into a pit on the Sabbath, will you not take hold of it and lift it out?)

12:12 - 사람이 양보다 얼마나 더 귀하냐 그러므로 안식일에 선을 행하는 것이 옳으니라 하시고(How much more valuable is a man than a sheep! Therefore it is lawful to do good on the Sabbath.")

12:13 - 이에 그 사람에게 이르시되 손을 내밀라 하시니 저가 내밀매 다른 손과 같이 회복되어 성하더라(Then he said to the man, "Stretch out your hand." So he stretched it out and it was completely restored, just as sound as the other.)

12:14 - 바리새인들이 나가서 어떻게 하여 예수를 죽일꼬 의논하거늘(But the Pharisees went out and plotted how they might kill Jesus.)

예수님께서 저희 생각을 미리 아셨다라고 하는 것은 서기관들과 바리새인들의 두뇌 패턴과 멘탈 모델을 감지해서 아셨다는 것이다. 자세한 것은 본권 2부 5장 1절 1-4의 "두뇌 패턴과 멘탈 모델, 무슨 생각을 하는지를 읽어"를 참조하시라.

3. 문둥병 환자 10명을 맞춤식 원격집단 THz로 고치시다(22th)

「누가복음」 17장 11절~19절에는 나병(문둥병) 환자 10명의 요구를 보시고, 예수님께서 '가서 제사장들에게 너의 몸을 보이라'고 말씀을 하시자, 저희가 가다가 깨끗함을 받는 장면이 등장한다. 그러나 10명 중에 사마리아인(이방인)만이 예수님께 돌아와서 하나님 아버지께 영광을 돌리고 감사를 드려 구원을 받는다. 이스라엘 백성뿐 아니라 이방인도 고침을 받고 구원을 받을 수도 있다는 것을 강조한 것이다.

어떻게 10명의 나병환자들을 고치셨을까? 이번엔 원격집단 테라헤르츠파를 생각해 볼 수 있다. 멀리 선 10명이 소리를 높여 가로되, "예수 선생님이여 우리를 긍휼히 여기소서" 하거늘, 예수님께서 이들을 보셨다(When he saw them). 보셨다는 것은 멀리 떨어진 10명의 환자들의 문둥병 증상을 원격집단 테라헤르츠파로 진단했다고 생각할 수 있다. 그 다음 예수님께서는 "가서 제사장들에게 너희 몸을 보이라"라고 말씀하셨다. 북쪽의 갈릴리 지방에선 환자들을 고치신 후에 아무에게도 보이지 말라 하시더니, 예수님께서 예루살렘에 가까이 이르자 대담하게 제사장들에게 보이라는 것이다. 그만큼 예수님께서 곧 죽을 날이 가까이 왔음을 암시하는 대목이다.

말씀을 하셨다는 것은 10명의 나병 환자들에게 각각 맞는 맞춤식 원격집단 테라헤르츠파나 그 이상의 우리가 모르는 빛의 파장을 쏘아 피부를 재생시켰다고 생각할 수 있다. 그러자 10명이 가는 도중에 10명 모두 깨끗해졌다.

「누가복음」 17:11 - 17:11 - 예수께서 예루살렘으로 가실 때에 사마리아와 갈릴리 사이로 지나가시다가(Now on his way to Jerusalem, Jesus traveled along the border between Samaria and Galilee.(NIV)

17:12 - 한 촌에 들어가시니 문둥병자 열 명이 예수를 만나 멀리 서서(As he was going into a village, ten men who had leprosy met him. They stood at a distance)

17:13 - 소리를 높여 가로되 예수 선생님이여 우리를 긍휼히 여기소서 하거늘(and called out in a loud voice, "Jesus, Master, have pity on us!")

17:14 - 보시고 가라사대 가서 제사장들에게 너희 몸을 보이라 하셨더니 저희가 가다가 깨끗함을 받은지라(When he saw them, he said, "Go, show yourselves to the priests." And as they went, they were cleansed.)

17:15 - 그 중에 하나가 자기의 나은 것을 보고 큰 소리로 하나님께 영광을 돌리며 돌아와(One of them, when he saw he was healed, came back, praising God in a loud voice.)

17:16 - 예수의 발 아래 엎드리어 사례하니 저는 사마리아인이라(He threw himself at Jesus' feet and thanked him--and he was a Samaritan.)

17:17 - 예수께서 대답하여 가라사대 열 사람이 다 깨끗함을 받지 아니하였느냐 그 아홉은 어디 있느냐(Jesus asked, "Were not all ten cleansed? Where are the other nine?)

17:18 - 이 이방인 외에는 하나님께 영광을 돌리러 돌아온 자가 없느냐 하시고(Was no one found to return and give praise to God except this foreigner?")

17:19 - 그에게 이르시되 일어나 가라 네 믿음이 너를 구원하였느

니라 하시더라(Then he said to him, "Rise and go; your faith has made you well."(NIV); And he said unto him, Arise, go thy way: thy faith hath made thee whole.(KJV); And Jesus said to the man, "Stand up and go. Your faith has healed you(1)." / (1)Or Your faith has saved you(New Living);

4. 잘린 귀를 만져 재생시키다(23th)

「누가복음」 22장 48절~51절과 「요한복음」 18장 10절~11절에는 유다가 예수님을 팔 때, 예수님을 따르는 자들의 혹은 베드로의 칼에 잘려진 대 제사장의 종인 말고(Malchus)의 오른쪽 귀를 예수님께서 만져 낫게 하시다라는 내용이 등장한다.

어떻게 고치셨을까? 상황으로 보아 제자들이 칼을 갖고 있었고 대제사장의 종들도 칼을 갖고 있었다. 양 세력의 한판 붙는 긴장감이 감도는 상황이었다. 이때 베드로가 대제사장의 종인 말고를 쳐 그 오른편 귀를 떨어뜨린다. 이에 예수님께서 말고의 귀를 만져 낫게 하신다(And he touched the man's ear and healed him). 상황은 순식간에 일어났고, 예수님의 행동도 순식간에 일어났다. 떨어진 잘린 귀를 들어올려 고칠 수도 있는데, 상황은 그렇지가 않다. 예수님께서 잘린 귀를 들어올려 붙였다는 내용은 없다. 따라서 피부접합기술을 사용하셨다고 볼 수 없다. 그러면?

이렇게 생각해 볼 수 있다. 생체공학 귀(Bionic Ear)를 붙였다고 생각할 수도 있고, 인조피부를 붙여 신속하게 잘린 귀를 재생시켰다고도 생각할 수 있다. 아니면 잘려 나간 귀가 빨리 재생될 수 있도록 귀의 근간이 되는 조직을 주입했다고 생각할 수 있을 것이다. 아니면 공상과학에서나 나오는 생체호환적인 즉시 재생되는 바이오귀를 붙였다고 볼 수도 있으며, 우리가 모르는 그 이상의 바이오생체공학 기술을 사용하셨다고 생각해 볼 수 있다. 아니면 테라헤르츠파를 집중적으로 써아 세포나 조직이 빨리 재생되도록 할 수도 있을 것이다.

「누가복음」 22:48 - 예수께 입을 맞추려고 가까이 하는지라 예수께서 이르시되 유다야 네가 입맞춤으로 인자를 파느냐 하시니(but Jesus asked him, "Judas, are you betraying the Son of Man with a kiss?")(NIV)

22:49 - 좌우가 그 될 일을 보고 여짜오되 주여 우리가 검으로 치리이까 하고(When Jesus' followers saw what was going to happen, they said, "Lord, should we strike with our swords?")

22:50 - 그 중에 한 사람이 대제사장의 종을 쳐 그 오른편 귀를 떨어뜨린지라(And one of them struck the servant of the high priest, cutting off his right ear.)

22:51 - 예수께서 일러 가라사대 이것까지 참으라 하시고 그 귀를 만져 낫게 하시더라(But Jesus answered, "No more of this!" And he touched the man's ear and healed him.)

「요한복음」 18:10 - 이에 시몬 베드로가 검을 가졌는데 이것을 빼어 대제사장의 종을 쳐서 오른편 귀를 베어 버리니 그 종의 이름은 말고라(Then Simon Peter, who had a sword, drew it and struck the high priest's servant, cutting off his right ear. (The servant's name was Malchus.)

18:11 - 예수께서 베드로더러 이르시되 검을 집에 꽂으라 아버지께서 주신 잔을 내가 마시지 아니하겠느냐 하시니라(Jesus commanded Peter, "Put your sword away! Shall I not drink the cup the Father has given me?")

5. 4가지 기적의 과학기술 요약(THz/항생제/생체인터넷/생체공학/인조피부/조직이식+@)

4가지 기적의 과학기술 요약(THz/항생제/생체인터넷/생체공학/인조피부/조직이식+@)

#	기적으로 표현된 내용과 예수님의 손/행동/말씀	성경기록				현대과학의 분류
		마태복음	마가복음	누가복음	요한복음	상세기술
01 20th	문둥병(나병) 환자를 고치시다(Jesus Cleans The Man with Leprosy); 믿음을 보시고, 손을 내밀어 문둥병 환자에게 대시며 '내 원하노니 깨끗함으로 받으라'라는 말씀으로 고치시다	8:1-4	1:40-45	5:12-16		재생의학 THz/항생제/생체인터넷/인조피부/피부재생+@
02 21th	안식일에 손 마른 사람(a man with a shriveled hand)을 고치시다; '손을 내밀라 하시자' 손을 내밀어 다른 손과 같이 회복(restored)	12:9-13	3:1-6	6:6-11		재생의학 THz/항생제/생체인터넷/인조피부/피부재생+@
03 22th	나병(문둥병) 환자 10명이 깨끗함을 받다(Ten Healed of Leprosy); 10명의 환자의 요구를 보시고, '가서 제사장들에게 너의 몸을 보이라'고 말씀으로 고치시다; 10명 중에 사마리아인(이방인)만이 예수님께 돌아와서 감사를 드리고 구원을 받다			17:11-19		재생의학 원격집단 테라헤르츠파에 의한 피부재생+@
04 23th	유다가 예수님을 팔 때, 예수님을 따르는 자들의(베드로의) 칼에 잘려진 대제사장의 종의 오른쪽 귀를 만져 낫게 하시다			22:48-51	18:10-11	재생의학 생체공학 피부 또는 귀, 조직 이식 재생+@

9장

고열성/수종증/혈루증을 고치시다, 예수님의 옷에 손을 대면 낫다 (질병/의학/의술)

앞에서도 소개했지만 특히 다음의 기적들을 이해하려면, 예수님께서 오늘날의 생체인터넷(IoB)으로 무장하셨다는 것을 알아야 한다. 생체인터넷으로 무장하셨기 때문에 병자들의 손을 만지신다. 만진다는 것은 진단을 하고 항생제나 백신이나 약물을 주사했다는 것을 의미한다. 또한 많은 병자들이 예수님의 옷자락에 손을 대기를 간구한다. 손만 대면 병이 났기 때문이다. 그때 옷자락에선 전기가 흘러 나간다. 이것을 보고 예수님은 누가 예수님의 옷자락에 손을 댔는지 아시는 것이다. 인체매질 통신을 통해 전류(THz)를 흘려 보내 병자들을 고치시는 것이다.

1절 생체인터넷으로 무장하신 예수님, 많은 병자들을 고치시다

1. 고열성 환자의 손을 만져 고치시다(24th)

「마태복음」 8장 14절~15절, 「마가복음」 1장 29절~31절, 그리고 「누가복음」 4장 38절~39절에는 시몬 베드로의 장모의 열병(Fever, 고열성 질환)을, 예수님께서 '장모의 손을 만지시니(He touched her hand), 열병이 떠나고 일어나서 예수님께 수종들다'라는 내용이 나온다.

생체인터넷으로 무장하신 예수님께서 열병을 손으로 만져 진단하시고 치료하는 항생제나 백신이나 약물을 주사하신 것이다. 「누가복음」에는 예수님께서 허리를 굽혀 장모에게 가까이 대시고 열병을 꾸짖었다고 기록하고 있는데, 열병을 일으키는 항원(antigen)인 세균들에게 테라헤르츠파나 초음파를 쏘아 떠나게 했다는 뜻이다.

「마태복음」 8:14 - 예수께서 베드로의 집에 들어가사 그의 장모가 열병으로 앓아 누운 것을 보시고(When Jesus came into Peter's house, he saw Peter's mother-in-law lying in bed with a fever.)(NIV)

15 - 그의 손을 만지시니 열병이 떠나가고 여인이 일어나서 예수께 수종들더라(He touched her hand and the fever left her, and she got up and began to wait on him.)

「누가복음」 4:39 - 예수께서 가까이 서서 열병을 꾸짖으신대 병이 떠나고 여자가 곧 일어나 저희에게 수종드니라(So he bent over her and rebuked the fever, and it left her. She got up at once and began to wait on them.)

2. 안식일에 고창병(수종증, 부종증) 환자를 데려다가 고치시다(25th)

「누가복음」 14장 1절~6절에는 안식일에 바리새인 두령의 집에서 몸이 부은 수종증(고창병, dropsy) 환자를 예수님께서 그 사람을 데려다가

(he took him) 고쳐 보내시는 내용이 나온다.

고창병이란 배나 피부에 액체나 가스가 꽉 차서 배나 피부가 부어 오르거나 부풀어 오른 병을 말한다. 특히 이 병은 혈액 중의 액체성분이 혈관벽을 통과하여 신체조직 속이나 조직과 조직 사이의 체강(體腔, cavity)에 괸 상태를 말한다. 체강과 조직 안에 형성되는 과다한 액체가 몸에 축적되어 몸이 붓는 병이다. 신체의 여러 부위에 복수가 차면서 몸이 붓고 살이 썩어가는 병인데 당시에는 불치병이었다. 생명유지에 절대 필요한 기관에 생기는 질병의 증상이요, 생명이 위협받는 심각한 병인 것이다. 그러니 수종병에 걸린 환자와 그 가족의 마음은 어떠했겠는가? 오늘날에도 이런 유의 질병으로 고통 당하는 분들이 많다. 생명유지에 절대 필요한 기관에 문제가 생기고, 그 증상이 만연하며, 복수가 차면서 몸이 퉁퉁 붓는 경우가 많기 때문이다.

예수님께서 그 사람을 데려갔다는 것은 간단한 병이 아니라는 것을 의미한다. 생체인터넷으로 무장하신 예수님은 환자를 데려다가 약물을 투여했거나 약물을 주사했거나 그 이상의 치료 기술을 사용하셨다고 생각해 볼 수 있다.

바리새인들은 예수님을 고소할 거리를 찾기 위해 일부러 고창병 환자를 집에 들인 것이다. 바리새인들은 예수님께서 안식일에 병자를 고치는지 살펴보고, 예수님께서 그를 고치면 고소하려고 계획하고 있었다. 그래서 예수님은 이들의 생각과 의도를 아시고 일부러 환자를 안식일에 고친 것이었다. 앞서 얘기했지만 구약의 모세의 율법에 따라 안식일에는 모든 유대인들은 일을 하지 않고 쉬었다(「출애굽기」 31:14-15 & 34:21). 그렇지만 하나님 아버지와 예수님은 안식일에도 일을 하신다 했다(「마태복음」 12:8; 「요한복음」 5:16-17). 그래서 예수님은 "너희 중에 누가 그 아들이나 소나 우물에 빠졌으면 안식일에라도 곧 끌어내지 않겠느냐"고 말씀하신 것이다.

14:1 - 안식일에 예수께서 바리새인의 한 두령의 집에 떡 잡수시러 들어가시니 저희가 엿보고 있더라(One Sabbath, when Jesus went to eat in the house of a prominent Pharisee, he was being carefully watched.(NIV)

14:2 - 주의 앞에 고창병 든 한 사람이 있는지라(There in front of him was a man suffering from dropsy.)

14:3 - 예수께서 대답하여 율법사들과 바리새인들에게 일러 가라사대 안식일에 병 고쳐주는 것이 합당하냐 아니하냐(Jesus asked the Pharisees and experts in the law, "Is it lawful to heal on the Sabbath or not?")

14:4 - 저희가 잠잠하거늘 예수께서 그 사람을 데려다가 고쳐 보내시고(But they remained silent. So taking hold of the man, he healed him and sent him away.)(NIV); And they held their peace. And he took him, and healed him, and let him go;(KJV); When they refused to answer, Jesus touched the sick man and healed him and sent him away.(New Living)

14:5 - 또 저희에게 이르시되 너희 중에 누가 그 아들이나 소나 우물에 빠졌으면 안식일에라도 곧 끌어내지 않겠느냐 하시니(Then he asked them, "If one of you has a son or an ox that falls into a well on the Sabbath day, will you not immediately pull him out?")

14:6 - 저희가 이에 대하여 대답지 못하니라(And they had nothing to say.)

3. 혈루증 앓는 여인이 예수님의 옷에 손을 대어 고침을 받다(26th)

「마태복음」 9장 20절~22절, 「마가복음」 5장 25절~34절, 그리고 「누가복음」 8장 43절~48절에는 12년간 혈루증을 앓는 여인(a Sick Woman with Bleeding for 12Years)이 예수님의 옷자락을 만져(touch his cloak) 고침을 받는 내용이 등장한다. 여인의 마음에 예수님의 겉옷만 만져도 구원을 받겠다는 믿음을, 예수님께서 옷자락에서 파우어(전기)가 나가심을 알아채시고, '딸아 안심하라 네 믿음이 너의 병을 낫게 하였다'라는 장면이 등장한다. 여기에서 필자는 예수님의 옷자락에서 파우어(전기)가 나갔다는 기록을 보고 이는 분명 인체매질과 의류일체형의 생체 인터넷으로 무장하신 예수님이라는 사실을 확증하게 되었다. 자세히 기록된 것은 「마가복음」이라 이 기록을 중심으로 살펴보자.

혈루증(血漏症, flow of blood, bleeding)이란 피의 유출이라는 뜻이다. 보통 여인은 월경 때에만 피가 나오게 되는데, 이 병은 월경과 무관하게 불규칙하게 출혈된다. 이런 출혈을 12년간 앓고 있는 여인은 많은 의원에게 사기를 당했고, 하체를 보여주어야 함으로 많은 괴로움을 받았고, 돈만 갖다 바쳐 있던 것도 다 허비하였으며, 아무 효험이 없고 도리어 병이 더 중하여졌던 차였다. 이때 예수님의 소문을 듣는데, 많은 병자들이 예수님의 옷자락만 만지면 낫는다는 것이었다. 그래서 무리 가운데 섞여 예수님을 따라 와서, 예수님의 뒤까지 접근하여 예수님의 옷에 손을 대었다(touched his cloak). 그 이유는 그 여인이 생각하기를 '내가 그의 옷에만 손을 대어도 구원을 얻으리라' 생각했기 때문이다. 이에 옷에 손을 대자마다 즉시 그 여인의 혈루 근원이 곧 마르고 병이 나은 줄을 몸에서 깨닫는다. 동시에 예수님께서 능력(전기)이 자기에게서 나간 줄을 곧 스스로 아신다(Jesus realized that power had gone out from him). 따라서 예수님께서 무리 보고 말씀하시되 "누가 내 옷에 손을 대었느냐(Who touched my clothes?)"고 묻는다. 이에 제자들이 무리가 많아 예수님을 에워싸 미는 것을 보시고도 물으시냐고 대답한다. 예수님께서 이 일 행한 여자를 보려고 둘러보시니, 여인이 제게 이루어진 일을 알고 두려워하여 떨며 와서 그 앞에 엎드려 모든 사실을 고한다. 이에 예수님께서 가라사대 "딸아 네 믿음이 너를 구원하였으니 평안히 가라 네 병에서 놓여 건강할찌어다"라고 말씀하셨다.

그렇다면 여인이 예수님의 옷자락을 만졌을 때, 예수님의 옷은 생체인터넷으로 무장하셨기에, 그 느낌을 센서들로 감지하고, 여인의 혈루증을 진단하고, 여인에 맞는 맞춤식 전류나 테라헤르츠파를 쏘지 않았을까? 여인이 손을 대는 순간 예수님은 여인을 감지하고 알고 있었음에도 불구하고 무리들이나 제자들에게 능력을 보여주시려고 묻지 않았을까? 그 이전에 여인이 속으로 생각한 것을 마인드 패턴으로 감지하지 않았을까? 감지하였다면, 손을 대는 순간 특정 맞춤식 전류나 테라헤르츠파를 인체매질 통신으로 쏘지 않았을까?

「마가복음」 5:25 - 열두 해를 혈루증으로 앓는 한 여자가 있어(And a woman was there who had been subject to bleeding for twelve years.)(NIV)

5:26 - 많은 의원에게 많은 괴로움을 받았고 있던 것도 다 허비하였으되 아무 효험이 없고 도리어 더 중하여졌던 차에(She had suffered a great deal under the care of many doctors and had spent all she had, yet instead of getting better she grew worse.)

5:27 - 예수의 소문을 듣고 무리 가운데 섞여 뒤로 와서 그의 옷에 손을 대니(When she heard about Jesus, she came up behind him in the crowd and touched his cloak,)

5:28 - 이는 내가 그의 옷에만 손을 대어도 구원을 얻으리라 함일러라(because she thought, "If I just touch his clothes, I will be healed.")

5:29 - 이에 그의 혈루 근원이 곧 마르매 병이 나은 줄을 몸에 깨달으니라(Immediately her bleeding stopped and she felt in her body that she was freed from her suffering.)

5:30 - 예수께서 그 능력이 자기에게서 나간 줄을 곧 스스로 아시고 무리 가운데서 돌이켜 말씀하시되 누가 내 옷에 손을 대었느냐 하시니(At once Jesus realized that power had gone out from him. He turned around in the crowd and asked, "Who touched my clothes?")

5:31 - 제자들이 여짜오되 무리가 에워싸 미는 것을 보시며 누가 내게 손을 대었느냐 물으시나이까 하되("You see the people crowding against you," his disciples answered, "and yet you can ask, 'Who touched me?")

5:32 - 예수께서 이 일 행한 여자를 보려고 둘러보시니(But Jesus kept looking around to see who had done it.)

5:33 - 여자가 제게 이루어진 일을 알고 두려워하여 떨며 와서 그 앞에 엎드려 모든 사실을 여짜온대'(Then the woman, knowing what had happened to her, came and fell at his feet and, trembling with fear, told him the whole truth.)

5:34 - 예수께서 가라사대 딸아 네 믿음이 너를 구원하였으니 평안히 가라 네 병에서 놓여 건강할찌어다(He said to her, "Daughter, your faith has healed you. Go in peace and be freed from your suffering.")

4. 예수님의 옷자락에 손을 대는 자들은 다 나음(27th)

「마태복음」 14장 34절~36절과 「마가복음」 6장 53절~56절에는 게네사렛(Gennesaret)에서 많은 병자들(the sick)이 '예수님의 옷자락에 손을 대기(just touch the edge of his cloak)를 간구하니, 손을 대는 자는 다 나음'이라는 내용이 나온다. 자, 이번에는 예수님의 옷자락인 옷의 끝자락에 손을 대는 많은 병자들이 다 나은 것으로 보아도 예수님은 생체 인터넷으로 무장하셨다는 것을 알 수 있다.

게네사렛 땅의 모든 병자들이 서로 전통(word)을 넣어 연락하여 예수님께 데려왔다 했으니, 그 숫자는 엄청날 것이다. 이 엄청난 병자들이 예수님의 옷가에라도 손을 대기를 간구하니(믿음), 예수님은 허락하신다. 아마도 동시에 여러 병자들이 만졌을 것이다. 만지는 사람들마다 각각 진단하시고, 각각에 맞는 맞춤식 항생제나 백신이나 약이나 테라헤르츠파나 그 이상의 빛의 파장을 쏘아주셨을 것이다.

4:34 - 저희가 건너가 게네사렛 땅에 이르니(When they had crossed over, they landed at Gennesaret.(NIV)

14:35 - 그 곳 사람들이 예수신 줄을 알고 그 근방에 두루 통지하여 모든 병든 자를 예수께 데리고 와서(And when the men of that place recognized Jesus, they sent word to all the surrounding country. People brought all their sick to him)

14:36 - 다만 예수의 옷가에라도 손을 대게 하시기를 간구하니 손을 대는 자는 다 나음을 얻으니라(and begged him to let the sick just touch the edge of his cloak, and all who touched him were healed.)

5. 4가지 기적의 과학기술 요약(항생제/백신/약물, 생체인터넷, THz, 마인드 패턴+@)

4가지 기적의 과학기술 요약(항생제/백신/약물 주사, 생체인터넷, 인체매질, THz, 마인드 패턴+@)

#	기적으로 표현된 내용과 예수님의 방법/행동/말씀	성경기록				현대과학의 분류
		마태복음	마가복음	누가복음	요한복음	상세기술
01 24th	시몬 베드로의 장모의 열병(Fever, 고열성 질환)을 고치시다; 장모의 손을 만지시니, 열병이 떠나고 일어나서 예수님께 수종들다	8:14-15	1:29-31	4:38-39		질병/의학/의술 항생제/백신/약물 주사, 생체인터넷, THz+@
02 25th	안식일에 바리새인 두령의 집에서 몸이 부은 수종증(고창병, dropsy) 환자를 고치시다; 그 사람을 데려다가 고쳐 보냄			14:1-6		질병/의학/의술 약물투여, 약물주사, 생체인터넷+@
03 26th	12년간 혈루증을 앓는 여인(a Sick Woman with Bleeding for 12 Years)이 예수님의 옷에 손을 대어(touch his cloak) 고침을 받다; 여인의 마음에 예수님의 겉옷만 만져도 구원을 받겠다는 믿음을, 예수님께서 옷자락에서 파우어(전기)가 나가심을 알아채시고, '딸아 안심하라 네 믿음이 너의 병을 낫게 하였다'	9:20-22	5:25-34	8:43-48		질병/의학/의술 생체인터넷, 마인드 패턴, 인체매질, 전기전송, 테라헤르츠파+@
04 27th	게네사렛(Gennesaret)에서 많은 병자들(the sick)을 고치시다; 예수님의 옷자락에 손을 대기(just touch the edge of his cloak)를 간구하니, 손을 대는 자는 다 나음	14:34-36	6:53-56			질병/의학/의술 생체인터넷, 항생제/백신/약물주사, 테라헤르츠파+@

10장

안식일에 연못에서 38년 앓고 있던 병자를 고치시다(재생의학)

「요한복음」 5장 1절~18절에는 안식일에 양문(Sheep Gate) 곁 베데스다(Bethesda) 연못에서(a pool) 38년 동안 앓고 있던 병자를, '네가 낫고자 하느냐?', '일어나 자리를 들고 걸어가라'라는 말씀으로 고치는 장면이 등장한다. 이 내용을 한 절로 빼서 소개하는 이유는 이는 아주 신기하고 재미있는 테라헤르츠파의 의료기술이 나오기 때문이다. 이미 본권 2부 2장 1절의 "미네랄 테라헤르츠파(THz)란 무엇인가?"에 소개했지만 「요한복음」의 기록을 따라가며 자세히 살펴보도록 하자. 우선 기록부터 소개한다.

1절 「요한복음」 5장 1절~18절의 내용

「요한복음」 5:1 - 그 후에 유대인의 명절이 있어 예수께서 예루살렘에 올라가시니라(Some time later, Jesus went up to Jerusalem for a feast of the Jews.)(NIV)

5:2 - 예루살렘에 있는 양문 곁에 히브리 말로 베데스다라 하

는 못이 있는데 거기 행각 다섯이 있고(Now there is in Jerusalem near the Sheep Gate a pool, which in Aramaic is called Bethesda and which is surrounded by five covered colonnades.)(NIV); Now there is at Jerusalem by the sheep market a pool, which is called in the Hebrew tongue Bethesda, having five porches.(KJV)

5:3 - 그 안에 많은 병자, 소경, 절뚝발이, 혈기 마른 자들이 누워 물의 동함을 기다리니(Here a great number of disabled people used to lie--the blind, the lame, the paralyzed.)(NIV); In these lay a great multitude of impotent folk, of blind, halt, withered, waiting for the moving of the water.(KJV)

5:4 - 이는 천사가 가끔 못에 내려와 물을 동하게 하는데 동한 후에 먼저 들어가는 자는 어떤 병에걸렸든지 낫게 됨이러라)(For an angel went down at a certain season into the pool, and troubled the water: whosoever then first after the troubling of the water stepped in was made whole of whatsoever disease he had.(KJV); (1) / (1)Some manuscripts add an expanded conclusion to verse 3 and all of verse 4 : waiting for a certain movement of the water, 4 for an angel of the Lord came from time to time and stirred up the water. And the first person to step in after the water was stirred was healed of whatever disease he had(New Living)

5:5 - 거기 삼십팔 년 된 병자가 있더라(One who was there had been an invalid for thirty-eight years.)

5:6 - 예수께서 그 누운 것을 보시고 병이 벌써 오랜 줄 아시고 이르시되 네가 낫고자 하느냐(When Jesus saw him lying there and learned that he had been in this condition for a long time, he asked him, "Do you want to get well?")

5:7 - 병자가 대답하되 주여 물이 동할 때에 나를 못에 넣어 줄 사

람이 없어 내가 가는 동안에 다른 사람이 먼저 내려가나이다("Sir," the invalid replied, "I have no one to help me into the pool when the water is stirred. While I am trying to get in, someone else goes down ahead of me." (NIV); The impotent man answered him, Sir, I have no man, when the water is troubled, to put me into the pool: but while I am coming, another steppeth down before me.(KJV); "I can't, sir," the sick man said, "for I have no one to put me into the pool when the water bubbles up. Someone else always gets there ahead of me."(New Living); The sick man answered, "Sir, I don't have anyone here to put me in the pool when the water is stirred up; while I am trying to get in, somebody else gets there first."(Good News)

5:8 - 예수께서 가라사대 일어나 네 자리를 들고 걸어가라 하시니 (Then Jesus said to him, "Get up! Pick up your mat and walk.")

5:9 - 그 사람이 곧 나아서 자리를 들고 걸어가니라 이 날은 안식일이니(At once the man was cured; he picked up his mat and walked. The day on which this took place was a Sabbath,)

5:10 - 유대인들이 병 나은 사람에게 이르되 안식일인데 네가 자리를 들고 가는 것이 옳지 아니하니라(and so the Jews said to the man who had been healed, "It is the Sabbath; the law forbids you to carry your mat.")

5:11 - 대답하되 나를 낫게 한 그가 자리를 들고 걸어가라 하더라 한대(But he replied, "The man who made me well said to me, 'Pick up your mat and walk.'")

5:12 - 저희가 묻되 너더러 자리를 들고 걸어가라 한 사람이 누구냐 하되(So they asked him, "Who is this fellow who told you to pick it up and walk?")

5:13 - 고침을 받은 사람이 그가 누구신지 알지 못하니 이는 거기 사람이 많으므로 예수께서 이미 피하셨음이라(The man who was healed had no idea who it was, for Jesus had slipped away into the crowd that was there.)

5:14 - 그 후에 예수께서 성전에서 그 사람을 만나 이르시되 보라 네가 나았으니 더 심한 것이 생기지 않게 다시는 죄를 범치 말라 하시니(Later Jesus found him at the temple and said to him, "See, you are well again. Stop sinning or something worse may happen to you.")

5:15 - 그 사람이 유대인들에게 가서 자기를 고친 이는 예수라 하니라(The man went away and told the Jews that it was Jesus who had made him well.)

5:16 - 그러므로 안식일에 이러한 일을 행하신다 하여 유대인들이 예수를 핍박하게 된지라(So, because Jesus was doing these things on the Sabbath, the Jews persecuted him.)

5:17 - 예수께서 저희에게 이르시되 내 아버지께서 이제까지 일하시니 나도 일한다 하시매(Jesus said to them, "My Father is always at his work to this very day, and I, too, am working.")

5:18 - 유대인들이 이를 인하여 더욱 예수를 죽이고자 하니 이는 안식일만 범할 뿐 아니라 하나님을 자기의 친아버지라 하여 자기를 하나님과 동등으로 삼으심이러라(For this reason the Jews tried all the harder to kill him; not only was he breaking the Sabbath, but he was even calling God his own Father, making himself equal with God.)

2절 연못과 물이 동할 때란? 물의 운동(회전, 팽창, 수축) → 테라헤르츠파가 나옴

그 후에 유대인의 명절이 있어 예수님께서 예루살렘에 올라가신다. 예루살렘에 있는 양문 곁(near the Sheep Gate)에 히브리 말로 혹은 아람어로 베데스다(Bethesda)라 하는 못(a pool)이 있는데 거기 행각 다섯이 있고, 그 안에 많은 병자, 소경, 절뚝발이, 혈기 마른 자들이 누워서, 물의 동함을 기다리고(waiting for the moving(movement) of the water) 있다. 이는 천사(an angel)가 가끔 못에 내려와 물을 동하게 하는데(troubled or stirred up the water) 동한 후에 먼저 들어가는 자는 어떤 병에 걸렸든지 낫게 된다.

이게 무슨 말인가? 「요한복음」에 확실히 기록된 사실은 연못이 있고, 천사가 특정 계절(a certain season)이나 가끔씩(from time to time) 하늘에서 내려와 물을 동, 즉 움직이게 한다는 것이다. 물이 동하다를 분명 물의 운동(the moving or movement of the water)이라고 기록하고 있으며, 천사가 물을 동하게 하다라는 것을 휘젓다(stirred up) 또는 혼란스럽게 하다(troubled)라고 기록하고 있다. 이것은 물의 운동을 과학적으로 설명한 것이다. 그럼 물을 휘젓고 혼란스럽게 하면 무엇이 나오길래 먼저 들어가는 자는 어떤 병에 걸렸든지 다 낫게 되었을까?

필자가 이를 이해한 것은 일본에서 였다. 물리학과 바이오의 대가이며 테라헤르츠파를 3대째 연구하고 계신 일본의 후루사키 코이치 박사께서 2010년에 한국을 방문했는데, 그 당시 테라헤르츠파 광원 기술을 한국에 들여오고자 노력하신 송재하 박사의 소개로 역사적인 만남이 이루어졌고, 드디어 2013년 6월에 일본을 방문했는데, 그것은 테라헤르츠파(THz)의 근원인 광원을 어떻게 만드는지 알아보기 위함이었다. 3일간 후루사키 코이치 박사의 강의를 듣고 연구실과 공장을 직접 방문하면서 그 실마리를 찾았다. 그 답은 테라헤르츠파의 광원기술인 바로 미네랄(mineral)이었다. 물에는 칼슘(Ca), 게르마늄(Ge), 철(Fe),

구리(Cu), 나트륨(Na), 셀레니움(Se), 아연(Zb), 마그네슘(Mg), 칼륨(K) 등의 미네랄(mineral)이 풍부하게 녹아 있다.

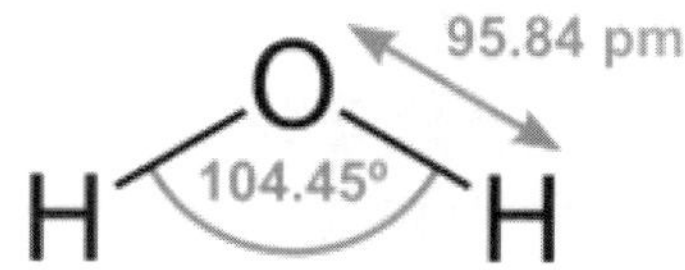

물은 수소와 산소로 이루어져있고, 보통 물 분자는 H-O-H의 수소결합으로 이루어져 있으며, 산소는 마이너스이고 수소는 플러스로 그 거리는 95.84피코미터이다. 육각수가 109.28도인 반면 보통 물 분자의 각도(둔각)는 104.5도이다. 그러나 물의 운동인 회전, 팽창, 수축 등을 하면서 104.5에서 150도 사이를 왔다 갔다 하면서 우리 몸의 테라헤르츠파(THz)와 공명(Resonance)하는 테라헤르츠파를 낸다. 특히 6.27 마이크로 파장인 48THz에서는 어떤 장기들 내의 물분자와도 공명을 뛰어넘어 공진(Sympathy)하게 된다. 따라서 아직은 이론적인 수준이지만 48THz 쏘아주면 어떤 병도 고칠 수 있다.

필자가 일본을 방문, 후루사키 코이치 박사가 미네랄 테라헤르츠파의 원리를 설명(왼쪽 사진), 왼쪽 사진의 오른쪽의 이미지 물이 회전하는 통에 미네랄을 첨가하면서 성장 시킴. 오른쪽 사진은 물이 회전하는 통들이 연결되어 있음. 사진 : 필자가 직접 찍음(2013년 6월).

3절 안식일에 테라헤르츠파로 고치시다(28th)와 과학기술의 요약(THz+@)

거기 삼십팔 년 된 병자가 있더라. 예수님께서 그가 누운 것을 보시고 병이 벌써 오랜된 줄을 아신다. 어떻게 아셨을까? 테라헤르츠파를 쏘아 상태를 진단하신 것이다. 그리고 38년이나 되었다는 것을 아신다(learned). 그리고 그에게 "네가 낫고자 하느냐(Do you want to get well?)"고 물으신다. 병자가 대답하되 주여 물이 동할 때에 나를 못에 넣어 줄 사람이 없어 내가 가는 동안에 다른 사람이 먼저 내려가나이다하고 답한다. 그러자 예수님께서 "일어나 네 자리를 들고 걸어가라(Get up! Pick up your mat and walk.)"고 말씀하신다. 진단 결과 병자에게 맞춤식 테라헤르츠파를 쏘신 것이다. 이것은 어디까지나 연못의 배경으로 인한 추측이다. 예수님께서는 우리가 알지 못하는 테라헤르츠파 이상의 빛을 사용하셨을 수도 있다. 그러자 그 사람이 곧 나아서 자리를 들고 걸어간다. 그렇지만 이 날은 안식일이었다.

예수님의 말씀을 믿고 자리를 들고 일어나서 고침을 받은 것이 아니라, 먼저 고침을 받고, 그 이후에 자리를 들고 걸어간 것이다. 유대인들에게 안식일에도 병을 고친다는 것을 각인시켜주기 위함이었다. 앞서 누차 설명했지만 예수님께서 안식일에 이러한 일을 행하신다 하여 유대인들이 예수를 더욱 핍박하게 되고, 또 하나 예수님께서 하나님을 자기의 친아버지라 하여 자기를 하나님과 동등으로 삼으심으로 결국 십자가에 못을 박아 죽이셨다.

예수님은 이렇게 말씀하셨다. "내 아버지께서 이제까지 일하시니 나도 일한다(My Father is always at his work to this very day, and I, too, am working.).” 안식일에도 하나님 아버지는 우리를 위해 일을 하시고, 따라서 예수님도 일을 하셨다.

과학기술의 요약(맞춤식 미네랄 THz+@)

#	기적으로 표현된 내용과 예수님의 방법/행동/말씀	성경기록				현대과학의 분류
		마태복음	마가복음	누가복음	요한복음	상세기술
01 28th	안식일에 양문(Sheep Gate) 곁 베데스다(Bethesda) 연못에서(a pool) 38년 동안 앓고 있던 병자를 고치시다(The Healing at the Pool); 병자를 보시고, ‘네가 낫고자 하느냐?’, ‘일어나 자리를 들고 걸어가라’라는 말씀으로 고치시다				5:1-18	재생의학 미네랄 THz+@

11장

오병이어(五餠二魚)와 칠병이어(七餠二魚)
(조직공학)

1절 오병이어(五餠二魚)(조직/세포복제+3차원 프린팅+@)(29th)

「마태복음」 14장 13절~21절, 「마가복음」 6장 31절~34절, 「누가복음」 9장 10절~17절, 그리고 「요한복음」 6장 5절~15절에는 오병이어(五餠二魚)의 기적이 나온다. 빵 다섯 개와 물고기 두 마리(five loaves of bread and two fish)를 "내게 가져오라" 하시고, 하늘을 보시고 감사(축사)한 다음, 조각을 내시어 혹은 잘게 나누어(broke or brake or breaking the loaves into pieces or the fragments or divided) 주시어, 5천 명을 먹이시고, 12바구니가 남는다. 어떻게 오병이어로 5천 명을 먹이시고 12바구니가 남았을까?

「마태복음」 14:13 - 예수께서 들으시고 배를 타고 떠나사 따로 빈들에 가시니 무리가 듣고 여러 고을로부터 걸어서 좇아간지라(When Jesus heard what had happened, he withdrew by boat privately to a solitary place. Hearing of this, the crowds followed him on foot from the towns.)(NIV)

14:15 - 저녁이 되매 제자들이 나아와 가로되 이곳은 빈들이요 때

도 이미 저물었으니 무리를 보내어 마을에 들어가 먹을 것을 사 먹게 하소서(As evening approached, the disciples came to him and said, "This is a remote place, and it's already getting late. Send the crowds away, so they can go to the villages and buy themselves some food.")

14:16 - 예수께서 가라사대 갈 것 없다 너희가 먹을 것을 주어라(Jesus replied, "They do not need to go away. You give them something to eat.")

14:17 - 제자들이 가로되 여기 우리에게 있는 것은 떡 다섯 개와 물고기 두 마리뿐이니이다("We have here only five loaves of bread and two fish," they answered.)

14:18 - 가라사대 그것을 내게 가져오라 하시고("Bring them here to me," he said.)

14:19 - 무리를 명하여 잔디 위에 앉히시고 떡 다섯 개와 물고기 두 마리를 가지사 하늘을 우러러 축사하시고 떡을 떼어 제자들에게 주시매 제자들이 무리에게 주니(And he directed the people to sit down on the grass. Taking the five loaves and the two fish and looking up to heaven, he gave thanks and broke the loaves. Then he gave them to the disciples, and the disciples gave them to the people.)(NIV); And he commanded the multitude to sit down on the grass, and took the five loaves, and the two fishes, and looking up to heaven, he blessed, and brake, and gave the loaves to his disciples, and the disciples to the multitude.(KJV); Then he told the people to sit down on the grass. Jesus took the five loaves and two fish, looked up toward heaven, and blessed them. Then, breaking the loaves into pieces, he gave the bread to the disciples, who distributed it to the people.(New Living);

14:20 - 다 배불리 먹고 남은 조각을 열 두 바구니에 차게 거두었

으며'(They all ate and were satisfied, and the disciples picked up twelve basketfuls of broken pieces that were left over.)(NIV); And they did all eat, and were filled: and they took up of the fragments that remained twelve baskets full.(KJV)

14:21 - 먹은 사람은 여자와 아이 외에 오천 명이나 되었더라(The number of those who ate was about five thousand men, besides women and children.)

여기서 중요한 것은 예수님의 행동이시다. 행동을 유심히 관찰하면 답이 보인다. 우선 하늘을 우러러보시고 감사(축사, thanks)를 한다. 이는 하늘에 계시는 하나님 아버지께 감사를 드릴 뿐 아니라 도움을 요청한 것일 수도 있다. 예수님의 기적은 사전에 성령에 의해 프로그램화되어 있다는 것을 알아야 한다. 그래서 예수님-같이 동행하신 하나님들-천사들-최고 높은 곳에 계시는 하나님 아버지와 협력과 소통을 통해 기적들을 이루는 것이다. 이제 빵 5개와 물고기 2마리를 가지고 5천 명을 먹이고자 함을 고하시고 가능하도록 도와달라고 기도를 한 것이다.

그 다음 예수님은 빵 5개와 물고기 2마리를 조각을 내시고 혹은 잘게 나누었다(broke or brake or breaking the loaves into pieces or the fragments or divided). 이게 핵심이다. 조각을 내셨다 또는 잘게 나누었다는 것은 조직공학(Tissue Engineering)을 의미하는 것이다. 조직공학이란 조직을 복제하거나(조직복제) 세포를 복제함(세포복제)을 말한다. 특히 물고기는 생선으로 조직복제를 통해 수천 수만 조각으로 복제할 수 있으며, 빵의 경우 세포복제를 통해 무한적으로 분열시켜(divided) 나눌 수 있다. 아니면 3차원 프린터를 이용해서 조각을 복제했다고 생각할 수도 있다. 또는 그 이상의 과학기술을 이용하셨다고 생각할 수 있다.

이렇게 배불리 5천 명이 먹고 남은 조각들(broken pieces or the fragments)을 바구니에 담으니 12광주리나 되었다.

2절 칠병이어(七餠二魚)(조직/세포복제+3차원 프린팅+@)(30th)

「마태복음」 15장 32절~39절과 「마가복음」 8장 1절~9절에는 예수님께서 떡 일곱 개와 생선 두 마리를 가지시고 감사(축사)한 다음, 조각을 나누어(broke or brake or breaking the loaves into pieces or the fragments or divided) 무리에게 주시어, 4천 명을 먹이시고, 7광주리가 남는 칠병이어(七餠二魚)의 기적이 나온다.

이것도 앞의 내용과 같다. 물고기는 조직복제요 떡은 세포복제를 통해 4천 명을 먹이시고, 남은 조각(broken pieces)을 바구니에 담으니 일곱 광주리나 되었다. 아니면 3차원 프린터를 이용해서 조각을 복제했다고 생각할 수도 있다. 또는 그 이상의 과학기술을 이용하셨다고 생각할 수 있다.

「마태복음」 15:34 - 예수께서 가라사대 너희에게 떡이 몇 개나 있느냐 가로되 일곱 개와 작은 생선 두어 마리가 있나이다 하거늘("How many loaves do you have?" Jesus asked. "Seven," they replied, "and a few small fish.")(NIV)

15:36 - 떡 일곱 개와 그 생선을 가지사 축사하시고 떼어 제자들

에게 주시니 제자들이 무리에게 주매(Then he took the seven loaves and the fish, and when he had given thanks, he broke them and gave them to the disciples, and they in turn to the people.)

15:37 - 다 배불리 먹고 남은 조각을 일곱 광주리에 차게 거두었으며(They all ate and were satisfied. Afterward the disciples picked up seven basketfuls of broken pieces that were left over.)

3절 2가지 기적의 과학기술요약(조직/세포복제+3차원 프린팅+@)

2가지 기적의 과학기술요약(조직/세포복제+3차원 프린팅+@)

#	기적으로 표현된 내용과 예수님의 방법/행동/말씀	성경기록				현대과학의 분류
		마태복음	마가복음	누가복음	요한복음	상세기술
01 29th	오병이어(五餠二魚). 빵 다섯 개와 물고기 두 마리로 5천 명을 먹이시고, 12 바구니가 남다; '그것을 내게 가져오라, 오병이어를 가지사 하늘을 보시고 감사하시고 조각을 내시어 주시다'	14:13-21	6:31-34	9:10-17	6:5-15	조직공학 조직/세포복제 또는 3차원 프린팅 +@
02 30th	떡(빵) 7개와 생선 두마리로 4천명을 먹이시고, 일곱 광주리가 남다; 떡 일곱개와 그 생선을 가지사 축사(감사)하시고, 조각을 떼어주시니	15:32-39	8:1-9			조직공학 조직/세포복제 또는 3차원 프린팅 +@

12장
기타 8가지의 기적
(자연과학 - 물리/화학/기상/해양/식물공학/영상기술 등)

1절 물을 포도주로 변화시킴(원자자유전환+@)(31th)

「요한복음」 2장 1절~11절에는 가나의 혼인 잔치(A Wedding at Cana)에서 예수님께서 '항아리에 물을 채우라, 연회장에 갖다주라'고 말씀하시어 물을 포도주로 변화시키다(Jesus Changes Water to Wine)라는 예수님의 처음 표적(기적)(the first of his miraculous signs)이 등장한다. 어떻게 물을 포도주로 변화시켰을까?

이미 『바이블 매트릭스』 시리즈 4권 『하나님들의 과학기술과 우리가 창조해야 할 미래(하)』의 2부 9장 3절의 "지팡이→뱀, 물→피, 티끌→이가 되다, 원자자유전환"에서 밝혔듯이 이는 원자자유전환 기술이다라고 해석할 수 있다. 지팡이가 뱀이 되고, 물이 피가 되고, 티끌이 이가 되었다는 것은 모두 물체/생물체(지팡이 → 뱀) 혹은 분자로 이루어진 물질(물 → 피) 혹은 분자물질에서 생물체(티끌 → 이)로의 형태가 변화 또는 변형되었다는 것을 알 수 있다.

원자자유전환 혹은 그 이상의 양성자와 중성자자유전환 그 이상의 쿼크자유전환기술을 발견하면 물질과 물체의 형태를 바꿀 수 있고 물질을 생명체로 바꿀 수 있다. 고체를 액체로, 액체를 기체로, 기체를 융체(플라즈마)로, 물을 피로, 물을 포도주로 마음대로 바꿀 수 있다. 따라서 언젠가는 지금까지 발견한 모든 118개[1]나 앞으로 발견하게 될 원자들을 이용해 원하는 원자로 자유롭게 전환 변형하고, 그 원자들을 3차원이나 4차원의 프린터로 빌딩블록(Building-Block)해서 원하는 분자를 만들고, 분자를 빌딩블록해서 물질을 만들고, 물질을 빌딩블록해서 원하는 물질이나 물체나 생명체를 만드는 시대로 진입할 것이다.

또한 더 나아가 본권 1부 2장 3절 3-6에서 소개한 "빛을 물질로 전환하다, 빛에서 물질을 생성하다"에서 보았듯이 물을 포도주로 다시 포도주를 빛으로 바꿀 수도 있다. 그러니 물을 포도주로 바꾸는 것은 아무것도 아니다.

2:3 - 포도주가 모자란지라 예수의 어머니가 예수에게 이르되 저희에게 포도주가 없다 하니(When the wine was gone, Jesus' mother said to him, "They have no more wine.")(NIV)

2:5 - 그 어머니가 하인들에게 이르되 너희에게 무슨 말씀을 하시든지 그대로 하라 하니라(His mother said to the servants, "Do whatever he tells you.")

2:6 - 거기 유대인의 결례를 따라 두 세 통 드는 돌항아리 여섯이 놓였는지라(Nearby stood six stone water jars, the kind used by the Jews for ceremonial washing, each holding from twenty to thirty gallons.)

---

1 118개 원자 - http://www.webelements.com/

2:7 - 예수께서 저희에게 이르시되 항아리에 물을 채우라 하신즉 아구까지 채우니(Jesus said to the servants, "Fill the jars with water"; so they filled them to the brim.)

2:8 - 이제는 떠서 연회장에게 갖다 주라 하시매 갖다 주었더니(Then he told them, "Now draw some out and take it to the master of the banquet." They did so,)

2:9 - 연회장은 물로 된 포도주를 맛보고 어디서 났는지 알지 못하되 물 떠온 하인들은 알더라 연회장이 신랑을 불러(and the master of the banquet tasted the water that had been turned into wine. He did not realize where it had come from, though the servants who had drawn the water knew. Then he called the bridegroom aside)

2:10 - 말하되 사람마다 먼저 좋은 포도주를 내고 취한 후에 낮은 것을 내거늘 그대는 지금까지 좋은 포도주를 두었도다 하니라(and said, "Everyone brings out the choice wine first and then the cheaper wine after the guests have had too much to drink; but you have saved the best till now.")

2:11 - 예수께서 이 처음 표적을 갈릴리 가나에서 행하여 그 영광을 나타내시매 제자들이 그를 믿으니라(This, the first of his miraculous signs, Jesus performed at Cana in Galilee. He thus revealed his glory, and his disciples put their faith in him.)

따라서 물을 포도주로 변화시킨 것은 갈릴리 지방에서 보인 예수님의 첫 번째 기적이었다. 과학적으로 보면 가장 쉬운 기적을 처음에 보이신 것이다. 지금이야 대략 기술을 이해하지만 2,000년 전이라 생각하면 상상도 못할 일을 예수님께서 실제로 행하신 것이다(performed).

2절 폭풍을 꾸짖어 잔잔하게 하시다(기상 및 기후학, 저기압→고기압) (32th)

「마태복음」 8장 23절~27절, 「마가복음」 4장 35절~41절, 그리고 「누가복음」 8장 22절~25에는 예수님께서 폭풍을 꾸짖어 잔잔하게 하시다(Jesus Calms the Storm with Rebuking)라는 기적이 나온다. 어떻게 폭풍을 잔잔하게 하셨을까?

풍력계급(風力階級, wind force scale, Beaufort wind scale)[2]이란 것이 있다. 이에 따르면 계급이 '0'이면 연기가 수직으로 상승하는 고요(calm)한 상태를 말하는 것이고, '11'은 지상 20ft(6m)의 풍속(mile/hr)이 64~75마일(시속 100km)로 넓은 범위의 피해가 수반되는 상태에 도달했을 때 폭풍(暴風, storm)이라고 하는 것이다. 폭풍은 강력한 힘을 가진 기상현상으로 천둥, 번개, 비, 우박, 강풍을 동반한다. 폭풍 상태를 넘어가면 태풍(颱風, hurricane, 시속 120km 이상)이라고 한다. 그런데 기록에는 분명 폭풍이라고 기록하고 있으며, 예수님께서 "잠잠하라 고요하라(Quiet! Be still!")고 꾸짖으시니 분명 잔잔해졌다(calm)고 기록하고 있는 것으로 보아 '11'에서 '0'으로 떨어진 것이다.

「마태복음」 8:24 - 바다에 큰 놀이 일어나 물결이 배에 덮이게 되었으되 예수는 주무시는지라(Without warning, a furious storm came up on the lake, so that the waves swept over the boat. But Jesus was sleeping.) (NIV)

---

2 풍력계급(風力階級, wind force scale, Beaufort wind scale) - http://terms.naver.com/entry.nhn?docId=916317&cid=42455&categoryId=42455

8:25 - 그 제자들이 나아와 깨우며 가로되 주여 구원하소서 우리가 죽겠나이다(The disciples went and woke him, saying, "Lord, save us! We're going to drown!")

8:26 - 예수께서 이르시되 어찌하여 무서워하느냐 믿음이 적은 자들아 하시고 곧 일어나사 바람과 바다를 꾸짖으신대 아주 잔잔하게 되거늘(He replied, "You of little faith, why are you so afraid?" Then he got up and rebuked the winds and the waves, and it was completely calm.)

8:27 - 그 사람들이 기이히 여겨 가로되 이 어떠한 사람이기에 바람과 바다도 순종하는고 하더라(The men were amazed and asked, "What kind of man is this? Even the winds and the waves obey him!")

「마가복음」 4:37 - 큰 광풍이 일어나며 물결이 부딪혀 배에 들어와 배에 가득하게 되었더라(A furious squall came up, and the waves broke over the boat, so that it was nearly swamped.)

4:39 -예수께서 깨어 바람을 꾸짖으시며 바다더러 이르시되 잠잠하라 고요하라 하시니 바람이 그치고 아주 잔잔하여지더라(He got up, rebuked the wind and said to the waves, "Quiet! Be still!" Then the wind died down and it was completely calm.)

이것을 이해하려면 고기압과 저기압을 이해해야 한다. 우리 몸은 수십 km나 되는 두께의 공기 층이 누르고 있지만 공기의 압력을 느끼지 못한다. 그러나 땅 위에 있는 사람은 물속 10m 깊이에서 받는 수압과 같은 정도의 공기의 압력을 받는다. 기압이란 이러한 공기의 압력을 말한다. 따라서 기압은 태양으로부터 받는 열량의 차이로 지구를 둘러싸고 있는 공기의 밀도가 지역에 따라 다르게 나타난다. 어느 지역은 밀도가 높고 어느 지역은 밀도가 낮다. 공기 밀도가 높은 지역은

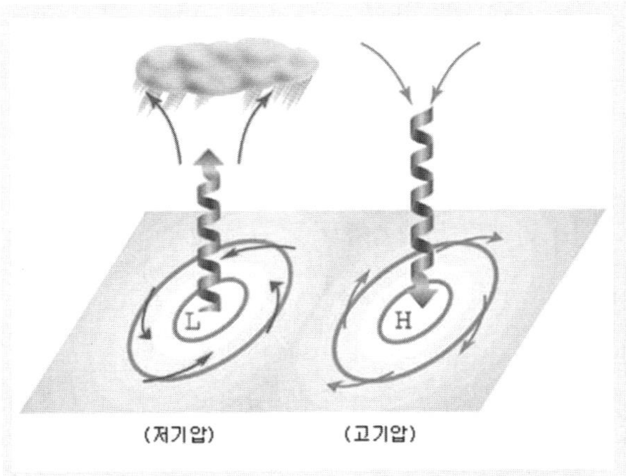

저기압과 고기압. 저기압이 발달되면 폭풍이나 태풍이 되고, 고기압이 발달되면 대기층이 안정을 찾아 잠잠하고 고요한 날씨가 된다. Image Credit : 네이버 지식백과[3]

기압이 높고, 공기 밀도가 낮은 지역은 기압이 낮다. 이러한 공기 밀도의 차이로 인해 고기압인 지역과 저기압인 지역이 나타나게 된다.

높은 산에 올라가면 차츰 기압이 낮아진다. 해발 6천 미터 높이의 산에 오르면, 그곳의 기압은 해수면의 절반에 불과하다. 그러므로 높은 산에는 산소가 절반뿐이어서 호흡에 지장이 와 어지럽고 숨이 가빠진다. 반면 땅 위의 공기 중에는 산소가 대략 20%가 존재해서 호흡에 아무런 지장을 받지 않는다. 일기예보를 들으면 '시베리아에서 발달한 고기압'이라든지, '태평양에서 발달한 저기압'이라는 뉴스를 종종 듣는다. 수증기를 가득 담은 저기압 공기는 온도가 높고, 반면에 공기를 가득 담은 고기압 공기는 기온이 낮고 건조하다.

---

3 네이버 지식백과 - 기상백과(저기압과 고기압).
http://terms.naver.com/entry.nhn?docId=1002197&cid=42443&categoryId=42443

저기압 내에서는 주위보다 기압이 낮으므로 기압이 높은 사방으로부터 바람이 시계 반대방향으로 불어 들어온다. 사방으로부터 불어 들어온 바람은 중심 부근에서 상승하여 수 km 상층으로 올라간 후 밖으로 불어 나간다. 따라서 저기압이 오면 흐리고 비나 눈이 내리는 경우가 많다. 여기에 지구 자전에 의해 회전하는 힘이 가해지면 공기의 소용돌이가 생기게 된다. 이 소용돌이가 점점 거세게 발달하면 바로 폭풍이나 태풍이 되는 것이다. 온대지역에서 발생하는 저기압을 온대성 저기압이라고 하며, 열대 지역에서 발생하는 저기압을 열대성 저기압이라고 한다.

저기압에 반해서 주위보다 기압이 높은 것을 고기압(anticyclone)이라 한다. 고기압 상층 대기에서 건조하고 낮은 기온의 하강 기류가 발달하여 지표면 위에서 시계방향으로 불어나가는 흐름을 말하며, 이러한 고기압 조건하에서는 대기층이 안정하여 날씨가 맑은 경향을 보인다. 그래서 겨울철의 시베리아 고기압은 하강함으로 추운 것이다.

따라서 예수님께서 폭풍보고 "잠잠하라 고요하라(Quiet! Be still!")고 꾸짖으시고 명령을 말씀으로 하셨다는 것은 지금의 과학기술로 보면 저기압을 고기압으로 바꾼 것이다. 하지만 구체적으로 어떤 빛의 파장을 쏘았는지는 지금으로서는 알 수가 없다. 그러나 모든 예수님의 기적은 성령에 의해 사전에 프로그램되어 있었다는 것을 이해해야 한다. 또한 대동하신 많은 하나님들과 천사들이 함께 협력했다는 것을 이해해야 한다.

또 하나를 고려해야 한다. 『바이블 매트릭스』 시리즈 1권 『우주창조의 비밀』의 3부 1장 5절의 "에녹(Enoch)의 10개 하늘들"에서 소개한

첫 번째 하늘이다. 그곳은 구름(the clouds)과 눈(the snow)을 보관하는 장소(treasure-house)가 있고, 200명의 사자, 즉 천사들이 이 거대한 보관장소를 지키고 있으며, 사자들의 명령에 따라 구름들이 나와서 가야 할 곳으로 간다(「에녹2서」 5:1). 그렇다면 이들 천사들이 예수님을 도와주지 않았을까?

3절 예수님께서 물 위를 걸으시다(반중력광선/운반광선+@)(33th)

「마태복음」 14장 22절~33절(「마가복음」 6:45-52; 「요한복음」 6:15-21)에는 예수님이 '물 위로 걸으시다(Jesus Walks on the Water)'라는 기적이 나온다. 어떻게 걸으셨을까? 우리가 물 위를 걸으면 중력(Gravity) 때문에 물에 빠진다. 물 위를 걸으려면 중력이 아니라 반중력(Anti-gravity) 광선을 이용하면 된다. 아직은 우리가 이러한 반중력 광선을 찾아내지 못해서 불가능한 일이지만, 우리가 물병자리(서기 2100-4259)에 들어가면 반중력 광선을 찾아내 누구나 다 물 위를 걸을 수 있는 시대로 진입할 것이다. 예수님이 물 위를 걸으시는 것을 직접 제자들(the disciples)에게 보이셨다는 것은 우리보고 그러한 과학기술을 찾아내라는 것이다.

제자들이 탄 배가 이미 육지에서 멀리 떠나 바람이 거슬리므로 물결로 인하여 고난을 당했다고 했다. 순풍이 아니라 역풍을 맞아 배가 흔들렸다는 것이다. 이때가 밤 사경이다. 예수님께서 바다 위로 걸어서 제자들에게 오신다. 그렇다면 이렇게도 해석할 수 있다. 아직 우리가 찾아내지 못한 운반(Transportation or transfer) 광선일 수도 있고 빛보다 빠른 광선일 수도 있다. 운반 광선을 이용하면 어디든지 갈 수 있다. 바람을 이용할 수도 있고, 빛을 이용할 수도 있고, 우주공간에서는 빛보다 빠르게 우주선을 운행할 수 있다. 빛은 중력이라 했다. 중력은 시간과 공간이라 했다. 빛보다 빠르다는 것은 시간을 거슬러 갈 수도 있고 앞질러 갈 수도 있으며 공간도 마찬가지이다.

「마태복음」 14:24 - 배가 이미 육지에서 수리나 떠나서 바람이 거슬리므로 물결을 인하여 고난을 당하더라(but the boat was already a considerable distance from land, buffeted by the waves because the wind was against it.)(NIV)

14:25 - 밤 사경에 예수께서 바다 위로 걸어서 제자들에게 오시니(During the fourth watch of the night Jesus went out to them, walking on the lake.)

베드로(Peter)가 이를 보고 "주여 만일 주시어든 나를 명하사 물 위로 오라 하소서" 한대, 예수님께서 오라 하시니, 베드로가 배에서 내려 물 위로 걸어서 예수님께 가다가, 바람을 보고 무서워 빠져 간다. 이에 베드로가 소리질러 가로되 "주여 나를 구원하소서 하니", 예수께서 즉시 손을 내밀어 저를 붙잡으시며 가라사대 "믿음이 적은 자여 왜 의심하였느냐" 하신다. 배에 함께 오르매 바람이 그친다. 예수님께서 베드로에게 반중력 광선이나 운반 광선을 보내주신 것이라 생각할 수 있다.

4절 물고기 있는 곳을 아시다(어군탐지+전파/초음파유도/양자동조+@) (34th & 35th)

1. 물고기들은 지구의 자기장을 감지하여 이동

연어의 놀라운 회귀 능력은 마치 위치추적시스템(GPS)이 내장된 것처럼 지구 자기장(Magnetic field)을 이용하기 있기 때문임을 보여주는 많은 증거가 나오고 있다. 미국 오리건주립대학을 중심으로 하는 일련의 공동연구팀의 제1저자인 나단 푸트먼(Nathan F. Putman) 박사팀은 태평양 연어(Pacific salmon)가 수천 km를 회귀할 수 있도록 도와주는 자기장 지도(Magnetic map)를 체내에 내장한 상태로 태어난다고 밝혔다(Putman et al., Current Biology, 06 Feb 2014).

연어는 내륙의 강이나 시냇물에서 부화된 후 수백, 수천 km를 헤엄쳐 공해상으로 나가 몇 년을 지내며, 태어난 곳(their river of origin)으로 돌아와 알을 낳고 죽는다. 푸트먼 박사는 연어의 회귀는 엄청난 노력과 도전이며 바깥에서 보면 반드시 직관에 의한 것만은 아니다라고 지적했다. 종전의 연구결과도 연어가 지구 자기장을 이용해 회귀하고 있음을 시사했었는데, 이번 연구결과는 한걸음 더 나아가 연어가 선천적으로(inherited) 지구 자기장 감각을 갖고 있다는 것이다.

연구팀은 아직 바다로 나가지 않은 왕 연어(Chinook salmon) 치어들(parrs)을 대상으로 주변의 자기장에 변화를 주면서 치어들의 움직임을 관찰했다. 푸트먼 박사는 "실험 결과 연어가 바다로 나가기 이전 어린 상태에서 이미 어느 방향으로 가야 할지에 관한 정보를 갖고 있음을 알아냈다"며 "연어가 선천적으로 자기장 감각을 갖고 태어난 것으로 보인다며, 연어가 자기장에 관한 지도를 갖고 있는 것처럼 움직인다"고 말했다. 연구팀은 거북, 상어, 고래와 같은 해양 생물체도 연어와 같이 선천적 자기장 감각을 이용해 이동하는 것으로 보고 있다고 전했다(Science Daily, 06 Feb 2014).

2. 물고기 있는 곳을 아시다

「누가복음」 5장 1절~11절에는 게네사렛 호숫가(Lake of Gennesaret)에서 '깊은 데로 가서 그물을 내려 고기를 잡으라'고 말씀하시자, 배 두 척에 가득할 정도의 고기를 잡게 하셨다는 기적이 나오고, 「요한복음」 21장 1절~24절에는 부활하시어 세 번째로 일곱 제자에게 나타나시어, '그물을 배 오른편에 던지라'라고 말씀하시자, 물고기 153마리를 낚게 하시는 기적이 등장한다. 우선 기록을 보자.

「누가복음」 5:4 - 말씀을 마치시고 시몬에게 이르시되 깊은 데로 가서 그물을 내려 고기를 잡으라(When he had finished speaking, he said to Simon, "Put out into deep water, and let down the nets for a catch."(NIV)

5:5 - 시몬이 대답하여 가로되 선생이여 우리들이 밤이 맟도록 수고를 하였으되 얻은 것이 없지마는 말씀에 의지하여 내가 그물을 내리리이다 하고(Simon answered, "Master, we've worked hard all night and haven't caught anything. But because you say so, I will let down the nets.")

5:6 - 그리한즉 고기를 에운 것이 심히 많아 그물이 찢어지는지라 (When they had done so, they caught such a large number of fish that their nets began to break.)

5:7 - 이에 다른 배에 있는 동무를 손짓하여 와서 도와 달라 하니 저희가 와서 두 배에 채우매 잠기게 되었더라(So they signaled their partners in the other boat to come and help them, and they came and filled both boats so full that they began to sink.)

5:8 - 시몬 베드로가 이를 보고 예수의 무릎 아래 엎드려 가로되 주여 나를 떠나소서 나는 죄인이로소이다 하니(When Simon Peter saw this, he fell at Jesus' knees and said, "Go away from me, Lord; I am a sinful man!")

5:9 - 이는 자기와 및 함께 있는 모든 사람이 고기 잡힌 것을 인하여 놀라고(For he and all his companions were astonished at the catch of fish they had taken,)

5:10 - 세베대의 아들로서 시몬의 동업자인 야고보와 요한도 놀랐음이라 예수께서 시몬에게 일러 가라사대 무서워 말라 이제 후로는 네가 사람을 취하리라 하시니(and so were James and John, the sons of Zebedee, Simon's partners. Then Jesus said to Simon, "Don't be afraid; from now on you will catch men.")

5:11 - 저희가 배들을 육지에 대고 모든 것을 버려 두고 예수를 좇으니라(So they pulled their boats up on shore, left everything and followed him.)

「요한복음」 21:3 - 시몬 베드로가 나는 물고기 잡으러 가노라 하매 저희가 우리도 함께 가겠다 하고 나가서 배에 올랐으나 이 밤에 아무것도 잡지 못하였더니("I'm going out to fish," Simon Peter told them, and they said, "We'll go with you." So they went out and got into the boat, but that night they caught nothing.)(NIV)

21:4 - 날이 새어갈 때에 예수께서 바닷가에 서셨으나 제자들이 예수신 줄 알지 못하는지라(Early in the morning, Jesus stood on the shore, but the disciples did not realize that it was Jesus.)

21:5 - 예수께서 이르시되 얘들아 너희에게 고기가 있느냐 대답하되 없나이다(He called out to them, "Friends, haven't you any fish?" "No," they answered.)

21:6 - 가라사대 그물을 배 오른편에 던지라 그리하면 얻으리라 하신대 이에 던졌더니 고기가 많아 그물을 들 수 없더라(He said, "Throw your net on the right side of the boat and you will find some." When they did, they were unable to haul the net in because of the large number of fish.)

21:11 - 시몬 베드로가 올라가서 그물을 육지에 끌어올리니 가득히 찬 큰 고기가 일백쉰세 마리라 이같이 많으나 그물이 찢어지지 아니하였더라(Simon Peter climbed aboard and dragged the net ashore. It was full of large fish, 153, but even with so many the net was not torn.)

21:12 - 예수께서 가라사대 와서 조반을 먹으라 하시니 제자들이 주신 줄 아는 고로 당신이 누구냐 감히 묻는 자가 없더라(Jesus said to them, "Come and have breakfast." None of the disciples dared ask him, "Who are you?" They knew it was the Lord.)

21:13 - 예수께서 가셔서 떡을 가져다가 저희에게 주시고 생선도 그와 같이 하시니라(Jesus came, took the bread and gave it to them, and did the same with the fish.)

21:14 - 이것은 예수께서 죽은 자 가운데서 살아나신 후에 세 번째로 제자들에게 나타나신 것이라(This was now the third time Jesus appeared to his disciples after he was raised from the dead.)

예수님께서는 어떻게 물고기가 많은 곳을 아셨을까? 오늘날 과학기술로 생각해 보면 이는 어군탐지기(魚群探知機, fish finder, fish-shoal detector)이다. 선상에서 해저를 향해 초음파를 발사하면, 발사된 초음파가 해저나 어군 등에 부딪혀서 반사해 오는 것을 포착하여 어군의 존재를 확인하는 것이다. 어군탐지기는 기본적으로 전기진동을 일으켜 송파기(送波器)에 보내주는 발진기(發振器), 초음파를 수중에 발사하는 송파기, 반사되어 돌아온 메아리를 수신하는 수파기(受波器), 수파기에서 수신한 미약한 메아리를 증폭시키는 증폭기, 메아리의 상황을 기록이나 영상으로 나타내는 지시기(指示器), 어군탐지기 전체를 작동하는 데 필요한 전원(電源) 등 여섯 부분으로 구성된다. 초음파 센서 응용사례의 하나이다. 어군탐지기를 이용하면 어느 정도의 깊이에 어느 정도의 어군이 있는지를 알 수 있다.

또 한 가지 방법은 예수님께서 물고기들의 이동경로를 자기장탐지기를 사용하여 감지하셨다고 생각해 볼 수 있다. 이 기술은 아직 상용화 되지 않은 기술이다. 물고기는 앞에서 본 바와 같이 선천적으로 자기장 지도를 갖고 태어났다고 했다. 어디서 산란되어 어디로 가서 서식하고 성장하여 처음 태어난 곳으로 오는지를 알고 계신 것이다. 이것만 감지해내면 물고기를 보호할 뿐만 아니라 적당한 수준으로 잡을 수 있다.

또 다른 방법은 예수님께서 물고기들과 통신을 했다고 생각할 수 있다. 『바이블 매트릭스』 시리즈 4권 『하나님들의 과학기술과 우리가 창조해야 할 미래(하)』의 2부 9장 4절의 "구약에 등장하는 개구리, 파리, 메뚜기, 메추라기, 왕벌, 까마귀"와 5절의 "동물과 곤충을 유도하는 초음파기술, 인간(신)과 동물의 인터페이스(BBI)", 6절의 "양자동조

(Quantum Sync) 기술"에서 소개한, 바로 물고기를 유도하는 전파유도기술이나 초음파유도기술을 사용했다고 생각할 수 있다. 예수님께서 생각하신 대로 특정지역을 지정하고, 사방에 흩어져 있던 물고기의 두뇌에 전파유도나 초음파유도로, 그 특정지역으로 가라고 말씀(명령)하시면 물고기들이 떼를 지어 그곳으로 가는 것이다. 물론 여기에는 물고기들이 같이 행동하게 하는 양자동조기술도 사용하셨을 것이다. 아니면 우리가 모르는 그 이상의 과학기술을 사용하셨을 것이다.

5절 물고기의 입에서 돈 한 세겔을 얻어 성전세를 내다(전파/초음파유도+@)(36th)

「마태복음」 17장 24절~27절에는 가버나움(Capernaum) 성전세(The Temple Tax)인 반 세겔 받는 자들(세금 징수자들)이 베드로에게 와서 예수님도 반 세겔을 내느냐고 묻자 내신다 하고, 집에 들어오니, 예수님께서 이 사실을 미리 아시고 말씀하시되, "네가 바다에 가서 낚시를 던져 먼저 오르는 고기를 가져 입을 열면 돈 한 세겔을 얻을 것이니 가져다가 나와 너를 위하여 주라" 하시니 베드로가 그대로 했다는 기적이 나온다.

「마태복음」 17:24 - 가버나움에 이르니 반 세겔 받는 자들이 베드로에게 나아와 가로되 너의 선생이 반 세겔을 내지 아니하느냐(After Jesus and his disciples arrived in Capernaum, the collectors of the two-drachma tax came to Peter and asked, "Doesn't your teacher pay the temple tax?")(NIV)

17:25 - 가로되 내신다 하고 집에 들어가니 예수께서 먼저 가라

사대 시몬아 네 생각은 어떠하뇨 세상 임금들이 뉘게 관세와 정세를 받느냐 자기 아들에게냐 타인에게냐("Yes, he does," he replied. When Peter came into the house, Jesus was the first to speak. "What do you think, Simon?" he asked. "From whom do the kings of the earth collect duty and taxes--from their own sons or from others?")

17:26 - 베드로가 가로되 타인에게니이다 예수께서 가라사대 그러하면 아들들은 세를 면하리라("From others," Peter answered. "Then the sons are exempt," Jesus said to him.)

17:27 - 그러나 우리가 저희로 오해케 하지 않기 위하여 네가 바다에 가서 낚시를 던져 먼저 오르는 고기를 가져 입을 열면 돈 한 세겔을 얻을 것이니 가져다가 나와 너를 위하여 주라 하시니라("But so that we may not offend them, go to the lake and throw out your line. Take the first fish you catch; open its mouth and you will find a four-drachma coin. Take it and give it to them for my tax and yours.")

어떻게 물고기가 입으로 돈 한 세겔(a four-drachma coin)을 물고 왔을까? 『바이블 매트릭스』 시리즈 4권 『하나님들의 과학기술과 우리가 창조해야 할 미래(하)』의 2부 9장 4절의 "구약에 등장하는 개구리, 파리, 메뚜기, 메추라기, 왕벌, 까마귀", 5절의 "동물과 곤충을 유도하는 초음파기술, 인간(신)과 동물의 인터페이스(BBI)", 7절의 "항법 시스템인 자기장을 이용하는 메추라기와 까마귀", 그리고 8절의 "새들 중 까마귀의 지능(IQ)이 가장 높아"에서 소개한 '까마귀가 엘리야를 먹이(E;lijah Fed by Ravens)'(「열왕기상」 17:4-6)는 기적과 같은 것으로, 바로 예수님의 생각을 물고기의 두뇌에 전달하는 전파유도기술이나 초음파유도기술을 사용했다고 생각할 수 있다.

앞 절에서는 물고기들을 어느 특정지역으로 보내 많이 잡게 하셨는데, 이번엔 이를 뛰어넘어 물고기 보고 돈 한 세겔을 입에 물고 가서 제일 먼저 오르라고 명령하신 것이다. 상황으로 보아 베드로는 물고기의 입을 열어 돈 한 세겔을 얻은 후에 그 물고기를 다시 갈릴리 해변가에 놓아주었을 것이다.

6절 무화과나무가 마르다(THz로 유전자발현 차단/수액 차단/엽록소 차단 +@)(37th)

1. 성경의 기록 내용

「마태복음」 21장 28절~22절과 「마가복음」 11장 12절~14절에는 예수님께서 열매 맺지 못하는 무화과나무를 향해 "이제부터 영원토록 네게 열매가 맺지 못하리라" 말씀하시니 무화과나무가 곧 마르다(The Fig Tree Withers)라는 기적이 등장한다. 어떻게 무화과나무가 예수님의 말씀 한마디에 즉시 말랐을까?

「마태복음」 21:18 - 21:18 - 이른 아침에 성으로 들어오실 때에 시장하신지라(Early in the morning, as he was on his way back to the city, he was hungry.)(NIV)

21:19 - 길가에서 한 무화과나무를 보시고 그리로 가사 잎사귀밖에 아무것도 얻지 못하시고 나무에게 이르시되 이제부터 영원토록 네게 열매가 맺지 못하리라 하시니 무화과나무가 곧 마른지라)(Seeing a fig tree by the road, he went up to it but found nothing on it except leaves. Then he said to it, "May you never bear fruit again!" Immediately the tree withered.)

21:20 - 제자들이 보고 이상히 여겨 가로되 무화과나무가 어찌하여 곧 말랐나이까(When the disciples saw this, they were amazed. "How did the fig tree wither so quickly?" they asked.)

21:21 - 예수께서 대답하여 가라사대 내가 진실로 너희에게 이르노니 만일 너희가 믿음이 있고 의심치 아니하면 이 무화과나무에게 된 이런 일만 할 뿐 아니라 이 산더러 들려 바다에 던지우라 하여도 될 것이요(Jesus replied, "I tell you the truth, if you have faith and do not doubt, not only can you do what was done to the fig tree, but also you can say to this mountain, 'Go, throw yourself into the sea,' and it will be done.)

21:22 - 너희가 기도할 때에 무엇이든지 믿고 구하는 것은 다 받으리라 하시니라(If you believe, you will receive whatever you ask for in prayer.")

2. 꽃을 피우는 온도 조절 유전자가 발견되다

개화(flowering) 시기를 조절하는 식물 속 '자연 온도계'를 발견하다!! 식물들은 해마다 사시사철 자기 계절을 알고 시계처럼 정확하게 잎을 키우고 꽃을 피운다. 꽃들은 봄이 오는 시기를 어떻게 알아차릴까? 고려대학교 생명과학부 안지훈 교수팀이 개화시기를 조절하는 식물들의 자연 온도계 메커니즘을 처음으로 밝혀냈다(Lee & Ahn et al., Science Express, 12 Sep 2013).

식물들은 기온 변화를 감지해 개화시기를 억제(repressor)하는 *FLM(FLOWERING LOCUS M)*이라는 유전자가 생산하는 단백질인 FLM과 *SVP(SHORT VEGETATIVE PHASE)*라는 유전자가 생산하는 단백질인 SVP가 온도계 역할을 해 스스로 꽃 피는 시기를 조절하고 있다는 사실을 발견했다. 20도가 넘으면 꽃이 잘 피지만 16도에선 꽃을 피우기보다 잎의 수가 늘고 추위를 견디려고 잎에 털도 났다(MBC, 14 Sep 2013; Youtube, 12 Sep 2013).

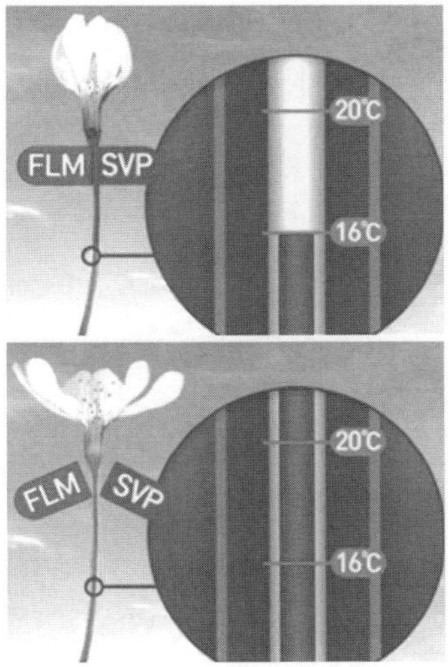

FLM 단백질과 SVP 단백질은 서로 협력한다. 온도가 낮으면 이 둘은 증가해서 개화시기를 억제한다. 그러나 온도가 올라 20도에 다 달으면 이 둘은 퇴화해서 모두 사라져 그 결과 식물들은 꽃이 피게 되는 것이다. 안 교수팀은 *flm/svp*의 돌연변이 유전자를 만들어 식물들에 주입했다. 그랬더니 식물들은 서로 다른 온도 영역에서 온도에 관계없이 꽃을 피우고 있었다. 따라서 FLM/SVP 단백질을 만드는 과정들인 전사(transcription) 과정, 리보솜(Ribosome)에서의 *FLM* 유전자의 스플라이싱(splicing) 과정, 그리고 SVP 단백질을 만드는 번역(translation) 과정에서, 임의 조작하면, 효율적이고 가장 빠른 메커니즘으로 식물들로 하여금 온도에 관계없이 꽃을 피우게 할 수 있다. 그 결과 사시사철 꽃피는 식물들을 만들 수 있고 사시사철 열매

를 맺는 식물들을 만들 수 있어 농업생산에 하나의 혁명을 일으킬 수 있다. 또한 갑작스런 추위나 더위가 닥쳐도 작물 생산성을 유지할 수 있는 품종 개발에 도움이 될 것으로 기대하고 있다.

안 교수팀은 이 보다 앞서, 2007년에 애기장대(Arabidopsis thaliana)의 SVP 유전자가 대기온도 변화를 인지하는 역할을 담당하고 있으며, 이 유전자가 개화시기 통합 유전자인 *FT(FLOWERING LOCUST)*를 조절함으로써 식물의 꽃피는 시기를 조절한다는 것을 밝혀냈었다(Lee & Ahn et al., Genes & Development, 15 Feb 2007).

3. 잎/꽃잎 형태를 결정하는 식물의 싹에 있는 유전자 로드맵의 발견

어떻게 각종 꽃잎들(petals)은 각자 고유의 형태(shape)를 가질까? 왜 장미의 잎들(leaves)은 끝이 뾰족한데 꽃잎은 끝이 둘둘 말렸을까? 영국의 과학자들이 이 비밀을 풀어냈다. 바로 꽃잎들의 형태는 식물의 싹(눈, buds)에 감추어진 맵(hidden map)에 의해서 제어된다는 사실을 발견했다. 잎들과 꽃잎들은 그들의 형태에 따라 서로 다른 기능을 하고 있다. 잎들은 광합성작용(photosynthesis)을 통해 식물이 필요한 당(sugars)을 제공한다. 꽃잎들은 식물의 라이프 사이클에 따라 나중에 성장되며 필요한 수정(pollinators) 역할을 하여 열매를 맺게 한다(Sauret-Gueto et al., PLOS Biology, 30 Apr 2013).

연구팀은 그 전의 연구에서 애기장대(Arabidopsis)의 잎들에 감추어진 맵을 발견했다. 이 맵은 싹의 끝에 있는 패턴대로 성장하도록 하는 유전자 맵과 같은 것으로, 잎들은 끝이 뾰족하도록 자라게 한다. 연구팀은 최근 연구에서도 애기장대 꽃잎들도 비슷한 맵이 있는 것을 발견했다. 싹의 맵에 따라 꽃잎의 형태가 결정되는 것을 발견한 것이다. 하지만 성장 패턴은 다르다는 것을 발견했다. 꽃잎들의 성장 패턴은 끝이 둥근 형태라는 것이다. 연구팀은 또한 PIN이라는 단백질 분자를 발견했는데, 이 분자들이 성장 패턴을 결정하고 있다는 것을 알아냈다. 이 분자들은 식물 세포의 끝에 위치하고 있다(Science Daily, 30 Apr 2013).

4. 무화과나무가 예수님의 명령에 따라 즉시 마르다

상황으로 보아 무화과나무가 잎사귀 밖에 없고 아무것도 얻지 못하셨다 했으니 가을이 아닌가 판단된다. 과일이 열리리면 봄에 꽃이 피어야 한다. 과일이 안 열렸다는 것은 (1) 봄에 온도가 너무 차가워서 온도 유전자가 조절을 못했을 수도 있고, 아니면 (2) 나무 줄기의 싹에 있는 유전자 로드맵이 발현이 안되었을 수도 있다. 안되는 이유는 유전자가 돌연변이 되었다는 뜻이다.

예수님이 나무에 이르시되 "이제부터 영원토록 네게 열매가 맺지 못하리라"하셨다 했으니 세 가지로 생각해 볼 수 있을 것이다. 첫째는 말씀(명령)과 함께 테라헤르츠파로 꽃을 피우고 열매를 맺는 유전자 로드맵을 차단했다고 생각할 수 있다. 둘째는 테라헤르츠파로 수액을 차단했다고 볼 수 있다. 그래야만 무화과나무가 즉시 마를 수 있기(Immediately the tree withered) 때문이다. 셋째는 광합성작용을 하는 엽록소(chlorophyll)의 역할을 차단했을 수도 있다. 아니면 우리가 모르는 그 이상의 빛의 과학기술을 사용하셨을 것이다.

여기에는 상징성도 있다. 예수님께서 시장하셨다고(he was hungry) 했다. 예수님께서 창조하신 지구와 모든 식물을 포함한 생물체들은 예수님을 왕으로 받들어 모셔야 한다. 그런데 시장하셨을 때 과일을 내지 못했다. 그래서 주인이신 예수님께서 나무를 제거하셨다. 과일을 맺지 못하는 쓸모가 없는 식물은 가을 걷이에서 제거해 버린 것이다. 이것은 인간들에게도 해당됨을 강조하신 것이다. 이는 「마태복음」 13장 36절~43절에 등장하는 '가라지의 비유(The Parable of the Weeds)'와 같은 것이다.

'그런즉 가라지를 거두어 불에 사르는 것같이 세상 끝에도 그러하리라. 인자가 그 천사들을 보내리니 저희가 그 나라에서 모든 넘어지게 하는 것과 또 불법을 행하는 자들을 거두어 내어, 풀무 불에 던져넣으리니 거기서 울며 이를 갊이 있으리라. 그때에 의인들은 자기 아버지 나라에서 해와 같이 빛나리라 귀 있는 자는 들으라'

7절 예수님이 부활 후에 오백여 형제에게 일시에 보이시다(홀로그래픽+@)(38th)

「고린도전서」 15장 4절~6절에는 '예수님이 부활 후에 12제자와 그 후에 오백여 형제에게 일시에 보이시다(Jesus appeared to more than five hundred of the brothers at the same time)'이라는 기적이 나온다. 어떻게 12제자와 500명 형제에게 일시에 보이셨을까?

이것은 오늘날 아직도 상용화가 안된 홀로그래픽(Holographic) 기술이라 생각하면 이해하기 쉽다. 그러나 이 기술은 2020년경에 상용화될 것으로 예측하고 있다. 아니면 텔레파시를 통한 시각화 기술을 사용하셨다고 생각할 수 있으며, 우리가 아직 모르고 있는 빛의 분산과 집중기술을 통한 영상화기술이라고 추측해 볼 수 있다.

「고린도전서」 15:4 - 장사지낸 바 되었다가 성경대로 사흘 만에 다시 살아나사(that he was buried, that he was raised on the third day according to the Scriptures,)(NIV)

15:5 - 게바에게 보이시고 후에 열두 제자에게와(and that he appeared to Peter, and then to the Twelve.)

15:6 - 그 후에 오백여 형제에게 일시에 보이셨나니 그 중에 지금까지 태반이나 살아 있고 어떤 이는 잠들었으며(After that, he appeared to more than five hundred of the brothers at the same time, most of whom are still living, though some have fallen asleep.)

「고린도전서」는 바울(Paul, Paulus, AD 10-67)이 쓴 것으로 선교를 시작한 A.D. 46년 이후에 쓴 것이고, 예수님이 돌아가신 때가 33살이신 AD 27년이므로, 부활하신 때가 AD 27년이므로 46-27=19, 즉 바울보다 동갑이거나 19살 차이가 나는 500여 형제에게 일시에 보이셨으므로, 태반은 그 당시 살아있고 나머지는 잠들었다는 것으로 다시 말해 '죽었다'라고 표현한 것이다.

8절 8가지 기적의 과학기술요약(원자자유전환, 기상/기후, 반중력광선, 어군탐지, 전파/초음파유도, 양자동조, 유전자발현 차단, 디스플레이+@)

8가지 기적의 과학기술요약(원자자유전환, 기상/기후, 반중력광선, 어군탐지, 전파/초음파유도, 양자동조, 유전자발현 차단, 디스플레이+@)

#	기적으로 표현된 내용과 예수님의 방법/행동/말씀	성경기록				현대과학의 분류
		마태복음	마가복음	누가복음	요한복음	상세기술
01 31th	가나의 혼인 잔치(A Wedding at Cana)에서 예수님께서 물을 포도주로 변화시키심(Jesus Changes Water to Wine); "항아리에 물을 채우라, 연회장에 갖다주라"고 말씀하시다				2:1-11	물리/화학/바이오 원자자유전환기술+@
02 32th	폭풍을 꾸짖어 잔잔하게 하시다(Jesus Calms the Storm with Rebuking)	8:23-27	4:35-41	8:22-25		기상 및 기후 저기압을 고기압으로 바꾸시다+@
03 33th	바다 위를 걸으심(Jesus Walks on the Water); 기도하러 혼자 산에 올라가시다, "오라" 하시니 베드로가 물 위를 걷다가 빠지다	14:22-33	6:45-52		6:16-21	천체물리학 반중력광선+운반광선@
04 34th	게네사렛 호숫가(Lake of Gennesaret)에서 시몬 베드로에게 배 두척에 가득할 정도의 고기를 잡게 하심; "깊은 데로 가서 그물을 내려 고기를 잡으라"고 말씀하시다			5:1-11		해양수산학 어군탐지기술, 전파/초음파유도(BBI), 양자동조+@
05 35th	부활하시어 세 번째로 일곱 제자에게 나타나시어, 물고기 153마리를 낚게 하시다; "그물을 배 오른편에 던지라"				21:1-24	해양수산학 어군탐지기, 자기장 탐지, 전파/초음파유도(BBI), 양자동조+@

06 36th	베드로가 낚시로 잡은 물고기의 입에서 돈 한 세겔(a four-drachma coin)을 얻어 성전의 세금을 내다. 반 세겔 받는 자들(세금 징수자들)이 베드로에게 와서 예수님도 반 세겔을 내느냐고 묻자, 내신다하고 집에 들어오니 예수님이 이 사실을 미리 아시고 말씀하신다	17:24-27				통신/뇌과학 전파유도/초음파 유도(BBI)
07 37th	무화과나무가 마르다(The Fig Tree Withers); 열매 맺지 못하는 무화과나무를 향해 "이제부터 영원토록 네게 열매가 맺지 못하리라" 말씀 하시니 무화과나무가 마르다	21:18-22	11:12-14			식물공학 THz로 유전자발현 차단/수액 차단/엽록소 역할 차단+@
08 38th	예수님이 부활 후에 12제자와 오백여 형제에게 일시에 보이시다(Jesus appeared to more than five hundred of the brothers at the same time)	「고린도 전서」 15:4-6				영상/디스플레이 홀로그램/홀로그래픽, 텔레파시의 시각화, 빛의 분산과 집중의 영상화+@

13장

말씀은 하셨으나 이루지 못한 3가지의 기적들

1절 산을 명하여 옮기라 하여도 옮길 것이요(생각/말=에너지, 텔레키네시스+@)(39th)

「마태복음」 17장 19절~20절에는 "이 산을 명하여 여기서 저기로 옮기라 하여도 옮길 것이요"라는 예수님의 말씀이 나온다. 물론 이 당시에는 절대적인 믿음이 있어야 가능한 기적이다. 하지만 예수님께서 말씀하셨다는 것은 언젠가 우리 보고 그러한 과학기술을 찾아내라고 명령하신 것이다.

「마태복음」 17:18 - 이에 예수께서 꾸짖으시니 귀신이 나가고 아이가 그 때부터 나으니라(Jesus rebuked the demon, and it came out of the boy, and he was healed from that moment.)(NIV)

17:19 - 이 때에 제자들이 종용히 예수께 나아와 가로되 우리는 어찌하여 쫓아내지 못하였나이까(Then the disciples came to Jesus in private and asked, "Why couldn't we drive it out?")

17:20 - 가라사대 너희 믿음이 적은 연고니라 진실로 너희에게 이

르노니 너희가 만일 믿음이 한 겨자씨만큼만 있으면 이 산을 명하여 여기서 저기로 옮기라 하여도 옮길 것이요 또 너희가 못할 것이 없으리라(He replied, "Because you have so little faith. I tell you the truth, if you have faith as small as a mustard seed, you can say to this mountain, 'Move from here to there' and it will move. Nothing will be impossible for you."

어떻게 가능할까? 실마리를 찾으려면 『바이블 매트릭스』 시리즈 4권 『하나님들의 과학기술과 우리가 창조해야 할 미래(하)』의 3부 1장 4-13절의 "뇌파/생각을 이용하는 텔레파시/텔레키네시스, EEG, BCI, BMI, BBI"와 본권 1부 2장 4절 4-3의 "텔레파시(Telepathy)란? 사람의 생각을 메시지로 두뇌로 전달(BBI/BBC)"을 보아야 한다. 지금은 밝혀지지 않았지만 생각(마음)은 뇌파이고 뇌파는 에너지와 파동이다. 이러한 뇌파들은 생각에 따라 변화한다. 따라서 뇌파가 변화하는 것을 감지하고 증폭시키는 기술을 발견한다면 생각하는 대로 기계를 조작할 수 있고, 마음먹은 대로 사물을 움직일 수 있다. 그것이 바로 텔레파시(Telepathy) 통신이자 텔레키네시스(Telekinesis)이다. 텔레키네시스는 염력(念力)이라고 하는데, 이론적으로는 생각하는 대로 앞의 산도 움직일 수가 있다. 그러한 날이 분명 올 것이다.

또한 우리가 말을 한다는 것은 말 한마디 할 때마다 10억 개 정도의 원자가 튀어 나온다. 원자가 튀어나온다는 것은 바로 에너지와 파동이다. 이것을 증폭시키면 말 한마디에 산이나 도시를 초토화시킬 수가 있다. 언제가는 '재 정말 죽이고 싶어'라고 말을 하면 그 사람을 죽일 수가 있다. 그래서 입으로 들어가는 것을 조심하지 말고 입에서 나오는 말을 조심하라고 예수님은 강조하신 것이다. 말은 바로 마음에서 나오기 때문이다(「마태복음」 15:1-20).

「마태복음」 15:2 - 당신의 제자들이 어찌하여 장로들의 유전을 범하나이까 떡 먹을 때에 손을 씻지 아니하나이다("Why do your disciples break the tradition of the elders? They don't wash their hands before they eat!")(niv)

15:11 - 입에 들어가는 것이 사람을 더럽게 하는 것이 아니라 입에서 나오는 그것이 사람을 더럽게 하는 것이니라(What goes into a man's mouth does not make him 'unclean,' but what comes out of his mouth, that is what makes him 'unclean.'")

15:17 - 입으로 들어가는 모든 것은 배로 들어가서 뒤로 내어 버려지는 줄을 알지 못하느냐("Don't you see that whatever enters the mouth goes into the stomach and then out of the body?)

15:18 - 입에서 나오는 것들은 마음에서 나오나니 이것이야말로 사람을 더럽게 하느니라(But the things that come out of the mouth come from the heart, and these make a man 'unclean.')

15:19 - 마음에서 나오는 것은 악한 생각과 살인과 간음과 음란과 도적질과 거짓 증거와 훼방이니(For out of the heart come evil thoughts, murder, adultery, sexual immorality, theft, false testimony, slander.)

15:20 - 이런 것들이 사람을 더럽게 하는 것이요 씻지 않은 손으로 먹는 것은 사람을 더럽게 하지 못하느니라(These are what make a man 'unclean'; but eating with unwashed hands does not make him 'unclean.'")

2절 12군단의 천사들을 동원?(하나님 아버지께 요청+@)(40th)

다음은 예수님께서 체포되는 상황(Jesus Arrested)의 예수님의 제자들과 유다와 함께 온 무리들과의 대치상황에서 벌어진 사건을 설명하는 것이다. 자세히 보면 양쪽 다 검(sword)을 가지고 대치하는 상황임을 알 수 있다. 「마태복음」 26장 47절~56절, 「마가복음」 14장 43절~50절, 「누가복음」 22장 47절~53절, 그리고 「요한복음」 18장 3절~12절에는 '예수님이 잡히시다'라는 내용이 나온다. 그러나 본 내용은 「마태복음」에만 기록되어 있으므로 「마태복음」을 중심으로 살펴보도록 한다.

예수님께서 잡히실 때가 이르러 말씀하실 때에 열두 제자 중에 하나인 유다(Judas)가 왔는데, 대제사장들(the chief priests)과 백성의 장로들(the elders of the people)에게서 파송된 큰 무리(a large crowd)가 검들(swords)과 몽치들(clubs)을 가지고 유다와 함께 하였더라. 예수님을 파는 자인 유다가 그들에게 군호를 짜 가로되 내가 입맞추는 자가 그이니 그를 잡으라 하였는지라, 곧 예수님께 나아와 랍비여 안녕하시옵니까 하고 입을 맞추니, 예수께서 가라사대 친구여 네가 무엇을 하려고 왔는지 행하라 하신대, 이에 저희가 나아와 예수님께 손을 대어 잡는지라. 예수님과 함께 있던 자 중에 하나인 베드로가 손을 펴 자기 검을 빼어 대제사장의 종인 말고(Malchus)의 오른쪽 귀를 떨어뜨리니(「요한복음」 18:10), 예수님께서 이것까지 참으라 하시고, 그 종의 귀를 만져 낫게 하신다(「누가복음」 22:51). 이에 예수님께서 베드로에게 이르시되 "네 검을 도로 집에 꽂으라 검을 가지는 자는 다 검으로 망하느니라"라고 하신다.

그리고 베드로에게 다음과 같이 말씀하신다.

「마태복음」 26:53 - <u>너는 내가 내 아버지께 구하여</u> 지금 <u>열두 영 더 되는 천사를 보내시게 할 수 없는 줄로 아느냐</u>(Do you think <u>I cannot call on my Father</u>, and he will at once put at my disposal more than <u>twelve</u>

legions of angels?)(NIV)

이게 무슨 말일까? 예수님은 하나님 아버지의 독생자이시다. 독생자가 아버지를 불러 또는 아버지에게 요청하여, 이 대치 상황에서 천사의 군대를 보내 달라고 하면, 안 보내주실 것 같으냐라고 말씀하신 것이다. 예수님께서는 수많은 하나님들과 천사들과 함께 오셨다고 했다. 여기에서 레기온(legions)은 그 당시 로마 군단을 뜻하는 것으로 3,000~6,000명의 보병으로 편성된다는 점이다. 그러니 12군단이면 36,000~72,000의 천사들을 동원할 수 있다는 것이다. 그러면 대치상황의 게임은 끝난다.

그러나 예수님은 베드로에게 다음과 같이 말씀하신다.

「마태복음」 26:54 - 내가 만일 그렇게 하면 이런 일이 있으리라 한 성경이 어떻게 이루어지리요 하시더라(But how then would the Scriptures be fulfilled that say it must happen in this way?")

26:56 - 그러나 이렇게 된 것은 다 선지자들의 글을 이루려 함이니라 하시더라 이에 제자들이 다 예수를 버리고 도망하니라(But this has all taken place that the writings of the prophets might be fulfilled." Then all the disciples deserted him and fled.)

이 말씀은 예수님께서 잡히시고 십자가에 못 박히시고 죽으시어 3일 만에 부활하셔야 하나님 아버지께 영광을 드리고 본인께서도 이 땅에 오신 역할을 다하는데, 만약 12군단의 천사들을 동원하면 성경에 기록된 것을 어떻게 이루겠느냐고 베드로에게 말씀하신 것이다. 때가 되어 다 절차대로 가는 마당에 그리하면 안된다는 뜻이다. 이렇게 되는 것은 다 선지자들의 글을 이루려 함이라는 뜻이다.

3절 예루살렘 성전을 3일만에 건축?(나노/피코 그 이상의 건축공학) (41th)

「마태복음」, 「마가복음」, 그리고 「요한복음」에는 유대인들이 가로되 '이 성전은 사십륙 년 동안에 지었거늘 네가 삼 일 동안에 일으키겠느뇨'라는 내용이 나온다. 이게 무슨 말일까?

「마태복음」 26:59 - 대제사장들과 온 공회가 예수를 죽이려고 그를 칠 거짓 증거를 찾으매(The chief priests and the whole Sanhedrin were looking for false evidence against Jesus so that they could put him to death.) (NIV)

26:60 - 거짓 증인이 많이 왔으나 얻지 못하더니 후에 두 사람이 와서(But they did not find any, though many false witnesses came forward. Finally two came forward)

26:61 - 가로되 이 사람의 말이 내가 하나님의 성전을 헐고 사흘에 지을 수 있다 하더라 하니(and declared, "This fellow said, 'I am able to destroy the temple of God and rebuild it in three days.'")

27:40 - 가로되 성전을 헐고 사흘에 짓는 자여 네가 만일 하나님의 아들이어든 자기를 구원하고 십자가에서 내려오라 하며(and saying, "You who are going to destroy the temple and build it in three days, save yourself! Come down from the cross, if you are the Son of God!")

「마가복음」 14:58 - 우리가 그의 말을 들으니 손으로 지은 이 성전을 내가 헐고 손으로 짓지 아니한 다른 성전을 사흘에 지으리라 하더라 하되("We heard him say, 'I will destroy this man-made temple and in three days will build another, not made by man.'")

15:29 - 지나가는 자들은 자기 머리를 흔들며 예수를 모욕하여 가로되 아하 성전을 헐고 사흘에 짓는 자여(Those who passed by hurled insults at him, shaking their heads and saying, "So! You who are going to destroy the temple and build it in three days,)

「요한복음」 2:19 - 예수께서 대답하여 가라사대 너희가 이 성전을 헐라 내가 사흘 동안에 일으키리라(Jesus answered them, "Destroy this temple, and I will raise it again in three days.")

2:20 - 유대인들이 가로되 이 성전은 사십륙 년 동안에 지었거늘 네가 삼 일 동안에 일으키겠느뇨하더라(The Jews replied, "It has taken forty-six years to build this temple, and you are going to raise it in three days?")

2:21 - 그러나 예수는 성전된 자기 육체를 가리켜 말씀하신 것이라 (But the temple he had spoken of was his body.)

2:22 - 죽은 자 가운데서 살아나신 후에야 제자들이 이 말씀하신 것을 기억하고 성경과 및 예수의 하신 말씀을 믿었더라(After he was raised from the dead, his disciples recalled what he had said. Then they believed the Scripture and the words that Jesus had spoken.)

「요한복음」에 따르면, '예수님께서 죽은 자 가운데서 살아나신 후에야, 제자들이 이 말씀하신 것을 기억하고 성경과 예수님의 하신 말씀을 믿었다'라고 기록하고 있다. 그리고 기록하기를 '예수님은 성전된 자기 육체를 가리켜 말씀하신 것이다'라고 기록하고 있다. 3일 만에 부활하실 것을 말씀하신 것이다.

그러나 필자가 보기엔 3일 만에 예루살렘 성전을 일으킨다는 예수님의 말씀이 3일 만에 부활하신다는 것을 의미할 뿐만 아니라, 실제로 3일 만에 예루살렘 성전을 재건할 수 있다는 뜻도 있다고 믿는다. 하나님 아버지와 수많은 하나님들과 천사들과 함께 오셨다는 것을 이해하면, 이 말씀이 과언이 아니라는 것을 알 수 있다. 지금은 과학기술이 나노(nano)이지만, 2030년경에 가면 피코(pico) 기술로 발전할 것이고, 그 다음 펨토(femto), 그 다음 아토(atto), 그 다음 젭토(zepto), 그 다음 욕토(yocto)… 그 이상의 건축공학기술이 등장할 것이다. 이렇게 가정한다면 3일 만에 예루살렘 성전을 짓는 것은 아무것도 아니다. 3일이 아니라 1일에도 가능할 것이고 더 나아가 1시간에도 가능할 것이다. 다만, 예수님의 부활과 관련지어 예수님께서 말씀하셨기 때문에 3일에 짓는다고 하신 것이다.

4절 3가지 과학기술 요약

3가지 과학기술 요약(생각/마음/말=에너지, 텔레키네시스, 나노이상의 건축+@)

#	기적으로 표현된 내용과 예수님의 행동/말씀	성경기록				현대과학의 분류
		마태복음	마가복음	누가복음	요한복음	상세기술
01 39th	이 산을 명하여 여기서 저기로 옮기라 하여도 옮길 것이요	17:19-20				입자물리학 생각/마음/말이 에너지, 텔레파시, 텔레키네시스+@
02 40th	내가 내 아버지께 구하여 지금 열두 영 더 되는 천사를 보내시게 할 수 없는 줄로 아느냐	26:47-56				하나님 아버지께 요청+@

03 41th	유대인들이 가로되 이 성전은 사십륙 년 동안에 지었거늘 네가 삼 일 동안에 일으키겠느뇨 하더라	26:61, 27:40	14:58, 15:29		2:19~22	건축공학
						나노/피코 그 이상의 건축공학

14장

이게 다는 아니다, 예수님의 모든 말씀은 새로운 과학기술

예수님은 이 땅에 오셔서 앞에서 살펴본 대로 42가지의 기적들, 즉 과학기술들을 우리에게 보이셨다. 보이셨다는 것은 우리보고 실현하라는 뜻일 것이다. 그러나 42가지가 전부는 아닐 것이다. 굳이 과학기술로 분류해서 42가지로 추려보았지만, 사실 예수님의 한 마디 한 마디 말씀이 모두 미래에 실현할 과학기술들일 것이다. 그 말씀 한 마디까지 오늘날과 미래의 과학기술로 풀이하는 것은 필자로서는 불가능하다. 그 만큼 필자가 부족하다는 말이다. 200살을 산다 해도 다 못 쓸 것이요 1,000살을 산다 해도 다 못 쓸 것이다. 이에 해당하는 「요한복음」의 구절이 있다. 이 구절로 이 절을 대신하고자 한다.

「요한복음」 20:30 - 예수께서 제자들 앞에서 이 책에 기록되지 아니한 다른 표적도 많이 행하셨으나(Jesus did many other miraculous signs in the presence of his disciples, which are not recorded in this book.)(NIV)

20:31 - 오직 이것을 기록함은 너희로 예수께서 하나님의 아들 그리스도이심을 믿게 하려 함이요 또 너희로 믿고 그 이름을 힘입어 생명을 얻게 하려 함이니라(But these are written that you may believe that

Jesus is the Christ, the Son of God, and that by believing you may have life in his name.)

21:25 - 예수의 행하신 일이 이 외에도 많으니 만일 낱낱이 기록된다면 이 세상이라도 이 기록된 책을 두기에 부족할 줄 아노라(Jesus did many other things as well. If every one of them were written down, I suppose that even the whole world would not have room for the books that would be written.)(NIV)

3부

12제자들의 신분, 별도의 성령인 진리의 영=
보혜사의 능력, 제자들의 순교

1장

12제자들의 신분, 대부분 지식이 없고 미천한 어부/갈릴리 출신

자, 이번에는 12제자들의 출신을 살펴보자. 이미 『바이블 매트릭스』 시리즈 4권 『하나님들의 과학기술과 우리가 창조해야 할 미래(하)』의 3부 1장 3절의 "양자리(BC 2220년-)와 물고기자리(BC 60년-2099년)의 상징"에서 간단히 살펴본 바와 같이 예수님께서 탄생하시고 부활하신 연도(BC 6(B)-AD 27(B))와 12제자들이 활약하던 시대가 바로 물고기자리(BC

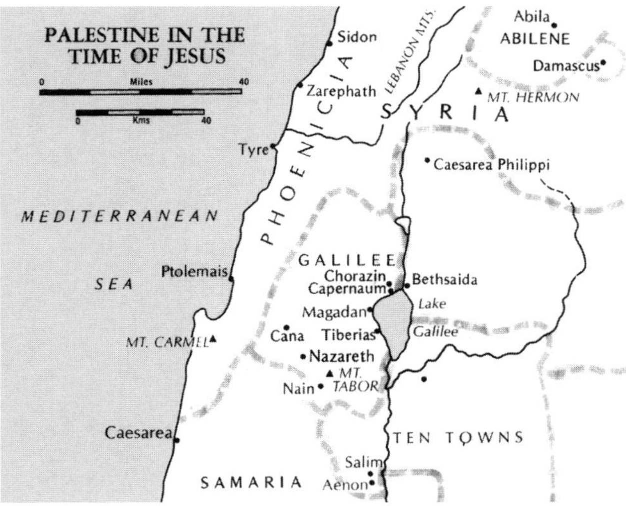

60-BC 2099) 시대였다. 지금이 2015년이니 물고기자리 끝자락에 와 있다. 따라서 물고기자리 시대를 의미하는 4대 복음서에는 그 상징인 물고기가 많이 나온다. 앞서 살펴보았던 오병이어, 칠병이어, 물고기 많은 곳을 아시다가 다 그것들이다. 또한 예수님께서 갈릴리 해변 근처의 나라렛(Nazareth)에서 성장하셨기 때문에 제자들은 지식이 없고 미천한 어부 출신이라는 점을 미리 예측해 볼 수 있다.

예수님의 12제자(사도)들은[1] 「마태복음」 기준으로, 1=베드로(Peter, Simon), 2=1번 베드로의 형제인 안드레(아)(Andres), 3=세베대(Zebedee)의 아들 야고보(James), 4=3번 야고보의 형제인 요한(John), 5=빌립(보)(Philip), 6=보통 나다나엘(Nathanael)로 불리는 바(르)돌(톨)로매(오)(Bartholomew), 7=디두모(Didymus)라 불리는 도마(토마스)(Thomas), 8=종종 레위(Levi)라 불린 세금 징수자(세리, Tax Collector)인 마태(오)(Matthew), 9=알패오(Alphaeus)의 작은 야고보(James the Less), 10=작은 야고보(James)의 아들인 다(타)대오(Jude, Thaddaeus or Lebbaeus), 11=가나안 셀롯당(Zealot) 출신인 시몬(Simon), 12=예수님을 판 가룟당(Iscariot) 출신인 유다(Judas), 즉 가룟 시몬의 아들이다(son of Simon Iscariot).

12제자들의 출신과 신분

순번	이름	비고	출신/신분
1	베드로(Peter, Simon)		갈릴리, 어부
2	안드레(아)(Andres)	1번 베드로의 형제	갈릴리, 어부
3	야고보(James)	세베대(Zebedee)의 아들	갈릴리, 어부
4	요한(John)	3번 야고보의 형제	갈릴리, 어부

1 12제자(사도) - http://en.wikipedia.org/wiki/Apostle_(Christian)

5	빌립(보)(Philip)		갈릴리 벳세다, 어부
6	바(르)돌(톨)로매(오)(Bartholomew)	나다나엘(Nathanael)로 불림	갈릴리 가나, 어부
7	도마(토마스)(Thomas)	디두모(Didymus)라 불림	갈릴리, 어부
8	마태(오)(Matthew)	종종 레위(Levi)라 불린 세금 징수자(세리, Tax Collector)	갈릴리, 세금 징수자
9	알패오(Alphaeus)의 작은 야고보(James the Less)		갈릴리
10	다(타)대오(Jude, Thaddaeus or Lebbaeus)	작은 야고보(James)의 아들	갈릴리
11	시몬(Simon)		가나안 셀롯당(Zealot) 출신
12	유다(Judas)	예수님을 판 본인, 가룟당(Iscariot) 출신인 가룟 시몬의 아들(son of Simon Iscariot); 유다는 12제자 중 돈을 관리하는(charge of the money) 경리 담당(「요한복음」 13:29)	시카리당(Sicarii) 즉 가룟당(Iscariot) 출신이며 남방 출신
12	마티아(맛디아)(Matthias)	예수님 승천 후, 12번 유다를 대신해 제비 뽑아 12제자가 됨	아마도 갈릴리 출신

12제자의 출신을 보면 다음과 같다. 베드로(시몬), 안드레, 야고보, 요한은 모두 갈릴리 해변 어부 출신이며(「마태복음」 4:18-19, 「마가복음」 1:17-20, 「누가복음」 5:1-11), 빌립(Philip)은 베드로와 안드레와 한 동네인 갈릴리의 벳세다(Bethsaida of Galilee) 출신이다(「요한복음」 1:43-44, 「요한복음」 12:21). 보통 나다나엘(Nathanael)로 불리는 바(르)돌(톨)로매(오)(Bartholomew)는 갈릴리 가나(Cana in Galilee) 출신이자 빌립의 친구이다(「요한복음」 1:45-51 & 「요한복음」 21: 2). 또한 디두모(Didymus)라 불리는 도마(토마스, Thomas)도 갈릴리 출신이다(「요한복음」 11:16 & 20:24).

이렇게 본다면 예수님의 12제자 중 종종 레위(Levi)라 불린 세리(Tax Collector) 출신의 마태(오)(Matthew)(「마태복음」 9:9, 「마가복음」 2:14,

「누가복음」 5:27), 알패오(Alphaeus)의 작은 야고보(James the Less)(「마태복음」 10:3, 「마가복음」 3:18 & 「마가복음」 15:40, 「누가복음」 6:15), 작은 야고보(James)의 아들인 다(타)대오(Jude, Thaddaeus or Lebbaeus)(「마태복음」 10:3, 「마가복음」 3:18, 「누가복음」 6:16, 「사도행전」 1:13), 가나안(Canaanite) 출신이며 유대 민족주의자(Jewish nationalists)의 한 파인 셀롯당(Zealot) 출신인 시몬(Simon)(「마태복음」 10:4; 「마가복음」 3:18, 「누가복음」 6:15, 사도행전 1:13), 그리고 유대 민족주의 시카리당(Sicarii), 즉 가룟당(Iscariot) 출신인, 예수님을 배반한 유다(Judas)를(「마태복음」 4:18 & 10:2-4, 「마가복음」 3:16-19, 「누가복음」 6:14-16, 「요한복음」 6:71) 제외하곤 7명이 갈릴리 어부 출신이다.

전체적으로 예수님의 제자들은 거의 모두 팔레스타인에 사는 유대인들이었다. 예수님이 오신 시대에는 남부의 유대에서 시작하여 사마리아를 거쳐 북부의 갈릴리 지역까지 전 지역이 팔레스타인 지역이었다. 남방 유다 가룟당 출신인 유다를 제외하곤 열한 명의 제자들은 다 북부의 갈릴리(Galilee) 출신이다. 따라서 세리 출신의 마태, 가룟 유다와 셀롯당 출신인 시몬을 제외하곤 모두 지식이 없고 미천한 출신들이다.

「사도행전」 1장 9절~12절에는 이를 증빙하는 기록이 나와 있다. 예수님께서 예루살렘 성전 오른쪽에 위치한 감람산(the Mount of Olives)에서 승천하실 때, 11명의 제자들이 자세히 하늘을 쳐다보고 있는데, 흰 옷 입은 두 사람, 즉 우주복을 입은 두 하나님들이 가로되, "갈릴리 사람들아 어찌하여 서서 하늘을 쳐다보느냐, 너희 가운데서 하늘로 올리 우신 이 예수는 하늘로 가심을 본 그대로 오시리라"라고 말씀하시는 장면이 등장한다. 11명의 제자들은 바로 갈릴리 출신이라는 것이다. 11명의 제자들이 감람산에서 내려와 예루살렘으로 돌아와서 배반한 유다를 대신할 제자로 마티아(맛디아, Matthias)를 제비 뽑아 뽑는다. 그런데 맛디아도 요한(John the Baptist)의 세례로부터 예수님께서 승천하실 때까지 나머지 11명의 제자들과 함께해서 예수님을 증거할 사람이라고 기록하고 있으므로(「사도행전」 1:21-22), 십중팔구 갈릴리 출신일 가능성이 높다.

「사도행전」 1:9 - 이 말씀을 마치시고 저희 보는 데서 올리워 가시니 구름이 저를 가리워 보이지 않게 하더라(After he said this, he was taken up before their very eyes, and a cloud hid him from their sight)(NIV).

10절 - 올라가실 때에 제자들이 자세히 하늘을 쳐다보고 있는데 흰 옷 입은 두 사람이 저희 곁에 서서(They were looking intently up into the sky as he was going, when suddenly two men dressed in white stood beside them)(NIV).

11절 - 가로되 갈릴리 사람들아 어찌하여 서서 하늘을 쳐다보느냐 너희 가운데서 하늘로 올리우신 이 예수는 하늘로 가심을 본 그대로 오시리라 하였느니라("Men of Galilee," they said, "why do you stand here looking into the sky? This same Jesus, who has been taken from you into heaven, will come back in the same way you have seen him go into heaven.")(NIV).

12 - 제자들이 감람원이라 하는 산으로부터 예루살렘에 돌아오니 이 산은 예루살렘에서 가까와 안식일에 가기 알맞은 길이라(Then they returned to Jerusalem from the hill called the Mount of Olives, a Sabbath day's walk from the city.)

그러나 이러한 미천한 출신들이 (1) 하나님 아버지의 사전에 프로그램화된 맞춤식 성령(Holy Spirit)으로 무장하신 예수님의 가르침을 받고, (2) 예수님께서 부활하시어 하늘로 승천하시고 하나님 아버지 우편에 앉으신 후(영광을 받으신 후), 예수님과 하나님 아버지의 약속대로, 예수님이 무장하셨던 성령과는 또 다른 별도의, 예수님의 이름으로 하나님 아버지께서 보내주시는 맞춤식의 프로그램화된 성령=진리의 영(Spirit of truth)=보혜사(Counselor)를 받아, 지식과 권능으로 무장하여 지식인과 권능인으로 탈바꿈하여 많은 기적들을 행한다.

2장

예수님께 임한 성령과는 다른 성령=진리의 영=보혜사가 12제자들에게 임하다

성령(Holy Spirit)과 진리의 영(Spirit of truth)과 보혜사(Counselor)라? 예수님께서 성령을 12제자들에게 어떻게 가르치고 주셨으며, 예수님이 승천하시고 하나님 아버지 우편에 앉으신 후(영광을 받은 후), 특별한 성령=진리의 영=보혜사를 12제자들에게 보내주셨는데, 이것을 이해하는데 상당한 시간(연도)이 걸렸다. 특히 보혜사가 필자를 괴롭혔다. 성령과 진리의 영은 알겠는데 보혜사란 도대체 무엇인가? 그것은 결국 4대 복음서와 「사도행전」을 반복하여 계속 읽은 후에야 이해하였다.

1절 예수님→12제자들에 성령을 가르침, 성령이 임하면(받으면), 성령의 능력

본 절은 예수님께서 성령이 12제자들에게 임하면 어떠한 능력과 권능이 따르는지 가르치시는 내용이다. 성령이 임하면 12제자들의 지식과 권능이 어떻게 바뀌는지와 그로 인해 어떤 고난을 받고 순교를 당할 것인지를 가르치시는 내용이다. 다시 말해 지식이 없고 미천한 어부 출신들이나 갈릴리 출신들이 지식과 권능을 가진 지식인과 권능자로 탈 바꿈한다는 내용을 가르치시는 것이다.

1. 성령의 권능으로 무장한 12제자를 세워 보낼 것이다

「마태복음」 10장에는 예수님께서 12제자에게 성령의 권능을 주시어 '12제자를 보내신다(Jesus Sends Out the Twelve)'는 내용이 나온다. 그런데 기록을 보면 예수님께서 '그 열두 제자를 부르사 더러운 귀신을 쫓아내며 모든 병과 모든 약한 것을 고치는 권능을 주셨다'와 '병든 자를 고치며 죽은 자를 살리며 문둥이를 깨끗하게 하며 귀신을 쫓아내되 너희가 거저 받았으니 거저 주어라'고 기록하고 있어, 얼핏 보기에는 이미 성령의 권능을 주신 것처럼 기록하고 있으나 10장 전체를 읽어 보면 차후에 그런 권능을 받게 된다는 예수님의 말씀(가르침)을 이해할 수 있다. 따라서 차후에 성령이 임하면 '너희가 권능을 받고 예루살렘과 온 유대와 사마리아와 땅 끝까지 이르러 내 증인이 되리라'라고 말씀하신 것이다.

「마태복음」 10:1 - 예수께서 그 열두 제자를 부르사 더러운 귀신을 쫓아내며 모든 병과 모든 약한 것을 고치는 권능을 주시니라(He called his twelve disciples to him and gave them authority to drive out evil spirits and to heal every disease and sickness)(NIV)

10:8 - 병든 자를 고치며 죽은 자를 살리며 문둥이를 깨끗하게 하며 귀신을 쫓아내되 너희가 거저 받았으니 거저 주어라(Heal the sick, raise the dead, cleanse those who have leprosy, drive out demons. Freely you have received, freely give)

「마가복음」 3장에는 예수님께서 '열두 제자를 세우시다(The Appointing of the Twelve Apostles)'라는 내용이 나온다. 여기에서는 '12제자들을 세우시고, 예수님과 함께 있게 하시고 또 보내사 전도도 하며, 귀신을 내어쫓는 권세도 있게 하려 하심이러라'라고 기록하고 있어 예수님의 계획임을 알 수 있다. 곧 그렇게 될 것이라는 내용이다.

「마가복음」 3:13 - 또 산에 오르사 자기의 원하는 자들을 부르시니 나아온지라(Jesus went up on a mountainside and called to him those he wanted, and they came to him)

3:14 - 이에 열둘을 세우셨으니 이는 자기와 함께 있게 하시고 또 보내사 전도도 하며(He appointed twelve--designating them apostles--that they might be with him and that he might send them out to preach)

3:15 - 귀신을 내어쫓는 권세도 있게 하려 하심이러라(and to have authority to drive out demons.)

16:18 - 뱀을 집으며 무슨 독을 마실찌라도 해를 받지 아니하며 병든 사람에게 손을 얹은즉 나으리라하시더라(they will pick up snakes with their hands; and when they drink deadly poison, it will not hurt them at all; they will place their hands on sick people, and they will get well.")

「요한복음」 20장 21절에는 예수님이 부활하시어 제자들에게 나타나시어 다음과 같은 말씀을 하신다. "아버지께서 나를 보내신 것같이 나도 너희를 보내노라." 세우고 보낸다는 뜻은 하나님 아버지께서 예수님을 이 땅에 보내신 것과 같이 예수님도 12제자를 여러 지방으로 보내 예수님을 증거하고 복음을 전파하라는 것이다.

「요한복음」 20:21 - 예수께서 또 가라사대 너희에게 평강이 있을

찌어다 아버지께서 나를 보내신 것같이 나도 너희를 보내노라(Again Jesus said, "Peace be with you! As the Father has sent me, I am sending you.")

「사도행전」 1:8 – 오직 성령이 너희에게 임하시면 너희가 권능을 받고 예루살렘과 온 유대와 사마리아와 땅 끝까지 이르러 내 증인이 되리라 하시니라(But you will receive power when the Holy Spirit comes on you; and you will be my witnesses in Jerusalem, and in all Judea and Samaria, and to the ends of the earth.")

2. 성령이 임하면, 지식인/권능자로 변화, 핍박(순교)을 당할 것이다

성령이 임하면 제자들은 미천한 어부나 갈리리 출신이 아니라 지식으로 무장되고 권능으로 무장된 지식인이 되며 권능자가 될 것이다. 따라서 예수님을 증거하기 위해 12제자들은 목숨을 다할 것이다. 따라서 유대인들은 예수님의 이름으로 인하여 12제자들을 공회에 넘겨주겠고, 회당에서 매질하겠으며, 예수님을 인하여 총독들과 임금들 앞에 끌려가서 예수님을 증거하게 될 것이다. 나중에 아시겠지만 12제자들 중 요한만 빼고 전부 순교하게 된다.

「마태복음」 10:16 – 보라 내가 너희를 보냄이 양을 이리 가운데 보냄과 같도다 그러므로 너희는 뱀같이 지혜롭고 비둘기같이 순결하라(I am sending you out like sheep among wolves. Therefore be as shrewd as snakes and as innocent as doves.)(NIV)

10:17 – 사람들을 삼가라 저희가 너희를 공회에 넘겨 주겠고 저희 회당에서 채찍질 하리라("Be on your guard against men; they will hand you over to the local councils and flog you in their synagogues.

10:18 - 또 너희가 나를 인하여 총독들과 임금들 앞에 끌려가리니 이는 저희와 이방인들에게 증거가 되게 하려 하심이라(On my account you will be brought before governors and kings as witnesses to them and to the Gentiles.)

「마가복음」 13:9 - 너희는 스스로 조심하라 사람들이 너희를 공회에 넘겨 주겠고 너희를 회당에서 매질하겠으며 나를 인하여 너희가 관장들과 임금들 앞에 서리니 이는 저희에게 증거되려 함이라("You must be on your guard. You will be handed over to the local councils and flogged in the synagogues. On account of me you will stand before governors and kings as witnesses to them.)

「누가복음」 21:12 - 이 모든 일 전에 내 이름을 인하여 너희에게 손을 대어 핍박하며 회당과 옥에 넘겨주며 임금들과 관장들 앞에 끌어가려니와("But before all this, they will lay hands on you and persecute you. They will deliver you to synagogues and prisons, and you will be brought before kings and governors, and all on account of my name.

21:13 - 이 일이 도리어 너희에게 증거가 되리라(This will result in your being witnesses to them.)

3. 예수님이 그랬듯이 성령이 시키는 대로(말하는 이는 성령, 맞춤식 프로그램)

본 절은 이미 본권 1부 2장 4절 4-5절인 "성령의 명령에 따라 말과 행동하시는 예수님"과 같이, 성령이 임하면 회당과 총독과 임금들 앞에서 무엇을 말할까 걱정하지 말라는 것이다. 성령이 임하면 모든 지식과 말들이 시간과 사건에 따라 프로그램화되어 있어, 어떻게 또는 무엇을 말할까 염려치 말라는 것이다. 그때(시간+공간의 사건)에 무슨 말할 것을 주신다는 것이다. 그것은 말을 하는 이는 바로 하나님 아버지의 성령이라는 것이다. 예수님이 12제자들에게 모든 대적들이(adversaries) 능히 대항하거나 변박할 수 없는 말과 지혜를 주신다는 것이다. 이것으로 보아 맞춤식의 프로그램화되어 있는 말과 지혜를 텔레파시 이상의 전달매체를 통해 12제자들의 두뇌에 각인시킨다는 것을 알 수 있다.

「마태복음」 10:19 - 너희를 넘겨줄 때에 어떻게 또는 무엇을 말할까 염려치 말라 그때에 무슨 말할 것을 주시리니(But when they arrest you, do not worry about what to say or how to say it. At that time you will be given what to say,)(NIV)

10:20 - 말하는 이는 너희가 아니라 너희 속에서 말씀하시는 자 곧 너희 아버지의 성령이시니라(for it will not be you speaking, but the Spirit of your Father speaking through you.)

「마가복음」 13:11 - 사람들이 너희를 끌어다가 넘겨줄 때에 무슨 말을 할까 미리 염려치 말고 무엇이든지 그 시에 너희에게 주시는 그 말을 하라 말하는 이는 너희가 아니요 성령이시니라(Whenever you are arrested and brought to trial, do not worry beforehand about what to say. Just say whatever is given you at the time, for it is not you speaking, but the Holy Spirit.)

「누가복음」 12:11 - 사람이 너희를 회당과 정사 잡은 이와 권세

있는 이 앞에 끌고 가거든 어떻게 무엇으로 대답하며 무엇으로 말할 것을 염려치 말라("When you are brought before synagogues, rulers and authorities, do not worry about how you will defend yourselves or what you will say,)

12:12 - 마땅히 할 말을 성령이 곧 그때에 너희에게 가르치시리라 하시니라(for the Holy Spirit will teach you at that time what you should say.")

「누가복음」 21:14 - 그러므로 너희는 변명할 것을 미리 연구치 않기로 결심하라(But make up your mind not to worry beforehand how you will defend yourselves.)

21:15 - 내가 너희의 모든 대적이 능히 대항하거나 변박할 수 없는 구재와 지혜를 너희에게 주리라(For I will give you words and wisdom that none of your adversaries will be able to resist or contradict.)

2절 특별한 성령=진리의 영(Spirit of truth)=보혜사(Counselor)란? 맞춤식 프로그램

1. 예수님의 이름으로 하나님 아버지가 보내주시는 시공간의 맞춤식 프로그램

「누가복음」 24장 49절에는 "내 아버지의 약속하신 것을 너희에게 보내리니 너희는 위로부터 능력을 입히울 때까지 이 성에 유하라"라는 예수님의 말씀이 나오고 「사도행전」 1장 4절에는 "예루살렘을 떠나지 말고 내게 들은 바 아버지의 약속하신 것을 기다리라"는 예수님의 말씀이 나온다. 예수님과 하나님 아버지의 약속이란? 분명 이 땅에 오시기

전에 예수님 하나님은 하나님 아버지와 모든 것을 상의하시고 약속했을 것이다. 무엇을 약속했다는 것일까?

「누가복음」 24:49 - 볼찌어다 내가 내 아버지의 약속하신 것을 너희에게 보내리니 너희는 위로부터 능력을 입히울 때까지 이 성에 유하라 하시니라(I am going to send you what my Father has promised; but stay in the city until you have been clothed with power from on high.")

「사도행전」 1:4 - 사도와 같이 모이사 저희에게 분부하여 가라사대 예루살렘을 떠나지 말고 내게 들은 바 아버지의 약속하신 것을 기다리라(On one occasion, while he was eating with them, he gave them this command: "Do not leave Jerusalem, but wait for the gift my Father promised, which you have heard me speak about.)

예수님께 임했던 하나님 아버지의 성령과 12제자들에게 임할 하나님 아버지의 성령이 다르다는 것을 이해해야 한다. 그것은 하나님 아버지와 예수님의 약속대로 프로그램화될 것이다라는 것을 의미한다. 왜냐하면 예수님께서는 하늘과 땅의 모든 권세와 심판하는 권세를 하나님 아버지로부터 받으셨기 때문에, 예수님의 의도대로 다른 프로그램화된 성령이 필요한 것이다. 예수님은 하늘 나라의 악의 하나님들과 추종하는 천사들도 심판하시는 권세를 가지셨다. 따라서 재림하시는 예수님께서 이 땅의 모든 정사와 권세와 능력을 멸하시고 나라를 하나님 아버지께 바칠 때까지 모든 권세를 가지셨다. 그러나 중요한 것은 부활과 영생일 것이다. 12제자들에게 임할 성령을 믿는 자들은 부활할 것이요 영생을 얻는다.

「마태복음」 28:18 - 예수께서 나아와 일러 가라사대 하늘과 땅의 모든 권세를 내게 주셨으니(Then Jesus came to them and said, "All authority in heaven and on earth has been given to me.)(NIV)

「요한복음」 5:27 - 또 인자됨을 인하여 심판하는 권세를 주셨느니라(And he has given him authority to judge because he is the Son of Man.)

「요한복음」 17:2 - 아버지께서 아들에게 주신 모든 자에게 영생을 주게 하시려고 만민을 다스리는 권세를 아들에게 주셨음이로소이다(For you granted him authority over all people that he might give eternal life to all those you have given him.)

「고린도전서」 15:24 - 그 후에는 나중이니 저가 모든 정사와 모든 권세와 능력을 멸하시고 나라를 아버지 하나님께 바칠 때라(Then the end will come, when he hands over the kingdom to God the Father after he has destroyed all dominion, authority and power.)

「요한복음」 14장~16장에는 '진리의 영(Spirit of truth)'인 '보혜사(Counselor)'가 등장하면서, 이것이 무엇인가에 대해 자세히 언급하고 있다. 그것은 앞에서 살펴보았던 예수님과 하나님 아버지의 약속대로, 승천하신 예수님께서 하나님 아버지께 요청하여, 하나님 아버지께서 예수님의 이름으로 보내실 특별한 성령, 즉 진리의 영이요, 12제자들이 예수님을 증거하면서 임금과 총독들에게 반박할 때 카운슬러가 될 보혜사라는 것이다. 이 특별한 성령=진리의 영+보혜사가 12제자들의 속, 즉 두뇌에 계셔 12제자들에게 시간과 공간의 사건에 따라 모든 것을 가르치시고 예수님께서 말씀하셨던 모든 것을 생각나게 한다는 것이다. 더욱이 12제자들을 진리 가운데로 인도하시고, 12제자들에게 앞으로 일어날 장래 일까지 알려준다는 것이다.

그러나 핵심은 여기에 있다. 특별한 성령=진리의 영+보혜사는 자의로 말하지 않고 오직 듣는 것을 말한다는 것이다(He will not speak on his own; he will speak only what he hears). 이게 무슨 말인가? 그것은 과학적으로 텔레파시 이상의 전달매체를 통해 예수님이 지시하는 것을 듣고 말을 한다는 것으로 풀이할 수 있다. 한마디로 12제자들에게 시공간 사건에 대처할 수 있는 맞춤식의 프로그램화된 지식과 권능을 텔레파시로 전달할 것이다라고 생각해 볼 수 있다. 참으로 대단한 과학적 진실이다. 이것은 언젠가 우리들도 이러한 과학을 발견하라는 명령과도 같은 것이다.

「요한복음」 14:16 - 내가 아버지께 구하겠으니 그가 또 다른 보혜사를 너희에게 주사 영원토록 너희와 함께 있게 하시리니(And I will ask the Father, and he will give you another Counselor to be with you forever--)(NIV)

14:17 - 저는 진리의 영이라 세상은 능히 저를 받지 못하나니 이는 저를 보지도 못하고 알지도 못함이라 그러나 너희는 저를 아나니 저는 너희와 함께 거하심이요 또 너희 속에 계시겠음이라(the Spirit of truth. The world cannot accept him, because it neither sees him nor knows him. But you know him, for he lives with you and will be in you.)

14:26 - 보혜사 곧 아버지께서 내 이름으로 보내실 성령 그가 너희에게 모든 것을 가르치시고 내가 너희에게 말한 모든 것을 생각나게 하시리라(But the Counselor, the Holy Spirit, whom the Father will send in my name, will teach you all things and will remind you of everything I have said to you.)

15:26 - 내가 아버지께로서 너희에게 보낼 보혜사 곧 아버지께로서 나오시는 진리의 성령이 오실 때에 그가 나를 증거하실 것이요 (When the Counselor comes, whom I will send to you from the Father, the

Spirit of truth who goes out from the Father, he will testify about me.)

16:7 - 그러하나 내가 너희에게 실상을 말하노니 내가 떠나가는 것이 너희에게 유익이라 내가 떠나가지 아니하면 보혜사가 너희에게로 오시지 아니할 것이요 가면 내가 그를 너희에게로 보내리니(But I tell you the truth: It is for your good that I am going away. Unless I go away, the Counselor will not come to you; but if I go, I will send him to you.)

16:8 - 그가 와서 죄에 대하여, 의에 대하여, 심판에 대하여 세상을 책망하시리라(When he comes, he will convict the world of guilt in regard to sin and righteousness and judgment:)

16:13 - 그러하나 진리의 성령이 오시면 그가 너희를 모든 진리 가운데로 인도하시리니 그가 자의로 말하지 않고 오직 듣는 것을 말하시며 장래 일을 너희에게 알리시리라(But when he, the Spirit of truth, comes, he will guide you into all truth. He will not speak on his own; he will speak only what he hears, and he will tell you what is yet to come)

2. 부활하신 후 40일 동안 12제자들을 가르침, 성령을 받아라 → 곧 보낼 것이다

예수님께서 부활하신 후 승천하시까지 40일 동안 이 땅에 머물면서 12제자들에게 확실한 많은 증거로 친히 사심을 나태내시고, 하나님 나라의 일을 가르치셨다(「사도행전」 1:3). 공교롭게도 이 땅에 오셔서 40일 동안 광야에서 사단/마귀의 시험을 받은 일수와 같다.

「사도행전」 1:3 - 해받으신 후에 또한 저희에게 확실한 많은 증거로 친히 사심을 나타내사 사십 일 동안 저희에게 보이시며 하나님 나라의 일을 말씀하시니라(After his suffering, he showed himself to these men and gave many convincing proofs that he was alive. He appeared to them over a period of forty days and spoke about the kingdom of God.)(NIV)

그리고 이 40일 동안에 다음과 같이 12제자들에게 말씀하셨다. "아버지께서 나를 보내신 것 같이 나도 너희를 보내노라"고 말씀하시고, "성령을 받으라(Receive the Holy Spirit)"라는 기록이 「요한복음」 20장에 나온다. 기록상으로 보면 성령을 준 것같이 보이지만, 예수님께서 승천하시고(영광을 받으신 후), 보내줄 보혜사를 받으라는 것이다. 「마태복음」 28장 18절~20절에는 예수님께서 부활하신 후 제자들에게 선교의 사명을 지시하는 내용이 나온다. 보내줄 보혜사를 받은 후 역할을 알려주신 것이다.

「요한복음」 20:21 - 예수께서 또 가라사대 너희에게 평강이 있을찌어다 아버지께서 나를 보내신 것 같이 나도 너희를 보내노라(Again Jesus said, "Peace be with you! As the Father has sent me, I am sending you.")(NIV)

22 - 이 말씀을 하시고 저희를 향하사 숨을 내쉬며 가라사대 성령을 받으라(And with that he breathed on them and said, "Receive the Holy Spirit.)

23 - 너희가 뉘 죄든지 사하면 사하여질 것이요 뉘 죄든지 그대로 두면 그대로 있으리라 하시니라(If you forgive anyone his sins, they are forgiven; if you do not forgive them, they are not forgiven.")

「마태복음」 28:18 - 예수께서 나아와 일러 가라사대 하늘과 땅의 모든 권세를 내게 주셨으니(Then Jesus came to them and said, "All authority in heaven and on earth has been given to me.)(NIV)

28:19 - 그러므로 너희는 가서 모든 족속으로 제자를 삼아 아버지와 아들과 성령의 이름으로 세례를 주고(Therefore go and make disciples of all nations, baptizing them in the name of the Father and of the Son and of the Holy Spirit,)

28:20 - 내가 너희에게 분부한 모든 것을 가르쳐 지키게 하라 볼찌어다 내가 세상 끝날까지 너희와 항상 함께 있으리라 하시니라(and teaching them to obey everything I have commanded you. And surely I am with you always, to the very end of the age.")

3. 보혜사가 올 때까지 기다려라 – 생체인터넷으로 무장

다시 「누가복음」 24장 49절과 「사도행전」 1장 4절을 살펴보자. "내 아버지의 약속하신 것을 너희에게 보내리니 너희는 위로부터 능력을 입히울 때까지 이 성에 유하라"라는 예수님의 말씀과 "예루살렘을 떠나지 말고 내게 들은 바 아버지의 약속하신 것을 기다리라"는 예수님의 말씀이 나온다. 이 말씀은 승천하시고 하나님 아버지 우편에 앉는 영광을 받으신 후에 보혜사를 보내 능력을 입히울 때까지 예루살렘을 떠나지 말고 기다리라는 것이다. 여기서 중요한 것이 있다. 능력을 입히울 때까지(until you have been clothed with power from on high)가 중요한 것이다. 분명 능력인 파우어(power, 전기, 센서 등의)로 무장된 옷을 입힌다는 것이다. 그것은 12제자들이 예수님과 같은 생체인터넷 이상의 옷으로 무장할 것이라는 것을 의미한다.

「누가복음」 24:49 - 볼찌어다 내가 내 아버지의 약속하신 것을 너희에게 보내리니 너희는 위로부터 능력을 입히울 때까지 이 성에 유하라 하시니라(I am going to send you what my Father has promised; but stay in the city until you have been clothed with power from on high.")

「사도행전」 1:4 - 사도와 같이 모이사 저희에게 분부하여 가라사대 예루살렘을 떠나지 말고 내게 들은 바 아버지의 약속하신 것을 기다리라(On one occasion, while he was eating with them, he gave them this command: "Do not leave Jerusalem, but wait for the gift my Father promised, which you have heard me speak about.)

「요한복음」 7장 39절에는 '예수님께서 아직 영광을 받지 못하신 고로 성령이 아직 저희에게 계시지 아니하시더라'는 말씀이 나온다. 이 말은 아직 십자가에 못 박혀 죽으시고, 3일 만에 부활하시고, 하늘로 승천하시어 하나님 아버지 우편에 앉는 영광을 받지 못하셨다는 것이다. 따라서 성령=보혜사가 아직 제자들에게 임하지 않았다는 것이다.

「요한복음」 7:39 - 이는 그를 믿는 자의 받을 성령을 가리켜 말씀하신 것이라 (예수께서 아직 영광을 받지 못하신 고로 성령이 아직 저희에게 계시지 아니하시더라)(By this he meant the Spirit, whom those who believed in him were later to receive. Up to that time the Spirit had not been given, since Jesus had not yet been glorified.)

예수님이 감람산에서 승천 하신 후 11제자들은 감람산에서 예루살렘으로 돌아와 저희가 거처하는 다락에 올라가서 유다를 대신할 맛디아를 제비 뽑기로 뽑는다(「사도행전」 1:12~26).

3절 성령=진리의 영=보혜사로 무장한 12제자들의 능력=기적들

1. 불(빛) 같은 텔레파시 그 이상의 성령=진리의 영=보혜사가 임하다

「사도행전」 2장에는 12명의 제자들에게 성령이 임하는 장면이 등장한다. 그러나 진리의 영이나 보혜사는 「요한복음」에만 등장하기 때문에, 문맥상 등장하는 성령은 분명 예수님께서 별도로 보내주신 진리의 영이며 바로 보혜사라는 것을 알수 있다.

12제가 다 같이 한 곳에 모여 있었다. 그때 갑자기 하늘로부터 급하고 강한 바람 같은 소리가 있어 저희 앉은 온 집에 가득해진다. 예수님께 임했던 성령과 같이 텔레파시 아니 그 이상의 소리(파동)가 하늘로부터 내려온 것이다. 특별한 파동이 하늘로부터 내려오면 그것은 소리로 들린다. 그리고 그 파동은 불과 같은 빛으로 갈라져서 12명의 제자 위에 임한다. 12명의 제자 위에 임했다는 것은 텔레파시와 같은 빛이 12명의 두뇌 속에 임했다는 뜻이다. 이것을 '저희가 다 성령의 충만함을 받고'라고 표현하고 있다. 그 다음 성령이 말하게 하심을 따라 12명의 제자들이 각자 다른 방언(말, tongues or languages)으로 말하기를 시작한다. 모든 오감의 행동은 두뇌에서 명령하는 것이다. 말을 하기 시작했다는 것은 두뇌에 임한 성령이 말을 하라고 명령을 한 것이다. 이를 '불의 혀같이 갈라졌다'라고 표현한 것이다.

「사도행전」 2:1 - 오순절날이 이미 이르매 저희가 다 같이 한 곳에 모였더니(When the day of Pentecost came, they were all together in one place.)

2:2 - 홀연히 하늘로부터 급하고 강한 바람 같은 소리가 있어 저

희 앉은 온 집에 가득하며(Suddenly a sound like the blowing of a violent wind came from heaven and filled the whole house where they were sitting.)

2:3 - 불의 혀같이 갈라지는 것이 저희에게 보여 각 사람 위에 임하여 있더니(They saw what seemed to be tongues of fire that separated and came to rest on each of them.(NIV); And there appeared unto them cloven tongues like as of fire, and it sat upon each of them.(KJV); Then, what looked like flames or tongues of fire appeared and settled on each of them.(New Living); Then they saw what looked like tongues of fire which spread out and touched each person there.(Good News)

2:4 - 저희가 다 성령의 충만함을 받고 성령이 말하게 하심을 따라 다른 방언으로 말하기를 시작하니라(All of them were filled with the Holy Spirit and began to speak in other tongues as the Spirit enabled them.)

그때에 경건한 유대인들이 각국으로부터와서 예루살렘에 거주하고 있었는데, 12명의 제자들이 갈릴리 언어가 아니라 각자 다른 언어(방언)로 말하는 것을 듣는다. 12명의 제자들이 각기 다른 곳에서 온 유대인들의 고향 말로 하나님의 큰 일들을 말하기 시작한 것이다. 12제자들의 방언들이 텔레파시 같은 매체로 경건한 유대인들에게 전달된 것이다. 이 경건한 유대인들은 바대인, 메대인, 엘림인, 메소보다미아, 유대, 가바도기아, 본도, 아시아, 브루기아, 밤빌리아, 애굽, 구레네(리비아), 로마로부터 온 유대인들이었다. 12명의 갈릴리 제자들이 이들이 알아 들을 수 있도록 이들의 고향말로 예수님과 하나님 아버지의 가르침을 말로 하고 있는 것이다. 그러니 모든 유대인들은 12제자가 자기들의 말로 하니 다 알아들을 수 있었던 것이다. 이게 성령의 역사로 12명의 제자들은 타국의 언어를 배우지 않았으나 어떤 언어도 할 수 있는 능력을 지니게 된 것이다.

「사도행전」 2:5 - 그때에 경건한 유대인이 천하 각국으로부터 와서 예루살렘에 우거하더니(Now there were staying in Jerusalem God-fearing Jews from every nation under heaven.)

2:6 - 이 소리가 나매 큰 무리가 모여 각각 자기의 방언으로 제자들의 말하는 것을 듣고 소동하여(When they heard this sound, a crowd came together in bewilderment, because each one heard them speaking in his own language.)

2:7 - 다 놀라 기이히 여겨 이르되 보라 이 말하는 사람이 다 갈릴리 사람이 아니냐(Utterly amazed, they asked: "Are not all these men who are speaking Galileans?)

2:8 - 우리가 우리 각 사람의 난 곳 방언으로 듣게 되는 것이 어찜이뇨(Then how is it that each of us hears them in his own native language?)

2:9 - 우리는 바대인과 메대인과 엘람인과 또 메소보다미아, 유대와 가바도기아, 본도와 아시아,(Parthians, Medes and Elamites; residents of Mesopotamia, Judea and Cappadocia, Pontus and Asia,)

2:10 - 브루기아와 밤빌리아, 애굽과 및 구레네에 가까운 리비야 여러 지방에 사는 사람들과 로마로부터 온 나그네 곧 유대인과 유대교에 들어온 사람들과(Phrygia and Pamphylia, Egypt and the parts of Libya near Cyrene; visitors from Rome)

2:11 - 그레데인과 아라비아인들이라 우리가 다 우리의 각 방언으로 하나님의 큰 일을 말함을 듣는도다 하고(both Jews and converts to Judaism); Cretans and Arabs--we hear them declaring the wonders of God in our own tongues!")

2. 생체인터넷 이상으로 무장한 12제자들의 능력=기적들

12제자들은 성령이 임하자 생체인터넷 이상의 옷으로 무장하고 성령이 시키는대로 미리 짜여진 프로그램대로 각종 지식과 권능을 바탕으로 여러가지 기적들, 즉 과학기술들을 행한다. 이 내용은 「사도행전」과 그 다음의 신약에 자세히 나와 있으므로 생략하건대, 「사도행전」 3장에 나와 있는 '베드로가 앉은뱅이를 고치다(Peter Heals the Crippled Beggar)'만 소개하고자 한다.

제 구시 기도 시간에 베드로와 요한이 성전에 올라갈쌔, 나면서 앉은뱅이 된 자를 사람들이 메고 오니 이는 성전에 들어가는 사람들에게 구걸하기 위하여 날마다 미문이라는 성전문에 두는 자라, 그가 베드로와 요한이 성전에 들어가려 함을 보고 구걸하거늘, 베드로가 요한으로 더불어 주목하여 가로되 우리를 보라 하니, 그가 저희에게 무엇을 얻을까 하여 바라보거늘, 베드로가 가로되 은과 금은 내게 없거니와 내게 있는 것으로 네게 주노니 곧 "나사렛 예수 그리스도의 이름으로 걸으라"라는 말을 하고, 오른손을 잡아 일으키니 발과 발목이 곧 힘을 얻고, 뛰어 서서 걸으며 그들과 함께 성전으로 들어가면서 걷기도 하고 뛰기도 하며 하나님을 찬미하다라는 내용이 나온다.

「사도행전」 3:6 - 베드로가 가로되 은과 금은 내게 없거니와 내게 있는 것으로 네게 주노니 곧 나사렛 예수 그리스도의 이름으로 걸으라 하고(Then Peter said, "Silver or gold I do not have, but what I have I give you. In the name of Jesus Christ of Nazareth, walk.")(NIV)

3:7 - 오른손을 잡아 일으키니 발과 발목이 곧 힘을 얻고(Taking him by the right hand, he helped him up, and instantly the man's feet and ankles became strong.)

3:8 - 뛰어 서서 걸으며 그들과 함께 성전으로 들어가면서 걷기도 하고 뛰기도 하며 하나님을 찬미하니(He jumped to his feet and began to walk. Then he went with them into the temple courts, walking and jumping, and praising God.)

이는 예수님께서 생체인터넷 이상의 옷으로 무장하셔서 병든 자, 중풍환자, 맹인, 벙어리, 문둥병 환자들을 고치시는 손의 행동과 말씀과 똑같다. "나사렛 예수 그리스도의 이름으로 걸으라"라는 말은 테라헤르츠파 이상의 빛을 쏘았다는 것이고, '오른손을 잡아 일으키니'라는 것은 베드로의 생체인터넷에서 손을 통해 전기 또는 자기장이 앉은뱅이에게 전달되었다는 의미로 볼 수 있다.

3. 12제자들이 성령으로 유대인과 이방인에게 세례를 주다

「마태복음」의 마지막 장인 28장에는 예수님께서 부활하신 후 제자들에 나타나셔서 선교의 사명을 명령하는 장면이 등장한다. 그리고 19절에는 "그러므로 너희는 가서 모든 족속으로 제자를 삼아 아버지와 아들과 성령의 이름으로 세례를 주고"라는 예수님 말씀이 나온다. 예수님께서 승천하시고 정말로 12제자들이 성령으로 세례를 주었을까? 성령으로 세례를 준다는 것은 12제자들이 다른 사람에게 안수할 때 그 사람에게도 성령이 임하는 것을 의미한다.

「마태복음」 28:19 - 그러므로 너희는 가서 모든 족속으로 제자를 삼아 아버지와 아들과 성령의 이름으로 세례를 주고(Therefore go and make disciples of all nations, baptizing them in the name of the Father and of the Son and of the Holy Spirit,)(NIV)

앞서 보았듯이 「사도행전」 2장에는 12제자들에게 성령=진리의 영=보혜사가 임하는 장면이 등장한다. 그리고 「사도행전」 8장에는 처음으로 성령으로 세례를 주었다는 기록이 나온다. 예루살렘에 있는 사도들이 사마리아도 하나님의 말씀을 받았다 함을 듣고 베드로와 요한을 보낸다. 그들이 내려가서 저희를 위하여 성령 받기를 기도하는데, 이는 아직 한 사람에게도 성령 내리신 일이 없고 오직 주 예수의 이름으로 세례만 받을 뿐이었다. 이에 두 사도가 저희에게 안수하자 마침내 저희들이 성령을 받았다고 기록하고 있다.

「사도행전」 8:14 - 예루살렘에 있는 사도들이 사마리아도 하나님의 말씀을 받았다 함을 듣고 베드로와 요한을 보내매(When the apostles in Jerusalem heard that Samaria had accepted the word of God, they sent Peter and John to them.(NIV)

8:15 - 그들이 내려가서 저희를 위하여 성령받기를 기도하니(When they arrived, they prayed for them that they might receive the Holy Spirit,)

8:16 - 이는 아직 한 사람에게도 성령 내리신 일이 없고 오직 주 예수의 이름으로 세례만 받을 뿐이러라(because the Holy Spirit had not yet come upon any of them; they had simply been baptized into the name of the Lord Jesus.)

8:17 - 이에 두 사도가 저희에게 안수하매 성령을 받는지라(Then Peter and John placed their hands on them, and they received the Holy Spirit.)

「사도행전」 10장과 11장에는 성령이 이방인들(the Gentiles)에게 까지 임했다는 기록이 나온다. 베드로가 말을 할 때에 성령이 말씀 듣는 모든 사람에게 내려오시니, 베드로와 함께 온 할례받은 신자들이 이방인들에게도 성령 부어주심을 인하여 놀라니, 이에 베드로가 가로되 이 사람들이 우리와 같이 성령을 받았으니 누가 능히 물로 세례줌을 금하리요 하고, 베드로가 명하여 지금부터는 이방인들도 예수 그리스도의 이름으로 세례를 주라 하였다고 기록하고 있다.

「사도행전」 10:44 - 베드로가 이 말 할 때에 성령이 말씀 듣는 모든 사람에게 내려오시니(While Peter was still speaking these words, the Holy Spirit came on all who heard the message.)(NIV)

10:45 - 베드로와 함께 온 할례받은 신자들이 이방인들에게도 성령 부어 주심을 인하여 놀라니(The circumcised believers who had come with Peter were astonished that the gift of the Holy Spirit had been poured out even on the Gentiles.)

10:46 - 이는 방언을 말하며 하나님 높임을 들음이러라(For they heard them speaking in tongues and praising God. Then Peter said,)

10:47 - 이에 베드로가 가로되 이 사람들이 우리와 같이 성령을 받았으니 누가 능히 물로 세례 줌을 금하리요 하고("Can anyone keep these people from being baptized with water? They have received the Holy Spirit just as we have.")

10:48 - 명하여 예수 그리스도의 이름으로 세례를 주라 하니라 저희가 베드로에게 수일 더 유하기를 청하니라(So he ordered that they be baptized in the name of Jesus Christ. Then they asked Peter to stay with them for a few days.)

「사도행전」 11장에는 베드로가 예루살렘에 올라갔을 때 할례자들이 이 사실을 알고 비난한다. 이에 베드로가 왜 이방인들에게 성령이 임했는지를 설명한다. 그것은 하늘로부터의 소리가 있고, 성령이 베드로에게 아무 의심말고 이방인들과 함께 가라는 명령에 따라가서, 베드로가 말을 시작할 때에 성령이 이방인들에게 임하시는데 처음 우리 12제자에게 임하신 것과 같이 하는지라, 베드로가 그것을 보고 "요한은 물로 세례 주었으나 너희는 성령으로 세례를 받으리라"라던 예수님의 말씀이 생각났다는 것이다.

「사도행전」 11:16 - 내가 주의 말씀에 요한은 물로 세례 주었으나 너희는 성령으로 세례받으리라 하신 것이 생각났노라(Then I remembered what the Lord had said: 'John baptized with water, but you will be baptized with the Holy Spirit.')

이는 바울(Paul, AD 5- 68)의 동료인 누가(Saint Luke)가 쓴 「사도행전」 1장 5절에 등장하는 예수님의 말씀이다. 이방인인 누가는 시리아 안디옥(안티오키아, 안타키아, Antakya) 출신의 의사(Physician, Surgeon)로 바울(Paul)의 전도에 의해 그리스도인이 되었으며, 바울의 주치의로서 바울과 함께 전도여행을 다녔다.

「사도행전」 1:5 - 요한은 물로 세례를 베풀었으나 너희는 몇 날이 못되어 성령으로 세례를 받으리라 하셨느니라(For John baptized with water, but in a few days you will be baptized with the Holy Spirit.")

4. 천사/주의 영(우주선)/하나님들이 이 제자들과 함께 하시다

예수님이 이 땅에 오셔서 기적을 행하시고 죽으시고 부활하시고 승천하시기까지 성령과 많은 하나님들과 천사들이 도와주었듯이, 12제자들에게도 성령뿐만 아니라 천사들과 주의 영인 우주선(하나님들)이 나타나 돕는 장면이 많이 나온다. 많은 장면들이 나오지만 「사도행전」 8장만을 소개하기로 한다. 그 이후에 이와 비슷한 장면들은 이와 유사한 것으로 이해하면 된다.

빌립이 사마리아 성에 내려가 더러운 귀신들을 쫓아내고 많은 중풍병자들을 고치며 앉은뱅이를 고친다(「사도행전」 8:5-7). 이어서 베드로와 요한 사도가 사마리에 내려가서 안수하매 최초의 성령으로 세례를 주고 예루살렘으로 돌아온다(「사도행전」 8:14-25). 한편 이때 주의 사자(천사, an angel of Lod)가 나타나 빌립 사도보고 예루살렘 남쪽의 가사(가자, Gaza)로 가라고 일러준다. 천사가 빌립을 안내하는 것이다.

「사도행전」 8:26 - 주의 사자가 빌립더러 일러 가로되 일어나서 남으로 향하여 예루살렘에서 가사로 내려가는 길까지 가라 하니 그 길은 광야라(Now an angel of the Lord said to Philip, "Go south to the road--the desert road--that goes down from Jerusalem to Gaza.")

8:27 - 일어나 가서 보니 에디오피아 사람 곧 에디오피아 여왕 간다게의 모든 국고를 맡은 큰 권세가 있는 내시가 예배하러 예루살렘에 왔다가(So he started out, and on his way he met an Ethiopian eunuch, an important official in charge of all the treasury of Candace, queen of the Ethiopians. This man had gone to Jerusalem to worship,)

8:28 - 돌아가는데 병거를 타고 선지자 이사야의 글을 읽더라(and on his way home was sitting in his chariot reading the book of Isaiah the prophet.)

그 다음 이번에는 성령(영인데 성령이라 잘 못 번역하였음)[1], 즉 정확하게 말하자면 영(우주선, the Spirit) 또는 주의 영(the Spirit of the Lord)이 빌립더러 에디오피아의 내시의 병거(chariot)로 가까이 접근하라고 지시한다. 빕립이 접근하자 내시가 병거를 세워 빌립과 내시가 둘 다 물에 내려가 빌립이 세례를 준다. 둘이 물에서 올라올 때 주의 영이 갑자기 빌립을 이끌어 간다. 여기서 빌립을 이끌어 갔다(took Philip away)라는 것은 소형 우주선이 빌립을 들어 올려 갔다는 것이다. 그 다음 내용을 보면 확실하다. 내시는 그것도 모르고 흔연히 길을 가므로 빌립을 다시 보지 못하였다가 그것이다. 그 다음 소형 우주선이 빌립을 어디로 데려갔는지가 나오는데, 그 대신 빌립이 아소도에 나타났다(Philip, however, appeared at Azotus)고 기록하고 있다.

「사도행전」 8:29 - 성령이 빌립더러 이르시되 이 병거로 가까이 나아가라 하시거늘(The Spirit told Philip, "Go to that chariot and stay near it.")

8:38 - 이에 명하여 병거를 머물고 빌립과 내시가 둘 다 물에 내려가 빌립이 세례를 주고(And he gave orders to stop the chariot. Then both Philip and the eunuch went down into the water and Philip baptized him.)

8:39 - 둘이 물에서 올라갈새 주의 영이 빌립을 이끌어 간지라 내시는 흔연히 길을 가므로 그를 다시 보지 못하니라(When they came up out of the water, the Spirit of the Lord suddenly took Philip away, and the eunuch did not see him again, but went on his way rejoicing.

8:40 - 빌립은 아소도에 나타나 여러 성을 지나 다니며 복음

---

1 한글개역성경에는 'the Spirit'를 간혹 '성령'이라고 번역하는데 이는 잘못 번역한 것이다. '영'이라 번역해야 옳다. 이때의 '영'은 과학기술을 의미하는데, 정확에게 말하자면 하나님들과 천사들이 이동할 때 타고 다니는 '우주선' 또는 '우주복'이다.

을 전하고 가이사랴에 이르니라(Philip, however, appeared at Azotus and traveled about, preaching the gospel in all the towns until he reached Caesarea.)

이것으로 보아 천사들과 하나님들이 소형 우주선을 이용해 12제자들을 돕고 있다는 것을 알 수 있다.

4절 프란치스코(Francis) 교황에 거는 기대와 실망, 의미=과학과 종교

2014년 8월에 제266대 교황인 프란치스코(Francis)가 한국을 방문하여 많은 고통을 받는 사람들에게는 소망(희망)을, 많은 가톨릭 신자들에게는 믿음을, 일반인들에게는 평화를 주었고, 공통으로는 사랑이 무엇인지를 가르쳐주었다. 이러한 기대를 교황은 저버리지 않았다.

교황께서는 많은 병자들(불구자, 벙어리 등)을 만나 기도와 함께 병자들의 머리와 이마에 손을 대고(안수를 하고) 입을 맞추었다. 그때 필자의 마음이 뛰기 시작했다. 혹시 불구자가 일어서지 않을까? 벙어리가 말을 하지 않을까? 입이 돌아간 사람이 낫지 않을까?

이 의미는 무엇일까? 아직 한참 멀었다는 것이다. 과학과 종교는 반드시 만나야 한다. 과학을 무시하는 종교도 있을 수 없거니와 종교를 무시하는 과학도 있을 수 없다. 과학기술로 무장한 예수님과 12제자들의 기적을 보아라. 모두 사실적인 과학기술에 의존하고 있다. 적어도 교황께서는 생체인터넷의 옷을 입으셨어야 했다. 그러나 희망이 보인다. 예수님과 12제자들이 우리에게 많은 기적들을 보이셨다는 것은 그런 기적들을 일으키는 과학기술들을 찾으라는 것이다. 100년 후 아니 500년 후이면 그런 기적들이 우리의 가시권에 들어오기 시작할 것이다.

3장
12제자들의 순교와 12제자들과 우주선을 타고 오시는 예수님의 재림

1절 배반한 유다의 말로, 12제자들에 얽힌 사정, 11제자들의 순교, 요한은 자연사

1. 배반한 유다의 말로, 11제자들의 순교, 요한은 자연사 - 요약

10번째 사도인 다(타)대오(Jude, Thaddaeus or Lebbaeus)의 이름은 작은 야고보(James the Less or Younger)의 아들 유다(Judas)인데 예수님을 판 유다(Judas)와 구별하기 위해 유데(Jude)라 불렀으며, 또한 다대오라 불렀다.

12번째 제자인 유다는 은 삼십(Thirty silver coins)에 예수님을 판 죄책감으로 목매어 자살했는데(Judas hangs himself)(「마태복음」 26:15 & 27:3-5), 자살 후 몸이 나무에서 곤두박질해 떨어져 땅에 머리가 닿는 바람에 배가 터져 창자가 다 흩어져 죽었다(「사도행전」 1:18). 그 이후 예수님이 부활하여 승천하시자, 11명의 제자들이 모여 유다 대신 마티아(맛디아, Matthias)를 제비 뽑아(Cast lots) 11사도의 수에 채워 다시 12명의 사도가 된다(「사도행전」 1:26).

「창세기」 37장 26절~28절에는 요셉(Joseph, BC 1916-BC 1806)의 배다른 형인 유다(Judah)가 이스마엘 족속(Ishmaelites, 아브라함이 애굽첩인 하갈에서 나은 아들로 이삭의 형인 이스마엘의 후손), 즉 시나이 반도 오른쪽 아랍지역에 살던 미디안 족속(Midianites) 상인들에게 은 20개(Twenty shekels of silver)에 요셉을 파는 장면이 나온다. 이는 신약에서 예수님의 12제자 중 유다(Judah)가 요셉(Joseph)의 아들인 예수 그리스도를 은 30(Thirty silver coins)에 팔 것이라는 것을(「마태복음」 26:14-15 & 27:3) 이미 「창세기」에서 예시한 것이다. 창세기에 나타난 이와 같은 신약의 복음을 원시 복음(Proto-evangelism)이라 한다.

12제자는 예수님 사후(AD 33, AD 27(B) 복음을 전파하고 예수님을 증거하다가 요한(John)을 제외하고는 모두 순교하였다. 1번인 베드로(Peter, Simon)는 로마제국의 율리우스-클라우디우스 왕조(Julio-Claudian Dynasty)의 마지막 황제, 즉 5대 황제인 네로(Nero, 통치 AD 37-68)가 통치할 때 로마에서 십자가에 꺼꾸로 매달려 순교하였다.

2번인 안드레(아)(Andres)는 그리스에서 X자 십자가에 매달려 순교하였으며, 3번인 야고보(James)는 예루살렘에서 헤롯 아그리파(아그립바) 1세(Agrippa I, 통치 AD 37-44)의 칼에 순교하였고(「사도행전」 12:1-3), 4번인 요한(John, AD 6-100)은 끓는 기름가마에 들어갔으나 죽지 않아 밧모섬(Patmos)에 유배 당해, 90세가 다 된 나이에 밧모섬의 동굴에서 18개월이나 살았으며, 이곳에서 하늘의 목소리(텔레파시)를 듣고 「요한계시록」을 썼으며 터키인 에베소(Ephesus)에서 94세에 사망한 것으로 전해진다. 그러나 차후에 보시게 되겠지만 예수님의 말씀을 보면 12제자 중 유일하게 자연사했음을 알 수 있다.

5번인 빌립(보)(Philip)은 터키에서 돌에 맞고 기둥에 매달려 순교하였고, 6번인 바(르)돌(톨)로매(오)(Bartholomew)는 아르메니아(시리아, 성경의 '수리아')에서 가죽이 벗겨져 순교하였으며, 7번인 도마(토마스)(Thomas)는 인도에서 사지가 묶인 채 창에 찔려 순교하였다. 8번인 마태(오)(Matthew)는 에티오피아에서 목 베임으로 순교하였고, 9번인 작은 야고보(James)는 예루살렘의 성전 높은 탑에서 아래로 던져진 후 돌에 맞았는데도 죽지 않자 톱에 잘려 순교하였으며, 10번인 다(타)대오(Jude, Thaddaeus)는 페르시아에서 전쟁용 도끼와 화살에 맞아 순교하였다. 11번인 시몬(Simon)은 페르시아에서 순교하였고, 12번인 마티아(맛디아, Matthias)는 에티오피아에서 돌에 맞은 후 죽지 않아 참수 당하였다.

예수님의 12제자들의 출신 및 순교

순번	이름	비교	출신	순교 혹은 자연사
1	베드로(Peter, Simon)		갈릴리, 어부	로마에서 십자가에 거꾸로 매달려 순교
2	안드레(아)(Andres)	1번 베드로의 형제	갈릴리, 어부	그리스에서 X자 십자가에 매달려 순교
3	야고보(James)	세베대(Zebedee)의 아들	갈릴리, 어부	예루살렘에서 칼에 순교
4	요한(John)	3번 야고보의 형제	갈릴리, 어부	끓는 기름 가마에 들어갔으나 죽지 않아 밧모섬(Patmos)에 유배 당해, 94세에 자연사
5	빌립(보)(Philip)		갈릴리 벳세다, 어부	터키에서 돌에 맞고 기둥에 매달려 순교
6	바(르)돌(톨)로매(오)(Bartholomew)	나다나엘(Nathanael)로 불림	갈릴리 가나, 어부	시리아에서 가죽이 벗겨져 순교
7	도마(토마스)(Thomas)	디두모(Didymus)라 불림	갈릴리, 어부	인도에서 사지가 묶인 채 창에 찔려 순교

8	마태(오)(Matthew)	종종 레위(Levi)라 불린 세금 징수자(세리, Tax Collector)	갈릴리, 세금 징수자	에티오피아에서 목 베임으로 순교
9	알패오(Alphaeus)의 작은 야고보 (James the Less)		갈릴리	예루살렘에서 톱으로 잘라 순교
10	다(타)대오 (Jude, Thaddaeus or Lebbaeus)	작은 야고보(James)의 아들	갈릴리	페르시아에서 전쟁용 도끼와 화살에 맞아 순교
11	시몬(Simon)		가나안, 셀롯당 (Zealot) 출신	페르시아에서 순교
12	마티아(맛디아) (Matthias)	예수님 승천 후, 12번 유다를 대신해 제비 뽑아 12 제자가 됨	아마도 갈릴리 출신으로 추정	에티오피아에서 돌에 맞은 후 죽지 않아 참수당하는 순교

재미있는 것은 11번째 사도인 시몬인데, 그는 가나안 족속(Canaanite) 출신이며 유대공동체 하시딤(Hasidim) 중 가장 과격한 독립운동단체인 셀롯당/젤롯당/열심당/열성당(Zealot)[1] 출신이라는 점이다(「마태복음」 10:4; 「마가복음」 3:18, 「누가복음」 6:15, 「사도행전」 1:13). 셀롯당은 유대인을 지배하는 다른 국가를 인정하지 않고 오로지 하나님만 왕으로 인정하고 무력으로 독립을 얻고자 하는 단체였다.

셀롯은 그리스어로 가나안(Canaanean)이란 뜻이며, 아람어(Aramic)로는 유대 민족주의자(Jewish nationalists)란 뜻이다(「마가복음」 3:18, New Living). 구약성경에서 이스라엘 족속들이 가나안으로 들어가기 위해 가나안 족속과 그토록 싸웠는데, 신약성경에 와서는 모든 족속을 포용하고 있다는 사실을 알 수 있다.

「요한계시록」에는 하나님의 인 맞은 자(Sealed) 144,000명이 나오

1 젤롯당/셀롯당/열성당/열심당(Zealot) – http://en.wikipedia.org/wiki/Zealots

는데, 이는 이스라엘 12지파에서 각각 12,000명씩 등장한다(「요한계시록」 7:4-8). 이를 두고 성경은 이스라엘 족속만 감싼다는 비판을 받기도 하는데, 이는 몰라서 하는 소리이다. 그 다음 절부터는 144,000명 이외에 7대륙 모든 나라와 모든 족속과 모든 백성과 모든 방언에서 아무라도 능히 셀 수 없는 큰 무리가 하나님의 인을 맞고 흰 옷을 입고 종려 가지를 들고 보좌와 어린 양 앞에 서는 장면이 나온다(「요한계시록」 7:9). 물론 「요한계시록」은 요한이 이스라엘 입장에서 썼기 때문에 이스라엘 12지파가 정확히 몇 명씩 인을 맞았는지 구체적으로 쓰고 강조하다 보니 오해가 생긴 것이다. 이스라엘 민족은 다 합해서 144,000명밖에는 안되지만 다른 민족은 그 수를 셀 수 없다고 했다. 이에 대한 자세한 것은 『바이블 매트릭스』 시리즈 6권 『예수님의 재림과 새 하늘과 새 땅』에서 다룰 예정이다.

이로써 유대교의 하나님인 야훼 하나님과 다른 하나님들과 사자들(Angels), 그리고 예수님과 함께 오셨던 하나님들과 천사들은 예수님의 부활 후 승천과 더불어 12제자의 순교와 함께 모두 인간 세상을 떠나게 되고, 성경의 이스라엘은 막을 내리게 된다. 12사도 가운데 오로지 요한(AD 6-100)만 94세에 자연사했고, 나머지 제자들은 요한보다 일찍 순교 당했으며, 나중에 사도가 된 바울(Paul, AD 5-68)은 63세에 로마 제국의 제5대 황제인 네로 황제(Nero, 통치 AD 37-68)의 그리스도인 박해 때 로마에서 참수형을 당했다.

그렇지만 구약의 예언서와 신약과 신약의 예언서들에서 우리는 아직도 살아계시는 하나님 아버지(God the Father)와 예수님을 만날 수 있으며, 성경 전체를 통해 과거에도 계셨고(was), 지금도 계시며(is), 앞으로 오실(will be) 하나님 아버지와 예수님을 만날 수 있다. 자세한 것은 『바이블 매트릭스』 시리즈 6권 『예수님의 재림과 새 하늘과 새 땅』에서 다룰 예정이다.

2. 예수님의 말씀대로 베드로는 순교하기 전에 교회(교황청)를 세우다

베드로는 순교하기 전에 그리스도교의 주도적인 지도자가 되었다. 바로 로마가톨릭교회를 세우고 로마 교황청의 초대 주교이자 제1대 교황이었다. 그런데 그것은 베드로가 교회를 세울 것이라는 예수님의 예언 및 지시에 의한 것이었다.

「마태복음」 16장 18절에는 예수님께서 돌아가시기 전에 베드로에게 "너는 베드로라 내가 이 반석 위에 내 교회를 세우리니 음부의 권세가 이기지 못하리라"라는 말씀이 나온다. 이는 베드로 보고 교회를 세우라고 지시한 것이다.

「마태복음」 16:18 - 또 내가 네게 이르노니 너는 베드로라 내가 이 반석 위에 내 교회를 세우리니 음부의 권세가 이기지 못하리라(And I tell you that you are Peter, and on this rock I will build my church, and the gates of Hades will not overcome it.)(NIV)

「누가복음」 5장 1절~11절에는 게네사렛 호숫가(Lake of Gennesaret)에서 시몬(베드로), 야고보, 요한이 '깊은 데로 가서 그물을 내려 고기를 잡으라'고 예수님이 말씀하시자, 배 두 척에 가득할 정도의 고기를 잡는 장면이 나온다. 이에 다들 놀라니, 예수님께서 베드로에게 "무서워 말라 이제 후로는 네가 사람을 취하리라"라는 말씀이 나오는데, 이도 교회에서 많은 사람들을 낚으라는 의미가 있는 것이다.

「누가복음」 5:10 - 세베대의 아들로서 시몬의 동업자인 야고보와 요한도 놀랐음이라 예수께서 시몬에게 일러 가라사대 무서워 말라 이제 후로는 네가 사람을 취하리라 하시니(and so were James and John, the sons of Zebedee, Simon's partners. Then Jesus said to Simon, "Don't be afraid; from now on you will catch men.")

5:11 - 저희가 배들을 육지에 대고 모든 것을 버려 두고 예수를 좇으니라(So they pulled their boats up on shore, left everything and followed him.)

「요한복음」 21장 14절~17절에는 예수님께서 죽은 자 가운데서 살아나신 후에 세 번째로 제자들에게 나타나시어, 베드로에게 "네가 이 사람들보다 나를 더 사랑하느냐"라고 묻자 베드로가 "주여 그러하외다 내가 주를 사랑하는 줄 주께서 아시나이다"라고 대답하자 "내 어린 양을 먹이라(Feed my lambs)"라고 지시하신다. 이것도 베드로에게 교회를 세워서 예수님의 어린 양들(그리스도인들)을 먹이라고 지시한 것이다. 예수님께서 계속해서 "내 양을 치라(Take care of my sheep)", "내 양을 먹이라(Feed my sheep)"라고 지시하신 것도 같은 맥락이다.

「요한복음」 21:14 - 이것은 예수께서 죽은 자 가운데서 살아나신 후에 세 번째로 제자들에게 나타나신 것이라(This was now the third time Jesus appeared to his disciples after he was raised from the dead.)

21:15 - 저희가 조반 먹은 후에 예수께서 시몬 베드로에게 이르시되 요한의 아들 시몬아 네가 이 사람들보다 나를 더 사랑하느냐 하시니 가로되 주여 그러하외다 내가 주를 사랑하는 줄 주께서 아시나이다 가라사대 내 어린 양을 먹이라 하시고(When they had finished eating, Jesus said to Simon Peter, "Simon son of John, do you truly love me more than these?" "Yes, Lord," he said, "you know that I love you." Jesus said, "Feed my lambs.")

21:16 - 또 두 번째 가라사대 요한의 아들 시몬아 네가 나를 사랑하느냐 하시니 가로되 주여 그러하외다 내가 주를 사랑하는 줄 주께서 아시나이다 가라사대 내 양을 치라 하시고(Again Jesus said, "Simon son of John, do you truly love me?" He answered, "Yes, Lord, you know that I love you." Jesus said, "Take care of my sheep.")

21:17 - 세 번째 가라사대 요한의 아들 시몬아 네가 나를 사랑하느냐 하시니 주께서 세 번째 네가 나를 사랑하느냐 하시므로 베드로가 근심하여 가로되 주여 모든 것을 아시오매 내가 주를 사랑하는 줄을 주께서 아시나이다 예수께서 가라사대 내 양을 먹이라(The third time he said to him, "Simon son of John, do you love me?" Peter was hurt because Jesus asked him the third time, "Do you love me?" He said, "Lord, you know all things; you know that I love you." Jesus said, "Feed my sheep.)

3. 예수님께서 베드로와 다른 제자들이 순교할 것을 말씀하시다

「요한복음」 21장 18절에는 예수님께서 1번 사도인 베드로에게 어떻게 죽음을 맞이할 것인지, 즉 순교할 것인지를 말씀하시는 내용이 나온다. 베드로가 젊어서는 스스로 옷을 입고 원하는 곳에 가지만, 늙어서는 팔을 벌려 다른 사람들이 옷을 입혀주고, 원하지 않는 곳에 데려갈 것이라는 말씀이시다. 이는 베드로가 반드시 죽음, 즉 순교함으로써 하나님 아버지께 영광을 돌릴 것을 미리 말씀하신 것이다. 1번 사도인 베드로가 순교한다는 것은 나머지 제자들도 마찬가지로 순교할 것을 시사하는 것이다.

「요한복음」 21:18 - 내가 진실로 진실로 네게 이르노니 젊어서는 네가 스스로 띠 띠고 원하는 곳으로 다녔거니와 늙어서는 네 팔을 벌리리니 남이 네게 띠 띠우고 원치 아니하는 곳으로 데려가리라(I tell you the truth, when you were younger you dressed yourself and went where you wanted; but when you are old you will stretch out your hands, and someone else will dress you and lead you where you do not want to go.")

21:19 - 이 말씀을 하심은 베드로가 어떠한 죽음으로 하나님께 영광을 돌릴 것을 가리키심이러라 이 말씀을 하시고 베드로에게 이르시되 나를 따르라 하시니(Jesus said this to indicate the kind of death by which Peter would glorify God. Then he said to him, "Follow me!")

4. 예수님이 사랑하시는 자, 만찬 때 예수님의 품에 의지한 자는 누구?

「요한복음」 13장과 19장과 21장에는 예수님의 제자 중 예수님이 사랑하시는 제자(the disciple whom Jesus loved)가 등장한다. 이분은 누구일까? 이 사도는 더 나아가 예수님이 "너희 중에 하나가 나를 배반하고 팔리라"라고 말씀 하실 때, 예수의 품에 의지하여 누워 있다(he was reclining next to him). 그만큼 친하다는 얘기이고 예수님이 정말 사랑하는 제자임을 알 수 있다.

「요한복음」 13:21 - 예수께서 이 말씀을 하시고 심령에 민망하여 증거하여 가라사대 내가 진실로 진실로 너희에게 이르노니 너희 중 하나가 나를 팔리라 하시니(After he had said this, Jesus was troubled in spirit and testified, "I tell you the truth, one of you is going to betray me.") (NIV)

13:22 - 제자들이 서로 보며 뉘게 대하여 말씀하시는지 의심하더

라(His disciples stared at one another, at a loss to know which of them he meant.)

13:23 - 예수의 제자 중 하나 곧 그의 사랑하시는 자가 예수의 품에 의지하여 누웠는지라(One of them, the disciple whom Jesus loved, was reclining next to him.)

13:24 - 시몬 베드로가 머릿짓을 하여 말하되 말씀하신 자가 누구인지 말하라 한대(Simon Peter motioned to this disciple and said, "Ask him which one he means.")

13:25 - 그가 예수의 가슴에 그대로 의지하여 말하되 주여 누구오니이까(Leaning back against Jesus, he asked him, "Lord, who is it?")

13:23 - 예수의 제자 중 하나 곧 그의 사랑하시는 자가 예수의 품에 의지하여 누웠는지라(One of them, the disciple whom Jesus loved, was reclining next to him.)

「요한복음」 19:26 - 예수께서 그 모친과 사랑하시는 제자가 곁에 섰는 것을 보시고 그 모친께 말씀하시되 여자여 보소서 아들이니이다 하시고(When Jesus saw his mother there, and the disciple whom he loved standing nearby, he said to his mother, "Dear woman, here is your son,")

21:7 - 예수의 사랑하시는 그 제자가 베드로에게 이르되 주시라 하니 시몬 베드로가 벗고 있다가 주라 하는 말을 듣고 겉옷을 두른 후에 바다로 뛰어내리더라(Then the disciple whom Jesus loved said to Peter, "It is the Lord!" As soon as Simon Peter heard him say, "It is the Lord," he wrapped his outer garment around him (for he had taken it off) and jumped into the water.)(NIV)

다시 앞 절에서 보았던 「요한복음」 21장을 보자. 1번 사도인 베드로가 순교한다는 것을 예수님께서 말씀하시는 대목이다. 그런데 이 말씀을 들은 베드로가 곰곰이 돌이켜 예수님께서 사랑하시는 제자를 본다. 그는 만찬석에서 예수님의 품에 의지하여 "주여 주를 파는 자가 누구입니까"라고 묻던 자이다.

「요한복음」 21:18 - 내가 진실로 진실로 네게 이르노니 젊어서는 네가 스스로 띠 띠고 원하는 곳으로 다녔거니와 늙어서는 네 팔을 벌리리니 남이 네게 띠 띠우고 원치 아니하는 곳으로 데려가리라(I tell you the truth, when you were younger you dressed yourself and went where you wanted; but when you are old you will stretch out your hands, and someone else will dress you and lead you where you do not want to go.")

21:19 - 이 말씀을 하심은 베드로가 어떠한 죽음으로 하나님께 영광을 돌릴 것을 가리키심이러라 이 말씀을 하시고 베드로에게 이르시되 나를 따르라 하시니(Jesus said this to indicate the kind of death by which Peter would glorify God. Then he said to him, "Follow me!")

21:20 - 베드로가 돌이켜 예수의 사랑하시는 그 제자가 따르는 것을 보니 그는 만찬석에서 예수의 품에 의지하여 주여 주를 파는 자가 누구오니이까 묻던 자러라(Peter turned and saw that the disciple whom Jesus loved was following them. (This was the one who had leaned back against Jesus at the supper and had said, "Lord, who is going to betray you?")

5. 그는 바로 요한, 예수님께서 요한은 자연사할 것임을 말씀하시다

이에 베드로가 그를 보고 예수님께 다음과 같이 여쭙는다. "주여 이 사람은 어떻게 되겠삽나이까?" 베드로는 순교로 죽음을 맞이 할 것이라고 예수님이 말씀을 하자, 이 사람은 어떠한 죽음을 맞이할 것이냐고 질투로 물은 것이다. 그러자 예수님께서는"내가 올 때까지 그를 머물게 하고자 할찌라도(If I want him to remain alive until I return) 네게 무슨 상관이냐 너는 나를 따르라"고 대답하신다. 이게 무슨 말일까?「요한복음」 21장의 이 내용은 예수님께서 부활하시고 세 번째로 제자들에게 나타나시어 말씀하시는 내용이다. 따라서 예수님께서 승천하시고 다시 돌아올 때까지 그를 살려두겠다는 의미이다. 이것이 무슨 의미일까?

이 말씀을 들은 제자들은 그 이후 나가서 그 제자가 죽지 않을 것이라는 루머를 퍼뜨렸으나, 예수님의 말씀은 '그가 죽지 않겠다 하신 것이 아니라, 내가 올 때까지 그를 머물게 하고자 할찌라도 네게 무슨 상관이냐 하신 것'이다. 다시 돌아오신다(until I return)? 이게 무슨 말씀일까?

「요한복음」 21:21 - 이에 베드로가 그를 보고 예수께 여짜오되 주여 이 사람은 어떻게 되겠삽나이까(When Peter saw him, he asked, "Lord, what about him?")(NIV)

21:22 - 예수께서 가라사대 내가 올 때까지 그를 머물게 하고자 할찌라도 네게 무슨 상관이냐 너는 나를 따르라 하시더라(Jesus answered, "If I want him to remain alive until I return, what is that to you? You must follow me.")(NIV); Jesus saith unto him, If I will that he tarry till I come, what is that to thee? follow thou me.(KJV);

21:23 - 이 말씀이 형제들에게 나가서 그 제자는 죽지 아니하겠다 하였으나 예수의 말씀은 그가 죽지 않겠다 하신 것이 아니라 내가 올 때까지 그를 머물게 하고자 할찌라도 네게 무슨 상관이냐 하신 것 이러라(Because of this, the rumor spread among the brothers that this disciple would not die. But Jesus did not say that he would not die; he only said, "If I want him to remain alive until I return, what is that to you?")

21:24 - 이 일을 증거하고 이 일을 기록한 제자가 이 사람이라 우리는 그의 증거가 참인 줄 아노라(This is the disciple who testifies to these things and who wrote them down. We know that his testimony is true.)

그리고 「요한복음」 21장 24절에는 '이 일을 증거하고 이 일을 기록한 제자가 이 사람이라 우리는 그의 증거가 참인 줄 아노라'라고 기록하고 있다. 여기에서 바로 예수님이 사랑하는 제자가 바로 요한이라는 것을 알 수 있다. 그리고 요한이 죽지 않는다는 것이 아니라, 예수님이 돌아 오실 때까지 살려둔다는 것을 보아, 요한은 1) 끓는 기름가마에 들어갔으나 죽지 않아 밧모섬(Patmos)에 유배 당해, 90세가 다 된 나이에 밧모섬의 동굴에서 18개월이나 살았으며, 2) 이곳에서 모종의 다른 역할, 즉 하늘의 목소리(텔레파시)를 직접 듣고 예수님의 제자로서 직접 「요한계시록」을 썼으며, 3) 많은 고통을 당하지만 자연사할 것이라는 것을 예측해 볼 수 있다.

여기서 중요한 것이 하나 있다. 예수님의 12제자들은 결국 다 죽었다는 것이다. 죽었다는 것은 몸이 죽었다는 것이다. 예수님께서 12제자들과 세상 끝날까지 항상 함께 하신다는 것은(「마태복음」 28:20) 12제자들은 죽어 최소한 낙원 또는 10번째 하늘에 이르렀다는 것을 알 수 있다. 차후에 보시겠지만 12제자들은 예수님 재림시 예수님의 보좌인 우주선을 타고 같이 오신다.

6. 요한의 「요한계시록」, 다시 돌아올 때까지 살려두겠다는 의미?

그래서 사도 요한은 「요한복음」과 「요한 1서~3서」와 「요한계시록」을 쓰게 된다. 특히 「요한계시록」이 중요한데, 이것도 예수님께서 사전에 다 배려한 것이다. 바로 「요한계시록」은 예수 그리스도의 계시다.

앞서 의문을 제기했던 예수님께서 '다시 돌아오실 때까지 요한을 살려두겠다'라는 내용을 살펴보자. 이 말이 무슨 말일까? 우선 「요한계시록」 1장을 음미해보자.

「요한계시록」 1:1 - 예수 그리스도의 계시라 이는 하나님이 그에게 주사 반드시 속히 될 일을 그 종들에게 보이시려고 그 천사를 그 종 요한에게 보내어 지시하신 것이라(The revelation of Jesus Christ, which God gave him to show his servants what must soon take place. He made it known by sending his angel to his servant John,)(NIV)

1:10 - 주의 날에 내가 성령에 감동하여 내 뒤에서 나는 나팔 소리 같은 큰 음성을 들으니(On the Lord's Day I was in the Spirit, and I heard behind me a loud voice like a trumpet,)

1:18 - 곧 산 자라 내가 전에 죽었었노라 볼찌어다 이제 세세토록 살아 있어 사망과 음부의 열쇠를 가졌노니(I am the Living One; I was dead, and behold I am alive for ever and ever! And I hold the keys of death and Hades.)

1:20 - 그러므로 네 본 것과 이제 있는 일과 장차 될 일을 기록하라 ("Write, therefore, what you have seen, what is now and what will take place later.)

이에는 두 가지 해석이 가능할 것이다. 첫째는 예수님께서 요한에게 특별히 성령으로 나타나셔서 「요한계시록」을 쓰도록 했다는 것이다. 「요한계시록」 1장 1절에는 예수 그리스도의 계시라고 분명하게 기록하고 있다. 성령과 천사를 요한에게 보내 장차 일어날 일들을 기록했다는 것이다. 그러나 그 주체는 예수님이시다. 따라서 「요한계시록」을 쓸 때까지 요한을 살려두겠다는 의미로 해석할 수가 있다. 요한이 「요한계시록」을 다 쓰자 바로 자연사했다는 점에서 일리가 있는 해석이다.

두번째 해석은 「요한계시록」은 예수님의 재림시(다시 돌아올 때)에 일어날 일들과 심판을 기록한 예언서이다. 세상이 장차 어떻게 바뀔 것이며, 악의 하나님들과 악의 천사들과 그들을 따르는 악한 사람들이 어떻게 심판을 받을 것이며, 경건한 자들은 어떻게 부활하고 영생을 얻을 것인가와 재림하시는 예수님께서 이 땅의 모든 정사와 권세와 능력을 멸하시고 나라를 하나님 아버지께 어떻게 바치는지를 기록한 책이다. 모든 주체는 예수님이시다. 따라서 요한이 기록한 「요한계시록」은 예수님이 다시 올 때까지, 즉 재림시까지 살아있는 기록이라고 해석할 수도 있다.

보다 자세한 것은 마지막 권인 『바이블 매트릭스』 시리즈 6권 『예수님의 재림과 새 하늘과 새 땅』에서 다룰 예정이다.

2절 12제자들과 영광(우주선)을 타고 오시는 예수님의 재림

「마태복음」 19장 28절에는 예수님의 재림시에 예수님께서 영광(우주선)의 보좌 앉을 때에 12명의 제자들도 열두 보좌에 앉아 이 땅에 오셔서 이스라엘 12지파를 심판한다는 내용이 나온다. 보다 자세한 것은 『바이블 매트릭스』 시리즈 6권 『예수님의 재림과 새 하늘과 새 땅』에서 다룰 예정이다.

「마태복음」 19:28 - 예수께서 가라사대 내가 진실로 너희에게 이르노니 세상이 새롭게 되어 인자가 자기 영광의 보좌에 앉을 때에 나를 좇는 너희도 열두 보좌에 앉아 이스라엘 열두 지파를 심판하리라(Jesus said to them, "I tell you the truth, at the renewal of all things, when the Son of Man sits on his glorious throne, you who have followed me will also sit on twelve thrones, judging the twelve tribes of Israel.)(NIV)

부록

신약성경의 역사와 정경화, 그리고 위경이 주는 인사이트

1. 신약성경 형성의 시기, 배경, 동기, 언어

예수님께서 30살에[AD 30 혹은 AD 24(B)] 가르치심을 시작하여(「누가복음」 3:23) 33살에 부활하여 승천하기까지[AD 33 혹은 AD 27(B)] 그 당시엔 히브리어(Hebrew Language)로 쓰여진 타나크(Tanakh)나 그리스어 70인 역(LXX)의 구약(Old Testament, OT) 성경 이외에는 다른 문서는 필요하지 않았다. 예수님 자신도 아무런 글도 쓰신 일이 없다. 있었다면 간음하다가 잡힌 여인 앞에서 '몸을 굽히사 손가락으로 땅에 쓰시니(But Jesus stooped down, and with his finger wrote on the ground)'(KJV, 「요한복음」 8:6 & 8)라는 기록만이 있을 뿐이다. 예수님은 제자들에게 복음(福音)을 전하라고(「마태복음」 28:18-20) 명령했으나 복음을 기록하라고 지시하시지는 않았다. 그래서 예수님의 제자들은 복음을 기록할 필요성을 느끼지 않았다. 복음 전파하기에 바쁜데 기록할 시간이 없었기 때문이다.

그러나 예수님이 부활하시고 승천하신 후에 예수님의 행적을 알고 또 예수님에게서 교훈을 직접 받은 제자들과 예수님을 아는 사람들이 하나 둘씩 세상을 떠나게 되어, 예수님의 생생한 교훈을 남겨 놓아야 할 필요성이 생기게 되었다. 게다가 교회 안에는 일정한 교리와 규칙이 없어서 신앙과 생활에 혼란이 생기고, 여기저기서 이단(異端) 사상(Heresy, Heretic Theology)이 발생하게 되었다. 바로 이 두 가지 큰 이유에서 신약(New Testament, NT)을 기록해야 할 필요성이 생기게 되었다. 요한(John, AD 6-100)은 「요한복음」(Gospel of John, AD 85-95)을 기록한 이유를 다음과 같이 말하고 있다. "오직 이것을 기록함은 너희로 예수께서 하나님의 아들 그리스도이심을 믿게 하려 함이요 또 너희로 믿고 그 이름을 힘입어 생명을 얻게 하려 함이니라(But these are written, that ye might believe that Jesus is the Christ, the Son of God; and that believing ye might have life through his name)"(KJV, 「요한복음」 20:31). 위에서 신약을 기록한 직접 동기를 말했거니와 요한은 더 나아가 근본적인 목적을 두 가지로 말하고 있는데, 즉 그리스도께 대한 믿음을 갖게 하고 한 걸음 더 나아가 믿음을 통하여 영생을 얻게 하기 위하여 기록했다고 적고 있다.

예수님이 승천하신 후 약 20년 동안은 구전시대(口傳時代)였다. 그러다가 주후 AD 50년경에 사도 바울(Paul, AD 5-68)은 데살로니가(Thessalonica) 교회가 주의 날(the day of the Lord)이라는 해석의 문제로 혼란을 보이자, 이를 해결하기 위해 편지를 써야 할 필요가 생겼다. 주님이 곧 재림하신다면 내일을 위해 저축하며 일할 필요가 없지 않는가? 하고 데살로니가 광신자들은 종말 도래설로 혼란에 빠졌다. 그래서 AD 52년 예수님 재림 문제를 다루는 편지를 썼는데 그게 바로 쓰여진 연도가 제일 빠른 「데살로니가 전후서」(1 & 2 Thessalonians, AD 52)이다. 그리고 복음서들은 이보다 약 10~20년 늦게 「마가복음」

(Mark, AD 55-65)부터 기록되었다. 결국 신약성경은 c.AD 50~c.AD 100년에 서로 다른 지역에 따른 언어 소통의 불편을 덜기 위해 그리고 복음을 전파하기 위해 그 당시 세계어인 고대 그리스어(헬라어)의 코이네어(koine)로 쓰여졌다.

2. 신약성경의 정경화(正經化) 과정

그런데 많은 문서들이 기록되자 또 다른 문제가 생겨났다. 그것은 어떤 것이 참으로 하나님아버지의 말씀인지 어떤 것이 예수님의 말씀인지, 어느 것이 보다 큰 권위를 가진 것인지, 문서들을 선별하고 정경(Canon)을 결정하는 문제였다. 정경화 작업의 직접적인 동기는 AD 140년에 구약의 신들(Deities)과 신약의 신들은 다르다는 이원적 신관(二元的 神觀)과 그리스도 가현설(假現說, 도케티즘, Docetism, Doketismus)을 주창한 마르키온(말씨온, 마르시온, Marcion, Marcion of Sinope, AD 85-160)에 의해 비롯되었다. 그는 보이지 않는 영적인 것을 추구하는 영지주의(靈知主義, Gnosticism, 그노시스파)자로서, 그리스도인 예수님이 육체를 입고 왔다는 사실을 부인한 것이다. 즉 구원자는 빛으로 나타나는 분으로, 참 인간의 육체를 가질 수 없으며, 이 빛은 생기를 주는 영이라 보았다. 따라서 그는 그리스도교 가르침의 근본인 신성과 인성의 성육신을 부인하였다. 또한 구약의 하나님은 열등한 신이고 신약의 하나님은 영적인 우월한 신이라는 이원적 신관(dual-God notion)에 따라 구약을 부인하고 「누가복음」과 바울의 서신(Pauline Epistles) 10권만을 성경으로 받아들였다. 그는 이러한 주장으로 많은 신봉자를 얻었으며, 초기 그리스도 교회에 큰 위협이 되었다. 마침내 그는 교회에 혼란을 야기시켜 144년에 로마 가톨릭교회에서 이단(異端)으로 파문을 당하게 되었고(excommunicated), 그 결과 경전 제정의 필요성을 가중시켰다.

이때부터 본격적인 신약 정경의 정경화(正經化) 작업이 시작되었다.[1]

경전 제정의 본격적인 단계라 볼 수 있는 것은 프랑스 리옹(Lyon)의 주교(Bishop)인 이레니우스(Saint Irenaeus, AD 130 or 140-203)에 의해 이루어졌다. 그는 영지주의(그노시스파)에 반대하였으며, 160년부터 4개의 복음서가 정경이 되어야 한다고 주장하고, 최초로 「요한복음」은 사도 요한(John, AD 6-100)이, 「누가복음」은 바울의 동료인 이방인 의사출신인 누가(Saint Luke)가 썼다는 것을 입증하였다. 그는 그의 저서 『모든 이단에 반대하여(Adversus Haereses), 5권, c.AD 180년』[2]에서 영지주의를 신랄하게 비판하였으며, 이 책에서 현재의 신약 27권 중 21권을 인용하였는데, 「빌레몬서(Philemon)」, 「베드로후서(2 Peter)」, 「요한3서(3 John)」와 「유다서(Jude)」는 인용하지 않았다.

한편 c.AD 200년 초에 이집트인이자 크리스찬(그리스도인)인 오리겐(Origen, Oregenes Adamantius, AD 185-254)은 로마가톨릭에서 사용하고 있는 신약 정경(Catholic NT canon)으로 보이는 27권을 그리스도교에 똑같이 접목하여 사용하였다. 또한 그는 70인 역에 있는 필사자들의 오류들을 바로잡으려고 노력했다.

---

1 신약성경의 정경화 작업 - http://en.wikipedia.org/wiki/Development_of_the_New_Testament_canon
http://en.wikipedia.org/wiki/Biblical_canon
http://en.wikipedia.org/wiki/Categories_of_New_Testament_manuscripts
http://en.wikipedia.org/wiki/Biblical_manuscript
http://en.wikipedia.org/wiki/Christian_Biblical_canons
http://en.wikipedia.org/wiki/Development_of_the_Christian_Biblical_canon

2 이레니우스(Saint Irenaeus), 『모든 이단에 반대하여(Adversus Haereses), 5권, c.AD 180년』 -http://en.wikipedia.org/wiki/On_the_Detection_and_Overthrow_of_the_So-Called_Gnosis

그렇지만 이 당시 그리스도 교회 내에서도 소위 논쟁의 책들(Antilegomena)로 불린 「히브리서(Hebrews)」는 AD 80년경에 쓰여진 것으로 추정되는 익명의 저자로 사도성에 의심을 불러일으켰고, 「야고보서(James)」는 AD 57년경에 예수님 동생인 야고보가 쓴 것으로 추정되지만 믿음과 행함에 대한 야고보의 견해가 바울의 교리와 상충되는 것같이 보였으며, 「베드로후서」는 베드로가 AD 63~64년경에 쓴 것으로 추정되는데 문체와 내용에 있어 「베드로전서(Peter I)」와 차이가 있으며, 「요한2서」와 「요한3서」는 AD 90~96년에 사도 요한이 쓴 것으로 추정되지만 보편적 타당성을 갖기에는 너무 특정한 사안을 다루고 있으며, 그리고 「요한계시록」은 사도 요한이 AD 85~96년경에 쓴 것이지만 천년 왕국의 해석에 대한 난해성과 외견상 불명료한 표현들이 계속적인 논쟁거리가 되었다. 이러한 논쟁은 계속되었지만 3세기 중엽까지 거의 모든 그리스도인들은 27권의 신약 정경(27-book NT canon)을 일반적으로 받아들인 것으로 보인다.

로마제국(Roman Empire, 제정시대)의 로마를 통치했던 디오클레티안 황제(Diocletian, Gaius Aurelius Valerius Diocletianus, 통치 AD 284-305)는 기독교를 몹시 박해하였는데, 박해 정책의 일환으로 기독교인들의 성경을 없애는 작업을 진행하였다. 디오클레티안이 성경을 압수하고 불태우게 되자, 그리스도인들은 어떤 책이 정경으로 가치가 있는지 결정해야만 했다. 그들은 황제의 박해로부터 목숨을 걸고 지켜야 할 책이 무엇인지 결정할 필요가 있었다. 이 과정에서 오늘날 우리가 가지고 있는 신약 27권이 수집되고 결정되었다고 볼 수 있다.

반면 디오클레티안 황제를 이은 콘스탄티누스 대제(Constantine I, 통치 AD 306-337)는 기독교(그리스도교, Christianity)로 개종하고 최초의 크리스찬 로마 황제가 되었으며, 선대 황제가 기독교를 박해했던 것을 중지하고, 313년에 밀라노 칙령(Edict of Milan)을 통해 기독교를 승인하였을 뿐 아니라, 본인의 신앙에 따라 자유롭게 종교를 선택하도록 하였다. 그는 선제 시절의 기독교 박해 때 몰수한 교회 재산을 모두 되돌려 주었고, 이에 대한 국가의 보상기준을 정해 보상했다. 이로써 기독교의 위상은 새로이 정립되었다. 콘스탄티누스 1세는 325년 콘스탄티노폴리스(Constantinople) 근교의 작은 식민도시인 니케아(Nicaea, 터키의 İznik)에 300여 명의 기독교 주교(Bishops of Christian Church)들이 참석하는 최초의 니케아 공의회/종교회의(Concilium Nicaenum Primum, First Council of Nicaea)를 소집하였다. 이는 최초의 기독교 교회(Christian Church)를 대표하는 종교회의였다. 이 회의 소집 목적은 당시 기독교 세계의 최대 논쟁이었던 아리우스파 논쟁(Arian controversy), 즉 성부(Father)와 성자(Son)는 하나(One Essence)가 아니라는 알렉산드리아의 사제(Christian presbyter)인 아리우스(Arius, AD 250 or 256-336)의 주장에 대한 결정이었다. 예수님이 신인가 인간인가를 놓고 벌어진 논쟁에서 예수님은 성부와 같으며(One in Being), 신성과 인성은 같다라고 결론지음으로써 아리우스는 이단(異端)으로 파문을 당하게 된다. 이는 「요한복음」에 나와 있는 "나와 아버지는 하나이니라 하신대(I and the Father are one)"(KJV, 「요한복음」 10:30)의 말씀을 처음으로 공식적으로 인정한 것이다. 이 회의에서는 이 같은 니케아 신조(Creed of Nicaea, Nicene Creed, AD 325)뿐 아니라, 부활절 날짜와 교회의 법칙(법전, Cannon Law)도 의결하였다. 이 종교회의를 시작으로 기독교 산하 각 종파의 정경 및 교리 작업을 위한 각종 종교회의(Synods)가 시작되었다.

많은 분들이 콘스탄티누스 1세의 325년 니케아 종교회의에서 신약의 최종본을 결정했다고 잘못 알고 있는데, 니케아 종교회의에서는 신약의 기준이나 최종본을 결정한 바 없다. 다만, 예수님의 신성과 인성은 같다라고 인정함으로써 이미 존재했던「마태복음」,「마가복음」,「누가복음」,「요한복음」4대 복음서를 인정하게 된 것이다.

콘스탄티누스 1세를 이은 테(데)오도시우스 1세(Theodosius I, 통치 AD 379-395)는 392년 그리스도교(기독교)를 국교로 선포하였다. 콘스탄티누스 1세 황제가 많은 종교들 가운데 하나로 기독교의 자유를 인정하였다면 데오도시우스 1세 황제는 로마제국의 유일한 신앙으로 기독교를 선포한 인물이다.

정경화 작업의 결정적 시기는 367년 알렉산드리아 주교(Bishop of Alexandria)였던 아타나시우스(Athanasius of Alexandria, Athanasius the Great, Pope Athanasius I of Alexandria, Athanasius the Apostolic, AD 293-373)에 의해 이루어졌다. 그는 부활절 강연 축하편지(Easter letter)를 통해 오늘날 신약 27권과 똑같은 27권의 목록을 제시하고 이 27권만을 경전으로서 받아들여야 한다고 주장했다. 그리고 그는 이때 경전화(canonized)라는 단어를 공식적으로 사용하였다.

최종 결정은 그 후 393년 북아프리카 히포 레기우스(Hippo Regius)의 주교 어거스틴(Augustine of Hippo, St. Augustine, St. Austin, AD 354-430) 등이 참석한 북아프리카의 히포 종교회의(Synod of Hippo)에서 구약의 70인 역(OT Septuagint)과 함께 27권이 신약성경의 정경으로 공식적으로 승인되었다. 70인 역의 39권과 10권의 외경 또는 제2경전 등 구약의 정경과 27권의 신약 정경이 이때 결정되고 승인되었다. 이때의 승인 내용은 그 후 397년에 있은 아프리카에서 개최된 카르타고(칼타고) 종교회의(Councils of Carthage)에서 어거스틴 주교가 참석한 가운데

재차 추인됨으로써 역사적으로 신약 27권이 정경으로 인정되었다.

그럼에도 불구하고 완전한 구약과 신약의 정경이 나오기까지 오랜 세월이 흘렀다. 로마 가톨릭(Roman Catholicism)은 1545년~1563년의 트리엔트 공의회(Council of Trient, 지금의 Trento)에서, 영국 교회는(Church of England)는 1563년의 39조항(Thirty-Nine Articles)에서, 캘빈교(Calvinism)는 1647년 웨스트민스터 신앙 고백(Westminster Confession of Faith)에서, 그리스 정교회(Greek Orthodox)는 1672년 예루살렘 종교회의(Synod of Jerusalem)에서 오늘날의 구약과 신약 정경이 확실하게 정해졌다.

3. 신약성경 정경 선택의 기준

c.AD 140년부터 정경화 작업이 시작되고 397년 칼타고 종교회의에서 논쟁의 책들을 포함시키고 수많은 외경을 배제시켰던 최종 정경의 선택 기준은 다음과 같다.[3]

첫째 저자의 권위(Authority of the Author), 즉 사도성(使徒性, Apostolicity, Apostolic Origin)이다. 신약의 저자가 예수님이 직접 임명한 12명의 제

---

3 신약성경의 정경 선택 기준 - http://www.biblenara.com/sub/in_3_5.htm, http://tektonics.org/lp/ntcanon.html#inspir, http://en.wikipedia.org/wiki/Biblical_canon, http://www.associatedcontent.com/article/1286197/criteria_for_assembling_the_new_testament.html, http://kcm.co.kr/bible/new/new005.html, http://en.wikipedia.org/wiki/Christian_Biblical_canons,
http://www.nosuchjesus.com/bbs/view.php?id=questionok&page=10&sn1=&divpage=1&sn=off&ss=on&sc=on&select_arrange=headnum&desc=asc&no=17 http://ko.wikipedia.org/wiki/%EC%8B%A0%EC%95%BD%EC%84%B1%EA%B2%BD

자(Disciples)이거나(「마태복음」 5:18 & 10:2-4, 「마가복음」 3:16-19, 「누가복음」 6:14-16) —12명의 제자를 사도(Apostles)라고 부름(「마가복음」 3:14) — 예수님을 직간접적으로 만난 사람인가? 저자가 12사도와 밀접한 관계에 있는 동료(close companions)이거나 12사도의 제자인가? 동료와 12사도의 제자 등이 예수님과 12사도와 동시대의 1세대(first-generation apostles) 사람인가? 등의 사도성 또는 사도적 권위(Apostolic authority)이다.

예를 들면 세리인 마태(Matthew), 베드로(Peter), 요한(John)은 12사도이므로 이들이 쓴 「마태복음」, 「베드로 전/후서」, 「요한복음」은 정경에 속한다. 로마 시민권 소지자인 바울(Paul)은 시리아 영토인 다마스커스(Damascus, 다메섹)로 유대교의 바리사이파(바리새파, Pharisees)를 비판하는 그리스도인을 잡으러 가던 중 예수 그리스도의 출현과 음성을 경험하고, 3일간 실명 상태가 되어 소명(召命)을 받고 사도가 되신 분이다(「사도행전」 22장). 이러한 이유로 바울은 자신이 사도로서의 권위를 주장하였다(「고린도전서」 15:8-11). 그래서 그리스도교에서는 성 바울을 사도로 인정하며, 따라서 바울이 쓴 「바울 서신(Pauline Epistles)」은 모두 정경에 속한다. 마가(Mark)는 베드로와 가까이 지낸 동료 분이므로 마가가 쓴 「마가복음(Gospel of Mark)」도 정경에 속한다. 이방인인 누가(Saint Luke)는 시리아 안디옥(안티오키아, 안타키아, Antakya) 출신의 의사(Physician, Surgeon)로 바울(Paul)의 전도에 의해 그리스도인이 되었으며, 바울의 주치의로서 바울과 함께 전도여행을 다녔으므로 누가가 쓴 「누가복음(Gospel of Luke)」과 「사도행전(Acts)」 또한 정경에 속한다. 예수님의 친동생 야고보(James)가 쓴 「야고보서(James)」와 예수님의 친동생 유다(Jude, Judas)가 쓴 「유다서(Jude)」도 정경으로 결정되었다.

사도적 권위란 예수님과 동시대 또는 같은 세기의 사람이냐를 묻는 것이다. 바울(Paul, AD 5-68)과 예수님, 그리고 12사도들은 동시대 사람들이다. 또한 예수님이 33살인 AD 33년[AD 27(B)]에 죽었다가 부활하셨고, 12사도 가운데 오로지 요한(AD 6-100)만 94세에 자연사했고 나머지는 순교 당했으며, 바울은 53세(AD 68)에 로마제국의 제5대 황제인 네로 황제(Nero, 통치 AD 37-68)의 그리스도인 박해 때 로마에서 참수형을 당했다. 따라서 성서를 쓴 연대가 AD 50에서 AD 100년 사이에 있어야 정경에 속하는 것이다. 이 기준에 의하면 신약의 27권은 100% 이 시기에 쓰여진 것이다.

둘째, 책의 내용이 하나님의 구속 원리와 복음을 증거하며 영적 성격을 지녔는가 하는 정통성(Orthodoxy) 혹은 교리의 일관성이다. 즉 구속과 복음이 조화를 이루고 있는가? 다시 말하면 다른 성경 내용과 모순되는 사항이 없이 일관성 있는 메시지(Consistent Message)를 주고 있는가이다. 셋째, 책들이 교회나 교부들(教父, 주교)에 의해 보편적으로 완전한 하나님의 말씀으로 인정되고 인용되었는가 하는 보편성(普遍性, Catholicity)이다. 즉 오래 전부터 모든 교회의 교인들에게 일반적으로 받아들여지고 있는 책인가? 다시 말하면 초기 교회나 교부들이 인정하고 있는 책들인가(Approval by Early Churches, Universal Acceptance)? 이 기준에 의해 그 당시 필사본이 13,000권 가량이 되면 널리 보급된 것으로 보편성이 인정되었다. 넷째, 그러나 무엇보다 가장 중요한 정경성의 기준은 구약의 경우와 마찬가지로 그 책 스스로가 검증하고 있는 성부와 성령의 감동과 인도로 쓰여졌는가 하는 영감성(靈感性, Inspiration of God)이다. 이는 바울이 로마 대화재(AD 64) 사건 이후 그리스도인의 박해 와중에 체포되어 AD 68년 디모데(Timothy)에게 보낸 옥중 편지에 "또 네가 어려서부터 성경을 알았나니 성경은 능히 너로 하여금 그리스도 예수 안에 있는 믿음으로 말미암아 구원에 이르는 지혜가 있게 하느니라. 모든 성경은 하나님의 감동으로 된 것으로 교훈과 책망과 바르게 함과 의로 교육하기에 유익하니(And that from a child thou hast known the holy scriptures, which are able to make thee wise unto salvation through faith which is in Christ Jesus. All scripture is given by inspiration of God, and is profitable for doctrine, for reproof, for correction, for instruction in righteousness)"라고 기록된 것을 바탕으로 한다(「디모데후서」 3:15-16).

기준이 세 개이든 네 개이든 모든 기준을 만족시킨 글들만이 신약의 정경으로 인정 받았다는 것이 중요한 사실이다. 또한 그 기준이 엄격했다는 사실도 중요한 것이다.

4. 신약성경의 원본과 사본

신약성경[4]의 정경은 c.AD 50~c.AD 100년 사이에, 이 당시 세계어인 고대 그리스어(헬라어)의 코이네어(koine)로 대부분 쓰여졌다. 그러나 현존하는 그리스어 원본은 모두 소실되고 없으며, 원본의 필사본(사본)이 전해져 오는데, 가장 오래된 그리스어로 쓰여진 신약의 파편(Fragment) 사본은 「요한복음(John)」으로 c.AD 125~160년 것이나, 완벽한 신약 전체의 사본은 4세기 것의(AD 325-AD 350) 바티칸 사본(Codex Vaticanus)[5]과 역시 4세기 것의(AD 330-AD 360) 시나이 사본

4 신약성경 - http://en.wikipedia.org/wiki/New_Testament, http://en.wikipedia.org/wiki/Biblical_manuscript

5 바티칸 사본(Codex Vaticanus) - http://en.wikipedia.org/wiki/Codex_Vaticanus

(Codex Sinaiticus)[6]이다. 그러다가 1898년과 1905년에 이집트의 옥시링쿠스(Oxyrhynchus)에서 c.AD 275년이나 c.AD 325년에 쓰여진 것으로 추정되는 그리스어로 된 필사본의 일부분들이 발견되었다. 그 이후 1945년에 이집트 나그함마디(Nag Hammadi)에서 c.AD 340년 것으로 보이는 콥트어(Coptic, 이집트어)의 사본이 발견된다. 그러나 이 필사본들은 위경들인 영지주의(靈知主義) 복음서들이다. 이렇게 보면 현존하는 거의 완벽한 사본들은 거의 4세기의 것들이다.

그러나 가장 오래된 필사본의 파편적인 일부분이 하나 전해지는데, 그것은 「요한복음」[7]으로 1920년에 이집트에서 발견된 그리스어로 된 파피루스 필사본이다. 이를 라일랜드 도서관 파피루스 52(P52, Rylands Library Papyrus)라 하는데 현재 영국 맨체스터에 있는 요한 라일랜드 대학 도서관(John Rylands University Library)에 보관되어 있다. 이 파피루스 문서는 비즈니스 카드(명함) 크기의 8.9cm×6cm 크기의 문서로 114개의 읽을 수 있는 글자로 쓰여 있는데, 앞면에는 「요한복음」 18:31-33절이 뒤면에는 37-38절을 포함하고 있다. 이 파피루스는 2007년도부터 이 대학의 도서관에서 영구적인 디스플레이로 일반인에게 공개하고 있다. 이 파피루스 연대는 대부분의 신학서적에서 c.AD 125~160년에 쓰여진 필사본으로 추정하고 있으나, 방사능탄소연대측정(Radiocarbon dating)이나 고문서학측정(Paleographic Dating)의 오차범위가 100~200년이기 때문에 정확한 연대는 알 수가 없다.

---

6 시나이 사본(Codex Sinaiticus) - http://en.wikipedia.org/wiki/Codex_Sinaiticus

7 요한복음 - http://en.wikipedia.org/wiki/Gospel_of_John, http://en.wikipedia.org/wiki/Rylands_Papyri, http://en.wikipedia.org/wiki/Rylands_Library_Papyrus_P52

신약성경은 구약성경보다 상당히 많은 필사본들이 보존된 것으로 보인다. 그리스어로 쓰여진 필사본은 완벽하거나(Complete) 파편적인(Fragment) 것이 5,800건, 라틴어로 쓰여진 것이 10,000건, 그리고 시리아어(Syriac), 슬라브어(Slavic), 에티오피아어(Ethiopic), 이집트의 콥트어(Coptic) 그리고 시리아 아람 지역의 아르메니아어(Armenian)로 쓰여진 문서만 9,300건에 이른다. 이중 가장 오래된 것이 c.AD 125~160년의 「요한복음」 파편이며 대부분은 10세기 이후의 것들이다.

5. 신약성경의 구성

신약성경의 구성은 예수님의 삶과 가르침을 해석한 복음서로 세리(Tax Collector)인 마태(Matthew)가 쓴 「마태복음」(Matthew, AD 70-80)부터 요한(John)이 쓴 「요한복음」(John, AD 85-95)까지 4권, 예수님의 하나님 나라 운동을 계승한 신자들의 이야기를 누가(Luke)가 기록한 「사도행전」(Acts, AD 63) 1권, 바울이 교회와 연락을 취하며 지도하기 위해 쓴 편지, 즉 「로마서」(Romans, AD 58)에서 「빌레몬서」(Philemon, AD 62-63)까지 13통, 기타 이외의 편지인 저자 미상의 「히브리서」(Hebrews, AD 80)부터 예수님의 친동생 유다(Jude, Judas)가 쓴 「유다서」(Jude, AD 64)까지 8통의 편지 등 계 26권과 요한(John)이 밧모섬(Patmos) 동굴에서 하늘의 목소리를 듣고 쓴 묵시문학(默示文學)인 「요한계시록」(Revelation, AD 85-96) 1권 등 합계 27권으로 구성되어 있다. 신약성경은 예수 그리스도의 사적(事蹟)과 교훈(福音書), 복음이 동양의 한 유대로부터 어떻게 서양 세계로 퍼졌는가(使徒行傳) 하는 점, 그리고 복음의 의미와 복음에 입각한 생활(更紙)과 복음의 희망(默示錄)을 기록하고 있다.

특히 신약 27권 중 예수님의 제자가 쓴 것은 「마태복음」의 12사도 순서 기준으로(「마태복음」 10:2-4) 8번째 제자인 마태가 쓴 「마태복음」, 4번째 제자인 요한이 쓴 「요한복음」/「요한1서」/「요한2서」/「요한3서」/「요한계시록」과, 1번째 제자인 베드로가 쓴 「베드로전서」와 「베드로후서」 뿐이다. 이상을 정리해 보면 다음 표와 같다.

예수님의 제자들은 거의 모두 팔레스타인에 사는 유대인들이었다. 예수님의 열 두 제자들은 가룟 유다만 남방 출신이었고 다른 열한 제자는 다 갈릴리 출신이었다. 심지어 신약성경의 모든 기록자들은 이방인 출신의 누가(Saint Luke)를 제외하면 모두가 유대인이었다. 이방인인 누가는 시리아 안디옥(안티오키아, 안타키아, Antakya) 출신의 의사(Physician, Surgeon) 출신으로 바울(Paul)의 전도에 의해 그리스도인이 되었으며 바울과 함께 전도여행을 했다.

신약성경의 구성/저술연도/가장 오래된 필사본 연도(12사도는 마태복음 기준)[8]

종류	신약 27권	저자	저술 연대	가장 오래된 필사본 (상태)	비고
복음서 4권	마태복음 (Matthew)	사도 마태(오) (Matthew)	AD 70-80	c.AD 200 (Fragment)	예수님의 8번째 제자
	마가복음 (Mark)	마가(Mark)	AD 55-65	c.AD 250 (Large Fragments)	베드로의 동료
	누가복음 (Luke)	누가(Luke)	AD 63	c.AD 200 (Fragment)	시리아 출신의 이방인인 의사로 바울(Paul)의 전도로 그리스도인이 되었으며 바울과 함께 전도여행
	요한복음 (John)	사도 요한 (John)	AD 85-95	c.AD 125-160 (Fragment)	예수님의 4번째 제자

8 가장 오래된 필사본의 연도와 필사본의 상태는 다음 「성경 필사본」을 참조 - http://en.wikipedia.org/wiki/Biblical_manuscript

역사서 1권	사도행전 (Acts)	누가(Luke)	AD 63	3세기 초 (Fragment)	시리아 출신의 이방인 의사로 바울(Paul)의 전도로 그리스도인이 되었으며 바울과 함께 전도여행
바울 서신 13권	로마서 (Romans)	사도 바울 (Paul) 예수님의 12제자는 아니나 사도로 칭함 (「고린도전서」 15:8-11)	AD 58	c.AD 175-225 (Fragments)	교회에게 보내는 바울의 편지
	고린도전서 (1 Corinthians)		AD 56-57	c.AD 175-225 (Fragments)	
	고린도후서 (2 Corinthians)		AD 56-57	c.AD 175-225 (Fragments)	
	갈라디아서 (Galatians)		AD 52	c.AD 175-225 (Fragments)	
	에베소서 (Ephesians)		AD 62-63	c.AD 175-225 (Fragments)	바울의 옥중 서신 - 1차 구금중의 서신 (로마의 네로 황제 때 예루살렘에서 체포되어 로마에 구금)
	빌립보서 (Philippians)		AD 62-63	c.AD 175-225 (Fragments)	
	골로새서 (Colossians)		AD 62-63	c.AD 175-225 (Fragments)	
	데살로니가전서 (1 Thessalonians)		AD 52	c.AD 175-225 (Fragments)	교회에게 보내는 바울의 편지
	데살로니가후서 (2 Thessalonians)		AD 52	3-4세기 (Fragment)	
	디모데전서 (1 Timothy)		AD 62	c.AD 350 (Complete)	바울의 목회 서신
	디모데후서 (2 Timothy)		AD 68	c.AD 350 (Complete)	바울의 옥중 서신 - 2차 구금중의 서신 (로마의 네로 황제 때 로마에 구금, AD 68년에 참수로 순교함)
	디도서(Titus)		AD 62	c.AD 200 (Fragment)	바울의 목회 서신
	빌레몬서 (Philemon)		AD 62-63	3세기 (Fragment)	바울의 옥중 서신 - 1차 구금중의 서신 (로마의 네로 황제 때 예루살렘에서 체포되어 로마에 구금)

일반 서신 8권	히브리서 (Hebews)	저자미상 (신도로 추정)	AD 80	c.AD 175-225 (Fragments)	200년경에 논쟁의 책(Antilegomena)으로 분류되었으나 397년에 정경으로 인정
	야고보서 (James)	예수님의 친동생 야고보 (James)	AD 57	3세기 (Fragment)	예수님이 부활하신 후 신자가 됨. 200년경에 논쟁의 책 (Antilegomena)으로 분류되었으나 397년에 정경으로 인정
	베드로전서 (1 Peter)	사도 베드로 (Peter, Simon)	AD 63-64	3-4세기 (Fragments)	예수님의 1번째 제자. 200년경에 논쟁의 책 (Antilegomena)으로 분류되었으나 397년에 정경으로 인정
	베드로후서 (2 Peter)			3-4세기 (Fragments)	
	요한일서 (1 John)	사도 요한 (John)	AD 90-96	3세기 (Fragment)	예수님의 4번째 제자
	요한이서 (2 John)			3-4세기 (Fragment)	예수님의 4번째 제자. 200년경에 논쟁의 책 (Antilegomena)으로 분류되었으나 397년에 정경으로 인정
	요한삼서 (3 John)			c.AD 350 (Complete)	
	유다서 (Jude)	예수님의 친동생 유다 (Jude, Judas)	AD 64	3-4세기 (Fragments)	예수님이 부활하신 후 신자가 됨. 200년경에 논쟁의 책 (Antilegomena)으로 분류되었으나 397년에 정경으로 인정
묵시 문학 1권	요한계시록 (Revelation)	사도 요한 (John)	AD 85-96	c.AD 275 (Fragment)	예수님의 4번째 제자 200년경에 논쟁의 책 (Antilegomena)으로 분류되었으나 397년에 정경으로 인정

6. 이집트 콥트어로 쓰여진 영지주의의 나그함마디 문서

나그함마디 문서(Nag Hammadi Library)[9]는 1945년에 이집트 나그함마디 마을 근처에서 발견된, c.AD 340년경에 이집트의 콥트어로(Coptic) 파피루스(Papyrus)에 쓰여진 초기 기독교, 즉 AD 140년에 마르키온

(말씨온, 마르시온, Marcion, Marcion of Sinope, AD 85-160) 등 그노시스파(Gnosticism)에 의해 제창된 영지주의(靈知主義)에 해당하는 영지주의 복음서(The Gnostic Gospels)[10] 필사본들이다(이동진 편역, 『제2의 성서 아포크라파 : 신약시대』, 2001).[11] 그러나 일부 성경 학자들은 이레니우스(Saint Irenaeus, AD 130 or 140-203)가 그의 저서 『모든 이단에 반대하여, c.AD 180년』라는 책에서 영지주의에 반대한 점을 들어, 이미 c.AD 180년 이전에 로마(Rome), 그리스(Greece) 및 아시아 전지역에 영지주의 복음서가 그리스어 이외의 다른 언어로 회람되고 있었다는 점을 들어 이 콥트어 사본이 c.AD 120~150년에 쓰여진 것으로 추정하고 있다.

이 사본들은 발견 당시 13개의 파피루스(Papyrus)에 쓰여진 코덱스(Codex, 사본)가 밀봉된 항아리에서 발견되었는데, 52개의 영지주의 문서와, 3개의 코르푸스 헤르메티쿰(Corpus Hermeticum) 문서들, 그리고 플라톤(Plato, BC 427-BC 347)의 『국가(Politeia)』의 번역본이 들어있다. 코덱스들이 콥트어르 쓰여진 것으로(Coptic script) 보아 원래 그리스어로 된 원본을 번역한 것으로 추정되며, 이렇게 볼 때 그리스어로 쓰여

---

9 나그함마디 문서(Nag Hammadi Library) - (1) Codex Index 보기 - http://www.gnosis.org/naghamm/nhlcodex.html (2) 전체 보기/영문보기/다른 언어로 번역보기 - http://www.gnosis.org/naghamm/nhlalpha.html, http://www.earlychristianwritings.com/index.html (3) 나그함마디 발견 내용 - http://en.wikipedia.org/wiki/Nag_Hammadi_library http://www.nag-hammadi.com/index.html http://ko.wikipedia.org/wiki/%EB%82%98%EA%B7%B8%ED%95%A8%EB%A7%88%EB%94%94_%EB%AC%B8%EC%84%9C

10 영지주의 복음서(The Gnostic Gospels) - http://www.pbs.org/wgbh/pages/frontline/shows/religion/story/pagels.html http://en.wikipedia.org/wiki/Gnostic_gospel

11 이동진 편역, 『제2의 성서 아포크라파 : 신약시대』, 해누리, 2001년 9월 - 나그함마디 문서 즉 외경을 편역한 것으로 자세한 내용은 이 책을 참조할 것.

진 원본이 분명히 있었다는 얘기가 된다.

나그함마디 콥트어 사본들은 위경으로 단죄된 「도마복음(Gospel of Thomas)」과 「빌립복음(Gospel of Philip)」; 보이지 않은 위대한 영(Great Invisible, Spirit)이란 무엇인지를 다룬 「진실복음(Gospel of Truth)」과 「이집트인의 복음(Gospel to the Egyptians)」; 예수님께서 제자 요한에게 가르치신 침묵에 감추어진 비밀(the mysteries [and the] things hidden in silence)을 다룬 「요한의 비밀서(Apocryphon of John)」; 예수님의 사도나 추종자들이 쓴 「야고보의 비밀서(Secret Book of James)」, 「바울 묵시록(Apocalypse of Paul)」, 「베드로/빌립 서한(Letter of Peter to Philip)」, 그리고 「베드로 묵시록(Apocalypse of Peter)」; 창세기 선악과의 진실을 다룬, 즉 영지주의에서는 뱀(Serpent)이 바로 지혜의 신성한 원칙(Principle of Divine Wisdom)이라는 진실을 다룬 「진실의 증거(Testimony of Truth)」; 한 여성 신이 등장하여 목소리로(the voice of a feminine divine power) 전해주는 「천둥과 완벽한 마음(The Thunder, Perfect Mind)」 등이다. 이 중 가장 대표적인 것이 「도마복음」으로, 이는 나그함마디 문서에서만 완전한 형태로 보존되어 있다. 이들 문서는 1970년부터 여러 나라의 언어로 번역되어 제공되고 있다. 나그함마디 문서들은 이집트 카이로의 콥트 박물관에 보관되어 있다.

제임스 로빈슨(James M. Robinson)은 1977년에 그의 나그함마디 영어 번역의 서문에서, 이 나그함마디 사본들은 주변에 있었던 파코미아 수도원(Pachomian monastery)에 속해 있었던 것으로, 알렉산드리아의 대주교인 아타나시우스(Athanasius of Alexandria, AD 293-373)가 367년에 정경으로 채택하지 않고 위경으로 단죄한 문서들이, 이를 피해 이곳에 묻혀졌을 것이라 추정하였다.

7. 그리스어의 「옥시링쿠스 복음서」

한편 1898년과 1905년, 나일강 상이집트(Upper Egypt), 즉 이집트 남쪽에 있는 도시로, 카이로에서 남남서쪽으로 160km 정도 떨어진 곳인 옥시링쿠스(Oxyrhynchus)에서 c.AD 275년이나 c.AD 325년에 쓰여진 것으로 추정되는 그리스어로 된 양피지(Parchment)와 파피루스(Papyrus)의 복음서 필사본의 일부분들이 발견되었다. 따라서 이들 문서를 「옥시링쿠스 문서」 또는 「옥시링쿠스 복음서」[12]라고 하는데, 초대 정경이 아닌 복음에 관한 자료들이 포함되어 있다. 대부분 6개의 문장으로 되어 있고, 한 조각에 있는 것은 「마태복음」 2장 15절과 「누가복음」 11장 23절과 비슷한 내용이나, 자세한 부분이 다른 것으로 보아 다른 복음서의 일부로 추정되고 있다.

8. 읽을 가치가 있는 인사이트를 주는 영지주의 문서인 「도마복음(Gospel of Thomas)」

그런데 이 그리스어의 「옥시링쿠스 복음서」 중 예수님의 말씀을 기록한 문서의 일부가 하나 있었는데, 나중에 콥트어로 된 나그함마디 문서의 발견과 함께 이를 해독하고 비교한 결과, 그것이 그리스어로 된 「도마복음」이라는 것을 성서 학자들은 알게 되었다. 처음에 발견된 옥시링쿠스 사본이 일부분(파편)이라 어느 복음서에 속하는지를 알 수

---

12 옥시링쿠스(Oxyrhynchus) 문서 또는 복음서 -
http://en.wikipedia.org/wiki/Oxyrhynchus
http://ko.wikipedia.org/wiki/%EC%98%A5%EC%8B%9C%EB%A7%81%EC%BF%A0%EC%8A%A4_%EB%B3%B5%EC%9D%8C%EC%84%9C, http://ko.wikipedia.org/wiki/%EC%98%A5%EC%8B%9C%EB%A7%81%EC%BF%A0%EC%8A%A4

없었으나, 그것이 나그함마디 사본의 완벽한 형태로 남아 있던 콥트어의 도마(토마스, Thomas, St Thomas the Apostle, Judas Thomas, Didymus) 복음서라는 것을 알게 된 것이다. 더욱이 번역을 한 결과 저자가 서문에서 밝히고 있듯이 예수님의 12사도 중 7번째 사도인 도마(토마스) 자신이 썼다고 기록하고 있다.

요약하면 그리스어 원본을 콥트어로 번역한, c.AD 340년에 쓰여진 완전한 콥트어 사본이 1945년 나그함마디에서 발견되었으며, 1898년 이집트의 옥시링쿠스에서 발견된, c.AD 275~c.AD 325년에 쓰여진 그리스어 문서 중 일부가 도마복음인 것으로 판명되었다. 이 도마(토마스) 복음서(Gospel of Thomas)[13]는 기독교 신약성서 외경의 하나로서, 이 문서는 AD 144년에 로마 가톨릭교회에서 이단(異端)으로 정죄한 영지주의(靈知主義) 문서이다.

「도마복음」은 3대 복음서와는 달리 예수님의 삶에 대한 내용을 담지 않고 있으며, 예수님의 가르침만을 다루고 있는 '어록 복음서'이다. 다른 3개 복음서가 상황과 비유에 따라 예수님의 말씀을 전개하는데 반해 「도마복음」은 어록 중심으로 전개하고 있고 그 어록도 3개 복음

---

13 도마 복음서(Gospel of Thomas) - (1) 「도마복음」 영문 보기 - http://www.gnosis.org/naghamm/gosthom.html
http://www.pbs.org/wgbh/pages/frontline/shows/religion/maps/primary/gthomas.html, http://www.metalog.org/, http://www.theologywebsite.com/etext/
(2) 「도마복음」 콥트어 원문 및 다른 언어 번역본 보기 - http://www.earlychristianwritings.com/text/thomas-coptic1.html, http://www.gnosis.org/naghamm/nhl_thomas.htm
(3) 「도마복음」 발견에 대한 내용 - http://en.wikipedia.org/wiki/Gospel_of_Thomas, http://home.epix.net/~miser17/Thomas.html
http://www.earlychristianwritings.com/thomas.html
http://ko.wikipedia.org/wiki/%EB%8F%84%EB%A7%88_%EB%B3%B5%EC%9D%8C%EC%84%9C

서와는 달리 순서가 다르기 때문에 이해하기가 상당히 난해하다.

그 어록을 보면, '그물의 비유'(「도마복음」 8구, 「마태복음」 13:47-48), '네 가지 땅에 뿌려진 씨의 비유'(「도마복음」 9구, 「마태복음」 13:3-8), '겨자씨의 비유'(「도마복음」 20구, 「마태복음」 13:31-32, 「마가복음」 4:30-32, 「누가복음」 13:18-19), '도둑을 경계하라'(「도마복음」 21구, 「마태복음」 24:43-44, 「누가복음」 12:39), '곡식이 익으면 낫을 대나니'(「도마복음」 21구, 「마가복음」 4:29), '천국에서 큰사람 - 어린아이 비유'(「도마복음」 22구, 「마태복음」 18:1-9, 「마가복음」 10:13-16, 「누가복음」 18:15-17), '형제의 눈 속에 있는 티 네 눈 속에 있는 들보(「도마복음」 26구, 「마태복음」 7:3-6, 「누가복음」 6:41-42), '무엇을 먹을까 입을까 걱정하지 말라'(「도마복음」 36구, 「마태복음」 6:25-26 & 31, 「누가복음」 12:22-24), '가진 자는 더 가질 것이요 없는 자는 그 있는 것까지 빼앗기리라-부익부 빈익빈'(「도마복음」 41구, 「마태복음」 25:29), '성령을 거역하는 자 사하심을 얻지 못하리라'(「도마복음」 44구, 「마태복음」 12:31-32), '세례 요한의 실족'(「도마복음」 46구, 「마태복음」 11:11-12, 「누가복음」 7:28), '가난한 자는 복이 있나니'(「도마복음」 54구, 「마태복음」 5:3, 「누가복음」 6:20), '가라지의 비유'(「도마복음」 57구, 「마태복음」 13:24-30). '포도원 농부의 비유'(「도마복음」 65구, 「마태복음」 21:33-40, 「마가복음」 12:1-12, 「누가복음」 20:9-19), '추수할 것은 많되 일군은 적다'(「도마복음」 73구, 「마태복음」 9:37-38, 「누가복음」 10:2), '수태 못한 이와 먹이지 못한 젖이 복이 있다'(「도마복음」 79구, 「마태복음」 23:29), '여우도 굴이 있고 공중의 새도 거처가 있으되'(「도마복음」 86구, 「마태복음」 8:20, 〈누가복음〈 9:58), '구하라 두드리라'(도마복음 92-94구, 「마태복음」 7:7), '99마리 양과 길 잃은 한 마리 양'(「도마복음」 107구, 「마태복음」 18:12, 「누가복음」 15:4) 등 3대 복음서의 내용과 같거나 비슷하지만, 그 이외의 것은 다소 다르다. 하지만 「도마복음」의 전체적인 내용을 보면 3개 복음서에 나오는 내용들을 제외하면 「요한복음」이나 「요한계시록」 같다는 생각이 든다.

자, 그럼 「도마복음」의 내용을 보자. 「도마복음」은 114개의 어구(절)로 이루어져 있어 장(Chapter) 대신 114구(절)로 분류한다. 여기에 소개하는 것은 패터슨과 마이어(Patterson & Meyer)[14]가 이집트의 콥트어를 영어로 번역한 것을 바탕으로 필자가 한글로 번역하여 「도마복음」 전체가 아니라 필자가 중요하다고 생각하는 몇 구의 내용만 소개하고자 한다.

「도마복음」은 다음과 같은 말로 시작된다. "이것은 살아있는 예수님께서 했던 비밀의 말씀이며, 그것을 디두모스 유다 도마가 기록한 것이다(These are the secret sayings that the living Jesus spoke and Didymos Judas Thomas recorded)." 1구에는 "그가 말씀하셨다 누구든지 이 말씀의 뜻을 해석하는 자는 죽지 않으리라(And he said, "Whoever discovers the interpretation of these sayings will not taste death)".

3구와 4구를 보자. "예수께서 말씀하시길 만약 인도자들이 너희에게 이르기를 보라 하나님 나라가 하늘에 있다 하면 하늘에 나는 새들이 너희를 앞설 것이요 만약 바다에 있다 하면 물고기들이 너희를 앞설 것이라. 그러나 그게 아니라 하나님 나라는 너희 안에 있으며 너희 바깥에 있느니라(Jesus said, "If your leaders say to you, 'Look, the (Father's) kingdom is in the sky,' then the birds of the sky will precede you. If they say

---

14 Patterson, Stephen, and Marvin Meyer(Translated from Coptic), 〈The Gospel of Tomas〉, The Gnostic Society Library. http://www.gnosis.org/naghamm/gosthom.html, http://www.theologywebsite.com/etext/naghammadi/thomas.shtml

to you, 'It is in the sea,' then the fish will precede you. Rather, the (Father's) kingdom is within you and it is outside you).

→ 흔히 이것을 내부로부터의 자각, 즉 인간은 육체를 초월해야 영적인 지식과 지혜인 영지(靈知)를 통해 구원을 얻을 수 있다는 점과 그것은 물질적이지 않다는 영지주의적인 사상이다. 물질적인 육체를 초월할 때만 내 몸 안과 밖이 연결되고 하나님 나라를 볼 수 있다는 것이다. 그런데 이것은 영지주의 입장과는 달리 역설적으로 산자의 부활과 죽은 자의 부활을 통해 가능하다는 것을 의미한다. 이 구절은 「누가복음」 17장 20절~21절의 내용과 유사하다. "너희가 아무리 주의를 다해 관찰한다 해도 하나님 나라는 임하는 것이 아니요: 하나님 나라는 너의 안에 있느니라(The kingdom of God cometh not with observation: the kingdom of God is within you)(KJV).

7구에는 알쏭달쏭한 예수님의 말씀이 나온다. "인간이 잡아 먹는 사자는 행운이라 왜냐하면 사자는 인간이 되기 때문이다. 그러나 사자가 인간을 잡아 먹는 것은 나쁜 것이나 그래도 사자는 인간이 됨이니라(Lucky is the lion that the human will eat, so that the lion becomes human. And foul is the human that the lion will eat, and the lion still will become human)".

→ 이는 영지주의적인 관점에서 보면 물질에 관한 것이다. 우리가 사자를 먹음으로써 사자는 우리 몸 속에 들어와 사자의 물질은 인간이 된다. 사자가 인간을 잡아 먹어도 그것은 잘못된 것이나 사자는 인간이 된다는 것이다. 결국 인간과 사자는 물질 측면에서 같다는 것이다.

10구와 16구에는 예수님이 온 목적에 대해 서술되어 있는데, "나는 세상에 불을 던지라 왔느니라 그래서 나는 세상이 화염에 쌓일 때까지 지켜보고 있노라 너희는 내가 세상에 평화를 주기 위해 왔다고 생각할 것이라 그러나 너희들은 모르니라 내가 세상에 갈등을 일으키기 위해 왔노라 바로 불과 검과 전쟁이니라(I have cast fire upon the world, and look, I'm guarding it until it blazes…Perhaps people think that I have come to cast peace upon the world. They do not know that I have come to cast conflicts upon the earth: fire, sword, war).

→ 이는 「마태복음」 10장 34절~39절의 '검을 주러 왔다'와 「누가복음」 12장 49절~53절의 '불을 던지러, 분쟁을 일으키러 왔다(Not Peace but Division)'의 내용과 같다. 예수님이 이 땅에 오심으로써 믿는 자와 안 믿는 자 간에 분쟁이 있을 것이라는 얘기이다. 선과 악의 싸움이 시작된다는 것이다. 경건치 못한 자들은 불로 다스린다는 것이다. 이는 이 땅의 물질은 아무것도 아니라는 영지주의 적인 관점이다. 물질로 이루어진 세상은 결국 제2창조의 '새 하늘과 새 땅'을 위해 다 타서 없어질 것이라는 것을 의미한다.[15]

18구에는 제자들이 예수님께 마지막 날(the End)은 어떻게 오는지 묻는 질문에 이렇게 말씀하셨다. "너희는 처음이 어떻게 시작되었는지를 알아 보았느냐? 마지막 날은 처음과 같으니라 처음을 이해하는 자는 복이 있나니 그는 마지막 날을 알리라 그리고 죽지 않으리라(Have you found the beginning, then, that you are looking for the end? You see, the end will be where the beginning is. Congratulations to the one

15 자세한 것은 『바이블 매트릭스』 시리즈 6권 『예수님의 재림과 새 하늘과 새 땅』을 참조하라.

who stands at the beginning: that one will know the end and will not taste death)".

→ 이는「요한계시록」에 나와 있는 예수님은 "알파와 오메가요, 처음과 나중이요, 시작과 끝이라"(「요한계시록」 1:8, 21:6, 22:13)는 의미와 상통한다. 그래서 마지막 날을 알려면 처음의 세상이 어떻게 창조되었는지를 이해해야 알 수 있다는 것이다.[16] 이해하는 자는 죽지 않는다고 도마복음은 기록하고 있다.

19구에는 생명나무가 언급되는 구절인데, "낙원에는 5개의 생명나무가 있느니라 그것들은 여름이나 겨울이나 변화가 없으며 가을에 낙엽이 되어 떨어지지 아니하나니 누구든지 생명나무를 아는 자는 죽지 않으리라(For there are five trees in Paradise for you; they do not change, summer or winter, and their leaves do not fall. Whoever knows them will not taste death)".

→ 이 구절은 매우 중요한 것으로 생명나무가 낙원에 있다는 것을 설명하는 구절이다. 낙원이 몇 번째 하늘에 있는지는 설명하지 않는다.[17] 그러나 처음으로 생명나무가 다섯 그루 있다고 설명한다. 정경인 4개 복음서에는 생명나무에 대한 언급이 전혀 없다. 생명나무는「요한계시록」에만 등장한다(「요한계시록」 2:7, 22:2, 22:14 & 22:19).「요한계시록」에도 생명나무는 낙원에 있다고 기록되어 있다(「요한계시록」 2:7). 여기에서 중

16 자세한 것은『바이블 매트릭스』 시리즈 1권『우주창조의 비밀』을 참조하라.

17 자세한 것은『바이블 매트릭스』 시리즈 1권『우주창조의 비밀』의 3부 1장의 "성경에 등장하는 하늘의 매트릭스"를 참조하라.

요한 것은 '생명나무를 아는 자'라고 기록되어 있다는 점이다. 안다는 것은 생명나무가 어떻게 나서 잎이 자라고 꽃을 피고 열매를 맺는지 그 방법론, 즉 메커니즘을 알고 있는 자이다. 이는 우리 인간에게 그 생명나무에 도전하여 과학적으로 메커니즘을 밝혀 생명나무를 만들라는 명령과 같은 것이다.[18] 이는 "귀 있는 자는 성령이 교회들에게 하시는 말씀을 들을 찌어다 이기는 그에게는 내가 하나님의 낙원에 있는 생명나무의 과실을 주어 먹게 하리라(He that hath an ear, let him hear what the Spirit saith unto the churches; To him that overcometh will I give to eat of the tree of life, which is in the midst of the paradise of God)(KJV, 「요한계시록」 2:7)는 말씀과 같은 것이다.

22구에는 제자들이 예수님께 어린아이 같은 아버지의 나라(Father's kingdom as babies)에 어떻게 해야 들어갈 수 있느냐고 묻는 질문에 다음과 같이 대답하신다. "두 개가 하나가 될 때, 내적인 것을 외적인 것같이 외적인 것을 내적인 것과 같이, 높은 것을 낮은 것같이, 남성을 여성과 합쳐 하나가 될 때 그래서 남성은 더 이상 남자가 아니요 여성은 더 이상 여자가 아닐 때, 한 눈이 아니라 두 눈을 만들 때, 한 손에 다른 한 손을 합칠 때, 한 발에 다른 한 발을 합칠 때, 하나의 이미지에 다른 이미지를 합칠 때, 하나님 나라에 들어갈 수 있느니라(When you make the two into one, and when you make the inner like the outer and the outer like the inner, and the upper like the lower, and when you make male and female into a single one, so that the male will not be male nor the

18 자세한 것은 본권 1부 3장 3절 3-2-4의 "천년왕국과 생명나무-예수님의 재림, 금지에서 허락으로"을 참조하고 보다 자세한 것은 『바이블 매트릭스』 시리즈 6권 『예수님의 재림과 새 하늘과 새 땅』을 참조하라.

female be female, when you make eyes in place of an eye, a hand in place of a hand, a foot in place of a foot, an image in place of an image, then you will enter [the kingdom])".

→ 이는 어린아이와 같지 않으면 천국에 들어 갈 수 없다는(「마태복음」 18:1-9, 「마가복음」 10:13-16, 「누가복음」 18:15-17) 내용을 매우 구체적으로 설명하는 것이다. 어린아이는 남자도 아니요 여자도 아니라는 점이 꽤나 마음에 와 닿는다. 어린아이는 한 손을 달라 하면 두 손을 다 준다. 같은 내용을 「마태복음」에는 매우 부정적인 것으로 기록한 반면, 예들 들어 네 손이나 발이 범죄하면 잘라 버리라라는 식의, 그러나 도마복음은 매우 긍정적인 관점으로 서술하여, 「마가복음」이나 「누가복음」에서 기술하지 않은 어린아이의 심성과 하늘나라의 상태를 잘 설명하고 있다고 보여진다. 이는 부활을 해야 하늘나라에 들어갈 수 있다는 뜻이다. 부활 때에는 장가도 아니 가고 시집도 아니 가고 하늘에 있는 천사들과 같으니라(「마태복음」 22:30)의 내용을 부연 설명하는 것이다. 그것은 바로 어린 아이이다. 천국은 어린아이와 같다. 그것은 영지주의적인 관점에서 보면 악이 없다는 것이다. 물질적인 것은 악이고 영적인 것은 선이다.

30구에는 예수님께서 다음과 같이 말씀하신다. "하늘나라에는 3명의 신이 있느니라 그들은 다 신성이 있느니라 거기에는 둘 혹은 하나의 신이 있는데 나는 하나의 신과 같이 있느니라(Where there are three deities, they are divine. Where there are two or one, I am with that one)".

→ 아마도 필자가 보기에는 이 구절 때문에 「도마복음」을 이레니우스(Saint Irenaeus)나 아타나시우스(Athanasius)가 위경으로 판단한 것

과 같다. 하나의 유일신이어야 하는데 거기에는 3명의 신이 있다고 기록되어 있기 때문이다. 영지주의자들은 하나님은 너무 위대하시고 거룩하시기 때문에 천하고 타락한 이 세상을 창조할 수 없다고 한다. 다만 하나님에게서 여러 단계로 그의 신성(神性)이 발산되어 마지막으로 물질 세계가 창조되었다고 한다. 따라서 물질세계를 창조한 「창세기」의 신은 거룩하신 신이 아니라 열등한 신이다. 이렇듯 영지주의 입장에서 보면 하나님에게도 여러 계급, 즉 「도마복음」에서는 3계급의 하나님들이 존재한다. 그 중에 예수님은 최고 높으신 신인 하나님 아버지와 항상 같이 있다는 것이다. 참으로 옳은 내용이라고 생각한다.[19] 또는 이 것을 반-영지주의 관점으로 해석하면 성부-성자-성령의 3신을 의미하고 성자는 성부와 항상 같이 있다는 뜻으로 해석할 수도 있다. 필자가 보기엔 「도마복음」이 옳게 기록된 것 같다.

113구에는 제자들이 하늘나라는 언제 임하느냐 묻는 질문에 이렇게 대답하신다. "아버지의 나라는 그것을 관찰함으로써 오는 것이 아니니 보라 여기에 있다 보라 저기에 있다 말하자 말라 아버지 나라는 이 땅에 퍼져 있으되 사람들이 그것을 보지 못하느니라(It will not come by watching for it. It will not be said, 'Look, here!' or 'Look, there!' Rather, the Father's kingdom is spread out upon the earth, and people don't see it)."

→ 이는 도마복음 3구와 4구에서 설명한 것과 같다. 또는 확대해석하자면 필자가 보기엔 「요한계시록」에 등장하는 천년왕국(The Thousand Years)(「요한계시록」 20장)을 말하는 것이 아닌가 생각된다. 언

---

19 자세한 것은 『바이블 매트릭스』 시리즈 4권 『하나님들의 과학기술과 우리가 창조해야 할 미래(상)』의 1부인 "성경에 등장하는 수많은 하나님(신)들과 수메르의 신들"을 참조하라.

젠가는 이 땅이 천년왕국이 될 것이라는 얘기이다. 단, 조건이 있는데 예수님이 재림하셔야 하고 천년 동안만이다. 이는 주기도문(The Lord's Prayer)의 '뜻이 하늘에서 이루어진 것같이 땅에서도 이루어지이다(Thy will be done in earth, as it is in heaven)'와 같은 맥락이다. 더 나아가 하나님 아버지와 예수님은 진리(Truth)라고 했다. 진리는 이 땅에 펴져 있다. 그러나 진리는 우리 눈에 보이지 않는다. 우리가 눈으로 보는 가시광선에는 진리가 보이지 않는다. 진리는 가시광선 보다 짧은 파장인 자외선과 X-선 등에 또는 가시광선 보다 긴 적외선과 극초단파 등으로만 보인다. 산소는 진리이다. 왜냐하면 산소를 마시지 않으면 죽는다. 그러나 우리 눈에는 산소가 안 보인다. 그 이유는 워낙 작기 때문이다. 또한 인간은 진리의 소리를 들을 수 없다. 우리는 16Hz~20kHz만 듣는다. 진리는 20,000Hz 이상의 초음파로 이루어져 있기 때문이다. 반면 동물과 곤충들은 적외선과 자외선을 보고 초음파를 듣기 때문에 지진과 해일이 일어나도 그것을 감지하여 다 도망갈 수 있다. 따라서 이들에게는 육감(the 6th sense)이 있다고 말하는 것이다.

그리고 마지막 구가 114구인데 이는 나중에 누군가 첨가한 것으로 보이는 문구이다. 시몬 베드로가 모인 제자들에게 "마리아를 우리로부터 떼어 놓자, 여자는 인생의 가치가 없음이라(Make Mary leave us, for females don't deserve life don't deserve life)"라고 말을 한 것에 대해서 예수님은 이렇게 대답하신다. "보라 나는 그녀가 남성이 되도록 안내할 것이다. 그래서 그녀 역시 남성을 닮은 살아 있는 영이 될 것이다. 자신을 남성으로 만드는 모든 여성은 천국에 들어가느니라(Look, I will guide her to make her male, so that she too may become a living spirit resembling you males. For every female who makes herself male will enter the kingdom of Heaven)."

→ 물론 영지주의 입장에선 육체를 버리라는 뜻이지만 남성과 여성이 하나가 되는 자만이 천국에 들어갈 수 있다는 것이다. 이것은 중성을 의미하는 것이다. 그것은 죽은 자의 부활과 산 자의 휴거를 의미하는 것이다. 「도마복음」의 내용은 다음 내용이 아닌가 생각하는데, 예수님께서는 다음과 같이 말씀하셨다. "부활 때에는 장가도 아니 가고 시집도 아니 가고 하늘에 있는 천사들과 같으니라"(「마태복음」 22:30). 이것은 성령과 물로 다시 태어나야만 천국에 들어갈 수 있다는 의미일 것이다(「요한복음」 3:5).[20]

〈요약 1〉 ☞ 필자가 보기엔 「도마복음」은 첫째, 3대 복음서와는 달리 어록 중심이기 때문에 상황을 알 수 없어 전체 114구(절)가 어딘지 모르게 정렬이 안되어 있다는 느낌이 든다. 둘째, 문장이 3대 복음서와는 달리 다듬어지지 않았다는 생각이 든다. 이것은 c.AD 144년부터 영지주의 복음서로 낙인이 찍히는 바람에 그 뒤에 편집자들이 편집을 못했던 탓일 수도 있다. 셋째, 영지주의라 해서 무조건 반대하는 것은 잘못이라고 생각한다. 필자가 생각하기엔 「도마복음」은 다소 영적인 것에 치중하지만 물질과 영적인 것도 강조하기 때문이다. 유일신이 아니라 3계급의 신들이 있음을 기록해서 위경으로 분류된 복음서이지만, 우리가 반드시 읽어야 할 복음서가 아닌가 생각된다.

〈요약 2〉 ☞ 도마복음서는 비슷한 이름의 문서인 「도마행전(The Acts of Thomas)」, 도마의 「유아기 복음(The Infancy gospel of Thomas)」과는 전혀 다른 것이다. 도마복음서가 정경으로 채택되지 않은 이유는 다음과 같다. (1) c.AD 144년에 이단 문서인 영지주의로 정죄되었다. (2)

---

20 자세한 것은 『바이블 매트릭스』 시리즈 6권 『예수님의 재림과 새 하늘과 새 땅』을 참조하라.

첫 구절은 토마/도마가 저자라고 되어 있다. 그는 예수의 12제자 중 7번째 사도였다. 그러나 도마가 직접 쓰기보다는 후대 사람들에 의해 쓰여진 것으로(c.AD 275-c.AD 340), 그리스어의 다른 정경 복음서들이 c.AD 50~100년 사이에 쓰여진 것과는 연대 차이가 크게 나므로 제외하였다. (3) 초대 기독교에 알려져 있지 않았다. (4) 이레니우스(Saint Irenaeus)가 c.AD 180년에 영지주의에 반대하기 위해 쓴 『모든 이단에 반대하여』라는 책에서 제외되었다. (5) 다른 4개 복음서들을 위협한다고 여겨졌다. (6) 아타나시우스(Athanasius of Alexandria, AD 293-373)가 367년 최종적으로 위경으로 정죄하고, 397년의 카르타고(칼타고) 종교회의에서 재차 위경으로 정경에서 제외되었다. (7) 특히 유일신이 아니라 3계급의 신들을 기록하고 있어 위경으로 판단한 것이 제일 큰 이유가 아닌가 생각한다.

9. 읽을 가치가 없는 육지주의 문서인 「빌립복음」, 『다빈치 코드』의 허구와 위조 인용

나그함마디에서 발견된 또 다른 위경인 「빌립복음(The Gospel of Philip)」을 보자. 이는 영지주의 문서라기 보다는 인간의 육체를 중시하는 육지주의 문서처럼 보인다. 이는 댄 브라운(Dan Brown)이 그의 소설 『다빈치 코드(The Da Vinci Code, 2003)』[21]와 그의 소설을 영화화한 영화 〈다빈치 코드(The Da Vinci Code, 2006)〉는 예수님이 막달라 마리아(Mary Magdalene)와 결혼하여 사라(Sara)를 낳았고 프랑스로 이주해 메로빙거 왕조(Merovingian Dynasty, AD 481-751)의 시조가 됐다라는 팩션[Faction = Fact(사실) + Fiction(허구)]이다.

---

21 Dan Brown, 『The Da Vinci Code』, 2003[안종설 역, 『다빈치 코드』, 문학수첩, 2008]

이 소설에 의하면 로마 가톨릭은 이를 은폐하기 위해 막달라 마리아를 창녀로 낙인찍었다는 것이다. 따라서 이 소설과 영화는 예수님의 신성과 부활을 부정하고 인성을 강조하면서 여기에 교묘히 신성을 접목하고자 한다. 하지만 성경 어느 곳에서도 예수님이 결혼했다는 대목은 없다. 막달라 마리아는 예수님을 따르는 여성 중의 리더였다.[22] 그녀는 예수님께서 전에 일곱 귀신을 쫓아내어 주셨다(「마가복음」 16:9, 「누가복음」 8:2). 어떤 복음서도 막달라 마리아를 창녀라고 언급하지 않았다. 막달라 마리아는 예수님이 십자가에 못 박히는 현장과 예수님의 빈 무덤에도 있었다(「마태복음」 27:56 & 61, 「마가복음」 15:40 & 47). 성경은 그녀가 예수님이 부활한 것을 본 첫 증인이라고 기록하고 있다(「마가복음」 16:9, 「요한복음」 20:15 & 18).

댄 브라운이 예수님과 막달라 마리아를 결혼으로 몰고 간 근거가 바로 「빌립복음」이었다. 「빌립복음」에는 여성의 자궁은 바로 지혜로운

---

22 마리아(Mary)라는 이름은 신약에 5명이 등장한다. 첫째는 막달라 마리아(Mary Magdalene)이다(「누가복음」 24:10, 「마태복음」 27:56, 「마가복음」 15:40). 예수님은 안식 후 첫날 이른 아침, 즉 일요일 아침에 부활하신 후 전에 일곱 귀신을 쫓아내어 주신 막달라 마리아에게 먼저 보이셨다(「마가복음」 16:9, 「누가복음」 8:2, 「요한복음」 20:15 & 18). 이런 관점에서 어머니인 성모 마리아보다 막달라 마리아를 사랑했다고 생각할 수 있으나, 막달라 마리아는 전에 귀신이 붙었던 불쌍한 여자라는 점을 이해하면 예수님의 마음을 이해할 수 있으리라. 둘째는 예수님을 낳으신 성모 마리아(Mary)이다(「마태복음」 13:55, 「마가복음」 6:3). 어머니인 마리아도 예수님이 십자가에 죽는 모습을 지켜보고 무덤을 지키신 분이며 무덤에 향품을 뿌리려고 준비하신 분이시다(「마가복음」 16:1). 아들이 처형당하는데 가만히 있을 어머니가 있겠는가? 셋째 마리아는 예수님의 12제자 중 9번째 제자인 작은 야고보(James the Less, James the Younger)의 어머니이다(「마가복음」 15:40 & 16:1). 넷째는 마르다(Martha)의 동생인 마리아이다(「누가복음」 10:39). 그녀들의 죽었던 동생 나사로(Lazarus)를 예수님이 살리셨다(「요한복음」 11:1-44). 이분 마리아는 예수님께 향유를 붓고 자기 머리털로 예수님의 발을 씻기신 분이시다(「요한복음」 11:2, 「요한복음」 12:3). 다섯째 마리아는 글로바(Clopas/Cleophas)의 아내인 마리아라고 기록된 것을 보면 이것은 예수님 가족으로 예수님의 친동생 마리아가 아닌가 생각한다(「요한복음」 19:25). 이들 마리아들은 모두 한결같이 예수님을 사랑했다. 이 밖에도 많은 여인이 등장한다. 살로메(Salome)가 등장하고(「마가복음」 16:1), 요안나(Joanna)와 수산나(Susanna)도 등장한다(「누가복음」 8:3).

신, 즉 남성이 없으면 아이를 낳지 못하는 불모의 땅으로 묘사되고 있는데, 따라서 인간으로 태어나신 예수님은 자궁을 알아야 진정한 신이 된다는 것으로, 그러므로 여성들은 천사들의 어머니라 표현하고 있다. 예수님과 막달라 마리아는 서로 사랑하는 사이이고 자주 입에 키스를 했다는 것이다.

그럼 실제 「빌립복음」에는 어떻게 기록되어 있는지 보자. 아이센버그(Isenberg)[23]가 콥트어를 영어로 번역한 것을 바탕으로 필자가 한글로 번역한 것으로 중요한 것만 소개하고자 한다. 「빌립복음」에 쓰여진 내용을 보면 지워져 있거나 손실되어 알 수 없는 부분은 공란인 […]로 표시하였다.

“지혜로운 신은 불모지라 불리니 여성은 천사들의 어머니라. […]의 애인이 막달라 마리아니라. […]는 모든 사도들보다 그녀를 더욱 사랑하였으며 그녀의 […]에 종종 키스를 하곤 했다. 나머지 사도들이 […]. 그들이 예수님께 말을 했다. 왜 당신은 우리보다 그녀를 더 사랑하십니까? 구세주는 말씀하시기를 그녀처럼 내가 너희를 사랑하지 않는다는 말이냐? 장님이나 보는 자나 어둠에 있을 때는 서로 구별할 수 없어 다 똑 같으니라. 그러나 빛이 들어오면 보는 자는 그 빛을 보나니 장님은 빛이 있어도 어둠에 있을 때와 같으니라(As for the Wisdom who is called “the barren,” she is the mother of the angels. And the companion of the […] is Mary Magdalene. […] loved her more than all the disciples, and used to kiss her often on her […]. The rest of the disciples […]. They

23 Isenberg, Wesley W.(Translated from Coptic), 〈The Gospel of Philip〉, The Gnostic Society Library http://www.gnosis.org/naghamm/gop.html

said to him "Why do you love her more than all of us?" The Savior answered and said to them,"Why do I not love you like her? When a blind man and one who sees are both together in darkness, they are no different from one another. When the light comes, then he who sees will see the light, and he who is blind will remain in darkness)"

그런데 여기에서 댄 브라운은 예수님이 자주 키스를 했다는 내용을 부각시켜 결혼했다는 허구를 만들어냈다. 그것도 예수님이 막달라 마리아의 입술에다 키스를 했다는 것이다. 그러나 「빌립복음」은 구체적으로 어디에다 키스를 했는지 그 내용이 지워져 알 수가 없다. 「빌립복음」의 '키스'는 정경인 다른 신약에도 등장하는데, 우리말 성경에는 '입맞춤'으로 번역되어 있다. 영문성경에는, 즉 'kiss'(KJV, New Living), 'kiss of peace'(Good News), 'kiss of charity'(KJV), 'holy kiss'(KJV) 또는 'Christian Love'(New Living)로 표현되어 있는데 그리스어로는 'a sacred kiss' 또는 'kiss of love'라는 뜻이다. 따라서 이는 '거룩한 입맞춤' 또는 '사랑의 입맞춤'으로 이 당시 그리스도인들 사이에서 흔히 있는 하나의 문안 인사였다(「로마서」 16:16, 「고린도전서」 16:20, 「고린도후서」 13:11-12, 「데살로니가전서」 5:26, 「베드로전서」 5:14).

또한 12제자 중 마지막 제자인 유다(Judas)가 무리와 함께 와서 예수님이 누구인지를 식별하기 위해 접근할 때 예수님이 말씀하시기를 "예수께 입을 맞추려고 가까이 하는지라 예수께서 이르시되 유다야 네가 입맞춤으로 인자를 파느냐 하시니(And while he yet spake, behold a multitude, and he that was called Judas, one of the twelve, went before them, and drew near unto Jesus to kiss him)"(KJV, 「누가복음」 22:48)라고 하셨는데 이때도 유다가 입맞춤으로 인사하는 사람이 예수님이었다.

중요한 것은 댄 브라운이 그의 소설이나 영화에서 결혼했다는 허구를 강조하기 위해 「빌립복음」의 다음 구절을 일부러 빼고 인용하지 않았다는 것이다. "그녀처럼 내가 너희를 사랑하지 않는다는 말이냐?(Why do I not love you like her?)" 이 말씀은 예수님의 인간에 대한 무한한 사랑으로 누구나 똑같이 사랑하고 있다는 것을 강조한 것이다. 그러니 이 부분을 빼고 나머지 부분만 보면 예수님이 막달라 마리아를 사랑했다고 오판을 할 수가 있는 것이다. 결국 이 부분을 빼고 인용함으로써 댄 브라운은 예수님을 인간 예수로 몰아 많은 사람들로 하여금 이를 믿게 함으로써 의롭지 않은 불의한 자(Unrighteous men) 또는 경건치 않은 자(Ungodly men)로 몰아가고 있다.

「빌립복음」의 진정성도 문제가 된다. 언뜻 보면 [···] 부분은 누가 보아도 바로 예수님이라는 사실을 알 수 있다. 이 부분이 지워지고 손실되었다라는 것은 누군가 의도적으로 문서를 조작했다는 것과 그 후에 누군가 의도적으로 지웠다는 것을 의미한다. 다른 복음서에는 예수님을 'Jesus'나 'Jesus Christ'이라 표현하고 있는데, 「도마복음」에는 '구세주(Savior)'라 표현하고 있는 것도 문제이다.

「빌립복음」의 다른 내용을 보자. 코멘트 없이 그대로 소개하기로 한다. 독자들이 판단해 보시길 바란다.

"그리스도가 온 이래로 세상은 창조되었으며 도시들은 장식되고 죽은 자들은 성취했다. 우리가 히브리인이었을 때 우리는 고아였으며 오로지 우리의 어머니밖에 없었다. 그러나 우리가 그리스도인이 되었을 때 비로서 우리는 아버지와 어머니를 갖게 되었다(Since Christ came, the world has been created, the cities adorned, the dead carried out. When we were Hebrews, we were orphans and had only our mother, but when we became Christians, we had both father and mother)"…. '몇 사람들은 "성모 마리아가 성령으로 임신했다"고 말한다. 그러나 그들은 잘못 알고 있는 것이다. 그들은 그들이 무엇을 말하는지 모른다. 여자가 여자에 의해 임신하는 경우가 있었는가? 마리아는 처녀라 더럽혀진 파우어(권능, 능력)가 없다. 마리아는 사도와 사도적인 히브리인들에게는 커다란 저주라. 더럽혀진 권능이 없는 처녀는 […] 스스로 그들을 더럽히는 권능이니라. 주님은 그가 다른 아버지를 두지 않는 한 "나의 아버지는 하늘에 계시다(마태복음 16:17)"라고 말을 하지 않았을 것이요, 그 대신 주님은 단지 "나의 아버지"라 말을 했을 것이다(Some said, "Mary conceived by the Holy Spirit." They are in error. They do not know what they are saying. When did a woman ever conceive by a woman? Mary is the virgin whom no power defiled. She is a great anathema to the Hebrews, who are the apostles and the apostolic men. This virgin whom no power defiled […] the powers defile themselves. And the Lord would not have said "My Father who is in Heaven" (Mt 16:17), unless he had had another father, but he would have said simply "My father")'…. '주님이 먼저 죽고 그 다음에 일어나셨다고 말하는 사람들은 잘못 알고 있는 것이다. 왜냐하면 주님은 먼저 일어나시고 그 다음에 죽으신지라. 만약 어떤 이가 먼저 부활을 성취 못하면 그는 죽지 않으리라. 하나님은 살아계시므로 그는 […] (Those who say that the Lord died first and (then) rose up are in error, for he rose up first and (then) died. If one does not first attain the resurrection, he will not die. As God lives, he would […]).'

'하늘에 사는 남자들은 이 세상에 사는 남자들보다 더욱 많은 아들들이 있느니라. 아담의 아들이 많다 하지만 그들은 다 죽으니, 하늘에 있는 완전한 남자들은 죽지 않고 항상 아들들을 낳느니라……완벽한 자들은 키스에 의해 임신하고 아이를 낳느니라. 이러한 이유로 우리는 서로 키스를 하느니라(The heavenly man has many more sons than the earthly man. If the sons of Adam are many, although they die, how much more the sons of the perfect man, they who do not die but are always begotten……For it is by a kiss that the perfect conceive and give birth. For this reason we also kiss one another).'

'주님과 함께 항상 동행하는 세 여인이 있었으니; 그녀의 어머니인 마리아, 그의 누이, 그리고 그의 동료라 불리는 막달라 마리아가 그들이라(There were three who always walked with the Lord: Mary, his mother, and her sister, and Magdalene, the one who was called his companion)'…. '여자가 남자와 떨어지지 않는 한 여자는 남자와 함께 절대 죽지 않는다. 그의 결별은 죽음의 시작이 되었다. 이런 이유로 처음부터 있었던 결별을 고쳐주고자 그리스도께서 오셨다. 다시 둘이 재 결합을 할 수 있도록, 결별의 결과로 죽는 자들에게 생명을 주고자 오셨다. 여자는 신방에서 남편과 결합한다. 정말로 신방에서 결합을 하는 자들은 더 이상 결별하지 않는다. 그러므로 신방에서 결합하지 않은 이브는 아담과 결별했다(If the woman had not separated from the man, she should not die with the man. His separation became the beginning of death. Because of this, Christ came to repair the separation, which was from the beginning, and again unite the two, and to give life to those who died as a result of the separation, and unite them. But the woman is united to her husband in the bridal chamber. Indeed, those who have united in the bridal chamber will no longer be separated. Thus Eve separated from Adam because it was not in the bridal chamber that she united with him)'….

'아담은 영적인 처녀와 땅의 처녀, 즉 이 둘의 처녀로부터 탄생했다. 그러므로 그리스도는 창조의 처음부터 발생한 이 추락을 바로 잡기 위해 처녀로부터 탄생하셨다(Adam came into being from two virgins, from the Spirit and from the virgin earth. Christ therefore, was born from a virgin to rectify the Fall which occurred in the beginning).

'낙원에는 두 나무가 자라고 있나니 하나는 동물을 낳고 다른 하나는 인간을 낳느니라. 아담은 동물을 낳는 나무의 열매를 먹었느니라 그래서 아담은 동물이 되었고 그는 동물을 낳았느니라. 이러한 이유로 아담의 자식들은 동물을 숭배하니라. 나무는 [⋯] 열매는 [⋯] 증가하였다. [⋯]는 인간을 낳는 [⋯]의 [⋯] 열매를 먹었다. [⋯] 하나님은 인간을 창조했다. [⋯] 인간은 하나님을 창조했다. 그러한 이유로 이 세상안에는-인간은 신들을 만들고 그들의 창조물을 숭배한다. 그러므로 신들은 인간을 숭배하기 위해 만들어지니라(There are two trees growing in Paradise. The one bears animals, the other bears men. Adam ate from the tree which bore animals. He became an animal and he brought forth animals. For this reason the children of Adam worship animals. The tree [⋯] fruit is [⋯] increased. [⋯] ate the [⋯] fruit of the [⋯] bears men, [⋯] man. [⋯] God created man. [⋯] men create God. That is the way it is in the world - men make gods and worship their creation. It would be fitting for the gods to worship men!)'

'먼저 죽어야 그 다음에 살아난다고 말하는 사람들은 잘못된 것이다. 만약 그들이 살아 있는 동안에 부활을 받지 못하면 그들이 죽을 때 아무것도 받지 못하나니. 그래서 세례를 말할 때 "세례는 위대한 것이라" 왜냐하면 사람들이 살아 있을 때 받기 때문이니라(Those who say they will die first and then rise are in error. If they do not first receive the resurrection while they live, when they die they will receive nothing. So also when speaking about baptism they say, "Baptism is a great thing," because if people receive it they will live).'

'사도 빌립은 다음과 같이 말했다. "목수인 요셉은 장사를 하기 위해 나무가 필요해서 정원에 나무를 심었다. 그는 그가 심은 나무로 십자가를 만들었다. 그의 자식은 그가 심은 나무 위에 매달려 죽었다. 그의 자식은 예수님이요 그의 나무는 십자가였다." 그러나 생명의 나무는 정원 한 가운데에 있다. 하지만 우리는 올리브나무로부터 향유를 얻고 향유로부터 부활을 얻는다(Philip the apostle said, "Joseph the carpenter planted a garden because he needed wood for his trade. It was he who made the cross from the trees which he planted. His own offspring hung on that which he planted. His offspring was Jesus, and the planting was the cross." But the Tree of Life is in the middle of the Garden. However, it is from the olive tree that we got the chrism, and from the chrism, the resurrection).

'세상은 죽은 시체를 먹는 자다. 모든 먹는 것은 그들 스스로 또한 죽는다. 진실은 생명을 먹는 자다. 그러므로 진실에 의해 양육되지 못한 자는 죽을 것이다. 진실은 예수님이 오신 곳에 있으며 예수님은 음식을 가져오셨다. 그것을 갈망하는 자에게 그들이 죽지 않도록 예수님은 생명을 주셨다(This world is a corpse-eater. All the things eaten in it themselves die also. Truth is a life-eater. Therefore no one nourished by truth will die. It was from that place that Jesus came and brought food. To those who so desired, he gave life, that they might not die).

'세상에서 농사를 짓기 위해 다음 네 가지 기본 요소들의 협력이 필요하다. 수확을 거두어 곳간에 쌓는 것은 오로지 다음 자연적인 활동들의 결과인데 그것은 물, 흙, 바람과 빛이라. 하나님의 농사도 마찬가지로 네 가지 요소가 필요한데-믿음, 소망, 사랑과 지식이라. 믿음은 우리가 근원으로 여기는 흙이요 소망은 우리를 양육시키는 물이요 사랑은 우리를 성장케 하는 바람이요 지식은 우리가 곡식처럼 익게 하는 빛이라. 은혜는 4가지 방법으로 존재하니라 : 그것은 땅에서 난 것이요; 그것은 하늘에서 난 것이요; […] 가장 높은 하늘에서 난 것이요; 그것은 […] 안에 […](Farming in the world requires the cooperation of four essential elements. A harvest is gathered into the barn only as a result of the natural action of water, earth, wind and light. God's farming likewise has four elements - faith, hope, love, and knowledge. Faith is our earth, that in which we take root. And hope is the water through which we are nourished. Love is the wind through which we grow. Knowledge, then, is the light through which we ripen. Grace exists in four ways: it is earthborn; it is heavenly; […] the highest heaven; […] in […]).'

[요약] ☞ 필자가 보기엔 「빌립복음」은 진정성의 문제, 즉 사실이든 아니든 그 내용이 3개 복음서와는 완전히 다른 예수님의 인간화(인격화)에 초점을 맞춘 것이 아닌가 생각이 든다. 즉 인간으로 오신 예수님이라는 사실에서 출발하여 영지주의가 아닌 인간적인 육지주의 문서라고 보인다. 따라서 사도 빌립이 썼다기보다는 c.AD 120~150년에 혹은 그 이후인 c.AD 340년에 일련의 이집트의 비크리스찬들이 콥트어로(Coptic) 기록한 것이 아닌가 생각한다. 그것도 그 당시 이집트의 자연철학자나 철학자나 혼자 잘난 척 하는 도승의 부류가 인간중심적인 육지주의 관점에서 신약의 예수님을 조명했을 가능성이 높다. 따라

서 읽을 가치가 없는 문서이다. 물론 내용이 3개 복음서와는 완전히 다르기 때문에 c.AD 144년경부터 위경으로 분류하였다. 이 판단은 옳은 것 같다.

10. 인사이트를 주는 배반한 유다를 기록한 「유다복음(Gospel of Judas)」

「유다복음(Gospel of Judas)」[24]은 나그함마디 문서에서 발견된 것이 아니라 1970년대 이집트의 사막인 베니 마사(Beni Masah)에서 잘게 부서진 상태로 발견된 문서이다. 가죽 파피루스에 이집트의 콥트어로 쓰여진 것으로 필사본의 연대는 c.AD 220~340년경이다. 「유다복음」은 이레니우스(Saint Irenaeus)가 c.AD 180년에 영지주의에 반대하기 위해 쓴 『모든 이단에 반대하여』라는 책에서 처음 언급됐으나 당시 이레니우스 주교는 주류의 기독교 내용과 다르다며 꾸며진 얘기라고 통렬하게 비판하고 외경으로 분류함으로써 그 존재가 언급된 바 있는데, 이는 그리스어로 쓰여진 원본이 있었음을 시사하는 것이다. 콥트어 사본은 2006년 『내셔널 지오그래픽(National Geographic)』에 의해 복원되어 세계 주요 언어로 번역되어 동시에 공개되었다(로돌프 카세르 외, 2006).[25]

「유다복음」은 거룩한 위대한 신은 따로 있으며 인간을 창조한 분은 천사라는 점, 모든 인간의 운명은 높은 하늘의 보이지 않는 영(Spirit)에 의해 정해져 있다는 점, 우주와 12개 별자리를 따라 세상은 움직인다

---

24 「유다복음」에 관한 내용 - http://en.wikipedia.org/wiki/Gospel_of_Judas
http://www.earlychristianwritings.com/gospeljudas.html
http://ngm.nationalgeographic.com/2006/05/judas-gospel/cockburn-text
http://channel.nationalgeographic.com/series/mysteries-of-the-bible/4205/Overview
http://100.naver.com/100.nhn?docid=805381

는 점, 유다의 운명은 13번째 별자리의 별로 이 별은 잘못된 별(Error of Star)이라는 점 등 영지주의 복음서로 「마태복음」, 「마가복음」, 「누가복음」, 「요한복음」 등 4대 복음과 달리 예수님의 말씀에 의해 유다가 예수를 배반한 것으로 기술되어 있다. 즉 그의 배신이 없었다면 예수님은 십자가에 못 박히지 않았을 것이고, 인간을 죄로부터 구원하겠다는 신의 계획은 완성되지 못했을 것이라는 내용이다. 유다는 그러한 궤도(운명의 서판)에도 없는 13번째 운명을 타고 났다는 것이다. 그래서 나중에는 배반의 보상으로 마지막 날에 위대한 세대(Great Generation)로 올라가게 되어 있지만 다른 세대들에게서 저주를 받는다는 내용이다.

자, 그럼 「유다복음」의 내용을 보자. 카세르 등(Kasser et al)[26]이 콥트어를 영어로 번역한 것을 바탕으로 필자가 한글로 번역한 것이다. 여기에 소개하는 것은 「유다복음」 전체가 아니라 필자가 중요하다고 생각하는 몇 구절의 내용만 소개한다.

"유월절(逾越節, Passover) 축하 예배를 드리기 전 한 주의 3일 동안 예수님과 유다가 계시에 대해 나눈 비밀스러운 이야기(The secret account of the revelation that Jesus spoke in conversation with Judas Iscariot during a week

---

25 로돌프 카세르 외, 김환영 옮김, 『예수와 유다의 밀약 : 유다복음(원제 The Gospel of Judas)』, National Geographic, 2006년 6월. 『내셔널 지오그래픽』 한국판이 펴낸 이 책은 예수님의 십자가 처형이 예수님과 가룟 유다의 밀약에 의한 것이며, 유다만이 예수의 참 제자였다는 파격적인 내용을 담고 있다. 로돌프 카세르 스위스 제네바대학 명예교수와 마빈 마이어 미국 채프먼대학 교수, 그레고르 부르스트 독일 아우크스부르크대학 교수가 고대 이집트어인 콥트어를 영어로 옮겼고, 이를 김환영 『내셔널지오그래픽』 한국판 전 편집장이 우리말로 풀어 썼다. 이수민 대한성서공회 교수와 배철현 서울대 종교학과 교수가 한국판에 대한 감수를 맡았다.

26 Kasser et al.(Translated from Coptic), 『The Gospel of Judas』, The National Geographic – 영문 및 콥트어 보기 – http://www.nationalgeographic.com/lostgospel/document.html

three days before he celebrated Passover)"라는 말로 시작된다. 그리고 12제자 중 가장 영적으로 강한 제자가 유다라는 점을 강조한다(But their spirits did not dare to stand before [him], except for Judas Iscariot). 그리고 무엇인가에 고무되어 환희에 차있는 유다를 보고 예수님은 말씀하셨다. "다른 사람들(11제자)과 떨어져라. 너에게 하늘의 비밀을 말하겠노라. 너는 내 말을 이해할 수 있으리라. 그러나 너는 돌이 킬 수 없는 일에 매우 크게 실망하고 슬퍼하리라. 그리고 누군가 너의 자리를 채울 것인데, 그것은 그들의 하나님과 같이 12명이 다시 채워져야 완수할 수 있기 때문이다(Step away from the others and I shall tell you the mysteries of the kingdom. It is possible for you to reach it, but you will grieve a great deal. For someone else will replace you, in order that the twelve [disciples] may again come to completion with their god)."

그 다음 내용은 예수님께서 이 세상과는 전혀 다른 위대하고 거룩한 세대(Holy generation)를 다녀온 것에 대해 설명한다. 거기에는 죽음도 없고 별들을 지키는 사자(Angels)도 없으며, 이 땅에서 태어난 자들은 볼 수 없다고 설명한다. 그리고 유다가 위대한 꿈(a great vision)을 꾸었다고 예수님께 설명하려 하자 예수님은 "너는 13번째 영이라. 왜 그리 알려고 하느냐? 그러나 내가 참고 들어 볼 테니 말을 해보라(You thirteenth spirit, why do you try so hard? But speak up, and I shall bear with you)"고 말씀하신다. 이에 유다가 설명한다. "꿈에 저는 저 자신이 12번째 제자인데 다른 제자들이 저에게 돌을 던지며 저를 심하게 핍박했습니다. 그리고 예수님을 따라 어떤 장소에 갔습니다. 저는 한 집을 보았는데… 제 눈으로 그 크기를 가늠할 수 없었습니다. 위대한 사람들이 집 주위에 둘러싸여 있었고… 지붕은 푸르고, 집 가운데에는… 주님 이 사람들과 함께 저를 데려가 주십시오("In the vision I saw myself as the twelve disciples were stoning me and persecuting [me severely]. And I also came to the place where […] after you. I saw [a house …], and my eyes could not [comprehend] its size. Great people were surrounding it, and that house 〈had〉 a roof of greenery, and in the middle of the house was [a crowd—two lines missing—], saying, 'Master, take me in along with these people). 이에 예수님은 유다에게 대답한다. "유다야, 너의 별(운명)은 너를 잘못된 길로 인도하고 있다. 죽을 운명으로 태어난 사람은 어느 누구도 네가 본 그 집에 들어갈 수가 없느니라. 왜냐하면 그곳은 성스러운 사람만이 들어가느니라(Judas, your star has led you astray. No person of mortal birth is worthy to enter the house you have seen, for that place is reserved for the holy). 이에 유다가 자기 자신의 운명에 대해 예수님께 질문 한다. "제가 받을 상은 무엇입니까? 왜냐하면 예수님께서 이 세대와는 동떨어진 저의 운명을 정하셨습니다(What good is it that I have received it? For you have set me apart for that generation)." 이에 예수님이 대답한다. "너는 13번째 사도가 될 것이다. 그리고 너는 다른 세대로부터 저주를 받을 것이다. 그리고 너는 그들을 다스리라 오게 될 것이다. 마지막 날에 그들은 네가 거룩한 세대로 승천하는 것을 저주할 것이다(You will become the thirteenth, and you will be cursed by the other generations—and you will come to rule over them. In the last days they will curse your ascent to the holy [generation])."

그 다음 내용은 유다가 자기의 운명을 이해할 수 있도록 예수님이 우주(Cosmology)와 스스로 창조되는 영(Spirit that the self-generated)을 유다에게 가르치는 내용이 나온다. 우주는 방대하여 아무도 볼 수 없고, 설사 천사들도 그 끝을 볼 수 없는 우주는 위대하고 보이지 않는 영(great invisible Spirit) 만이 존재한다는 것이다. 12개의 빛을 발하는 천체(luminaries)가 있고, 각 천체는 6개의 하늘(천국, heavens)이 있어 결국 72개의 하늘에 72개의 천체가 있다. 각 하늘과 천체에는 5개의 천계(firmaments)가 있어 총 360개의 천계가 있다. 360개의 천계는 다 주어진 권한(운명의 서판)과 수를 헤아릴 수 없는 천사들로 매일 영광과 경배가 끊이지 않는다. 그리고 코스모스(Cosmos), 카오스(Chaos), 아래세계(Underworld)와 무한한 우주의 영겁(aeons)을 설명한다. 이 중 불멸의 것을 코스모스라 하는데 이는 결국 아버지(Father)에 의해 멸망할 것이다. 그리고 코스모스를 통치하는 12명의 통치자(rulers)와 카오스를 지배하는 통치자, 그리고 아래세계를 지배하는 5명의 통치자의 이름이 나온다. 그 다음 인간, 즉 아담과 이브의 창조 얘기가 계속된다. 아담과 이브를 창조하신 천사의 이름은 사클라스(Saklas)이다.

마지막으로 예수님은 유다의 배반에 대해 설명하신다. "진실로 말하건대 유다는 사클라스에에게 […] 하나님에게…[3줄이 원본에서 사라져 알 수 없음] 악적인 모든 것에 희생을 바칠 것이다. 그러나 너는 그들 모두를 능가할 것이다. 너는 인간의 옷을 빌려 온 나를 희생시킬 것이기 때문이다(Truly [I] say to you, Judas, [those who] offer sacrifices to Saklas […] God [—three lines missing—] everything that is evil. But you will exceed all of them. For you will sacrifice the man that clothes me)." 예수님은 계속해서 말씀하신다. "진실로 말하건대 […] 너의 마지막 […] 될 것이다. [2줄 반이 원본에서 사라져 알 수 없음] 슬퍼하리라 [2줄이 원본에서 사라져 알 수 없음] 통치자, 왜냐하면 그는 파멸될 것이기 때문이다. 그리고 아담의 위대한 세대의 이미지(영, spirit)는 하늘의 앞에서, 땅의 앞에서, 천사들 앞에서 찬양 되리라. 그 아담의 위대한 세대는 영원한 세계(Aeon)로부터 존재하니라. 보아라 너에게 다 얘기했느니라. 너의 눈을 들어 하늘의 구름을 보고 그 안에 있는 빛을 보아라. 그리고 그 주위에 있는 별들을 보아라. 너의 길을 안내하는 그 별이 너의 별(운명)이니라(Truly [⋯] your last [⋯] become [—about two and a half lines missing—], grieve [—about two lines missing—] the ruler, since he will be destroyed. And then the image of the great generation of Adam will be exalted, for prior to heaven, earth, and the angels, that generation, which is from the eternal realms, exists. Look, you have been told everything. Lift up your eyes and look at the cloud and the light within it and the stars surrounding it. The star that leads the way is your star)."

유다는 눈을 들어 빛나는 구름을 보았고 그 별 속으로 들어갔다. 그 자리에 섰던 사람들은 구름 속에서 나오는 목소리를 들었다. [⋯] 위대한 세대여 [⋯] ⋯이미지 [⋯] [5줄이 원본에서 사라져 알 수 없음](Judas lifted up his eyes and saw the luminous cloud, and he entered it. Those standing on the ground heard a voice coming from the cloud, saying, [⋯] great generation [⋯] ⋯ image [⋯] [—about five lines missing—]).

고위 사제들은 중얼거렸다. 예수님이 기도를 위해 손님 방(guest room)으로 들어가셨기 때문이다. 몇몇 서기관들은 예수님이 기도하는 동안 그를 체포하기 위해 신경을 쓰며 기도하는 장면을 응시했다. 왜냐하면 사람들이 겁이 났기 때문이다. 그 이유는 예수님은 당대의 최고의 예언자로 사람들은 생각했기 때문이다. 그들은 유다에게 접근하여 "여기서 무엇을 하고 있는가? 너는 예수님의 제자가 아닌가?" 유다는 그들이 원하는 대로 그들에게 대답했다. 그리고 그는 몇 푼을 받았으나 그들에게 되돌려주었다.

[요약 1] ☞ 이에 대해 일부 성경 학자들은 유다가 예수님으로 하여

금 육신의 짐을 벗어던질 수 있도록 도움으로써 영적인 존재로 해방되도록 한 것임을 의미하는 것이라고 분석하고 있다. 성서 학자들은 대부분의 복음서들이 예수 사후 c.AD 50~100년 사이에 쓰여진 것에 비해 「유다복음」은 이보다 뒤늦은 c.AD 120~150년 사이에 이단(異端)인 영지주의(Gnosticism)의 한 분파인 가인파(Cainites)에 의해 만들어진 것으로 보고 있다. 이번에 발견된 「유다복음」은 이것을 필사한 이집트의 콥트어 사본으로 추정되고 있으나 아직까지 그리스어 원본은 발견되지 않고 있다. 따라서 「유다복음」의 저자는 12제자 중 12번째인 유다가 쓴 것이 아니라 그를 따르는 추종자 또는 예수님을 따르는 영지주의 추종자(Gnostic followers)들이 쓴 것으로 보인다. 왜냐하면 유다는 은 삼십(Thirty silver coins)에 예수님을 판 죄책감으로 목매어 자살했는데(Judas hangs himself)(「마태복음」 27:3-5), 자살 후 몸이 나무에서 곤두박질해 떨어져 땅에 머리가 닿는 바람에 배가 터져 창자가 다 흘어져 죽었다라고 기록되어 있으므로(「사도행전」 1:18), 예수님이 십자가에 못 박히시기 전에 먼저 죽었다. 그러므로 「유다복음」을 쓸 시간이 없었다. 그러므로 유다의 추종자들이 후대에 비판을 받을 것을 염려해 유다의 행동을 정당화하고 그를 영웅화한 것으로 보여진다.

[요약 2] ☞ 「유다복음」이 사실이든 아니든 여기서 우리는 매우 중요한 사실을 한 가지 발견할 수 있다. 그것은 세대(Generation)와 12개 별자리(Time)라는 개념이다. 이 세대라는 개념을 정확히 알아야 예수님이 언제 오셨는지 혹은 예수님이 언제 오시는지를 가늠할 수 있기 때문이다. 「유다복음」은 우리가 아담의 위대한 세대(the great generation of Adam)에 속한다는 것을 알려주고 있다. 광의적으로 보면 아담을 포함한 위대한 세대이지만, 협의적으로 보면 예수님이 오셔서 마지막 심판 때까지의 인간의 한 세대를 신약성경은 '이 세대'라고 표현하

고 있는데, "이 세대가 지나가기 전에 모든 일이 다 이루어지리라(This generation shall not pass, till all these things be fulfilled)'라고 기록하고 있다(KJV, 「마태복음」 24:34, 「마가복음」 13:30, 「누가복음」 21:32). 여기서 이 세대란 12개 별자리의 한 대주기(a Great Year)를 말한다. 대주기란 우리 태양이 12개 별자리를 한 바퀴(360도) 도는 데 걸리는 연수이다. 그 연수는 2,160×12 혹은 72×360=25,920년이다. 즉 우리가 속한 대주기가 다 지나가기 전에 예수님이 오신다는 뜻이다. 그리고 별자리 하나를 도는 데 걸리는 시간을 때(Time)라고 한다. "한 때 두 때 반 때를 지나서 성도의 권세가 다 깨어지기 까지니 그렇게 되면 이 모든 일이 다 끝나리라 하더라(it shall be for a time, times, and an half; and when he shall have accomplished to scatter the power of the holy people, all these things shall be finished)"의 기록을 보면(KJV, 「다니엘」 12:7) 우리는 무엇인가 번뜩이는 지혜를 얻을 수 있다. 오로지 지혜 있는 자만 이것을 깨달을 것이며(the wise shall understand)(KJV, 「다니엘」 12:10), 이는 예수님께서 "너희가 천기는 분별할 줄 알면서 시대의 표적은 분별할 수 없느냐(ye can discern the face of the sky; but can ye not discern the signs of the times?)"라고 꾸짖은 것과(KJV, 「마태복음」 16:3) 일맥상통한다. 자세한 것은 『바이블 매트릭스』 시리즈 6권 『예수님의 재림과 새 하늘과 새 땅』을 참조하라.

11. 결론 – 정경과 위경을 모두 통섭해야 예수님을 과학적으로 이해

27권을 신약의 정경으로 정한 앞선 선조들, 즉 신학자나 성서학자나 언어학자들은 위대하다는 것이다. 비록 원본은 모두 소실되어 없어졌지만 필사본으로 전해 내려오는 문서들을 정리하여 어떤 것은 정경으로 어떤 것은 위경으로 판단한 학자들의 지혜는 존경할 만하다. 또한 그 문서가 어떤 언어로 쓰여졌든가에 관계 없이 우리 선조 학자들은 그 언어를 다른 언어로 정확히 번역하였기에 오늘날 우리는 100여 국가의 언어로 된 성경을 보고 있다. 따라서 꼭 우리가 그리스어로 된 신약의 필사본을 볼 필요는 없다. 만약 그렇다면 앞선 학자들의 지식과 지혜를 우리가 거부하는 것이 된다.

다만 아쉬운 것은 신약의 저자들이 무엇을 참고하여 신약의 문서를 썼는지 그것을 밝히지 않았다는 것이다. 예수님은 30살에 가르침을 시작하여 33세에 죽고 부활하셨다. 3년 동안의 가르침을 제자나 동료들이 다 이해하리라곤 생각하지 않는다. 더욱이 예수님 부활 후 신약은 쓰여졌다. 글을 쓸 때에는 그 가르침을 이해하고자 무수히 많은 책을 보고 전승을 참고했으리라 본다. 신약을 읽다 보면 예수님의 질문에 제자들이 동문서답하는 경우가 태반이다. 말뜻을 이해하지 못한 것이다. 그렇다고 지금의 우리들이 그 뜻을 이해할 수 있으리라고는 생각하지 않는다.

이런 관점에서 우리는 위경도 반드시 읽어야 한다고 생각한다. 유대교인이나 기독교인들은 위경이 이단이라고 반대하겠지만 무조건 반대한다고 우리의 문제가 해결되는 것은 아니다. 물론 위경이라 틀린 점도 있다. 그러나 정경에서 찾지 못하는 해답이 위경에 있을 수 있다. 왜냐하면 관점이 다르기 때문이다. 지금은 과학의 시대이다. 그래서 위경을 읽는다 해도 무엇이 틀린 것인지 무엇이 옳은 것인지 다 분별할 수 있다. 정경에서 말하지 않는 찾지 못하는 과학의 메커니즘을 우리는 위경에서 찾을 수 있다.

"예수님이 구름타고 오신다(coming with the clouds 또는 coming on

the clouds)"는 말씀을(「마태복음」 24:30 & 26:64, 「마가복음」 13:26 & 14:62, 「누가복음」 21:27, 「요한계시록」 1:7) 정말로 하늘에 있는 구름타고 오실 거라고 생각하고 믿는다면 그것은 『서유기』에 등장하는 손오공 시대에 사는 사람들이다. 예수님이 물 위(또는 바다 위)를 걸었다(walking on the lake/the water)(「마태복음」 14:25-29, 「마가복음」 6:48-49, 「요한복음」 6:19)는 것을 믿는 자들은 지금 당장 물 위를 한번 걸어 보라. 예수님이 이 땅에 오셨을 때는 천사보다 조금 낮은 능력으로 오셨기 때문에 그 모든 기적이 가능했던 것이다(「시편」 8:5, 「히브리서」 2:7 & 9). 우리가 모르는 엄청난 과학의 힘을 예수님은 기적이라는 사실로 우리에게 보여주고 가르친 것이다. 그러므로 지금은 믿음을 넘어 예수님이 우리에게 말씀하시고 몸소 행하신 기적과 말씀을 증거하고 가르치고 그렇게 되도록 과학적으로 이루어야 한다(「마태복음」 28:20, 「누가복음」 24:48, 「요한계시록」 22:11-14).

참고문헌

단행본

이동진 편역, 『제2의 성서 아포크라파 : 신약시대』, 해누리, 2001년 9월 - 나그함마디 문서 즉 외경을 편역한 것으로 자세한 내용은 이 책을 참조하실 것.

차원용, 『바이블 매트릭스』 시리즈 1권 『우주창조의 비밀』, 갈모산방, 2013.

차원용, 『바이블 매트릭스』 시리즈 2권 『인간창조와 노아 홍수의 비밀』, 갈모산방, 2013.

차원용, 『바이블 매트릭스』 시리즈 3권 『고대 수메르 전자문학문서』, 갈모산방, 2014

차원용, 『바이블 매트릭스』 시리즈 4권 『하나님들의 과학기술과 우리가 창조해야 할 미래(상)』, 갈모산방, 2014.

차원용, 『바이블 매트릭스』 시리즈 4권 『하나님들의 과학기술과 우리가 창조해야 할 미래(하)』, 갈모산방, 2014.

차원용 외 국제미래학회 공저, 『미래가 보인다 - 글로벌 미래 2030』, 박영사, 2013.

차원용, 『c.BC 1150년에 쓰여진 c.BC 2700년의 길가메시의 서사시(Epic of Gilgamesh) 나타난 로봇윤리에 대한 고찰』, 한국산업로봇진흥원, 지식경제부, 2012.

차원용, 『한국을 먹여 살릴 녹색융합 비즈니스』, 아스팩국제경영교육컨설팅(주), 2009.

차원용, 『미래기술경영 대예측 : 매트릭스 비즈니스』, 굿모닝미디어, 2006.

번역본

니콜라스 네그로폰테(Nicolas Negroponte), [백욱인 옮김], 『디지털이다(Being Digital)』, 박영률출판사, 1995.

로돌프 카세르 외, 김환영 옮김, 『예수와 유다의 밀약 : 유다복음(원제 The Gospel of Judas)』, National Geographic, 2006년 6월. 『내셔널 지오그래픽』 한국판이 펴낸 이 책은 예수의 십자가 처형이 예수와 가룟 유다의 밀약에 의한 것이며, 유다만이 예수의 참 제자였다는 파격적인 내용을 담고 있다. 로돌프 카세르 스위스 제네바 대학 명예교수와 마빈 마이어 미국 채프먼대학 교수, 그레고르 부르스트 독일 아우크스부르크대학 교수가 고대 이집트어인 콥트어를 영어로 옮겼고, 이를 김환영 『내셔널지오그래픽』 한국판 전 편집장이 우리말로 풀어 썼다. 이수민 대한성서공회 교수와 배철현 서울대 종교학과 교수가 한국판에 대한 감수를 맡았다.

Dan Brown, 『The Da Vinci Code』, 2003[안종설 역, 『다빈치 코드』, 문학수첩, 2008]

Sitchin, Zecharia, 『The 12th Planet (Book I) (The First Book of the Earth Chronicles)』, Harper, 1976; Bear & Company, May 1, 1991[제카리아 시친 지음, 이근영 옮김, 『수메르, 혹은 신들의 고향』, SK, 2009]

http://www.bibliotecapleyades.net/sitchin/planeta12/12planeteng_index.htm

외국서적

Charles, R.H.(tr), 『The Book of Jubilees Or the Little Book of Genesis』, Wipf & Stock Publishers, July 2002. Internet Publication : http://reluctant-messenger.com/book_jubilees.htm

Charles, R.H.(tr), 『The Book of Jubilees』, Society for Promoting Christian Knowledge, London, 1917. Internet Publication :

http://www.sacred-texts.com/bib/jub/index.htm

Isenberg, Wesley W.(Translated from Coptic), 『The Gospel of Philip』, The Gnostic Society Library http://www.gnosis.org/naghamm/gop.html

Kasser et al.(Translated), 『The Gospel of Judas』, The National Geographic. 영문 및 콥트어 보기. http://www.nationalgeographic.com/lostgospel/document.html

Laurence, Richard(tr), 『The Book of Enoch : Chapters 1-60 ; also referred to as "Ethiopian Enoch" or "1 Enoch"』, Internet Publishing.

http://reluctant-messenger.com/1enoch01-60.htm

Laurence, Richard(tr), 『The Book of Enoch : Chapters 61-105 ; also referred to as "Ethiopian Enoch" or "1 Enoch"』, Internet Publishing.

http://reluctant-messenger.com/1enoch61-105.htm

Nonaka & Takeuchi, "The Knowledge-Creating Company", Oxford University Press, USA, pp. 62-71, 18 May 1995.

Patterson, Stephen, and Marvin Meyer(Translated from Coptic), 『The Gospel of Tomas』, The Gnostic Society Library. http://www.gnosis.org/naghamm/gosthom.html, http://www.theologywebsite.com/etext/naghammadi/thomas.shtml

Sitchin, Zecharia, 『The Lost Book of Enki : Memors and Prophecies of an Extraterrestrial God』, Bear & Company; X edition, 16 Aug 2004. http://www.bibliotecapleyades.net/archivos_pdf/lostbook_enki.pdf

논문

디자인포장센터, "오감이 구매의사 결정에 미치는 정도", 1990.

차원용, "사물인터넷(IoT)에 앞서 건강과 생명의 생체인터넷(IoB)이 더 중요", DigiEco, 13 Jun 2014.

Amunts et al., "BigBrain: An Ultrahigh-Resolution 3D Human Brain Model", Science, Vol. 340, No. 6139, pp. 1472-1475, 21 Jun 2013. http://www.sciencemag.org/content/340/6139/1472

Bainbridge & Ali et al., "Effect of Gene Therapy on Visual Function in Leber's Congenital Amaurosis(LCA에서의 시각 기능에 대한 유전자 치료의 효과)", The New England Journal of Medicine, 27 Apr 2008. http://content.nejm.org/cgi/content/short/NEJMoa0802268

Baek & Kim et al., "Electromagnetic Fields Mediate Efficient Cell Reprogramming into a Pluripotent State", ACS Nano, Article ASAP, DOI: 10.1021/nn502923s, Publication Date (Web): 23 Sep 2014. http://pubs.acs.org/doi/abs/10.1021/nn502923s

Boyd et al., "Integration and persistence of an investigational human living skin equivalent (ICX-SKN) in human surgical wounds(인간 피부 상처 치료에서 인간의 살아 있는 자연피부와 거의 같은 인조피부(ICX-SKN)의 융합 및 영속에 관한 연구)", Regenerative Medicine, Vol. 2, No. 4, pp. 369-376, Jul 2007. http://www.futuremedicine.com/toc/rme/2/4

Burguiere et al., "Optogenetic Stimulation of Lateral Orbitofronto-Striatal Pathway Suppresses Compulsive Behaviors", Science, Vol. 340, no. 6137, pp. 1243-1246, 7 Jun 2013. http://www.sciencemag.org/

content/340/6137/1243.abstract

Chambers and Smith et al., "Functional Expression Cloning of Nanog, a Pluripotency Sustaining factor in Embryonic Stem Cells", Cell, Vol. 113, No. 5, pp. 643-655, 30 May 2003. http://www.cell.com/abstract/S0092-8674(03)00392-1

Chang & Heo et al., "Light-inducible receptor tyrosine kinases that regulate neurotrophin signalling", Nature Communications, 5, Article number: 4057, doi:10.1038/ncomms5057, 04 Jun 2014. http://www.nature.com/ncomms/2014/140604/ncomms5057/abs/ncomms5057.html

Clark et al., "Inferring Nonneutral Evolution from Human-Chimp-Mouse Orthologous Gene Trios(인간-침팬지-쥐의 정통 유전자 삼각관계로부터 추론하는 비중립적 진화)", Science, Vol. 302, No. 5652, pp. 1960-1963, 12 Dec 2003. http://www.sciencemag.org/cgi/content/short/302/5652/1960

Colgin et al., "Frequency of gamma oscillations routes flow of information in the hippocampus(감마 리듬(진동)은 해마에서 정보의 흐름을 라우팅)", Nature, Vol. 462, No. 7271, pp 353-357, 19 Nov 2009. http://www.nature.com/nature/journal/v462/n7271/abs/nature08573.html

Ginsberg & Hau et al, "Coherent control of optical information with matter wave dynamics(물질 파장 역학으로 광학정보의 응집 제어)", Nature, Vol. 445, No. 7128, pp. 623-626, 8 Feb 2007. http://www.nature.com/nature/journal/v445/n7128/abs/nature05493.html

Grau and Ruffini et al., "Conscious Brain-to-Brain Communication in Humans Using Non-Invasive Technologies", PlosOne, DOI: 10.1371/journal.pone.0105225, Published: 19 Aug 2014. http://www.plosone.org/article/info%3Adoi%2F10.1371%2Fjournal.pone.0105225

Gunaydin et al., "Natural Neural Projection Dynamics Underlying Social Behavior", Cell, Vol. 157, No. 7, pp. 1535-1551, 19 Jun 2014. http://www.cell.com/cell/abstract/S0092-8674(14)00659-X

Hagmann & Sporns et al., "Mapping the Structural Core of Human Cerebral Cortex" PLoS Biology, Vol.6, No.7, e159, doi:10.1371/journal.pbio.0060159, Published: 1 Jul 2008. http://biology.plosjournals.org/perlserv/?request=get-document&doi=10.1371/journal.pbio.0060159

Hassabis et al., "Imagine All the People: How the Brain Creates and Uses Personality Models to Predict Behavior," Cerebral Cortex, 10.1093/cercor/bht042, published online 5 Mar 2013.
http://cercor.oxfordjournals.org/content/early/2013/03/04/cercor.bht042.abstract

Ho et al., "Wireless power transfer to deep-tissue microimplants", PNAS, doi:10.1073/pnas.1403002111, Published ahead of print 19 May 2014.
http://www.pnas.org/content/early/2014/05/14/1403002111.abstract

Hong & Chang, "Development of the smartphone-based colorimetry for multi-analyte sensing arrays", Lab on a Chip, Vol. 14, Iss. 10, pp. 1725-1732, First published online 11 Feb 2014, Printed on 21 May 2014.
http://pubs.rsc.org/en/content/articlelanding/2014/lc/c3lc51451j#!divAbstract

Hwang et al., "Evidence of a Pluripotent Human Embryonic Stem Cell Line Derived from a Cloned Blastocyst", Science, Vol. 303 no. 5664 pp. 1669-1674, 12 Mar 2004, Published Online 12 Feb 2004. (This article has been retracted)
http://www.sciencemag.org/content/303/5664/1669.abstract

Hwang & Schattan et al., "Patient-Specific Embryonic Stem Cells Derived from Human SCNT Blastocysts", Science, Vol. 308, no. 5729, pp. 1777-1783, 17 Jun 2005, Published Online 19 May 2005. (This article has been retracted)
http://www.sciencemag.org/content/308/5729/1777.abstract

Kim et al., "Toward a brain functional connectivity mapping modality by simultaneous imaging of coherent brainwaves", NeuroImage, Vol. 91, pp. 63-69, 1 May 2014. http://www.sciencedirect.com/science/article/pii/S1053811914000512

Ko & Rogers et al., "A hemispherical electronic eye camera based on compressible silicon optoelectronics(압축성 실리콘 광학전자베이스의 반구형 전자 눈 카메라)", Nature, Vol. 454, No. 7205, pp. 748-753, 07 Aug 2008. http://www.nature.com/nature/journal/v454/n7205/abs/nature07113.html

Kono et al., "Birth of parthenogenetic mice that can develop to adulthood", Nature, Vol. 428, No. 6985, pp. 860-864, 22 Apr 2004. http://www.nature.com/nature/journal/v428/n6985/abs/nature02402.html

Kozyreva & Eyselb & Janckea,"Voltage-sensitive dye imaging of transcranial magnetic stimulation-induced intracortical dynamics", PNAS, doi: 10.1073/

pnas.1405508111, Publised online : 03 Sep 2014. http://www.pnas.org/content/early/2014/09/03/1405508111

Lee & Ahn et al., "Regulation of Ambient Temperature-Responsive Flowering by MADS-Box Transcription Factor Repressor Complexes", Science Express, DOI:10.1126/science.1241097, 12 Sep 2013.
http://www.sciencemag.org/content/early/2013/09/11/science.1241097.abstract

Lee & Ahn et al., "Role of SVP in the control of flowering time by ambient temperature in Arabidopsis", Genes & Development, 21(4), pp. 397-402, 15 Feb 2007.
http://genesdev.cshlp.org/content/21/4/397.abstract

Lee & Hwang et al., "Dogs cloned from adult somatic cells", Nature, Vol. 436, No. 7051, doi:10.1038/436641a, 04 Aug 2005, Published online 3 Aug 2005. http://www.nature.com/nature/journal/v436/n7051/abs/436641a.html

Liu & Hau et al., "Observation of coherent optical information storage in an atomic medium using halted light pulses(정지된 빛의 파동을 이용해 하나의 원자 매체에 일치된 광학정보를 저장하는 방법에 관한 관찰)", Nature, Vol. 409, No. 6819, pp. 490-493, 25 Jan 2001. http://www.nature.com/nature/journal/v409/n6819/abs/409490a0.html

Loebel & Tam, "Genomic imprinting: Mice without a father", News and Views, Nature, Vol. 428, No. 6985, pp. 809-811, 22 Apr 2004. http://www.nature.com/nature/journal/v428/n6985/full/428809a.html

Mannoor, "A 3D Printed Bionic Ear", Nano Letters, DOI: 10.1021/nl4007744, Publication Date (Web): May 1, 2013 (Communication)
http://pubs.acs.org/doi/abs/10.1021/nl4007744

Mitsui & Yamanaka et al., "The Homeoprotein Nanog Is Required for Maintenance of Pluripotency in Mouse Epiblast and ES Cells", Cell, Vol. 113, No. 5, pp. 631-642, 30 May 2003. http://www.cell.com/abstract/S0092-8674(03)00393-3

Phillips & Walsworth et al., "Storage of light in atomic vapor", Physical Review Letters, Vol. 86, No. 5, pp. 783-786, 29 Jan 2001.
http://journals.aps.org/prl/abstract/10.1103/PhysRevLett.86.783

Pike et al., "A photon-photon collider in a vacuum hohlraum", Nature

Photonics, Vol.8, No. 6, pp. 434-436, Published online 18 May 2014. http://www.nature.com/nphoton/journal/v8/n6/full/nphoton.2014.95.html

Putman et al., "An Inherited Magnetic Map Guides Ocean Navigation in Juvenile Pacific Salmon", Current Biology, DOI: 10.1016/j.cub.2014.01.017, 06 Feb 2014.
http://www.cell.com/current-biology/retrieve/pii/S0960982214000189

Rauch et al., "Illuminating the Neural Circuitry of Compulsive Behaviors", Science, Vol. 340, no. 6137, pp. 1174-1175, 7 Jun 2013.
http://www.sciencemag.org/content/340/6137/1174.summary

Sauret-Gueto et al., "JAGGED Controls Arabidopsis Petal Growth and Shape by Interacting with a Divergent Polarity Field", PLOS Biology, 11(4): e1001550, Published: 30 Apr 2013. http://www.plosbiology.org/article/info%3Adoi%2F10.1371%2Fjournal.pbio.1001550;jsessionid=BC909525D6373D110BA5298E1BC8E76F

Schummers & Sur et al., "Tuned Responses of Astrocytes and Their Influence on Hemodynamic Signals in the Visual Cortex(시각 피질에서의 별 세포들의 조절 반응 및 그 조절 반응이 다이내믹한 혈류 신호에 미치는 영향)", Science, Vol. 320, No. 5883, pp. 1638-1643, 20 Jun 2008. http://www.sciencemag.org/cgi/content/abstract/320/5883/1638

Simerly, Hwang, Schattan et al., "Embryogenesis and blastocyst development after somatic cell nuclear transfer in nonhuman primates: overcoming defects caused by meiotic spindle extraction", Developmental Biology, Vol. 276, No. 2, pp. 237-252, 15 Dec 2004. http://www.sciencedirect.com/science/article/pii/S0012160604007213

Son & Kim et al, "Multifunctional wearable devices for diagnosis and therapy of movement disorders", Nature Nanotechnology, Advance online publication : 30 March 2014.
http://www.nature.com/nnano/journal/vaop/ncurrent/abs/nnano.2014.38.html

Takahashi & Yamanaka et al., "Induction of Pluripotent Stem Cells from Adult Human Fibroblasts by Defined Factors(정제된 전사 유전자 주입에 의한 인간 성인 섬유모세포로부터의 만능줄기세포 유도에 관한 연구)", Cell, Vol. 131, No. 5, pp. 861-872, 30 Nov 2007. Published Online 20 Nov 2007. http://www.

cell.com/retrieve/pii/S0092867407014717
Wang & Voss et al., "Targeted enhancement of cortical-hippocampal brain networks and associative memory", Science, Vol. 345, No. 6200, pp. 1054-1057, 29 Aug 2014. http://www.sciencemag.org/content/345/6200/1054
Wilmut et al., "Viable offspring derived from fetal and adult mammalian cells", Nature, Vol. 385, No. 6619, pp. 810-813, 27 Feb 1997. http://www.nature.com/nature/journal/v385/n6619/abs/385810a0.html

기타

경향신문 - 세계 첫 만능줄기세포 수술(12 Sep 2014)
http://news.khan.co.kr/kh_news/khan_art_view.html?artid=201409122150245
네이버 지식백과 - 기상백과(저기압과 고기압).
http://terms.naver.com/entry.nhn?docId=1002197&cid=42443&categoryId=42443
동아일보 - 배아줄기세포 사령탑 '마스터 유전자' 발견(30 May 2003)
http://news.donga.com/3/all/20030530/7949476/1
시장판, 「물 이야기」의 「육각수는 생명수(生命水)다」와 「육각수는 생명수(生命水)다」, 2011년 11월 9일자 웹 사이트, http://www.sijangpan.com/
오마이뉴스 - 귀신(악령) 쫓는 퇴마사가 반드시 갖춰야 할 한 가지, 이탈리아 베네토 교구 코라도 원로 신부 인터뷰(24 Jul 2014)
http://www.ohmynews.com/NWS_Web/View/at_pg.aspx?CNTN_CD=A0002016364
일요신문 - 교황청 '구마의식' 정식 인정 퇴마사와 빙의의 세계(21 Jul 2014)
http://ilyo.co.kr/?ac=article_view&entry_id=85521
준동(june8th)님의 블로그인, "수로보니게 여인의 지혜와 믿음(편집인, 총신대 신대원 신약학 교수)"님을 글을 참고. http://blog.naver.com/june8th/40000652889
중앙일보 - ['줄기세포' 신화 만든 한국인의 손재주] 체세포 복제란(21 May 2005) - http://article.joins.com/news/article/article.asp?total_id=1584203
후루사키 코이치 박사, "테라헬츠테크놀로지 : 자연환경의 개선과 건강의 창조", 리켄테크노시스템(주), 발표자료, 일본, 2011년 7월
ARGONNE - Nanoparticles eyed as biohazard treatment(07 Nov 2003)
http://www.anl.gov/Media_Center/News/2003/031107nanodetox.htm
Ars Technica - "Negropodamus" disses Internet of Things, predicts knowledge

pills(18 Mar 2014).
http://arstechnica.com/business/2014/03/negropodamus-disses-internet-of-things-predicts-knowledge-pills/

BBC - Q&A: Gene therapy for eyes(01 May 2008)
http://news.bbc.co.uk/2/hi/health/6608265.stm

BBC - Gene therapy 'aids youth's sight'(27 Apr 2008)
http://news.bbc.co.uk/2/hi/health/7369740.stm

BBC - Artificial skin 'cuts scarring'(26 Jun 2007)
http://news.bbc.co.uk/2/hi/health/6236282.stm

BBC - Gene therapy first for poor sight(01 May 2007)
http://news.bbc.co.uk/2/hi/health/6609205.stm

BBC - Bionic eye will let the blind see(05 Apr 2005)
http://news.bbc.co.uk/2/hi/health/4411591.stm

Business Insider - Coming Soon, Maybe: 'Knowledge Pills' That You Eat To Automatically Learn Anything(18 Mar 2014). http://www.businessinsider.com/knowledge-pills-2014-3

Cnet - Microsoft patents body power(23 Jun 2004)
http://news.com.com/Microsoft+patents+body+power/2100-1014_3-5244766.html?tag=nefd.pop

Daily Mail - Could we soon send emails 'telepathically'? Scientist transmits message into the mind of a colleague 5,000 miles away using brain waves(29 Aug 2014)
http://www.dailymail.co.uk/sciencetech/article-2737532/Could-soon-send-emails-telepathically-Scientist-transmits-message-mind-colleague-5-000-miles-away-using-brain-waves.html

Daily Mail - Glass without the glasses: Google patents smart contact lens system with a CAMERA built in(14 Apr 2014)
http://www.dailymail.co.uk/sciencetech/article-2604543/Glass-without-glasses-Google-patents-smart-contact-lens-CAMERA-built-in.html

Google - Google announces Calico, a new company focused on health and well-being(18 Sep 2014). http://googlepress.blogspot.kr/2013/09/calico-announcement.html

Google Official Blog - Introducing our smart contact lens project(16 Jan 2014)

http://googleblog.blogspot.co.uk/2014/01/introducing-our-smart-contact-lens.html

Google Plus의 'Larry Page' 사이트 공개 내용(19 Sep 2013) -https://plus.google.com/+LarryPage/posts/Lh8SKC6sED1#+LarryPage/posts/Lh8SKC6sED1

io9 - Scientists watch glowing molecules form memories in real time(27 Jan 2014) http://io9.com/scientists-watch-glowing-molecules-morph-into-memories-1509819147

MBC - 국내연구진, 개화시기 조절하는 식물 속 '자연 온도계' 발견(14 Sep 2013) http://imnews.imbc.com/replay/nwdesk/article/3340081_5780.html

NASA - NASA Beams "Hello, World!" Video from Space via Laser(6 Jun 2014) http://www.nasa.gov/press/2014/june/nasa-beams-hello-world-video-from-space-via-laser/

News1 - 암세포 유발 없는 '역분화 줄기세포' 세계 최초 제작(06 Oct 2014) http://news1.kr/articles/?1887337

Northwestern University - Electric Current to Brain Boosts Memory(28 Aug 2014) http://www.northwestern.edu/newscenter/stories/2014/08/electric-current-to-brain-boosts-memory.html &s1=20120147043.PGNR.&OS=DN/20120147043RS=DN/20120147043

Science Daily - Visualizing plastic changes to brain from magnetic stimulation: Effects of novel treatment method demonstrated(04 Sep 2014) http://www.sciencedaily.com/releases/2014/09/140904084512.htm

Science Daily - Scientists tie social behavior to activity in specific brain circuit(19 Jun 2014). http://www.sciencedaily.com/releases/2014/06/140619125206.htm

Science Daily - Pacific salmon inherit magnetic sense of direction(06 Feb 2014) http://www.sciencedaily.com/releases/2014/02/140206133648.htm

Science Daily - Bigbrain: An Ultra-High Resolution 3-D Roadmap of the Human Brain(20 Jun 2013). http://www.sciencedaily.com/releases/2013/06/130620142928.htm

Science Daily - Compulsive No More: Clues to What Causes Compulsive Behavior Could Improve OCD Treatments(6 Jun 2013). http://www.sciencedaily.com/releases/2013/06/130606154712.htm

Science Daily - Printable Functional 'Bionic' Ear Melds Electronics and Biology(01 May 2013). http://www.sciencedaily.com/releases/2013/05/130501193208.htm

Science Daily - How Petals Get Their Shape: Hidden Map Located Within Plant's Growing Buds(30 Apr 2013).
http://www.sciencedaily.com/releases/2013/04/130430194301.htm

Science Daily - BRAIN Initiative Launched to Unlock Mysteries of Human Mind(2 Apr 2013). http://www.sciencedaily.com/releases/2013/04/130402145803.htm

Science Daily - Mental Picture of Others Can Be Seen Using fMRI, Finds New Study(5 Mar 2013). http://www.sciencedaily.com/releases/2013/03/130305091000.htm

South Bend Tribune - Physicist ponders the Christmas star(08 Dec 2013)
http://www.southbendtribune.com/news/local/article_0d6ffb60-5ffb-11e3-a234-0019bb30f31a.html

Stanford - Stanford engineer invents safe way to transfer energy to medical chips in the body(19 May 2014). http://news.stanford.edu/news/2014/may/electronic-wireless-transfer-051914.html

Technology Review - Prototype Straight from the Lab: Technology's First Draft(Oct 2003). http://www.technologyreview.com/articles/prototype1003.asp

Technology Review - E-Textiles Come into Style - Next season's smart outfits will be wired(01 Aug 2002). http://www.technologyreview.com/news/401617/e-textiles-come-into-style/

The Guardian - Wearable tech can be implanted in brains, thanks to new power technique. A research breakthrough has identified a way to charge tiny health-tracking devices that could be embedded in our brains, hearts or livers(20 May 2014).
http://www.theguardian.com/technology/2014/may/20/wearable-tech-brain-implants-wireless-charging-stanford?CMP=twt_fd

The Guardian - Matter will be created from light within a year, claim scientists(18 May 2014).
http://www.theguardian.com/science/2014/may/18/matter-light-photons-electrons-positrons

UK-Economist - The skinny on IT - The human body as a computer bus(01 Jul 2004)
http://www.economist.com/science/displayStory.cfm?story_id=2876950

University of Washington - Researcher controls colleague's motions in 1st

human brain-to-brain interface(27 Aug 2013)
http://www.washington.edu/news/2013/08/27/researcher-controls-colleagues-motions-in-1st-human-brain-to-brain-interface/
Vatican Insider - Vatican recognises International Association of Exorcists(02 Jul 2014)
http://vaticaninsider.lastampa.it/en/the-vatican/detail/articolo/esorcismo-exorcism-exorcismo-35046/
Wired - Ironing Out Blood Impurities(08 Dec 2003)
http://www.wired.com/medtech/health/news/2003/12/61505
Wired - These Ideas Make a Lot of Senses(18 Aug 2001)
http://www.wired.com/entertainment/music/news/2001/08/46150
Wired - "Doctor's Guide: It's in the Eyes"(03 Apr 2001)
http://www.wired.com/science/discoveries/news/2001/04/42783
Youtube via NASA - NASA's OPALS Beams Video from Space(05 Jun 2014)
http://www.youtube.com/watch?v=1efsA8PQmDA
Youtube - Stanford engineer invents safe way to transfer energy to medical chip(16 May 2014). https://www.youtube.com/watch?v=7WURJ9rgwjs
Youtube - 식물의 개화시기 조절하는 기온변화대응 유전자 발견 / YTN 사이언스(12 Sep 2013). http://www.youtube.com/watch?v=XKBzZWojkHI
YTN - 日, 유도만능줄기세포 첫 이식…"난치병 치료 도움"(14 Sep 2014)
http://www.ytn.co.kr/_ln/0104_201409140024034693
YTN - 뒷머리에 자기장 쪼이니 기억력 '쑥'(14 Sep 2014)
http://www.ytn.co.kr/_ln/0105_201409140017251182
YTN - 쌀알 크기 인공심장박동기…사이보그 신호탄(24 May 2014)
http://www.ytn.co.kr/_ln/0105_201405240004104778
YTN - 피부에 붙여 질병 치료…전자 패치 개발(31 Mar 2014)
http://www.ytn.co.kr/_ln/0105_201403312252317326

바이블 매트릭스 5 : 성령으로 무장하신 예수님의 과학기술

2015년 1월 15일 초판 1쇄 인쇄
2015년 1월 20일 초판 1쇄 발행

지은이 차원용
펴낸이 권오상
펴낸곳 갈모산방

등록 2012년 3월 28일(제2013-000090호)
주소 경기도 고양시 일산서구 대화동 2232번지 402-1101
전화 031-907-3010
팩스 031-912-3012
이메일 galmobooks@naver.com

ISBN 979-11-85793-01-6 04230
ISBN 978-89-969524-4-2 (세트)

값 20,000원